당신의 비즈니스 세계에
하나님이 춤추게 하라!

당신의 비즈니스 세계에
하나님이 춤추게 하라!

펴낸날 ∥ 2018년 8월 16일 초판 1쇄

지은이 ∥ 최웅섭

펴낸이 ∥ 유영일

펴낸곳 ∥ 올리브나무 제2002-000042호
   경기도 고양시 일산동구 정발산로 82의 10, 705-101
   Tel. (070) 8274-1226, 010-7755-2261
   Fax (031) 629-6983

ⓒ 최웅섭 2018

ISBN 978-89-93620-68-9 03230

이 책은 저작권법에 따라 보호를 받는 저작물이므로 무단 전재와 복제를 금지합니다.
이 책의 전부 또는 일부를 사용하려면 반드시 저작권자의 서면 동의를 받아야 합니다.

값 18,000원

크리스천 실업인, 기업인, 창업자를 위한 생생한 비즈니스 가이드북

당신의 비즈니스 세계에 **하나님이** 춤추게 하라

KBS 1 TV "글로벌 성공시대" 주인공

• **최웅섭** 지음

올리브 나무

"나는 왜 이 책을 추천하는가?"

무한 에너지의 원천에 전원코드를 꽂아라

이승률 한국 CBMC 중앙회 회장

크리스천 기업인들 중에는 세상적 관점으로 사업을 하면서 "힘들어 죽겠다"는 말을 입에 달고 사는 이들이 적지 않다. 적어도 크리스천 실업인이라면, 늘 '큰 사랑" 속에 살면서 삶의 기쁨을 노래해야 마땅하다. 크리스천이라면 모든 생명의 원천이자 무한 에너지의 공급원을 알아야 하고, 거기에 전원코드를 꼽을 줄 알아야 하기 때문이다. 그 길은 결코 어렵지 않다. 최웅섭 선교사의 비즈니스 경험과 실전이 고스란히 담긴 『당신의 비즈니스 세계에 하나님이 춤추게 하라』는 바로 그런 비법을 가리켜 보여준다. 이 책을 통하여 우리 기독실업인들이 성경적인 사업과 복음에 입각하여 선교적 기업으로서 역할을 할 수 있는 방안과 대안을 찾고, 그래서 주님이 기뻐하는 세상의 "빛과 소금"이 되기를 기원하면서, 한국 CBMC 회원 모두에게 필독을 권한다.

비즈니스를 통한 하나님 나라의 현존을 보게 해주는 책

황성주 목사 국제 사랑의 봉사단 설립자, KWMA 공동회장

이 책에서 비즈니스를 통한 하나님 나라의 현존을 봅니다. 미션 현장에서 일어나는 영역 선교의 새로운 선교 플랫폼을 봅니다. 지구촌 모든 영역으로, 전방위적인 모든 영역 속으로, 현대사회의 가장 민감한 이슈 속으로 침투해 들어가는 복음의 능력을 봅니다. 한 연약자를 통해 강한 자들을 부끄럽게 하는 그리스도의 비밀을 봅니다. 이 책을 통해 비즈니스 선교의 눈을 열게 해주셔서 감사합니다.

비즈니스와 선교의 융합 모델

김종빈 경영학 박사. 크리스천 실전 MBA 교수, CMBC 마스터 과정 주임 교수, 한국외국어대학교 GBT 학부 교수, 트리니티 신학대학원 "선교와 창업" 강의

실전에서 체득한 경영 노하우와 비즈니스 사례들이 융합된 '군더더기 없는' 크리스천 실전 경영서라고 감히 말하고 싶다. 하나님의 나라에 접속되어 있는 '담대한' 크리스천 사업가만이 볼 수 있고 실천할 수 있는 비전들로 가득하다. 누가 감히 "나만의 노하우를 무료로 제공하라."고 말할 수 있겠는가? 그런 자신감이 그를 더욱 더 '큰 나무'로 만든 것이리라. "성공한 사람들이 하지 않는 말 7가지"도 깊이 새겨보아야 금과옥조가 아닐 수 없다.

"책 속의 책"은 실전 팁들이 보물같이 들어 있어 귀한 선물을

받은 느낌을 준다. 하나님의 지혜로 작성된 이 경영서가 크리스천 창업인뿐만 아니라 기업인, 실업인, 선교사와 창업을 준비중인 신학생, 선교사 등 모두 경영의 길라잡이로 꼭 활용하시어 가정을 살리고, 일터를 살리고, 사회를 살리는 크리스천 경영인이 되기를 기도한다.

선교와 비즈니스의 완벽한 조화

이병수 고신대 국제문화선교학과 교수

선교와 비즈니스의 완벽한 조화, 이론과 실천의 이상적 모델을 보여주는 이 책은, '선교사이자 CEO의 살아 있는 전설'이 아니고서는 들려줄 수 없는 비방들로 가득합니다.

기업인은 무궁무진한 선교자원

강용현 서정대학교 경영학과 교수

저자는 비즈니스 선교를 통해 한계에 부딪힌 한국의 해외선교에 새로운 지평을 열고 있으며 방향을 제시하고 있다. 선교지에 먼저 비즈니스를 통하여 필요한 빵을 주어 육적인 밭을 경작한 후에, 자연스럽게 복음의 씨앗을 심어 영적인 열매를 맺자는 선교전략이다. 이는 선교하기 어려운 이슬람문화 속에서 선교사로서, 목회자로서, 사업가로서 실패를 딛고 일어난 경험을 통해 얻어진 지혜롭고 값진 결실이 아닐 수 없다. 저자는 기업인을 무궁무진한 선교자원으로

여기고 있다. 비즈니스 선교의 해답을 대기업에 치인 수백만 개의 중소기업과 개인 사업자, 그리고 800만에 달하는 재외 한인동포에서 찾고 있다. 현지화한 선교사와 해외진출을 모색하는 크리스천 중소기업의 연합은 상생하는 비즈니스 선교의 바람직한 모델이 되리라 믿는다. 저자는 지성과 영성을 보유한 균형 있는 영적 지도력을 가진 선교사를 지향하고 있다. 오늘의 기업은 도전정신, 주인의식, 창의력, 공감소통 능력 및 문제해결 능력 등의 핵심역량을 가진 인재들을 필요로 한다. 저자는 이러한 능력을 배양하는 훈련의 과정으로 성경에 바탕을 둔 창업을 권하고 있다. 선교의 방향성에서 고민하는 교회, 선교의 미션을 가진 젊은이뿐만 아니라 창업을 꿈꾸는 모든 분들에게 아주 소중한 지침서가 되리라 확신한다.

킹덤 비즈니스를 위한 실제적 지침서

라영환 총신대학교 교수

"비즈니스의 근간은 하나님이십니다."라는 저자의 고백은 삶의 현장에서 하나님을 예배하는 사역자들을 만들고자 했던 종교개혁자들의 고백을 떠올리게 합니다. 16세기 종교개혁의 핵심은 삶의 개혁이었습니다. 개혁가들은 거룩한 것과 거룩하지 않은 것을 구분하는 중세의 이원론적인 세계관을 거부하고, 세속적인 의무이행이 하나님을 기쁘시게 하는 행위가 될 수 있다고 보았습니다. 여기서 나온 것이 일상생활의 영성과 직업적 소명설입니다. 개혁파의 영향을 받은 사람들은 세속적 직업을 통해 하나님을 증명하고자 힘썼습니다.

이들은 세상은 벗어나야 할 곳이 아니라 파송 받은 곳이라고 믿었습니다. 막스 베버가 그의 『프로테스탄트 정신과 자본주의 윤리』에서 언급한 것과 같이, 이러한 일에 대한 종교개혁가들의 이해는 초기 자본주의 형성의 토대가 되었습니다.

하지만 안타깝게도, 오늘날 많은 크리스천 사업가들이 종교개혁의 이러한 정신을 잊어버린 채, 일과 신앙 사이의 간극을 좁히지 못하고 있습니다. 이 책은 이러한 시대적 과제에 대한 대답을 현장의 이야기를 토대로 이야기하고 있습니다. Business as Mission 에 관한 책들을 읽어 보면, 현상을 이야기하면서도 대안이 없거나, 대안을 이야기하는 데 추상적이라고 느낄 때가 종종 있습니다. 그런데 이 책에는, 현실에 대한 분명한 이해와 현장에서 몸으로 부딪히면서 만들어진 구체적인 방법론들이 제시되어 있습니다. "맛있는 삶과 통 큰 사업을 만들어 주는 생생한 경험과 실천, 그리고 이론을 중심으로 크리스천 기업인, 실업인, 창업자를 위해 나의 모든 열정을 이 책에 쏟아 부었다."라는 저자의 말이 결코 허언이 아님을 책을 읽으면서 느낄 수 있었습니다.

선교사로서, 사업가로서 저자가 들려주는 이야기는, 사업을 시작하는 이들은 물론 일과 영성 사이에서 고민하는 사업가들에게, 그리고 일을 통해서 하나님의 나라를 확장하고자 하는 사람들에게, 구체적인 방법을 제시해 주고 있습니다. 이 책은 단순한 성공학 교재가 아닙니다. 물론 효과적인 비즈니스를 위한 구체적인 전략이 제시되기는 하지만, 이 책의 중심 주제는 하나님 나라입니다. 이 책을 읽어 가면서 저자가 이야기하는 부르심, 정직, 열정, 그리고 나눔 같은 핵심 덕목들이 킹덤 비즈니스와 세속적인 비즈니스를 구분하는 기준이 될 수도

있겠다고 생각하였습니다.

"미래는 약한 자들에게는 불가능이고, 겁 많은 자들에게는 미지이며, 용기 있는 자들에게는 기회."라는 말처럼, 이 책은 시대적인 변화를 새로운 기회로 보고 그 새로운 기회를 잡아서 새로운 사업과 세계를 창출하는 방법을 다루고 있습니다. 바라기는 이 책을 통해서 킹덤 비즈니스를 꿈꾸는 수많은 크리스천 사업가들이 나왔으면 합니다. 컴퓨터 5대로 시작해서 8억5천만 달러의 매출을 올렸다는 또 다른 최웅섭 회장님이 앞으로도 계속 출현해 주기를 바라는 마음 간절합니다.

■ 시작에 앞서

일터는 하나님 나라의 확장을 위한 터전

　이 책은 나의 비즈니스 경험과 실전, 그리고 이론을 정리한 '맛있는' 책이다. 나는 도전하기를 원하는 당신을 위해 나의 모든 지혜와 경험과 열정을 끌어 모아 이 책을 집필했다.

　사업하는 사람들 모두가 이구동성으로 힘들고 어렵다고 난리이다. 기업은 기업대로 자영업자는 자영업자대로 어렵고, 개인 또한 힘들어 죽겠다고 한다. 나는 사업하는 사람들을 수없이 만나 대화를 나눈다. 크리스천 사업가들은 좀 다를 것이라고 기대하곤 하지만 그들도 한숨을 쉬기는 마찬가지이다. 여러 곳에 투자해 수백억 원을 벌었다고 야단법석을 떨어대는 뉴스나 인터뷰 기사들이 적지 않지만, 나는 그런 말을 애당초 믿지 않는 사람이다. 뉴스의 뒷면에 있는 실상을 알고는 실망한 적이 많기 때문이다.

　나는 90퍼센트의 불가능을 100퍼센트 가능하게 만들었고, '맛있는 성공'을 통해 지금도 전 세계를 다니면서 사업과 선교를 하고 있다. 나는 이 책에서 사업은 힘들고 어려운 것이 아니라 맛있는 음식 같다고 말한다. 그렇다, 사업을 잘 하는 사람들은 거의 대부분 나의 말에 동의한다. 인문학의 기초를 가지고 사업을 한다면 절대로 실패할 확률이 없다. 무작정 하니까 무작정 망하는 것이다.

　모델을 만들어 사업을 하게 되면 통 큰 사업을 할 수 있다. 삶도 마찬가지다. 모델 없이 살아가면 아무런 의미를 느낄 수가 없다. 하지만 모델이 생기면, 인생이 달라진다. 사업은 혼자서 할 수 없다. 모델이 있어야 한다. 모델이 생기면, 비즈니스에 맛과 향기가 생겨난다. 비즈니스도 인문학처럼 향기가 나야 한다.

　이 책을 읽는 모든 사람의 입가에 환한 미소가 넘쳐났으면 좋겠다. 비즈니스가 세상을 변화시킬 수 있는 이유는, 비즈니스는 삶에 영향을 주는 자양분이기 때문이다. 사업은 돈 버는 것도 중요하지만 인간관계를 최우선으로 하면서 고객을 중요하게 생각하여야 한다. 크리스천 사업가들이 명심하여야 할 것이 바로 이것이다.

　나는 고구려의 맹장이었고 발해를 건국한 대조영을 모델로 삼고 있다. 대조영이라는 사람을 만난 후, 어쩌면 나와 똑같은 성정을 가졌을까 의아해 했었다. 잃어버린 고구려를 되찾고 발해를 건국하기까지 죽음의 사선을 수없이 넘나들었지만, 포기하지 않고 될 때까지 한다는 마음으로 이루어낸 열정이 바로 그가 거둔 성공의 기반이었다. 나 역시 마찬가지였다. 수없이 실패를 거듭하였지만, 사람을 소중히 여기면서 변치 않는 열정으로 밀고나가자 성공이 다가왔다.

　나는 이 책에서 인문학과 비즈니스가 동행하는 모습을 보여주고자 하였다. 인문학이 없는 비즈니스는 삭막하다. 인문학과 동행하는 비즈니스는 삶에 활력을 가져다준다.

　하나님은 일하시는 하나님이시다. 천지를 창조하신 하나님은 지금도 일하고 계신다. 안식일에 병자를 치유했다고 하여 비난하는 사람들을 향해 예수님은 "하나님이 일하시니 나도 일한다."(요 5:17)라고 하셨다. 예수님과 마찬가지로, 우리가 하는 비즈니스의 근간 또한 하나님이시다. 하나님은 우리를 부르시고, 우리에게 일을 주셨고, 그 일을 할 수 있는 일터를 주셨다. 일터는 거룩한 지성소이며, 하나님께서는 이 일터를 통해 21세기 마지막 때에 하나님의 영토를 확장하시려는 계획이 있으시다.

나는 아제르바이잔에서부터 아프리카, 동남아시아, 구소련, 유럽, 중앙아시아, 중동, 그리고 중남미를 누비면서 수많은 사람을 만나 사업을 배우고 실천해 왔다. 나는 이것이 나의 능력이 아니라 하나님이 나에게 주신 선물이요, 은혜라고 생각한다. 당신도 이 길을 동행하게 되어 감사드리며, 축복한다.

하나님은 그 계획을 기독실업인들과 요즘 다양하게 창업하는 사람들을 통해서 이루시기 원하시며, 더불어 각양의 일터에서 일하는 사람들을 통해서 일터를 변화시키고, 일터 안에 있는 수많은 사람을 복음 안으로 들어오게 하시려는 계획이 있으시다.

하나님은 이 계획을 실천하는 당신의 기업을 통해 하나님의 위대함을 보이기를, 그리고 당신의 비즈니스 세계에 하나님 자신이 춤추시기를 고대하고 있다. 나는 이 책을 통해 하나님이 원하시는 모습을 발견하기를 축복한다. 그리고 이 책을 선택한 당신께 감사를 드린다.

2018년 일산 호수공원 골목에서
최웅섭

차 례

■ 시작에 앞서 / 일터는 하나님 나라의 확장을 위한 터전 • 11

제1부 새로운 세상에 대한 도전

01 세상을 변화시키는 위대한 비즈니스 • 20
02 당신의 비즈니스 세계에 하나님이 춤추게 하는 성경적 방법론 • 27
03 비즈니스 선교의 길 • 32
04 기업인 선교사의 자존감 높여주는 이야기 • 55
05 인문학과 비즈니스의 만남 • 64
06 내가 하는 비즈니스는 어떤 영향력? • 72
07 평강을 위해 부르심을 받은 기업인 • 79
08 한국교회 기업인이여, 교회에 영향력을 주라 • 83

제2부 맛있는 비즈니스, 이렇게 하라

09 왜, 비즈니스를 하는가? • 100
10 비즈니스는 사람을 다스리는 기술이다 • 110
11 맛있는 나를 세상에 홍보하라 • 115
12 비즈니스 더 활성화하는 방법 • 119
13 영토확장에 목숨을 걸어라 • 123
14 남보다 탁월하게 비즈니스하는 방법 • 129
15 성공하는 비즈니스는 이렇게 다르다 • 137
16 지속가능한 지수 높이는 대안 • 142
17 사회에 기여하는 영향력 있는 비즈니스 만들기 • 147

제3부 잘 되는 비즈니스 모델 만들기

18 더 위대한 성경적 비즈니스 만들기 · 152
19 지속가능한 비즈니스 모델 만들기 · 160
20 더 잘하는 마케팅이란? · 168
21 실천가능한 경영전략 · 176
22 더 맛있게 비즈니스하는 방법 · 182
23 돈 더 잘 버는 전략 10가지 · 188

제4부 비즈니스로 글로벌을 호령하라!

24 비즈니스에는 국경이 없다. · 200
25 글로벌 비즈니스 맛있게 하는 10가지 방법 · 208
26 글로벌 시장에 진출하는 법 · 220
27 해외환경에 적응하는 요령 · 229
28 성공한 CEO가 아름다운 이유 · 233
29 선교사적 삶을 살기 위한 4가지 답 · 238
30 성공, 그것 별것 아냐 · 244
31 대조영과 최웅섭 같은 사람이 성공한다 · 263

■ "책 속의 책" · 스토리가 있는 만사형통 창업노트

스토리가 살아 있는 창업이 세상을 바꾼다 • 268

제1부 성경에서 말하는 비즈니스

　01 하나님의 부르심이란? • 272
　02 하나님의 위대한 일에 대한 부르심 • 276
　03 위대한 일터에 대한 선교적 부르심 • 280
　04 일터에서 은사 활용하기 • 283
　05 영향력 있는 킹덤 비즈니스 따라가기 • 286
　06 글로벌 시대에 비즈니스는 무엇인가? • 289
　07 킹덤 비즈니스의 사업원칙 • 293

제2부 무작정 창업, 무작정 망한다

　08 창업이란? • 298
　09 창업, 절대로 하지 마라! • 303
　10 창업노트가 중요한 이유 • 306
　11 창업이 성공방정식 아니다 • 311
　12 창업, 놀고먹는 것 아니다 • 316

제3부 창업 비즈니스, 상상을 넘어 생각하라

　13 창업의 사고방식을 바꾸라 • 322
　14 시장조사, 발로 하고 머리로 하지 마라 • 326
　15 나만의 방법을 만들어라 • 329

제4부 창업을 디자인하라

    16 창업 디자이너가 되라 · 334
    17 고객은 만들어진다 · 337

제5부 창업의 프로세스 바라보기

    18 브랜드는 창업의 위대한 시작이다 · 342
    19 예비창업자를 위한 창업절차 · 345

제6부 돈은 세상의 악이 아니다

    20 돈 없이는 아무것도 하지 못한다 · 356
    21 창업에서 가장 중요한 것은 돈이다 · 359
    22 매출은 계획대로 되지 않는다 · 362
    23 자, 이제 성공을 향해 가자 · 364
    24 위대한 창업을 위한 6대 전략 만들기 · 368

제7부 성공창업으로 가는 비즈니스 플랫폼

    25 나만의 비즈니스 플랫폼을 만들어라 · 372
    26 창업은 의지로 안 된다, 배우고 또 배워라. · 376
    27 지속가능한 창업 모델 만들기 · 378
    28 맛있는 창업 활성화 방법 · 382
    29 지속가능한 지수 높이는 대안 · 385

제8부 드디어 스타트업, 가슴이 떨린다

    30 위대한 기업과 마케팅이란? • 392
    31 창업에서 가장 중요한 매출 • 397

제9부 자, 이제 창업엔진을 가속하라

    32 창업의 성공전략 10가지 • 402
    33 창업성공을 위해 알아야 할 기초상식 6가지 • 412
    34 창업에 실패하기 딱 좋은 습관 7가지 • 417

제10부 사장되지 말고 창업을 즐겨라

    35 창업은 연극의 무대이다 • 422
    36 사업은 사장의 완성이다 • 425

제11부 더 위대한 크리스천 기업 만들기

    37 위대한 기업이란 • 428
    38 크리스천의 위대한 사업이란 무엇인가? • 433

스토리가 있는 열정창업 성공도표 • 446

■ 마무리 발언대 / 새로운 시작을 위하여 • 484

제1부

새로운 세상에 대한 도전

사도 베드로는 어부였다. 그는 주님 앞에 할 말이 없는 사람이었다. 하지만 그는 사도행전 2장에서는 할 말이 없는 사람이 아니었다. 그는 담대한 사람이었고, 할 말을 하는 사람이었다. 그는 전에는 힘들고, 어렵고, 죽겠고, 그리고 답답한 사람이었지만, 이제 베드로는 당당한 사람이 되었다. 기독실업인들도 이러한 체험이 필요하다. 베드로가 체험한 성령의 인도하심이 사업장에서도 나타나야 하고, 나타나고 있다.

세상을 변화시키는 위대한 비즈니스

　세상에는 수만 가지의 직업이 존재하고 있으며, 없어지는 직업이 있는가 하면 새로 생겨나는 직업도 많다. 비즈니스는 수많은 직업 가운데 하나이지만, 어떻게 보면 삶의 한 부분이라고 말할 수도 있다. 비즈니스를 직업이라고 말하기에는 한계가 있는 것 같다. 이유는 우리의 인생사 모두가 비즈니스라고 하여도 시비할 사람이 없기 때문이다. 그렇다면 비즈니스는 어떤 특정한 사람만 하는 것이 아니라 어떠한 직업에 종사하든지 비즈니스라는 개념 속에 있다고 볼 수 있다.

　알리바바 창업자인 마윈 회장은 "세상에 어려운 비즈니스는 없다."라고 말한 적이 있다. 이 말은 무슨 의미일까? 아마도 마윈 회장이 말한 대화에서 답을 찾을 수 있을 것이다. 여기에 마윈 회장이 말한 것을 그대로 옮겨본다.

"세상에서 같이 일하기가 가장 힘든 사람들은 가난한 사람들이다. 자유를 주면 함정이라고 이야기를 하고, 작은 비즈니스 이야기를 하면 돈을 별로 못 번다고 이야기를 하고, 큰 비즈니스 이야기를 하면 돈이 없다고 하고, 새로운 시도를 하자고 하면 경험이 없다고 하고, 전통적인 비즈니스라고 하면 어렵다고 하고, 새로운 비즈니스 모델이라고 하면 다단계라고 하고, 상점을 같이 운영하자고 하면 자유가 없다고 하고, 새로운 사업을 시작하자고 하면 전문가가 없다고 한다. 그들에게는 공통점이 있다.

구글이나 네이버 지식인에게 물어보기를 좋아하고, 희망 없는 친구들에게 의견 듣는 것을 좋아하고, 자신들은 대학교 교수보다 더 많은 생각을 하지만 시각장애인보다 더 작은 일을 한다. 그들에게 물어봐라. 무엇을 할 수 있는지를. 그들은 대답할 수 없다. 내 결론은 이렇다. 당신의 심장이 빨리 뛰는 대신 행동을 더 빨리하고, 그것에 대해서 생각해보는 대신 무언가 그냥 해라.

가난한 사람들에게는 한 가지 공통점이 있다. 그들의 인생은 기다리다가 끝이 난다는 점이다. 그렇다면 현재 자신에게 물어봐라. 당신은 가난한 사람인가? 이것을 왜 이야기를 했겠는가? 나는 당신에게 물어보고 싶다. 왜 그렇게밖에 살 수 없는가? 이런 질문을 던졌을 때 수많은 사람이 자기가 그렇게 살았던 것에 대해서 변명과 궤변을 늘어놓는다.

세상에 이유 없는 사람은 보지 못했다. 왜냐하면, 그들은 그렇게 살면서 그런 이야기를 하면서 그것을 다른 사람한테 인정받고 싶어하며, 다른 사람한테 위로받고 싶어한다. 그러므로 그들의 이유와 궤변은 항상 논리적이고 항상 완벽하다. 인생은 끊임없이 도전하고 그 도전 속에서 나의 삶이 무엇이며, 무엇이 잘못되었는지를 찾아가면서 고난의 삶을 수정하면서 사는 것이다. 그 노력이 힘들다고 생각할 필요가 없으며, 어차피 그 노력이 실패하더라도 나의 인생에 무언가를 느끼게 만들어줄 것이고, 당신의 인생을 조금이라도 달라지게 만들 것이다."

마윈 회장의 글에서 나는 진정한 비즈니스 삶의 모델을 보았다. 나는 그 모델을 사업에 적응하고 싶었고, 남들이 하는 비즈니스가 아닌 진정으로 비즈니스와 사람이 동행하는 모델을 만들고 싶었다. 그래서 도전했고 도전해서 만들었다.

세상에는 존재하는 숫자만큼의 비즈니스가 존재한다고 한다. 무슨 말인가? 다시 말하면 비즈니스는 곧 삶이라는 것이다. 비즈니스는 물건을 사고파는 것에만 국한되지 않는다. 비즈니스는 곧 삶의 현장 자체이다. 거래가 없는 세상을 생각해 보라. 그런 세상이 존재할 수 있는가? 그리고 세상의 사람들의 모습을 보라. 어디 하나 닮은 사람이 없다. 일란성 쌍둥이일지라도 가는 길이 다른 것처럼 비즈니스도 역시 마찬가지이다.

다 같은 콜라라고 해도 코카콜라와 펩시콜라는 맛이 전혀 다르다. 분명히 미묘한 차이가 있다. 비즈니스도 마찬가지이다.『세상을 바꾸는 비즈니스』(마크 베니오프, 칼리 애들러 지음)라는 책을 보면, 패망한 기업들의 이유는 1퍼센트의 영감은 있었으나 99퍼센트의 노력, 즉 혁신이 없었기 때문이라고 진단한다.

증기기관이 출현해 말(馬)을 대체한 것은 기술의 진보이다. 이 기술의 진보를 이용해 철도사업이 역마차 사업을 밀어낸 것이 혁신이다. 기술이 있어도 비즈니스에 이용하지 않으면 그 기술은 '죽은 기술'이다.

세상을 바꾸는 비즈니스 모델이 되려면 혁신이 필수이다. 혁신적 비즈니스를 위해서는 과감한 노력과 용기가 필요하고, 그러므로 비즈니스는 누구나 할 수 있지만 아무나 할 수 있는 것은 아니다. 다시 말하면 비즈니스는 용기가 있고 혁신을 할 수 있는 사람만이 성공할 수 있는 것이다.

세상이 변하니 비즈니스도 변해야 한다

비즈니스에 대한 개념도 시대에 따라 계속해서 업그레이드시켜 주지 않으면 안 된다. 사업에 대한 생각과 태도가 변하지 않으면 생존이 어려운 것은, 소비자의 의식이 바뀌었기 때문이다. 예전에는 좋은 상품, 적절한 가격, 충실한 사후관리 정도면 만족했던 사람들이 이제는 그렇지 않다. 오늘날의 소비자들은 자신들에게서 취한 수익이 있다면 그 수익을 어느 정도는 사회에 환원해야 마땅하다고 생각한다. 실제로 같은 가격의 유사한 상품이라면 당신이라도 사회를 위해 기여하는 기업체의 상품을 사주지 않겠는가?

날이 갈수록 사회적 기업이라는 말이 보편화되어 가고 있고, 이익을 나누는 것이 시대의 대세가 되어가고 있다. 세상을 바꾸는 비즈니스라는 말이 조금 거창한 것 같긴 하지만, 사실 이런 기업 덕분에 여러 사람이 조금이나마 따스함을 느끼며 살아가는 것은 틀림없는 사실이다. 어느 정도 수준 이상의 사람들이라면 별것 아닌 것 같은 간단한 기계, 학용품, 신발, 전자제품들이 이런 기업을 통해 자원이 부족한 나라로 분배되고, 그들은 이런 활동에 힘입어 지구촌의 어엿한 시민으로 자라고 있다.

이익을 사회에 환원하는 방법과 수단도 점점 더 깊이 생각해 보아야 할 과제로 떠오르고 있다. 기업의 사회 봉사활동은 CEO 혼자서 감당할 수 있는 일이 결코 아니다. 물론 수익의 일정 부분을 줄수는 있겠지만, 좀더 분명한 결과를 만들어 내려면 조직원들의 참여가 필요하다. 또 이런 참여만이 외부 차원의 사회봉사를 통하여 내부 차원의 혁신과 인간 중심의 상품개발로 이어지게 할 수 있다. 더 나아가 지속적으로 지원 활동을 하려면 기업이 가진 강점과 자원을 활용할 방법을 모색해야 한다. 그저 돈만 주면 된다는 식의 지원 활동은 오래 가지 못한다.

건설업체가 자신들이 가진 건설 노하우를 통해 무주택자 집을 만들어주고, 비료 만드는 기업이 좋은 비료를 가난한 사람들에게 무상공급하고, 병원이 오지에 의사를 보내 환자를 도와주는 등, 기업 자체의 특성을 살려 사회에 이바지하는 길을 찾는다면, 지구촌은 확실하게 달라질 수 있을 것이다.

나는 비즈니스를 통해서 세상이 바뀌는 모습을 보았고, 거기에서 내가 태어난 보람을 찾을 수 있었다. 비즈니스와 동행하는 삶(Life with business)이라야 현실에 뿌리를 내린 아름다운 삶이 될 수 있다. 이제 비즈니스를 통해서 세상을 변화시키는 일에 당신이 동참하고 있다는 사실을 깨닫기 바란다.

비즈니스로 소통하는 세상

"비즈니스로 세상과 소통하는 것이 가능한가?"라고 물을 때, 세상이라는 단어와 비즈니스라는 단어는 언뜻 전혀 어울리지 않는 조합처럼 보인다. 비즈니스란 경쟁을 하는 상황 속에서 뭔가 주고받으면서 이루어지는 것이기 때문이다. 다시 말하면 누군가가 손해를 보아야 누군가는 이익을 얻는다는 것인데, 성공적인 비즈니스는 서로가 이익이 되는 비즈니스라고 할 수 있을 것이다. 오늘날 미국의 대통령이 시행하고 있는 국가 우선주의는 바로 비즈니스를 성공적으로 수행하였던 위대한 비즈니스맨으로서의 모습을 보여주고 있다고 할 수 있다.

비즈니스는 정치 · 외교 · 경제 · 문화, 모든 면에서 상관관계가 없는 것으로 인식되어 왔지만, 이제는 전혀 낯설지 않다. 이유는 한 국가의 비즈니스의 경쟁력이 바로 국력이 되는 시대가 되었기 때문이다. 이러한 상황에서 비즈니스를 모르는 국가의 지도력은 한계에 부딪칠 가능성이 크다. 국민들은 비즈니스를 모르는 국가의 지도자를 원하지 않을 뿐더러 비즈니스를 모르는 국가의 지도자는 자도자의 자격도 없다.

하지만 일방적으로 자기 이익만을 주장하는 비즈니스는 바람직한 비즈니스가 될 수 없다. 비즈니스는 소통을 통해 이루어지고, 소통이 없이 비즈니스는 이루어질 수 없다.

과거 수많은 나라에서 영토 점령을 통해 소통이 없이 이루어진 잔혹의 역사를 뒤돌아보면, 점령하고 노예로 부리고 혹독한 마음의 상처를 남겨놓은 비즈니스는 인류의 잘못된 유산이다. 소통이 없는 비즈니스는 말장난에 지나지 않는다. 이러한 이유에서 나는 비즈니스의 근본 뿌리를 소통에서 찾는다. 종교나 인종, 언어의 다름은 상관이 없다.

소통이 없는 비즈니스의 비극은 과거 인류의 역사 속에서 경험할 만큼 경험하였다. 이제 그런 비즈니스는 청산되어야 마땅하다. 비즈니스에서 가장 중요한 것이 소통이라면, 비즈니스로 소통하는 세상이 되어야 하고, 아름다운 세상은 비즈니스와 세상과 사람이 서로 소통하는 가운데에 이루어진다.

비즈니스를 잘 하려면 사람을 잘 만나야 한다. 이런 이유로 중국 사람들은 예로부터 관계를 중시하였다. 사실 사업이라는 것은 사람으로 시작해서 사람으로 이어지며 사람을 위한 것이라고 보아도 무방하다. 우리는 너무도 바쁘게 살다 보니 관계의 중요성을 무시하고 살아갈 때가 많다. 사실 무엇보다도 중요한 게 인간관계인데도 말이다. 사업하는 사람들은 이 기본을 무시하지 말아야 한다.

세상도 소통을 말하기 시작했는데, 크리스천 비즈니스에서 소통이 바르게 정립되고 실천되지 않는다면, 비즈니스 세계에 하나님의 나라가 임하는 것은 불가능하다. 하나님도 사람과 소통하셨고, 우리에게 할 말을 주신 하나님께서는 비즈니스로 세상과 소통하라 명하신다.

02
당신의 비즈니스 세계에
하나님이 춤추게 하는 성경적 방법론

하나님은 우리에게 비즈니스라는 삶의 방식을 통해서 소통하기를 원하셨다고 본다. 성경의 수많은 이야기가 비즈니스와 연관되어 있으며, 비즈니스를 하는 사람들이 수없이 등장한다. 하나님은 그들과 함께 일하셨고, 그들의 일터를 통해 하나님의 일을 하셨다.

비즈니스에 하나님의 나라가 임하게 하는 방법은 간단하다. 사도 베드로는 어부였다. 그는 주님 앞에 할 말이 없는 사람이었다. 다시 말하면 '할 말이 없는' 실업인이었다. 하지만 그는 사도행전 2장에서는 할 말이 없는 사람이 아니었다. 그는 담대한 사람이었고, 할 말을 하는 사람이었다. 그는 전에는 힘들고, 어렵고, 죽겠고, 그리고 답답한 사람이었지만, 이제 베드로는 당당한 사람이 되었다.

사업에 성령의 인도하심을 체험하라

기독실업인들도 이러한 체험이 필요하다. 베드로가 체험한 성령의 인도하심이 사업장에서 나타나야 한다. 수많은 크리스천이 사업을 하면서 힘들어 하고 있다. 여러 가지 이유가 있겠지만, 가장 중요한 것은 성령의 인도하심을 체험하지 못했기 때문일 것이다. 사업은 내가 하지만 하나님이 나를 통해 이루고자 하시는 것을 나에게 청지기로, 사장으로 맡긴 것이다. 그러므로 그분의 인도하심이 절대적으로 필요하다.

사업에서 성공의 열쇠는 판단력이며, 이는 성공을 좌우하는 열쇠이다. 하지만 사람의 판단력은 한계가 있고, 성령께서 해주셔야 올바른 판단을 할 수 있다. 나의 판단력을 성령께 맡기는 것이다. "마음의 경영은 사람에게 있어도 말의 응답은 여호와께 나오느니라."(잠 16:1)

하나님이 기업을 다스리심을 체험하라

사업을 하면서 종종 착각할 때가 있었다. "나의 능력으로"라는 착각이다. 이러한 경험이 너무도 많았다. "나의 능력"에 의존하는 사업은 언제나 오래 가지 못했다. 수많은 사업을 하면서 내가 깊이 경험한 것이 바로 "하나님이 기업을 다스리신다."라는 것이다. 하나님이 기업을 다스린다는 것은 하나님께 무조건 맡기고 의지한다는 것이 아니다. 내가 하여야 할 부분을 찾는 것이다. 그 역할을 찾아서 철저하게 해야 한다. 나는 사업을 하면서 과정을 중요시하였다. 사업을 진행하면서 '예스'와 '노'를 분명히 하였다. 아닌 것은 아니라고 하였다. 그것이 바로 하나님께서 기업을 다스리심에 순종하는 것이었다. 하나님의 다스리심은 억압이나 강요가 아니다. 그분이 나에게 준 복음으로 은총대로 사업을 하는 것이다.

며칠 전에는 뉴스를 통해, 프랜차이즈 회사들이 상표권을 법인

명의가 아닌 개인 명의로 보유하여 막대한 로열티를 회사가 아닌 개인이 챙겨 간다는 놀라운 소식을 들었다. 크리스천 회사의 프랜차이즈가 1번으로 나왔다는 것이 더욱 놀라웠다.

나는 이런 부분에서 '예스'나 '노'를 정확히 하여야 한다고 생각한다. '모로 가도 서울만 가면 된다'는 식은 절대 용납해서는 안 된다. 하나님이 기업을 다스린다는 것은 나의 능력으로 판단하는 것이 아니라, 하나님의 능력으로 판단하는 것이다. 세상의 기준에서 벗어나지 않는 기업이나 비즈니스는 하나님의 나라와는 아무런 상관이 없다. 세상이 하는 것과 똑같은 방법으로 하면서 하나님의 이름을 말하고 선교하는 기업은 통렬한 반성을 해야 한다. 그것은 사단들도 하니까 말이다.

세상과 타협하는 기업이 되지 마라

세상에 수많은 기업과 수많은 사람이 비즈니스에 연관되어 살아간다. 그중에는 수많은 크리스천도 있다. 하지만 세상의 방법으로는 세상을 변화시킬 수 없고, 세상의 방법으로는 비즈니스 세계에 하나님의 나라가 임하게 할 수도 없다. 비즈니스 세계에 하나님의 나라가 임하려면, 잠언 15장 22절의 말씀을 준행하면 된다. "의논이 없으면 경영이 무너지고 지략이 많으면 경영이 성립하느니라." 그렇다. 기업을 경영하면서 하나님과 의논하라. 당신의 기업이 가야 할 길을 가르쳐주실 것이다. 더불어 당신의 기업이 하여야 할 일이 있다. 그것은 요한복음 2장에 나오는 가나의 기적을 당신이 직접 맛보는 것이다. 가나의 기적을 가나에서 벌어진 것으로 생각하지 말고 당신이 기업에서, 당신의 비즈니스 현장에서 일어나게 하면 된다. 그 방법은 때로는 힘이 들 수도 있다. 가나에는 물이 많은 동네가 아니다. 지금도 마찬가지다. 하물며 그때는 더 어려웠을 것이다. 하인들의 모습을 상상해보라. 자신들의 몸보다 큰 항아리 여섯 동이를 채우려고 물을 구하러 다니던 모습을 말이다. 이 같은 수고와 애씀, 그리고 헌신이 있었기에 가능한 사건이었다. 지금 당신이 하는 비즈니스는 어떤가? 당신이 비즈니스를 하면서 얼마나 하나님께 수고하고 애쓰고 헌신했는가? 당신이 진정으로 수고하고 애쓰고 헌신했다면, 당신의 입에서 나와야 할 말이 있다는 것이다.

당신의 일터는 거룩한 지성소

사도행전 2장에는 사도들에게 일어난 성령 강림 사건을 놓고 예루살렘 사람들에게 선포하는 장면이 나온다. "일렀으되 하나님이 말씀하시기를…"이라고 입을 연다. 당신은 하나님께서 당신에게 맡기신 기업에 대하여 하나님과 사람 앞에, 그리고 세상에 할 말이 있는가? 하나님이 당신에게 맡기신 기업이나 비즈니스에 대하여 증언할 말이 있다면 그것은 무엇인가? 크리스천 실업인이라면 세상 앞에, 사람 앞에, 비즈니스를 통하여 하나님의 나라를 이루고 있음을 선포할 수 있어야 한다.

하나님이 주신 당신의 기업이나 비즈니스는 당신을 위한 것이 아니다. 21세기 마지막 이때에 당신을 통해서 하시고자 하는 목적을 이루기 위해서 당신을 기업인, 실업인, 각양의 비즈니스에 관한 일을 하도록 부르셨다는 것을 명심할 필요가 있다. 성경적으로 사업의 매듭을 풀고 성경적으로 사업을 하는 당신이 필요한 이때이다.

비록 사업이 힘들고 어렵지만, 사업이 어려운 것은 아브라함 때에도 마찬가지였다. 세상이 창조된 이래 한 번도 비즈니스가 쉬운 적은 없었다. 세상에 쉬운 것은 하나도 없고, 비즈니스도 쉬운 것이 아니다. 쉽지 않기 때문에 당신에게 비즈니스에 대한 은사를 주신 것이다. 그것을 명심해야 한다.

당신의 기업이 현재 어떤 상황인지는 모르지만, 강을 건넜다는 마음으로 야곱과 같은 마음을 가지라. 21세기의 수많은 벤처 사업가들의 선배인 야곱은 20년이란 세월을 기다렸다. 기다린 결과 지금은 21세기 벤처 사업가의 시조라고 불리고 있다. 야곱은 이름이 세 번이나 바뀌었다. 야곱에서 이스라엘로, 그리고 여수룬으로. 속이는 자에서(야곱) 하나님이 주도하신다(이스라엘)로, 그리고 하나님을 가리키는 영예로운 표현으로 여수룬이라 바뀌었던 것이다.

사업도 점진적인 성장을 통해서 하나님의 나라가 임하게 하는 것이다. 비즈니스에 하나님의 나라가 임하게 하는 것은 쉬운 일이 아니다. 하지만 쉽지 않으니까 당신에게 위임한 것이 아닌가? 그렇다면, 당신은 당신의 비즈니스를 위해서 목숨을 걸어야 한다. 그것은 하나님의 명령이고, 당신에게 위임한 거룩한 지성소이기 때문이다. 당신의 비즈니스가, 당신의 일터가 거룩한 지성소라는 사실을 기억하라.

03
비즈니스 선교의 길

혁신적 비즈니스 선교(Kingdom Business)

나는 이 책을 집필하면서 먼저 비즈니스와 선교의 개념과 목적을 강조하고자 하였다. 이유는 간단하다. 나의 비즈니스와 선교의 개념과 원리는 기존의 비즈니스 선교의 이론과 다름이 있기 때문이다. 이것은 나만의 자존심과 가치로서, 실전 경험을 통해 얻은 것들이다. 나의 비즈니스 선교 이론은, 한 손으로 두 개의 수박을 잡을 수 없듯이, 비즈니스와 선교를 완전히 분리하는 것이다. 사업도 못하면서 선교하는 것, 선교도 못하면서 사업하는 것, 나의 경험에 의하면, 이것은 아니라는 것이다. 한 손으로 두 개의 수박을 잡을 수 없듯이, 사업과 선교를 묶어서 하는 것이 아니라 동역 관계를 맺고 수행해야 한다는 것이 나의 비즈니스 선교전략이다. 다시 말하면 지속가능한 비즈니스와 선교의 아름다운 동행(Business with Mission)이다.

나는 비즈니스 선교에 관한 수십 권의 책이 서재에 있지만, 그

책을 하나도 참고하지 않았다. 이유는 다른 비즈니스와 선교에 대한 이론과 실전을 나의 이론과 실전에 혼합하고 싶지 않았고, 나만의 경험과 이론, 그리고 실전을 담고 싶었기 때문이다. 이것이 바로 이 책이 지향하는 목적이고 결론이다. 로잔대회 이후, 세계교회와 선교단체는, 세계선교에 비즈니스 선교라는 한 축이 도입되면서, 비즈니스와 선교가 선교역사를 바꿀 위대한 기회라고 인식하였다. 이러한 환경 속에서 한국교회도 어느 날인가 비즈니스를 선교현장에 접목하면서 비즈니스 선교에 날개가 달리는 듯했다. 하지만 작금의 현실은 한국교회나 선교단체에 비즈니스 선교가 애물단지가 된 것은 아닌지 모르겠다.

나의 비즈니스와 선교의 개념은 세 가지다. 즉 개인의 영토확장, 기업의 영토확장, 그리고 하나님 나라의 영토확장이다. 비즈니스를 통해 선교의 날개를 다는 것이 나의 비즈니스 선교개념이고 원리이다.

개인의 영토확장

개인의 영토확장이 필요한 이유는 사업의 주체가 누구냐에 따라 영향력이 달라지기 때문이다. 나는 초창기 이름 없는 무명의 사업가였다. 아무리 애를 써 본들 사업의 확장이 되지 않고 무리수만 발생하였다. 나중에 깨달은 바는 나의 영토가 없었던 것이다. 그래서 비즈니스 선교에서 첫번째로 중요하게 생각하는 개념이 바로 개인의 영토확장이다.

기업의 영토확장

개인의 영토가 확장되면 그 사람의 영향력 속에서 기업의 영토를 확장하는 데 어려움이 없다. 개인의 영토를 바탕으로, 다시 말해 개인의 신뢰와 정직을 바탕으로 사업체를 만들고 이끌어 가면 기업의 영토를 만드는 데 전혀 문제가 발생하지 않는다. 오히려 개인의 영토를 통해서 기업의 영토가 확장되고, 기업의 영토가 확장됨으로 인해서 여러 방면에서 영향력을 만들 수 있다. 하나의 기업이 주는 영향력은 참으로 대단하다. 그 기업 안에 있는 직원과 직원의 가족, 그리고 고객과 고객 가족의 주변 사람까지도 기업의 영향력 속에 들어올 수 있기 때문이다.

하나님의 영토확장

개인의 영토확장과 더불어 기업의 영토확장을 통해서 만들어지는 것은 바로 하나님의 영토이다. 하나님의 영토확장, 이것이 바로 내가 말하고자 하는 지속가능한 비즈니스와 선교의 아름다운 동행(Business with Mission)이 만들어가는 비즈니스 선교의 최고 가치이다. 이 영토확장을 통해서, 에베소서 2장에서 말하듯이, 공중의 권세 잡은 자들에게 빼앗긴 영토를 바로 세우고 영토 안에 있는 잃어버린 자들을 되찾는 것, 이것이 바로 비즈니스 선교의 최고 가치이다.

나는 이를 위해서 비즈니스 선교의 비전을 세우고, 그 비전을 통해서 미션을 만들어가며, 미션을 통해서 가치를 만들어가야 한다고 믿는다. 가치가 가치로서 끝나서는 안 되며, 지속할 수 있는 가치를 만들기 위해서는 관리를 잘 하여야 한다. 관리를 효과적으로 잘 하기 위해서는 전략이 필요하다. 지속할 수 있는 비즈니스 선교를 성공적으로 만들기 위해서는 전략을 잘 만들어야 한다. 여기에 플러스 비즈니스를 하는 사람의 열정이 필요한 것이다.

미래의 선교를 예측할 수 있는 방법

미래를 예측한다는 것은 상당히 어려운 일이다. 하지만 우리가 세 가지 비전을 가진다면 미래 예측도 어렵지 않다. 이 세 가지 비전이란 첫째 주님이 약속하신 것을 믿는 것, 둘째 주님이 요구하신 지상명령을 생명처럼 여기는 것, 셋째 주어진 환경을 진취적으로 만드는 것이다. 이러한 것들을 통해서 우리는 미래를 통찰하고 예측할 수 있다. 우리는 이것을 이루기 위해서 통찰력 훈련을 통해 시대를 바꾸고, 시대의 변화를 통찰하는 나만의 미래지도를 만들 필요가 있다. 이것을 완성하기 위해서 우리 각자에게 주어진 소명을 발견하여 그 소명이 비전이 되도록 하는 것이다. 주님께서 나에게 주신 비전의 역량을 진단하여 선교사적 삶을 살 수 있도록 조정하는 역할을 다하여야 한다. 나 자신이 먼저 미래를 예측하고 준비할 때, 모든 한국교회와 성도가 이 일에 동참할 수 있는 것이다. 미래를 예측하고 준비하기 위해서 우리 모두 다시 한 번 선교적 비전 선언문을 쓸 필요가 있다. 일반적인 비전 선언문이 아닌 미래 선교를 가능하도록 할 뿐만 아니라, 동참하는 일에 우리 모두 선교사적 미래 비전 선언문을 쓰면 어떨까 싶다.

우리는 비전을 세울 때 막연하게 세울 때가 많다. 이유는 내가 세우는 비전이 하나님이 주신 비전이라는 생각 속에 적당히 하려는 경향이 많기 때문이다. 부족한 내가 비전을 위해 준비했으니 부족한 부분은 하나님이 채워주신다는 생각이 넘치기 때문이다. 하지만 우리가 비전을 세우고자 하는 데는 하나님께서 지혜도 주신다. 그 지혜를 바탕으로 비전을 이루어가는 데 필요한 모든 것을 구체화하면서 재정전략 모델을 개발하여야 한다. 우리에게 주신 비전을 구체적으로 완성하고자 한다면, 이에 맞는 재정적 비전도 세워야 한다. 재정적 비전도 세우면서 어떻게 공급되며 사용되어야 하는지도 미리 계획하여야 한다. 이러한 환경 속에서 비즈니스가 아주 중요한 역할을 할 것이다. 우리는 이제 새로운 시대, 새로운 환경에 도달하게 된다. 다시 말하면 전세계 모든 나라와 모든 백성이 비즈니스에 관련되어 살아가고 있다는 사실을 인지해야 한다. 그리고 이러한 환경으로 변화되어 갈 때, 우리에게는 그 풍랑에 휩쓸려가는 것이 아니라 파도를 타고 가는 지혜가 필요하다.

비즈니스 선교의 목표(Goal)와 가치(Value)

비즈니스 선교는 과거의 선교전략이 아니라 오늘날 교회가 당연히 하여야 할 전략이다. 비즈니스 선교의 목표는 영적 변화이다. 효과적인 변화를 일으키려면 영적, 사회적, 경제적 상황 모두를 고려하여야 한다. 이것이 예수님의 공생애 기간에 보여 주셨던 사역의 모델이고 비즈니스 선교의 임무이기도 하다. 즉 비즈니스 선교가 가장 먼저 내세우는 목표는 지속적인 영적, 경제적 변화이다. 지속성이란 사업상의 수익성과 경제개발 프로그램에서도 나타난다. 영적 변화란? 사람들을 예수님께로 인도하는 것을 말하며 사람들의 신앙을 견고하게 하고, 성경적 가치관을 가르치며, 현지 교회를 질적, 양적으로 향상시키는 것을 말한다. 그리고 경제적 변화란? 영적 자본이 쌓일 수 있는 문화를 조성하고 올바른 직업관을 가르치며, 고용인력을 확충하고 현지의 부를 증가시키는 것을 말한다. 나는 글로벌 사업가로서 선교와 사업을 하면서 나만의 비즈니스 선교의 목표를 만들 수 있었다. 내가 전통적인 선교의 방법으로 초보 선교사로서 선교할 때는 마음의 여유와 삶의 여유가 없이 그저 앞만 보고 달려왔다. 선교사들이 다 그렇게 하니까 나도 그렇게 했다. 하지만 너무도 힘들고 고달팠다. 하지만 나만 그랬을까?…

전통적인 선교방법도 필요하고 내가 해본 방법도 필요하다고 본다. 나는 전통적인 선교사와 사업가로 살면서 사업과 선교를 병행해서 해보았다. 나 자신을 위한 것이 아니라 좀더 통 큰 선교를 위해 일을 하던 중에 비즈니스 선교라는 개념을 만들어내기에 이르렀고, 그것을 위해 사역에 전념했을 뿐인데 주님의 은혜로 많은 것을 이루게 된 것이다. 누가 봐도 나는 키가 작고 볼품없는, 그리고 사업할 줄 모르던 CEO요, 내 회사는 나 한 사람에 불과했다. 그럼에도 불구하고 국가를 상대로 대형공사를 계약할 수 있었던 것은 전적으로 하나님의 인도하심이 아니었겠는가! 나같이 사업의 '사'자도 모르는 작은 사람도 세상 한가운데에 우뚝 세우시는 분이 하나님이시니, 그분이 하겠다고 고집부리면 안 될 일이 없다.

내 사업의 태생도 그분이요, 지금까지의 행보도 그분과의 동행이었기에, 앞으로도 꾸준히 그분을 부여잡고 갈 생각이다. 그래서 그려본

청사진이 사업과 선교가 어깨동무하며 나아가는 지속가능한 비즈니스 선교(Business with Mission)라는 개념이다. 사회에 대한 선한 영향력과 선교의 사명을 사업의 확장과 더불어 확대해 나가고 싶은 것이다.

사업가(CEO) 선교사 양성 프로젝트

확실한 신분으로 비자, 거주문제가 해결된다. 이 시대, 집중적인 선교대상이 되는 지역은 창의적 접근과 필요지역, 특히 이슬람 국가가 아닌가 싶다. 창의적 접근지역에서는 아무래도 목사 출신 선교사나 전문 선교사가 선교만을 목적으로 거주하고 정착하는 데 어려움과 한계가 많다. 거주 문제가 풀려야만 선교할 수 있기 때문에, 비자를 얻기 위해서는 특별한 대책이 수립되어야 하는 지역이다.

사업가는 세계 어느 나라를 가도 문제가 될 것이 없다. 사업가에게는 신분을 공식적으로 보여주는 회사의 명함이 있고, 명함에 나와 있는 홈페이지를 검색하면 어느 나라에서나 신분을 확인할 수 있어서 의심할 여지가 없다. 또한, 비즈니스 비자는 세계 여러 나라에서 호의적으로 발급해주며, 기업인들은 각 나라에서 영향력을 행사하고, 주 정부 인사와 교제를 나누며, 그리스도의 향기를 은은하게 풍겨오고 있다.

회사나 단체에 소속되지 않은 개인 신분의 목사 선교사나 전문 선교사들은 회사를 세우지 않는 이상, 이슬람 지역이나 비협조적 국가에 들어가기가 어렵다.

몇 달 전, 나는 베트남을 방문한 적이 있다. 베트남에서 사역하는 선교사들과 CBMC(한국기독실업인회) 회원들에게 비즈니스 선교에 대한 필요성을 강의하고 나눔을 가지기 위해서였다. 그곳에서 여러 사역자들을 만나 사역에 대한 소감과 비자 문제 등에 관한 대화를 나눌 기회가 있었다. 베트남에는 한류 문화가 성황을 이루고, 한국과 베트남 양국 사이도 우호적이라고 판단했다. 그래서 선교사들의 비자 문제에 대해서 호의적일 것이라 생각했는데, 실상은 정반대였다. 3개월마다 비자를 연장하는 것부터 시작해서 여러 가지 여건이 너무 힘들다는 것이었다. 우리와 동반자적인 국가에서도 비자 문제가 쉽지 않다면, 이보다 더한 나라에서는 상황이 어떨지 짐작해보라. 여건이 이러하니, 파송받은 선교사들이 가장 먼저 겪는 일이 비자 문제이고, 이로 인해 피가 마르는 것이다. 오죽하면 사역한 것은 없고 비자사역만 했다는 말이 다 나왔겠는가! 이 고통을 가장 지혜롭고 현실적으로 해결하는 방법이 사업가를 선교사로 보내는 것이고, 선교를 비즈니스 선교로 전환하는 것이다.

　이슬람 지역에서의 생존은 결코 만만치 않다. 오래 전 중동선교회에 참석하여 어느 선교사를 만났다. 그 역시 오랫동안 이슬람 국가에서 사역하였으나, 한계 상황에 부딪치면서 현재는 미국에서 다문화 사역을 해오고 있다고 했다.

　"내가 목사가 아니었더라면 정말 좋았을 것입니다." 그가 털어놓은 솔직한 심정이었다. 목사이다보니 이슬람 지역에서 할 수 있는 것이 아무것도 없더라는 것이다. 오로지 "어떻게 하면 교회를 세우지? 어떻게 하면 십자가를 세우지?"하는 생각뿐이었고, 목사의 거룩한 언사들만 흘러나와 사람들 만나는 일이 힘에 부쳤다고 한다. 크리스천은 숨소리조차 내기 힘든 사우디아라비아에서 말이다.

　기존의 선교사들은 숨어 지낸다고 할 정도로 숨도 못 쉬고 사는 곳이 이슬람 지역이다. 몇몇 선교사들은 신분을 속이고 학생으로 들어가 공부하며 사역한다. 그것으로 끝이 아니다. 교육기간이 끝나면 거주 문제로 고민을 시작해야 한다. 많은 크리스천이 이슬람은 철옹성이라고 생각한다. 미안하지만, 그렇지 않다는 것이 나의 답이고 경험이다. 사업가가 사업할 지역에 들어가서 사업하겠다는데, 누가 뭐라고 한단 말인가? 사업자 등록을 하고 나라가 정한 법에 맞추어 합법적으로 사업한다는 것에 대해 방해하거나 모함할 사람은 이슬람 지역에도 없다. 그 정도로 막히거나 합리적이지 않은 나라가 아니라는 뜻이다. 기업을 세워 일자리를 창출하고, 수익금에 대해 나라에 꼬박꼬박 세금을 내며, 기술과 경제를 발전시키고 사회에 기여하는 일을 하니까, 오히려 존경받고 환영받는 일이다. 이런 당당한 자부심을 가질 수 있는 여건이 살기에도, 선교하기에도 좋은 환경이 아니겠는가? 사업가를 선교사로 보내야 하는 이유가 여기에 있다.

　선교사 노후대책의 대안이 된다.　사업가에게는 자생 능력이 있다. 사막 어디에 내놓아도 견딜 수 있는 지구력과 강한 인내심, 능동적이고 적극적인 마인드를 가진, 살아 있는 재산이 있다. 그러니, 그들을 보내야 한다. 이제 한국 선교사들 노후 현상이 나타나고 있다. 선교 초창기에는 생각하지 못했던 새로운 문제가 주목되고 있다. 수많은 선교사를 파송했지만, 그들의 노후에 대한 대책은 어디에도 없다. 선교사들의 노후대책을 한국교단이 해결하겠는가? 파송 단체에서 해결하겠는가? 아니면 선교사가 파송 조건으로 노후대책이 수립되었는지 물어보고 갈 것인가? 솔직히, 답이 없다. 사업가를 선교사로 보내면 이 문제마저 해결된다. 많은 문제에서 자유로울 수 있는 방법이다.

만남의 폭이 훨씬 넓어진다. 사업가의 만남에는 그야말로 한계가 없다. 기업의 직원들을 비롯해 사업 파트너들, 구매자 등 사업가들은 누구든지 만나 교제를 나눌 수 있다. 그중에는 정치 및 사회적으로 영향력을 끼치는 정부 주요 인사도 있고, 경영인들, 각계각층의 문화인사들도 있다. 수익금을 사회에 환원하는 활동들을 통해 사회적 약자들과 어려운 사람들도 자연스레 접할 수 있다. 만날 사람도 많고 대화를 나누고 공감을 나눌 사람도 많으므로 영향을 끼칠 대상의 폭도 그만큼 넓어지는 셈이다.

선교현장의 분위기가 밝아진다. 사업하는 선교사는 비자 문제와 거주 문제가 해결되니 비교적 편안한 마음으로 정착을 이루어갈 수 있다. 덕분에 선교사 자신이 편안하고 행복하다. 본인이 편안하니 가족과 성도들도 편안하고 여유로우며, 파송교회도 큰 근심을 덜 수 있다. 본인의 비자 문제뿐만 아니라, 팀원들의 비자 문제도 여유롭게 해결해줄 수 있으니 더할 나위 없다. 이름하여, 선한 나비 효과라고 할까! 물론, 사업가 선교사라고 해서 만능은 아니다. 그들도 어려움에 부닥칠 수 있고, 대처하지 못할 상황이 발생할 수 있다. 그러나 기존의 선교사들과 판이한 다른 방식으로 선교할 수 있다. 자신도 영향력이 있고, 영향력 있는 인적 네트워크 또한 풍부하므로 현실적인 도움을 청할 길이 많다.

다방면에서 영향력 있는 선교를 한다. 기존의 파송 선교사들의 모습으로는 분명 한계가 있다는 것을 많은 이들이 인정한다. 그렇다면 새로운 대체 공급자들을 준비해야 하는 것이 옳다. 그 대안으로 사업가들을 충원하기를 강조하는 것이다. 선교훈련만 제대로 한다면 그들은 잠재력 있는 선교사로서 자질이 충분하다.

이슬람교 선교의 역사에 선교사를 파송하였던 흔적이 있는가? 그렇지 않다. 이슬람교도들이 자발적으로 정착한 지역에서 삶을 통해 이슬람 문화와 이슬람교가 전파되었고, 때로는 강압적으로 전파되기도 하였다. 그들이 가는 곳마다 사업과 삶을 통해서 이슬람의 문화, 교육, 사업 등이 패키지로 삶속에 저절로 스며들어 영향력을 행사하는 것을 볼 수 있다. 그 정책을 그대로 모방하자는 것이 아니다. 기존의 선교방식을 완전히 바꾸자는 것도 아니다. 현실적으로 어쩔 수 없이 나오게 되는 기존 방식의 선교 사각지대를 비즈니스 선교를 통해 채우자는 것이다.

이슬람 국가에서는 선교 사각지대가 선교대상보다 훨씬 크다는 현실을 고려한다면, 교육, 경제, 문화, 사회, 기술 등 다양한 분야에서 영향력을 끼칠 수 있는 몫을 사업가 선교사가 많이 담당해줄 수 있다는 것이다. 기존의 선교방식에 사업가 선교사의 영향력을 더하는 셈이다. 사업가들은 한국의 국력을 바탕으로 얼마든지 거주 국가의 모든 부분에 영향력을 줄 수 있다. 가랑비에 젖는 옷이 얼마나 촉촉하게 젖는지를 생각해 보라. 일상생활 속에 알게 모르게 스며드는 영향력으로 보이지 않는 선교의 틀을 다져나갈 수 있다.

"키르기스스탄 정부에서 정부를 대신할 사람으로 일반 기업인을 택하지 않고 사업하는 선교사를 택한 것은 정직과 신뢰를 바탕으로 일하는 것을 알기 때문입니다."

키르기스스탄에서 사역하는 한 선교사에게 전해들은 말이다. 이처럼 사업하는 사람들은 자신의 인격을 바탕으로 각국에 영향력을 줄 수 있다. 이는 참으로 소중한 하나님의 재산이며 선교적 자산이 아닐 수 없다. 물론 일반 선교사들도 모두 가지고 있는 주님이 주신 성품이라고 할 수 있지만, 사업하는 사람은 일반 선교사보다 '보이지 않는 감시'에서 쉬이 벗어나 있을 수 있다는 장점이 있다. 사업가는 애당초 사업을 위해 왔기 때문에 문제가 발생해도 사업가로서 문제를 해결할 수 있다. 하지만 사업하지 않는 선교사라면 문제가 발생했을 때 어떤 방법으로 해결하겠는가? 추방당하는 수밖에 없다. 사업가는 정직하게만 사업하면 문제가 발생할 일이 없다. 채용한 직원에게 삶을 통해 복음을 전하고 영향력을 준다고 해서 무슨 문제가 발생하겠는가? 이러한 이유로 사업가 선교사가 문제해결 능력과 영향력을 더 가질 수 있다.

기업인은 무궁무진한 선교자원이다. 한국에는 수백만 개의 중소기업과 개인 사업자들이 있다. 정확한 통계는 알 수 없지만 한국 인구 4명 중 1명이 크리스천이다. 결론적으로 말하면 수많은 개인 사업가들과 중소기업 사업가들이 교회 안에 있다는 것이다. 그들은 무궁무진한 선교자원이자 한국교회의 미래를 책임질 선교자원이다. 개인이 한국에서는 기업을 경영하기가 하늘의 별따기처럼 어렵다고 한다. 그것은 오늘날의 대한민국 현실을 보면 알 수 있다. 한국의 중소기업은 대기업에 치여 죽을 맛이다. 죽기 살기로 개발해 놓으면 대기업의 제물이 되고, 그 제물마저 되지 못한 기업은 생매장되어

사라진다. 양육강식이 지배하는 곳이 경제계다. 게다가 좁은 내수시장도 한계로 작용한다. 그래서 개인 사업가들 모두가 세계에 진출하고자 꿈꾸는 것이다.

오히려 이런 현상이 한국교회의 선교 차원에서는 더 환영할 만한 일이 아닌가 싶다. 국내의 수많은 개인 사업가들이 얼마나 많은가? 그들 중에서 선교 마인드가 있는 사업가를 찾아 훈련하고 격려하여 선교지로 내보낸다면? 좁은 땅 안에서 치고받고 사느니, 선교단체와 사업하는 사람들이 효과적으로 연구하고 집중적으로 공략할 거점들을 표적으로 삼아, 그들을 선교사로 보낸다면, 지금보다 더 효과적으로 선교거점에서 영향력을 만들 수 있다.

한국인의 끈기와 인내력은 세계에서 인정받고 있다. 특히 요즈음은 전세계에 한류 바람이 불어 비즈니스를 하는 데 더없이 좋은 환경이 만들어졌다. 세계 어디에 가든지 한국 상품과 한국 사람들은 인기몰이를 한다. 그래서 더욱 자신한다. 사업가 선교사들은 무궁무진한 선교자원이 될 수 있다고! 지금까지 선교는, 그 역량을 목회자 선교사와 전문인 선교사에서만 찾다보니 계발을 못하고 있는 것뿐이다. 호랑이처럼 포효할 날만을 기다리는 사업가가 얼마든지 있다는 사실을, 한국교회의 선교를 다시 세우시려는 하나님의 깊은 뜻으로 받아들였으면 좋겠다.

요즘은 세계 어디를 가든 중국 상품이 판을 친다. 하지만, 품질에 관한 신뢰도가 너무 낮아 골머리를 앓는 사람들이 대부분이다. 이런 현상 역시 한국 제품을 위주로 사업하는 사람들이 호기로 이용할 수 있는 천혜의 틈새시장이다. 정상적인 시장경쟁 속에서 신뢰를 통한 틈새시장을 공략할 절호의 기회들이 얼마든지 있다는 뜻이다.

또 하나 제시하고 싶은 것은 세계 도처에서 활동하고 있는 해외 경제인들, 즉 재외한인 동포들을 활용하는 방안과 해외 기독실업인들이다. 총 8백만 명에 달하는 그들 중 60퍼센트가 크리스천이라고 한다. 실제로, 내가 3년 동안 한인회장을 하면서 만났던 많은 한인회 회장들과 임원들도 크리스천이었다. 그들 모두를 잠재적 선교사로서 충분히 바라볼 만하다는 뜻이 아닐까! 선교에 관한 동기부여와 훈련만 제대로 된다면, 그들은 어마어마한 비즈니스 선교의 동력이 될 수 있다. 실제로 나 역시 선교사이자 해외 동포 사업가이기 때문에 사업하면서 선교하지 못할 이유가 없는 것을 이미 체험하였다.

오랜 시간 외국에 거주하면서 그들은 이미 국제화되어 있다. 언어, 문화, 정치, 경제 사업 등 여러 방면에서 누구보다도 우수한 준비가 되어 있는 자들이다. 한국교회가 그들에게 관심을 표명하고, 사업가를 넘어 사업가 선교사로서의 잠재성과 능력을 인정한다면 충분히 달라질 수 있다는 것이 나의 개인적인 생각이다.

사업가를 선교사로 보내기

CEO 선교사로 누구를 보내야 하나? 선교대회에 청년이나 대학생들이 비전을 품고 많이 모이는 것도 중요하지만, 이런 자리에 중소기업 사업가들, 개인 사업가들 그리고 각지에 흩어져 있는 크리스천 한인동포 사업가들 모두가 참석하는 선교대회를 열 수 있기를 소원해본다. 2012년 시카고 한인 세계선교대회에 주 강사로 참석했을 때의 기억이다. 물론 대단한 행사였고 개인적으로도 은혜를 받은 좋은 경험의 시간이었지만, 한편으로는 마음이 아팠다. 여러 가지 포럼이 열리긴 했으나, 선교에 동원될 가능성이 큰 재미사업가들의 참석이 저조했기 때문이다. 또한, 대부분의 참석자들이 교회의 여성 직분자, 강사들을 따라다니는 성도들, 여느 부흥회와 다름없어 보였다. 한 마디로, 선교라는 전문성이 도드라져 보이지 않았다. 대회를 폄하하려는 것이 아니다. 필력이 모자란 탓에 혹시라도 그런 의미가 전해졌다면 용서를 구한다. 말하고자 하는 바는, 선교대회라는 주제에 적극적으로 호응하고 관심 있어 하는 성도들의 참여가 낮아 안타까웠고, 보다 효과적으로 사업가 성도들을 모을 수는 없었을까 하는 아쉬움이 남았다는 것이다. 이러한 현실적 문제를 해결하기 위해 한국선교의 코디네이터들이 한자리에 모여 기도하고 고민한다면, 이 시대를 장식할 사업가들을 선교사로 불러모아 얼마든지 선교지로 보낼 수 있지 않을까, 혼자 생각해보았다.

선교사로 가는 사업가는 검증이 필수 CEO를 선교사로 보낼 때는 반드시 검증된 사업가를 보내야 한다. 선교지는 사업을 시험하는 무대가 아니기 때문이다. 서로 물고 뜯고 할퀴며 죽기 살기로 덤비는 경쟁자들이 득실대는 곳이기 때문이다. 국내 시장보다 훨씬 더 살아남기 어려운 생존경쟁이 치열한 전쟁터와 같은 곳이기 때문이다. 그곳에서 생존해낼 수 있는 자생력을 갖추어야 한다.

기존의 사업가 선교사들이 비즈니스 선교를 하는 모습을 보면, 사업을 마치 테스트하는 것처럼 보인다. 실제로 그 수준에 만족하며 지내는 사람도 많다. 그러나 선교현장은 그리 한가하게 사업을 시험할 시간적·물적 여유가 있는 곳이 아니다. 사업은 적시적소에 투자하거나 투자받아야 하는 상황이 순간적으로 일어나는 곳이다. 그렇다고 크리스천 사업가라는 사람이 나의 이익을 위해 상대방에게 치명적인 피해를 입힐 수는 없는 일이다. 어떠한 상황에서도 크리스천 사업가로서 구매자에게 상품 및 각종 정보를 정직하게 전해주면서 최선의 서비스를 해야 한다. 구매자들은 사업가의 모든 것에 대해 주시하고 확인하기 때문에 언제나 크리스천 언행과 마음을 갖추고 있어야 한다. 조금이라도 빈틈이 보이고 가치가 없다고 판단될 때 매몰차게 돌아서는 것이 사업의 세계이다.

사업가 비자를 받기 위해서 비즈니스 선교사를 흉내내는 사람들이 있다. 그들이 이해되지 않는 것은 아니나 그런 꼼수는 위험하고 반드시 경계해야 한다. 사업의 규모를 확장하고 싶어도 돈이 없고, 사업에 본격적으로 뛰어들려고 해도 사업할 만한 실력이 안 되는 것이다. 이런 현실적 문제가 없어지려면, CEO 선교사일수록 사업능력이 입증된 사람을 보내는 것이 안전하고 옳다.

검증돼도 선교훈련은 필수 모든 선교사는 훈련을 받아야 한다. 훈련받지 못한 병사가 전장에서 승리를 기원할 수는 없다. 군대에 있을 때다. 부대원들에게 실제 수류탄 훈련을 실시하라는 지시를 받고 병사들을 모아 훈련장으로 나갔다. 대부분 고참 병사들이었고 단 한 명만 신병이었다. 수류탄 잡는 방법을 가르친 후, 계곡 깊숙이 던지라고 지시하며 수류탄을 쥐어 주었다. 첫 수류탄을 손에 든 신병이 너무 긴장한 나머지 배운 대로 하지 못하고 계곡이 아닌 부대원들이 서 있던 바로 앞의 교통호 너머로 수류탄을 던지고 말았다. 순간적으로 소대원들에게, "엎드려!" 명하고 나도 즉각 엎드렸다.

죽었다 싶었다. 수류탄이 교통호 바로 위에서 터져버린 것이다. 정말 아찔한 순간이었다. 다행히 모두 무사하였다. 소대원들이 그날을 제2의 생일로 해야 한다며 난리를 피웠고, 그 신병은 고참들에게 반쯤 죽었다 살아났다. 훈련되지 않은 선교사는 이 신병과 다를 바 없다.

군인이 훈련소에서 교육을 받듯, 선교사는 선교단체를 통해서 훈련을 받아야만 한다. 사업가 중에는 훈련되지 않은 개인으로 가서 선교사 역할을 하는 사람들도 있다. 물론 훈련받지 못해도 선교를 할 수 있고, 어쩌면 더 헌신적으로 예수님의 모범을 따라 살면서 선교할 수도 있을 것이다. 분명, 고마운 일이긴 하다. 하지만 훈련받지 못한 병사가 전장을 어지럽히고 무질서하게 만들 확률이 높듯이, 훈련받지 못한 사업가의 선교 역시 그럴 여지가 높다. 잘못하면 '모로 가도 서울만 가면 된다.'는 식의 무작위 선교를 낳을 수 있기 때문이다. 선교사의 성품이 좋지 않아서가 아니라, 훈련된 선교나 질서 잡힌 선교에 대한 무지가 잘못된 의지나 방향을 만들 수 있다는 것이다.

"선무당이 사람 잡는다."는 말이 있다. 한국에서 파송되어 사역하고 있는 선교사 중에는 이름 없이 빛도 없이 자기에게 주어진 일에 생명을 걸고 사역하는 사람들이 많다. 하지만 일부는 선교지에서 많은 문제를 일으키고 있다. 왜 이런 문제가 나타나는가? 문제는 훈련이 되어 있지 않고 훈련이 되어 있어도 단체의 규정과 매뉴얼대로 하지 않고 한마디로 규정을 어기기 때문이다. 이와 같이 훈련되지 않은 선교사는 훈련되지 않은 병사처럼 문제를 발생시킬 소지가 많다. 물론 선교는 열정에 불타 선교훈련 없이도 사역을 할 수 있다.

하지만 훈련받지 못한 선교사는 선교지에 거하면 거할수록 피눈물 나는 체험을 감당하지 못할 때가 오기 쉽다. 훈련을 받고 서약을 하고 가서도 서로 못 잡아먹어 난리를 쳐서 불협화음이 발생하는 선교사와 선교지가 얼마나 비일비재한지 모른다. 선교단체에서 훈련할 수 없는 상황이라면, 각 교회에서 담임목사 책임하에 훈련시켜 보내는 것도 하나의 방법이다. 담임목사가 사업이 진행되어 가는 것을 수시로 보고받고, 기도해주며, 교회의 소식을 전해주어 외롭지 않도록 해준다면 서로에게 위로가 되고 용기가 될 것이다.

경영 능력의 세 가지 원천

믿음과 기도의 힘 나는 이제 겨우 15년짜리 새내기 사업가다. 수십 년 해온 사업가들이 보기에는 짧은 기간이라 할 수 있는 10년 동안 수많은 어려움과 고통을 겪었다. 사업가는 결코 만능 파워맨이 아니다. 그도 사람이기 때문에 힘들고 외로울 때가 있다. 그 고비마다 견딜 수 있었던 것은 믿음이 있었기 때문이다. 나 스스로도 기도를 열심히 했지만, 많은 이들의 격려와 중보기도가 큰 힘이 되었다

사업현장을 발로 누비는 열정과 노력 인내하고 견디는 것으로 힘을 얻는다 하더라도, 현실에서 실질적인 힘을 발하는 경영능력은 어디에서 나오는 것일까? 경험을 떠올려보면, 주어진 사업에 열정을 다해 임할 때 속에 잠재되어 있는 무엇인가가 스스로 끌어 올려지기도 하고, 주님의 마음이 동하기도 했던 것 같다. 무엇보다 불꽃같은 눈동자로 현장을 지켜보며 모든 에너지를 소진하고 끊임없이 노력하는 사람을 이겨낼 재간이 없다는 것이 내 경험이다. 한번 시작하면 끝을 본다는 생각으로 뚝심과 의지로 대응했고, 불굴의 의지와 남모르

는 노력을 필사적으로 기울였다.

사업의 동역자인 충성스러운 직원 사업가는 직원에 앞서 모든 일에 솔선수범해야 한다. 특히 자신의 사업을 위해 불철주야 일해주는 자신의 식구들, 즉 직원들에 대한 존중은 필수다. 그들의 충성도가 사업을 좌우할 수 있기 때문에 사업의 동력이 되도록 만들 줄 아는 것은 아주 중요한 경영능력 중의 하나이다. 직원들이 회사를 위해서 충성을 다하면 그 충성에 대해 적절한 보상이 뒤따라야 한다. 그것이 사업성장을 순탄하게 하는 길이고, 경영능력을 키우는 길이다. 자선사업을 목적으로 회사를 세운 것이 아니다. 직원을 모집하고 선발할 때 회사의 설립 목적과 방향을 정확히 말한다. '이 회사를 통해서 사회적 기업이 되기를 원하고, 이 회사를 통해서 직원은 물론 직원의 가정까지도 책임지는 회사를 만들고 싶다. 하지만 직원들이 회사의 방침을 알면서도 회사에 충성하지 않는다면, 그 직원뿐만 아니라 모두에게 해가 되는 것이다.'라고. 그런 방향으로 직원들을 철저히 관리한다.

> "다섯 달란트 받았던 자는 다섯 달란트를 더 가지고 와서 가로되 '주여 내게 다섯 달란트를 주셨는데 보소서 내가 또 다섯 달란트를 남겼나이다.' 그 주인이 이르되 '잘하였도다 착하고 충성된 종아 네가 작은 일에 충성하였으매 내가 많은 것으로 네게 맡기리니 네 주인의 즐거움에 참여할지어다.' 하고, 두 달란트 받았던 자도 와서 가로되 '주여 내게 두 달란트를 주셨는데 보소서 내가 또 두 달란트를 남겼나이다.' 그 주인이 이르되 '잘하였도다. 착하고 충성된 종아 네가 작은 일에 충성하였으매 내가 많은 것으로 네게 맡기리니 네 주인의 즐거움에 참여할지어다.'" (마 25:12).

선교사 입양 프로젝트

나는 선교사로서 사역을 해오면서 왜 한국교회는 선교사들에게 비즈니스 선교를 강요하는가에 대하여 여러 가지 의문을 가졌다. 물론 작금의 한국교회는 재정적 어려움에 처해 있다. 강남의 몇몇 대형교회는 교회건축으로 인해 재정적 압박 속에서 교역자들 사례비도 지급하지 못한다는 안타까운 소식이 들려온다. 왜 이런 현상이 나타나는 것일까? 나는 선교사로서 선교사들에게 비즈니스를 강요하기보다는 새로운 방법을 찾아야 한다고 본다. 한국에 와서 비즈니스와 경영에 대하여 강의를 다니면서 느낀 것이 있는데, 기독실업인들의 선교 마인드가 대단하다는 것이다. 나는 그것을 보면서 기독실업인을 잘 활용하면 선교와 기업의 해외진출이라는 두 마리 토끼를 잡을 수 있겠구나 생각하였다. 그래서 계획한 것이 선교사 입양 프로젝트이다. 기독실업인들을 만나보니까 개인적으로 선교사들을 기업 차원에서 후원을 하고 있는 것을 보았다. 이것을 공론화했으면 한다. 그래서 선교사 입양 프로젝트를 해야 하는 이유들을 먼저 말하고자 한다.

기독실업인, 선교사 입양 프로젝트 왜 해야 하나?

거주의 한계성 사실 선교사들은 비자 문제로 인해 많은 스트레스를 받고 있고, 그로 인해 사역의 영속성이 떨어지고 있으며, 거주의 문제까지 발생하고 있어 추방과 사역의 중단이라는 문제들이 지속해서 발생하고 있다. 또한 선교지의 물가상승으로 현재 후원받는 선교비로는 사역과 정착을 할 수 없는 상태가 계속해서 발생하고 있다. 이러한 현실 속에서 선교사들은 사역의 고민보다 거주의 문제 때문에 더 많은 영향을 받고 있다. 이러한 문제는 선교단체나 파송한 교회의 적극적인 대처로 가능하나, 단체나 교회 역시 재정적인 문제의 한계성 때문에 대책이 있을 수 없다.

한국교회 선교비 증액 불가 앞에서도 말했지만, 한국교회가 심한 진통을 겪는 이유가 무분별한 교회의 건축과 사업의 확장으로 인해 감당할 수 있는 한계 이상의 부채 때문이다. 이러다 보니까 선교를 말하고 있지만 사실 선교비는 줄어든 지 오래이고 증가는 꿈도 꾸지 못하는 형편이 되었다. 한국의 어떤 교회가 선교사의 선교비를 증액했다는 감사의 소리를 별로 들은 적이 없다. 믿음으로 살라고 강단에서 외치지만 사실 선교사들에게는 고국에서의 생활보다 몇 배의 생활비가 들고 사역비가 들어가는데 한국교회와 성도들은 선교사들은 잘 안 먹어도 되고, 잘 살지 않아도 되는, 다시 말하면 하늘에서 보화가 내려와 생활하는 사람으로 착각하고 있다는 사실이다. 그렇지 않다. 선교사는 열악한 선교지 환경에서 보내주는 피눈물 같은 후원금으로 최선을 다해 절약하고 줄이면서 사역한다. 선교사들은 선교비 증액을 바라볼 수도 기대할 수도 없다. 이것이 한국교회의 현실이니까.

사역의 자립성 붕괴 선교비가 증가하지 못하고 줄어드는 관계로 사역지가 축소되고, 사역의 현장은 붕괴하고 있다. 한국에서 지원되는 후원금을 위한 기도와 그 공급의 안착을 기대하면서 사역을 진행하는데 고국에서 사역을 확대하지 말고 현재 하는 사역을 유지하라는 식으로 전해올 때 어떻게 감당할 수 있을까? 이러다 보니까 사역의 자립성은 붕괴하고, 선교사들이 비즈니스 현장으로 갈 수밖에 없는 것이 현실이다.

각종 질병과 스트레스에 노출 이러한 현실 속에서 제일 심각하게 스트레스를 받는 사람들은 현장의 선교사들이다. 고국교회가 선교사들에게 용기를 주고 격려를 해주어도 힘든 상황인데, 비즈니스 선교를 하여야 한다고 강요하고 몰아붙인다. 그럴 때 비즈니스 선교에 준비가 되어 있지 않은 선교사는 그 자체가 스트레스가 될 뿐이다. 그러다 보니 선교사들은 불안감 증폭과 각종 질병에 노출되어 있으며, 사역의 스트레스보다도 더 어려운 고비들을 가지고 있다.

선교사 노후문제 앞에서도 잠깐 언급했지만, 파송받은 한국의 선교사들의 70% 이상이 50대 이후로, 이것은 곧 노후문제와도 연결이 된다. 한국의 목회현장에서 은퇴하면 노후가 보장되지만, 선교사 노후문제를 거론하는 교단은 아직 없다고 할 수 있다. 파송해 놓았지만, 노후문제까지 해결할 여력은 없는 것이다. 이러한 현실이 선교사들의 사역에 대한 용기를 저하시킨다. 미래에 대한 보장은 하나님의 지켜주심과 인도하심에 의지할 수밖에 다른 도리가 없는 것이다.

기업인이 선교사 입양하면 무엇이 좋은가?

크리스쳔 중소기업 해외진출 용이 참으로 다행인 것은 한국의 중소기업이 해외에 진출하려고 부단히 애쓰고 있지만, 하늘의 별따기만큼 어렵다는 것이다. 대기업이 해외에 진출하여 성공하는 사례가 적기 때문에 대기업들은 필요 이상의 지사를 만들지 않고 성공 가능한 지역에 가능한 제품만을 공급한다. 지사를 개설하면 많은 인력을 보내야 하고 현지인 채용과 더불어 안정적인 수익을 올려야 하는데, 불투명한 관계로 인해 이런 것들이 쉽지 않은 것이다. 하지만 중소기업이 현지에 진출하는 과정에서는 현지에서 오랫동안 사역하는 선교사들과 배합하여 진출하는 문제를 해결하면, 기업은 기업대로 진출의 통로를 확보할 수 있고, 선교사는 기업의 문제를 직접 해결해 줌으로써 상호이익의 전략을 꾀할 수 있다. 이를 통해 기업은 해외진출의 통로를 얻고, 선교사는 기업의 홍보대사로서의 역할을 해줌으로써 기업의 해외진출에 따른 리스크를 최대한 줄여줄 수 있다. 그런 관계를 통해서 선교사는 직접 비즈니스를 하는 부담에서 벗어날 수도 있다.

크리스천 중소기업과 선교사 상호 Needs 해결 기독실업인이 운영하는 중소기업의 필요와 선교사의 필요가 딱 맞아 떨어질 수 있다. 기독실업인들은 선교사를 통해서 그들이 원하는 해외진출의 통로를 얻을 수 있다. 반면 선교사는 그 역할을 충분히 해줌으로써 선교지에서 신분 확정을 통해 개인의 영토를 확보할 수 있다. 이것이 잘 연결되면 선교지에서 비즈니스 선교의 통로가 이루어져서 선한 영향력을 얻을 수 있다. 이것이야말로 가장 바람직한 비즈니스 선교의 모델이 아닌가 싶다.

04
기업인 선교사의 자존감 높여주는 이야기

멋진 사업가? 구멍가게 사장? 선택이 필요하다.

10년 전만 해도 나는 구멍가게 사장이나 다름없었다. 조그마한 구석방에 컴퓨터 5대로 시작한 학원에서 벌어들인 수입이 고작 3백 달러였으니 말이다. 그 수준에서 시작한 사업이 현재 지금까지 총 8억5천만 달러 정도의 매출을 올렸다.

애초에 나는 구멍가게 사장을 꿈꾸지 않았다. 이왕 목사이자 선교사의 직분으로 사업을 한다면 세계적 규모의 사업가가 되겠다는 꿈이 내 안에서 용틀임하고 있었다. 최웅섭이 홀로 개인 사업가였다면 생각하지 못했을 꿈이다. 척박한 땅에 복음을 전하겠다는 소명을 품은 선교사였기에, 특히 창의적 접근지역에서 사역하는 모든 이들에게 용기를 주는 롤 모델을 만들고 싶었다. 그동안 힘들고 어려운 상황에 처해 혼자 눈물 흘리며 포기하고 싶은 때도 많았지만, 주저앉고 싶지는 않았다. 아니, 그럴 수는 없었다. 그 결과 오늘의 기쁨을 누리고 나누고 있지 않은가? 현재 목사, 선교사, 비즈니스 사업가로서 비즈니스의 롤 모델을 만들어 가고 있는 나의 모습을 보니 정말 행복하다. 이 행복을 다른 이들도 맛보았으면 하는 마음 간절하다. 그래서 당신의 마인드가 바뀌기를 바란다. 꿈을 가져라! 예수님이 주시는 비전을 세워라! 당신의 사업이 확장되는 것, 그래서 당신에게서 나오는 복음이 확장되는 위대한 꿈을 꾸길 바란다.

한국에 들어와 많은 사업가들을 만나다보니 하나같이 어렵고 죽을 지경이라고 한다. 한국에서는 중소기업이 설 자리가 없다느니, 정부정책이 없다느니, 입만 열면 불만투성이다. 이해가 가는 일이긴 하지만, 한국경제와 시장이 왜 이리 되었는지 갑갑하기만 하다. 구멍가게 사장이 아닌 사업가가 되고 싶다. 구멍가게는 사장 혼자서 다 할 수 있다. 큰 기업체는 그리할 수 없다. 대표이사가 있고 직원이 있는 회사에서는, 직원과 사장이 협력하여 일을 만들어가는 시스템이 될 때 올바르게 성장해갈 수 있다. 회사가 어느 개인에 의해서 돌아가는 것이 아니라, 잘 만들어진 시스템에 의해 돌아가는 것이다. 혼자서 다할 수 있는 구멍가게와 큰 차이가 거기에 있다. 당신이 꿈꾸는 회사는 구멍가게인가? 아니면 시스템이 있는 회사인가? 꿈의 크기를 측정해 보라.

당신은 꽃보다 아름답다.

나는 경제학이나 경영학을 공부한 사람도 아니었지만, 끝없는 도전정신으로 오늘의 나를 만들었다. 사업을 할수록 재미가 있었고 행복하다. 그렇다고 어려운 일 없이 승승장구한 것만은 아니다. 수많은 고비와 인내가 필요했고 고통을 감내해야 했다. 그래도 나는 10퍼센트의 가능성을 100퍼센트의 현실로 만드는 일에 거침없이 도전했고, 이루어냈다. 나는 이런 도전을 통해 다른 사람들에게 용기를 주고 싶었고 롤 모델을 만들고 싶었다.

현재 중소기업 정보를 10만여 개 보관하고 있다. 그들의 도전정신에 찬사를 보내고 싶다. 그중에는 부도가 나서 연락이 되지 않는 기업도 많다. 더 가슴 아픈 것은 그중에서 재기한 기업들이 그리 많지 않다는 것이다. 도전하자니 재기할 자본도 없고, 다시 실패하면 어쩌나 하는 불안감이 앞서서 감히 재도전하지 못하는 것이다.

사업가가 도전하는 모습을 직원이 보고 배우도록 하고, 그에게 기업경영에 대하여 전수하라. 끝없는 도전을 계속하는 사업가는 참으로 꽃보다 아름다운 자라고 생각한다.

나는 사업하는 사람을 꽃보다 아름다운 사람이라고 말한다. 내가 그러했으니까. 어려운 현지에서 사업을 열고 현지 사람들과 동고동락하면서 사업의 이정표를 세우기 위해 노력하는 당신은, 꽃보다 아름답고 향기로운 존재다. 당신이 진정한 향기를 풍기는 사업가의 꽃이 된다면, 당신의 향기를 알아주는 응원가들이 생기게 마련이라는 것을 기억하라.

고통 가운데 빛이 있다.

사업을 시작한 이후, 셀 수 없는 고통을 경험해야 했다. 그 모든 것을 감수하고 인내하며 오늘의 나를 만들었다. 맨땅에 삽질해가면서, 금을 찾는 광부처럼 언제 나올지 모르는 금을 찾는 것과 다름없는 것이 사업가의 길이었다. 어느 책에서 본 내용인데, 실화인지 예화인지 모르겠지만 종종 교육시간에 이용하는 이야기가 있다.

광산을 가지고 있는 주인이 금을 찾으려고 죽기 살기로 노력했는데 찾지 못하게 되자 광부들을 불러, 자신은 더 이상 투자하고 싶지 않으니 가고 싶은 사람은 가도 좋다고 말했다. 그리고는 철광을 다른 업자에게 팔았다. 철광을 구입한 사람은 광부들에게, "언젠가는 분명히 땅속 어딘가에 있는 금을 찾아낼 것입니다. 그러니 낙심하지 말고 땅을 팝시다. 그러다 보면 금은 나올 것입니다."하면서, "선을 행하다 낙심하지 아니하면 이루리라."는 말을 해주었다. 광부들은 땅을 파들어갔고, 얼마 파지 않아 "퍽!"하고 소리가 났다. 불과 1미터도 채 파지 않았는데 금광을 찾은 것이다. 그곳을 더 깊이 파자 어마어마한 금광이 발견되었다.

세상에는 공짜가 없다는 말이 있다. 사업을 하면서 그 말을 실감하고 산다. 우리가 알지 못하는 곳에 금화가 기다리고 있는 것처럼, 사업도 마찬가지라고 생각한다. 고통을 인내하고 견뎌낼 수 있는 용기가 당신에게 있다면, 이미 성공가도를 달리고 있는 것이다. 사업하는 사람은 중심을 잃으면 안 되고 항상 정도(正道)를 가야 한다. 예수님도 이 세상을 구원하기 위하여 오셨지만, 고통의 길 가운데에서 우리를 구원하지 않았는가! 다가오는 고통이 있더라도 오로지 앞만 바라보고 가야 한다. 때로는 어려운 길이라 할지라도 가야 한다. 사업가의 길을 부여잡기로 했다면, 그것은 주님 주신 지상명령이고 주님의 뜻을 이루기 위해 사업가로 부르셨다는 사실을 명심해야 한다.

영향력 있는 CEO 선교사가 되라.

　국회의원, 검사, 목사가 한강에 빠지면 제일 먼저 건져내야 할 사람이 목사란다. 이유를 물었더니, 한강이 더 오염되기 전에 먼저 건져내야 한다는 것이다. 얼마나 황당하고 기가 찰 노릇인가! 목사의 입에서 나오는 말이 얼마나 신뢰를 잃었으면 이런 이야기까지 나온단 말인가! 이 이야기가 뜻하는 바는, 목사의 말이 영양가가 없다는 것이다. 맛을 잃은 말라비틀어진 귤 조각이라고나 할까? 오늘날 왜 이리 교인들의 영향력이 떨어졌는지를 돌아보면, 나도 목사이지만 한심하기 그지없다. 거짓말을 밥 먹듯 하고 정직하고 신실한 모습을 보이지 못하는 교인들, 희생과 봉사가 줄어들고 본업에 충실하지 못한 교인들, 말씀이 우선이 아니라 세상 권세와 금전을 우상화하는 세속적인 교인들이 많아졌기 때문이 아닐까 싶다.

　오늘날 교회에는 수많은 크리스천 사업가들이 있다. 그들의 문제는 교회나 개인의 삶에 만족하면서 영향력과는 전혀 상관없이 살아간다는 점이다. 선교비를 내는 정도로 선교에 자족하며 스스로는 선교사적 삶을 살고 있다고 자부한다. 나는 신실한 사업가보다는 영향력 있는 사업가를 꿈꾼다. 선교적 마인드를 가진 영향력 있는 기업가들을 훈련하고 글로벌 사업가로 양성하여, 이슬람 초기에 이슬람 거상들이 세상을 점령하여 나아갔던 것처럼 세상을 향해 내보내고 싶다.

자녀들에게 사역의 현장을 경험하게 하라.

　오늘날 많은 자녀가 부모의 영향력에서 벗어나 연예인들의 영향력에 빠져 환상 속에 살아가고 있다. 특히, 스마트폰이 그들의 정신을 다 빼앗아가는 것 같다. 부모의 간섭을 받기 싫어하고, 제도화된 울타리 너머로 벗어나려는 요즘 아이들의 문제점은 한둘이 아니다. 이럴 때 크리스천 부모들은 자녀교육에 심혈을 기울여야 한다.

자녀가 있다면, 자녀를 불러 진행하고 있는 당신의 사업과 당신의 삶을 보여주도록 하라. 자녀들은 당신이 행하는 사역을 보며 자랑스러워할 것이다. 사업가가 사업과 선교를 병행하는 모습을 보면서 분명 도전받을 것이고, 훗날 당신의 귀한 동역자가 될 수 있다. 또한, 부모들이 사업에만 목매지 않고 수익금을 통해 사회에 영향력을 행사하는 모습을 보면 굉장한 존경심을 갖게 될 것이다. 공교육에서 배운 것보다 더 큰 영향을 받을 것이고, 부모와의 관계도 더욱 돈독해질 것이다. 무엇보다 자녀들에게 크리스천의 비전을 심어주고 경제교육을 할 수 있는 아주 좋은 기회가 될 것이다.

소속교회와 관계를 지속하라.

사업하는 당신, 소속교회를 소중히 여겨라. 소속교회는 믿음의 부모와 같다. 교회와의 관계를 지속하는 것 역시 사업가의 사명 중 하나이다. 그들은 당신을 위해 지속해서 기도해주고 있을 것이며, 당신이 알려주는 사업소식에 감동할 것이다. 무엇보다 사업이 안정되게 자리잡으면 소속교회의 담임목사를 사업장에 한 번 초청하기를 권한다. 이때는 단독으로 초청하는 것이 좋다. 혹시 당신의 사업지에 문제가 있다면, 그를 초청했을 때 깊은 대화를 나누며 위로를 받는 것도 좋다. 사업현장의 상황을 성도들이나 개인적인 친분에서 먼저 나누기보다는 목회자와 먼저 상담하는 것이 좋다. 그렇지 않으면 득보다 실이 더 많다. 교회 안에 있는 성도 중에도 당신을 위해 중보기도를 하며 진정으로 염려하는 사람이 있을 것이다. 하지만 성도들 중 일부는 당신의 사업에서 일어나는 문제를 가지고 왈가왈부 하며 부풀릴 여지도 있다.

지속가능한 사업에 당당히 도전하라.

박원순 시장이 펴낸 『세상을 바꾸는 천 개의 직업』이라는 책에는 세상의 변화를 주도하게 될 새로운 비즈니스 아이템들이 제시되어 있다. 그 중 대부분이 소자본으로 도전할 수 있는 사업들이다. 사회적 기업으로 발전시킬 수 있는 이런 사업들에 크리스천 사업가들이 도전하기를 권면한다.

사회적 기업의 정의에 대해서는 각 나라의 역사적, 사회적, 제도적 맥락에 따라 다소의 차이가 있지만, 보편적으로 공유하는 몇 가지 특징이 있다.

첫째, 사회적 기업 역시 기업으로서 재화와 서비스의 생산과 관련된 활동을 하며 시장과 공공영역에 참여한다.

둘째, 사회적 기업은 일자리의 창출, 직업훈련, 지역사회의 필요한 서비스의 공급 등 다양한 사회적 목적에 기여하는 것을 자기 목표로 한다.

셋째, 사회적 기업은 그 소유형태와 운영방식에 있어서 사회적 소유와 민주적 운영을 자기 특징으로 한다.

현지에서 사회적 기업은 많은 일을 한다. 그 일들을 통해서 사회에 선한 영향력을 끼치는 것이다.

첫째, 협동조합 영역에 속하면서 시민사회의 활성화라는 맥락에서 형성되고 성장한 조직들이다. 여기에는 신용협동조합, 생활협동조합, 의료, 생협, 공동 육아협동조합, 노동협동조합, 노동자 인수기업 등이 포함된다.

둘째, 저소득층 및 취약계층의 일자리 창출을 위해 제도적인 지원에 힘입어 만들어지고 활성화된 조직들이다. 자활 후견기관들이 지원하는 자활공동체, 노숙자 자활공동체, 장애인 보호작업장 등이 여기에 포함된다.

셋째, 독립적인 경제조직은 아니지만, 정부제도와의 연계 속에서 향후 사회적 기업으로의 전환을 지향하는 자활근로 사업단, 사회적 일자리 사업단 등이 있다.

사회적 기업은 일반적인 기업의 사회적 책임(CSR)과 또 다른 개념이다. 일반 기업처럼 재정적, 물리적, 인적 자원을 결합하는 운용체계를 따르는 재정적 지속가능성을 기본으로 하고, 추가적으로 국가와 사회가 요구하는 취약계층에 대한 사회 서비스를 제공하기 위한 사회적인 목적을 추구하는 조직체이다.

사회적 기업의 마케팅 전략은 크게 두 가지로 구분할 수 있다. 첫째, 재원확보와 수익창출을 위해 사회적 서비스 계층을 제외한 일반대중을 대상으로 마케팅 전략을 수립하는 것이다. 둘째, 사회적 서비스를 받는 계층을 대상으로 주 수혜층을 확대하면서 부가적으로 회사 자체의 수익도 올릴 수 있는 마케팅 전략이다. 이러한 사업들에

크리스천 사업가들이 도전하라고 말하고 싶다. 한국에서도 사회적 기업들이 많이 나와야 하고, 실제로 예전에 비교하여 활성화되고 있는 것으로 안다. 한국의 대기업이 한국의 정치·사회·경제·문화에 어떤 영향력을 주었는가? 물론 한국경제에 기여한 것은 인정한다. 동시에 얼마나 많은 부정적인 메시지가 있는가?

국민들 정서에는 대기업에 대한 부정적인 요소가 더 많이 기억되고 있지 않을까 싶다. 그런 점에서 사회적 기업은 이 시대의 사회와 경제와 노동환경이 선한 방향으로 나아가도록 해주는 대안적인 블루오션(현재 존재하지 않거나 알려 있지 않아 경쟁자가 없는 유망한 시장)이 될 것이다. 나아가, 당신의 사업이 비즈니스 선교를 꿈꾸는 이들에게도 사회적 기업은 그리스도의 향기를 펼치는 좋은 통로가 될 것이다. 아이디어로 승부하는 사업이기 때문에 투자비가 적게 들어 창의적 접근지역이나 후진국에서는 고려할 만하고, 운영 자체만으로도 국가나 지역사회에 기여할 수 있다. 국가나 지역사회로부터 덕망을 얻으면서 해나갈 수 있는 사업체의 방향이 아닌가 생각한다. 사업에서 얻어진 수익의 일부를 나눌 수 있는 여유, 그것은 축복이요, 아름다움이다. 이 일을 위해 당신은 비즈니스의 세계로 부름받은 것이다.

인문학과 비즈니스의 만남

인문학과 비즈니스 통섭의 과정

　인문학은 후마니타스(Humanitas)라고 하는데 정치, 경제, 역사, 학예 등 인간과 인류문화에 관한 정신과학을 통틀어 이르는 말이다. 인간과 인간의 문화에 관심을 두거나 인간의 가치와 인간만이 지닌 자기표현 능력을 바르게 이해하기 위한 과학적인 연구방법에 관심을 두는 학문분야라고 말할 수 있다.

　그렇다면, 비즈니스는 무엇이라 생각하는가? 이윤을 남기는 행위인가? 단순히 돈을 버는 행위를 비즈니스라고 한다면, 비즈니스 하는 모든 사람이 돈을 벌어야 하지만 실상은 그렇지 않다. 그 이유는 무엇일까? 여기에서 비즈니스의 본질을 짚어볼 수 있다. 모든 비즈니스의 성립은 고객을 확보하는 것에서 시작한다. 상품개발이나 자본금 확보가 비즈니스의 출발점은 될 수 없다는 뜻이다.

　비즈니스의 요체는 고객확보 즉 나의 상품에 관심을 두는 잠재고객을 확보하여 구매고객으로 이끌고, 나아가 반복해서 나의 상품을 구매해 줄 단골 고객으로 유지해나가는 행위, 이것이 바로 비즈니스의 핵심이다. 즉 고객을 확보하는 행위이다. 비즈니스는 격식이나 승부, 혹은 총결산이나 이익, 거래, 장사 등 이른바 경영 교과서에서 주장하는 것들이 아니다. 비즈니스는 사람의 관심을 사로잡는 것과 뗄 수 없는 관계를 가진다. 만일 당신이 무엇인가에 대해 깊은 관심을 두고, 어떤 일을 하고자 한다면 그것은 비즈니스를 하고 있는 것이다.

이렇게 볼 때, 인문학과 비즈니스의 만남은 하나의 통섭 과정으로서 이미 다국적 기업들이 시행하고 있다. 기업이라고 하면 어딘가 모르게 덜 인간적인 집단을 떠올리게 되지만, 인문학이 결합된 기업은 인간미 넘치는 기업으로서 사회에 기여하는 기업이라는 이미지를 안겨준다. 나는 이 책에서 인문학과 비즈니스의 동행학(withlogy)을 말하면서 대조영과 함께 하는 '맛있는 비즈니스'의 모습을 보여주려고 한다.

괴짜 기업가로 통하는 영국의 버진 그룹 창업자이자 회장인 리처드 브랜슨(Richard Branson) 역시 돈을 버는 것이 비즈니스의 전부가 아니라고 말한 바 있다. 그는, 새로운 고객을 사로잡는 일과 기존고객들을 확실히 붙잡는 일이 비즈니스의 출발이라는 의미에서 그런 발언을 했을 것이다.

인문학과 비즈니스의 만남

이 말은 내가 제일 중요하게 생각하는 말이다. 비즈니스와 인문학의 만남을 통해서 나는 행복을 느꼈고, 인문학을 사업에 적용시키면서, 나의 비즈니스 이론을 "맛있는 행복론"이라고 말할 수 있게 되었다.

"왜 비즈니스를 하는가?"라고 물으면 사람들은 쉽게 대답하지 못한다. 자기가 비즈니스를 하고 있으면서도 왜 하고 있는지 그저 두리뭉실하게 말하고 생각하는 것 같다.

하지만 나는 비즈니스는 세상을 행복하게 하고 기업의 영토를 넓힐 수 있는 통로라고 확신한다. 이것을 통해 사람들에게 일을 제공하고 일을 통해 노력의 산물인 재정을 얻도록 하여 주는 것이다. 진정한 기업이야말로 비즈니스를 통해 모든 사람에게 영향력을 주는 행복의 통로라고 할 수 있다. 그러므로 우리는 비즈니스 세계에 하나님의 나라가 임하게 하는 하나님의 대언자라고 할 수도 있다.

비즈니스는 맛있는 인문학

비즈니스는 맛있는 음식과 같다. 맛있는 음식을 먹고 나면, 자꾸 먹고 싶어지고 자랑하고 싶어지고 알리고 싶어진다. 비즈니스는 모든 사람이 하는 것은 아니다. 하지만 모든 것과 연관되어 있다. 비즈니스 현장에 있지 않은 사람이라도 비즈니스를 통해서 형성된 재정의 바탕에서 일을 하고 있을 것이므로, 지구상의 누구도 비즈니스와 무관하다고 할 수가 없다.

그러므로 비즈니스를 따로 떼어놓고 삶을 이야기할 수 없고, 생각할 수도 없다. 비즈니스는 지금 시간 단위, 아니 초 단위로 변화하고 있으며, 이제는 3차 산업혁명의 종말이 다가오고 4차 산업혁명의 시대가 오고 있다. 이처럼 비즈니스에 대한 생각도 변화하여야 하며, 그것을 바탕으로 비즈니스에 대한 새로운 패러다임이 시작되어야 한다.

대조영이라는 드라마를 본 적이 있는가? 수많은 어려움을 뚫고 발해라는 국가를 건국하는 과정의 드라마를 보면, 대조영의 용감함도 중요한 하나의 핵심사항이 될 수 있지만, 무엇보다 대조영의 인간성이 그 위대한 과업을 성취시킨 원동력이었다고 해야 할 것이다. 전쟁 드라마에는 강직하고 용맹스러운 인물들이 곧잘 등장하지만, 인간미를 가진 인물들은 보기 드물다.

내가 발견한 대조영이라는 사람은 인간을 소중히 여기는 마음으로 인간 중심의 국가를 건국하려는 야망을 지닌 사람이었다. 사업이라는 거대한 항공모함을 운영하기 위해서는 수많은 사람, 다양한 사람들이 맡은바 역할을 다하여야 한다. 그러기 위해서는 무엇보다도 항공모함의 선장이 사람을 부드럽게 만드는 인문학적 정신을 가지고 있어야 한다.

따뜻한 마음의 소유자 대조영

발해 건국자인 대조영(大祚榮, 시호는 고왕, 645~719년)은 강력한 카리스마와 탁월한 리더십의 소유자로, 불같은 결단력과 얼음 같은 판단력을 지니고 있었다. 대의를 위해서라면 어떤 희생도 불사할 뿐만 아니라, 작은 것을 위해서도 목숨을 초개같이 내놓을 줄 아는 진정한 영웅이었다.

스승인 양만춘이 당나라 태종을 쏘아 맞힌 철궁을 이어받아 숱한 전투에서 신궁에 가까운 활솜씨를 내보이며 적을 물리친다. 고구려 유민과 말갈족을 규합, 698년 동모산(東牟山)을 도읍으로 국호를 진(震), 연호를 천통(天統)이라 했고, 713년 국호를 발해(渤海, 698~

926년)로 바꾸었다.

대조영의 출신에 대해서는 본래 고구려의 별종(別種)이었다는 구당서의 기록과, 속말말갈인(粟末靺鞨人)이었다는 구당서의 기록이 병존한다. 이를 둘러싸고 많은 논란이 있어 왔다. 한국 측의 기록인 신라고기(新羅古記), 제왕운기(帝王韻記)에서는 대조영을 고구려 장수라고 표기하였다. 대조영의 출생과 성장과정에 관한 더 자세한 기록은 전해지지 않는다.

대조영과 발해

고구려의 옛 영토 위에 찬란한 문화를 일구어 우리 한민족의 우수성과 긍지를 세계에 떨쳐 '해동성국'이라 불렸던 발해! 한반도의 북부 대동강에서 만주 대륙과 시베리아 서남부, 중국 요동까지 광활한 영토를 차지하며 강대국으로 성장했던 발해! 그리고 그 발해를 세운 대조영. 그러나 왜 발해는 우리 역사 속에서 그늘져 있을까. 우리 역사상 가장 강한 나라였던 고구려가 신라와 중국 당나라의 연합군에게 멸망한 것은 서기 668년의 일이다.

침략자 당나라는 고구려의 광활한 영토를 차지하고, 고구려의 유민들을 황무지로 강제 이주시켜 압박과 착취를 일삼으며 노예처럼 부려먹었다.

이 어둡고 고통스런 세월이 30년이나 흐른 서기 698년, 고구려의 유민들을 이끌고 침략자에 대항하여 봉기한 민족의 영웅이 있었으니, 그가 바로 발해의 시조 대조영이다.

대조영은 만주의 동모산에 나라를 세우고, 불타는 용기와 뛰어난 전략으로 침략군을 몰아내고 고구려의 옛 영토를 모두 되찾았다.

또한 노예처럼 비참했던 고구려 유민들에게 희망과 용기를 주고, 그들과 힘을 합쳐 나라를 일으켜 고구려의 옛 영광을 되찾고 민족의 자존심까지 되살린 인물이다.

대조영의 인물보기

대발해의 태조 대조영은 우리나라 역사상 가장 강대했던 시절, 안시성의 위대한 승리와 함께 태어난다. 하지만 대조영이 태어나던 그 순간 제왕지운을 뜻하는 유성이 안시성으로 떨어졌다는 사실은, 요동을 견제하려는 평양성 세력에 의해 역모의 기운으로 부풀려져 대조영 가족을 파국으로 이끈다. 부친 대중상은 가족의 생사도 모른 채 만리장성과 마주한 고립무원 고려 성으로 가고, 대조영은 연개소문의 노비로서 연명하게 된다.

하지만 대조영은 놀랄 만한 정신력과 지혜로 비참한 상황 속에서도 영웅의 면모를 갖춰간다. 후에 연개소문이 그렇게도 알려주지 않으려 했던 출생의 비밀을 알게 된 대조영은, 아버지를 찾기 위해 고려 성으로 떠나지만, 이때 일어난 2차 고당 전쟁의 한가운데에 휩싸이게 된다.

이후 제왕의 운명은 숱한 질곡과 위기를 가져다주게 되고, 대조영은 이를 헤쳐 나가며 장차 대제국 발해의 개국을 위한 험난한 여정을 시작한다. 하지만 대조영도 우리와 같은 성정을 가진 사람으로서 수많은 난관을 거쳐야 했고, 그런 난관을 통해 단련됨으로써 그의 면면은 더욱 빛나게 되었으며, 드디어 위대한 발해를 건국하기에 이른다.

나는 대조영이라는 드라마를 보면서 나의 성격과 성품을 볼 수 있었다. 대조영이라는 사람은 불과 같은 의지와 열정으로 발해를 건국했다. 나는 대조영이라는 사람이 가지고 있는 사람을 다스리는 기술과 대조영만이 가지고 있는 인간애에 주목하였다. 인문학이 인간의 마음을 논하는 학문이라고 할 때, 대조영이야말로 인간을 인간답게 여기면서, 따뜻한 카리스마로 사람을 움직이는 사람이었다.

나는 사업가로서 대조영처럼 따뜻하고 정이 넘치는 인간성과 사람을 소중히 여기는 마음의 소유자들을 존경한다. 사업가는 대조영과 같은 마음을 가져야 할 것이라는 생각을 자주 마음에 새긴다. 사업은 돈보다 사람과의 관계를 더 중요시해야 하고, 그래야 제대로 된 열매를 거둘 수 있다. 이것이 사업가로서의 인문학이다. 이런 인문학의 기초를 무시하고 사업에 달려들기 때문에 실패에 실패를 거듭한다고 볼 수 있다. 이 책이 사업에 관한 다른 책들과 다른 면이 있다면, 인문학으로 무장하여 성공한 이야기를 중심으로 집필되었다는 점이다.

나는 인문학과 사업이 만나는 통섭의 과정을 통해서 사업가들이 좀 더 마음의 여유를 가지고 살았으면 하는 바람을 품고 있다. 우리 한국 사람들은 언제부터인지는 몰라도 '빨리빨리 문화'가 정착되어 모든 일이 빨리빨리 이루어지지 않으면 분개하고 답답해한다. 가는 곳마다 '빨리빨리 문화'가 넘쳐나고, 그러다보니 한국인 고유의 인간성이 상실되고 빨리하는 것만이 최고의 가치를 가진 것으로 문화가 형성되어 있다.

나는 사업하는 관계로 수많은 나라를 다니면서 지도자들을 만나고 다양한 계층의 사람들을 만난다. 그들 가운데에는 나에게 '빨리빨리'

라고 인사를 하는 사람도 있다. 모든 업무도 빨리빨리, 공사도 빨리빨리, 살아가는 방법도 빨리빨리, 어른에서 어린아이까지 빨리빨리를 달고 살아간다. 그러다 보니 삶의 여유가 없어지고, 모든 것이 브레이크 없는 기관차처럼 내달리고 있다.

사업하는 사람이 품위도 있고 기품도 있었으면 좋겠다. 아무리 작은 사업일지라도 마음의 여유를 가지고 사업을 '맛있게' 하였으면 좋겠다. 좀 늦으면 어떤가? 한걸음 늦을 수도 있다. 마음의 여유를 가지고 사업이라는 '행복나무'를 심어가면 좋겠다. 이것이 바로 내가 꿈꾸는 '인문학과 사업의 아름다운 동행학'(withlogy)이다. 인문학과 사업의 동행, 이 얼마나 멋지고 아름다운 단어인가?

단순히 돈을 벌려고만 할 때, 사업에 문제가 발생한다. 사업은 혼자서 하는 것이 아니라 사람과의 관계 속에서 하는 것이고, 주변의 사람과 같이 하는 것이다. 사업은 인문학을 중요하게 생각하고, 인문학과 같이할 때 그 가치가 빛나고 성공다운 성공을 맛볼 수 있다.

내가 하는 비즈니스는 어떤 영향력?

비즈니스는 새로운 패러다임에 도전

패러다임이란 '사고의 변화'를 뜻하는 말이다. 패러다임을 말하면서 사고가 변하지 않는다면 무슨 의미가 있겠는가? 패러다임을 바꾼다는 것은 직업을 바꾸는 것 이상으로 힘든 일 가운데 하나이다. 그리고 도전한다는 것 자체가 결코 쉽지 않다. 그래서 모두가 변화에 대한 말을 하는데, 자신의 말에 대해 책임 지는 사람들은 별로 많지 않다.

사업을 하는 사람의 사고방식의 변화, 기업의 사고방식의 변화가 어려운 것은, 그러한 변화에 따르는 현상이 어떻게 나타날지 알지 못하는 두려움과 그 불안의 증가로 변화 자체를 거부하고 거절하기 때문이다. 이런 불편함이 있기에 변화를 쉽게 꾀할 수가 없는 것이다.

비즈니스는 어디서든 환영

나는 비즈니스를 하면서 오랜 시간에 걸쳐 경험한 비즈니스에 대한 실패담과 성공담을 동시에 가지고 있는 사람이다. 불가능했던 비즈니스를 시작하면서 세상을 알게 되었고, 철없는 비즈니스맨이자 철없는 장사꾼이었던 나는 이제 비즈니스야말로 세상을 변화시키는 중요한 역할을 할 수 있다고 믿고 있다. 그와 함께, 비즈니스는 세상과 사람들에게 엄청난 영향력을 주면서, 그 영향력을 가지고 세상을 변화시킬 수 있다는 신념을 가지고 있다.

강의를 하기 위해 캐나다의 몬트리올과 밴쿠버에 갈 기회가 있었다. 몬트리올 공항 입국심사에서 선교사라고 했다가 봉변 아닌 봉변을 당한 경험이 있다. 하지만 밴쿠버 공항에서는 그룹의 회장이라고 말함으로써 단 몇 초 만에 입국심사를 통과하였다.

비즈니스를 하는 사람은 전세계적으로 어느 국가에서든 환영을 받는다. 자국의 경제발전과 국익에 도움이 될 것이라고 생각하기 때문일 것이다. 전세계가 경제를 우선시하기에 세계의 대통령들이 비즈니스를 하고 있고, 비즈니스를 하는 사람들은 이러한 이유에서 종교와 문화를 떠나 환영을 받는다. 비즈니스는 세상을 변화시키고 사람을 변화시키는 영향력을 준다는 것을 세계인이 알게 되었기 때문이다.

비즈니스는 전세계적이다.

비즈니스는 전세계적으로 통한다. 하루에도 수억의 인구가 비즈니스를 위해 이동한다. 휴식을 위해 여행하는 사람들도 있지만, 대부분은 비즈니스와 관련되어 움직이는 사람들이다. 여행이라는 것도 비즈니스에서 얻어진 수익을 통하여 이루어지는 것이기 때문에 비즈니스의 결과라고 볼 수 있다. 그러므로 비즈니스는 전세계 어디에서나 환영받는다. 또한 비즈니스는 경영을 바탕으로 이루어지며, 경영과 비즈니스는 삶의 동맥과 같다고 볼 수 있다.

비즈니스는 많은 경제일꾼을 양성

비즈니스에 대하여 경험이 있는 사람은 하나같이 입을 모아 '세상은 넓다'고 말한다. 무슨 의미일까? 비즈니스는 단순히 물건만 파는 것이 아니다. 인간관계를 통해 비즈니스가 이루어지고, 비즈니스를 통해 인간관계가 이루어진다. 낯선 땅, 낯선 사람은 낯선 채로 남아 있지 않고, 언제든 '내 사람'이 될 수 있다. 언제든 나의 영토가 될 수 있는 미지의 사람들이 있기에, '세상은 넓다'고 말할 수 있는 것이다.

자녀들에게는 "고기를 잡아 주지 말고 고기를 잡는 법을 가르치라"는 격언이 있는데, 고기를 잡을 수 있게 해주는 가장 효과적인 방법은 비즈니스를 가르치는 것이다. 비즈니스를 가르치면 결과적으로 경영을 배우게 되고, 경영을 통해 기업이 확장되면, 확장된 기업의 영토 속에는 더 많은 사람들이 필요하게 된다.

비즈니스는 총체적 개발에 참여하는 통로

과거에는 비즈니스가 오늘날처럼 치열하지 않았다. 21세기에 들어서면서 비즈니스의 공간은 하나의 전쟁터라고 할 수 있을 만큼 경쟁이 심해졌다. 내가 살든지 상대방을 죽이든지 해야 하는 것이 비즈니스라고 보는 사람들이 많다. 기업이 수익을 내지 못하면 기업의 문을 닫아야 하는 것이다. 반대로 기업의 수익이 많아지면 기업은 확장되고 기업의 영토는 넓어진다.

비즈니스는 국가의 운명을 좌우할 정도로 영향력이 있으며, 개발이라는 측면에서 부정적 측면이 있기는 하지만, 비즈니스는 하나의 참여이고 소통이며 상생이라고 할 수 있다. 더 나아가 삶의 통로라고도 할 수 있다. 비즈니스 활성화를 통해서 국가의 바탕이 변하고 사람들이 변화하며 총체적으로 위대한 삶과 기업모델을 만들 수 있는 통로라고 말할 수 있다.

비즈니스는 개인이 하든 회사를 설립해서 하든 방법과 절차의 차이만 있을 뿐, 다 같은 목적을 지닌다. 다시 말하면 경제 활동을 통해서 소기의 목적을 이루는 것이다. 비즈니스의 가치는 돈 버는 것이 결코 아니다. 하지만 경제적 이익이 없이는 기업이 추구하는 가치를 창조할 수 없다. 그러기 위해서는 다음과 같은 조건이 성취되어야 한다.

확장성, 수익성, 안전성 확보이다. 기업은 부단히 제품을 가지고 성장해야 하며, 확장성을 통해 수입이 창출되어야 한다. 수익이 창출되지 못하면 그 기업은 문을 닫을 수밖에 없다. 그리고 수익이 창출된다고 해서 안전한 회사가 되는 것이 아니고, 회사의 안전성을 고려해서 위험성을 발생하지 않도록 하여야 하고, 위험성이 발생한다고 하여도 최소화하는 안전장치가 마련되어야 한다. 이처럼 더 좋은 경영은 다름이 아니라 '위험성을 최소화하는 것'이라고 말할 수 있다.

고객에게 신뢰받는 시스템 구축이 필요하다. 기업에서 가장 중요한 것은 직원들의 근무상태이기도 하지만, 제품과 고객이라고도 말할 수 있다. 그 제품을 고객에게 신속히 공급할 수 있는 유통구조를 갖추어야 하고, 고객으로부터 신뢰받을 수 있는 시스템을 구축하는 것이 무엇보다 중요하다. 또 하나 중요한 것은 고객을 중요시하는 자세이다. 제품도 중요하지만, 그보다 더 중요한 것이 고객이다. 고객이 없으면 어떠한 물건도 팔 수 없기 때문이다.

섬기는 리더십을 통해 다른 기업에게 영향력을 주어야 진정한 기업이다. 기업의 목적은 바로 섬기는 모델이다. 갑의 역할을 도모할 것이 아니라, 회사의 기업 경영방식과 제품을 통해 섬기는 모델을 만들고, 그것을 통해서 고객과 사회, 다른 기업에 모범을 보여야 한다. 이것이 진정한 기업이 가져야 할 기업윤리이다. 하지만 이러한 기업을 찾기란 하늘의 별따기만큼 어려워졌다.

사회와 충돌하지 않는 윤리적 기업의식 우리가 인식하여야 할 것은 기업의 인사이트가 사회와 충돌하지 않고 선한 영향력을 주어야 한다는 것이다. 사회와 충돌하지 않는 윤리의식이 필요하고 기업하는 사람이 사회에 이바지한다는 기업의식을 가져야 한다. 오늘날 한국에서 대기업의 영향력이 커지는 이유가 바로 이것이다. 대기업의 영향력은 대단히 중요하다. 대기업은 중소기업이나 개인이 하지 못하는 큰일을 해낼 수 있다. 사회에 대한 기여도와 영향력이 엄청날 수 있다. 나는 대기업 옹호론자는 아니지만, 현재 한국의 대기업은 국가에서 하지 못하는 사회적 프로그램들을 시행하고 있는 것이 사실이다. 사실 중이 자기 머리 깎지 못하는 것처럼 대기업이 스스로 사회적 프로그램을 한다고 크게 홍보는 하지 않지만 많은 프로그램들을 수행하고 있음을 알아야 한다. 그로 인해 수많은 사회적 약자가 도움을 받고 있고, 그만큼 사회가 밝아지고 있다.

기업을 통한 영토확장의 의미 기업을 통해서 수많은 고객이 행복함을 얻고 동시에 사회적 나눔을 통해 기업의 영향력은 확대된다. 이것이 바로 비즈니스의 목적이다. 기업은 비즈니스를 통해 경제적 수익을 올리는 기업의 당연한 의무를 이행하고, 기업의 확장을 통해 일자리를 창출하고 나눔을 실천하며, 고객에 대한 예우를 통해 기업의 영토를 확장해 간다. 이 과정을 거치면서 기업은 더 위대한 기업이 되어가는 것이다.

사람을 세우며 영토를 확장 기업이 확장되는 만큼 일자리가 창출되므로 더 많은 사람을 채용하게 되고 사람을 세울 수 있다. 그로 인해 기업의 영토는 더욱 확장되고 기업은 더욱 성장하여 지속가능한 기업이 되고, 사람을 세우는 기업이 되는 것이다. 기업의 성장을 통해서 많은 지도력이 생겨나고 사람을 세우는 일들이 많아지면서 기업의 영토가 확장된다. 이러한 과정을 통해서 탄생된 기업들이 바로 다국적 기업이다. 다국적 기업의 부정적인 면도 있지만 세계 전체가 많은 영향을 받고 있는 것이 사실이다.

목적이 없는 이윤은 재앙을 만드는 레시피(Recipe) 그러므로 기업이 수익을 창출하지 못하면 그것은 바로 기업의 위험성으로 작용한다. 회사의 적자는 기업에 어두움의 그림자를 드리우게 된다. 기업은 이익이 창출되어야 한다. 하지만 팀 켈러가 말했듯이 "목적이 없는 이윤은 재앙의 레시피"에 다름아니다. 나는 그것을 알았고, 그 나라에서 벌어들인 수익을 그 나라를 위해 사용하는 데 주저하지 않았다. 돈을 벌어들이는 것도 중요하지만, 잘 쓰는 것도 못지않게 중요한 것이다.

　기업이든 개인이든지 삶과 기업운영에 필요한 것은 돈이다. 돈이 필요 없는 세상이 있다면 몰라도 돈이 필요 없는 곳은 이 세상 어디에도 없다. 삶을 유지하기 위해서도 돈은 필요하다. 또한 돈이 필요한 이유는 목적이 있기 때문이다. 마찬가지로 사람의 삶이 되었든, 사업이든지 돈이 없으면 목적을 달성할 수 없다. 비전을 이루기 위해서는 필요한 재정적 구조를 만드는 것이 필요하다. 그리고 크리스천으로서의 비전은 이웃 사랑이고 하나님 사랑이다. 이웃 사랑, 하나님 사랑을 위해 쓰여진 재능과 돈이야말로 수많은 사람들에게 기쁨과 보람을 가져다줄 수 있다. 그런 목적이 없는 돈, 목적이 없는 이윤은 '재앙의 레시피'나 다름이 없는 것이다.

07
평강을 위해 부르심을 받은 기업인

하나님께서 왜 크리스천 기업가들을 불렀는가? 우리는 여러 가지 이야기를 듣는다. 물론 신학적으로 복음적으로 성경적으로 말할 수도 있을 것이다. 크리스천 기업인들은 기업을 통해서 삶을 풍성하게 하는 동시에, 하나님의 임재를 체험하면서 하나님이 살아 계시는 삶의 터전을 일구는 데에 초석이 되어야 한다. 하나님의 나라가 임하려면, 먼저 선제조건이 있다.

요즘 기업인들을 만나면 무척이나 힘들다고 한다. 크리스천 기업인들을 만나도 똑같은 생각이다. 그런데 알고 보면 언제 힘들지 않고 어렵지 않은 때가 있었는가. 세상에 쉬운 사업은 없다. 아니 있을 수가 없다. 제품이나 솔루션을 가지고 사업하는 모든 사람은 돈이라는 것에 일차적 관심을 가질 수밖에 없다. 돈 없이 사업이 이루어질 수 없고, 돈 없이 기업이 유지될 수 없다. 그러므로 기업을 운영하는 것은 결코 쉬운 일이 아니다.

하지만 크리스천 기업인들은 좀 더 높은 차원의 사업에 대한 사고방식을 가질 필요가 있다. 사업에 대한 비전과 가치가 달라야 한다. 크리스천 기업인이라면 분명한 목적의식이 있어야 한다. 하나님께서 나를 기업인으로 부르신 이유를 정확히 인식하여야 한다. 불확실성이 넘치는 기업 현장에서 평강을 위해 부르심을 받았다는 확고한 신앙과 믿음, 그리고 가치를 가져야 하는 것이다.

크리스천 기업인을 통해서 넌크리스천 기업인들에게 하나님이 주시고자 하는 것은, 크리스천만이 누릴 수 있는 평강이다. 크리스천 기업인들은 하나님 안에서, 하나님을 통해서, 아이디어를 찾아야 하고, 비전과 가치를 찾아야 하고, 실천할 방법을 찾아야 한다. 그리고 그 모든 것은 크리스천으로서의 평강 속에서 이루어져야 한다.

첫째, 감사가 넘치는 기업인

많은 크리스천 기업인들과 대화를 나누었다. 많은 크리스천 기업인들이 힘들어 한다. 무엇인가를 죽으라고 좇으면서, 사업을 성공시켜 보려고 애닳아 한다. 온갖 방법을 동원하고, 다양한 마케팅을 동원하지만 회사는 자금만 들어갈 뿐 수익은 발생하지 않으니까 물에 빠진 사람이 지푸라기라도 잡으려는 심정으로 온갖 판매 기법을 동원하면서 애를 쓴다. 하지만 별 성과는 없다. 이러한 모습은 크리스천이나 넌크리스천이나 모두가 마찬가지이다. 사업은 제품을 가지고 고객의 돈을 가져오는 것이다. 그러므로 결코 쉬운 것은 하나도 없다. 그러다 보니 신앙의 근본은 흔들리고 사업을 성공시켜 보겠다는 의욕이 앞서다 보니 믿음의 근간도 잃어버릴 때가 있다. 돈을 벌겠다고 죽도록 쫓아다니지만, 돈은 고사하고 계속해서 투자만 되는 현상이 반복되는 것이다.

"범사에 감사하라."(살전 5:18)라는 말씀은 어렵고도 쉬운 것 같다. 하지만 하나님이 부르신 기업인들에게 감사가 사라졌다면 다시 한 번 점검해볼 필요가 있다. 회사가 설립되기 전부터 지금 이 시간까지의 모든 것을 돌아볼 때, 어느 것 하나도 하나님의 은혜 없이는 불가능한 것들이었을 것이다. 우리는 너무도 사업에 몰두하여 기본을 망각하지는 않았는지 확인해볼 필요가 있다.

당신의 사업장에 감사가 넘친다면, 당신과 당신의 기업은 평강을 위해 부르심을 받은 기업인이라고 볼 수 있다. 당신의 기업이 아직도 평강을 찾지 못하고 있다면 속히 평강을 찾으라고 말하고 싶다.

둘째, 선교하는 기업

이 책이 계속해서 강조하는 주제는 선교사적 기업인이다. 아브라함을 기업가로 부르신 하나님, 야곱을 벤처 사업가로 부르신 하나님, 요셉을 글로벌 리더로 부르신 하나님, 성경 속의 수많은 인물이 비즈니스에 연관되어 있다는 사실을 직시할 필요가 있다. 마찬가지로 이 시대에 하나님께서는 당신을 왜 크리스천 기업인으로 부르셨을까를 생각하라!

당신의 기업이 기업의 영토확장에만 목을 매고 사업한다면, 당신의 사업은 세상의 기업과 무엇이 다른가를 생각하라. 당신의 기업을 부르신 이유는 선교적 기업을 원하시는 그분이 당신의 기업을 준비하고 부르셨다는 사실을 직시하여야 한다.

당신의 기업이 크든 작든 상관없이 선교적 기업으로 빨리 전환하여 평강을 위하여 부르신 기업으로 만들고 평강을 위해 최선을 다하는 기업이 되도록 하라.

셋째, 그를 힘입어 기업하는 사람이 되라.

평강을 위해 부르심은 받은 기업인은 그를 힘입어 기업을 만들어야 한다. 우리가 사는 것은 우리의 힘으로 사는 것이 아니다. 그분이 주시는 능력으로 사는 것이다. 그러므로 기업 또한 그분이 주시는 능력으로 그를 힘입어 하여야 한다. 나는 지금까지 사업을 하면서, 그분을 힘입어 했다. 물론 어려울 때도 많았다. 쉬운 것은 하나도 없었다. 하지만 지금의 나를 볼 때 모두 그분의 힘을 입어 한 결과이다. 세상 기업인들은 수단과 방법을 가리지 않고 돈을 벌고, 수익을 올리려고 발버둥 친다. 물론 이해가 간다. 하지만 우리는 그렇게 부르심을 받지 않았다는 사실을 명심하라. 하나님의 위대함을 세상에 보이려고 당신에게 기업을 주신 것을 명심하고, 그 일을 이루어야 한다. 힘들고 어려울 때도 있다. 하지만 세상에 쉬운 것은 없고 공짜는 없다. 부지런히 양떼를 살피듯이 사업을 살펴야 하고, 부지런히 인재를 모으고, 고객을 모아야 한다.

당신이 크리스천으로서 기업을 운영하고 있다면, 하나님이 당신에게 평강을 위해 부르심을 받은 기업의 존재가치를 가지기를 바란다. 그것이 비전이 아닐 수도 있다. 하지만 당신이 하는 비즈니스와 기업에 하나님의 임재하심이 넘치려면, 평강을 위해 부르셨다는 사실을 명심해야 한다.

한국교회 기업인이여, 교회에 영향력을 주라

오늘날 지구촌의 모든 국가는 경제적 불황과 침체로 국민들의 행복지수는 물론 생활수준의 저하로 국가 전체가 불행해지는 사태를 조기에 방지하기 위하여 노력하고 있다. 경제인들의 활발한 활동에 이어 국가의 리더, 그리고 국가의 경제정책을 세우는 기관과 기업들도 다양한 분석과 상황을 예의 주시하면서 다각도로 경제 살리기에 올인원(all-in-one)하고 있다. 21세기 블루오션인 경제라는 화두를 타고 경제의 주도권을 잡으려는 경제혈투가 시작되었다고 본다. 이러한 현실에서 영국은 브렉시트(Brexit)라는 복잡하고 어려운 과정을 거쳐 유럽연합에서 탈퇴를 원하고 있고, 지구 곳곳에서 경제불황으로 몸살을 앓고 있다. 한국의 경제 또한 좋아진다고 호언장담할 때가 아니라는 것과, 이로 인해 교회에도 불똥이 떨어져 어려움을 겪고 있는 실정이다. 이러한 현실에서 교회는 경제적인 문제에 대하여 무관심할 뿐만 아니라, 돈은 사단의 도구이고 영성의 본질과는 동떨어진 부분이라고 생각하여 교회 밖에서 다루어야 한다는 고정관념 때문에 관심을 기울이지 않는다.

하지만 지금의 교회 형편은 어떠한가? 경제 불황으로 사업이 힘들고 소비가 둔화되는 결과로 교회의 헌금이 줄어드는 까닭에 교회에서 진행하는 모든 목회활동에 제한요소가 발생하고 있다. 더 나아가 성도들의 숫자도 줄어드는 기이한(?) 현상도 나타나고 있다. 이러한 현상 속에서 교회의 성장이 멈추고 교회의 미래를 예측하기 어렵게 되었으며, 세계선교를 책임진 한국교회는 2만8천여 명의 선교사를 파송했지만, 선교비 지원 부족의 현상이 나타나고 있다. 그리고 그러한 연유로 현지에서 목숨 바쳐 선교하는 선교사들에게 비즈니스 선교를 강요하고 있는 실정이다. 더 나아가 교회에 속한 실업인들이 경제불황에 시달리다 보니 교회 활동에 제한적 요소가 발생하고 있다. 이러한 여러 가지 복합적인 요소로 인해 한국교회는 미래를 예측하기 어려운 절망의 처지에 빠져든 것 같은 예감이 든다.

이제라도 한국교회는 경제라는 파도를 피할 것이 아니라 거대하게 밀려오는 그 파도를 타고 경제를 활용하여 교회의 성장과 선교라는 두 날개를 다시 회복하는 전기를 마련하여야 한다. 이러한 기회를 잃어버리면 한국교회는 다시는 일어서기 어렵다. 하나님은 세상을 향하여 교회로 들어가라 하시지 않고 교회를 향하여 세상으로 들어가라는 암시를 하였다는 어느 교수의 말에 공감이 간다. 그렇다. 교회가 세상을 향하여 들어가기를 두려워하고 주저하는 동안 타 종교는 경제라는 파도를 타고 거침없이 질주하고 있으며, 이단들도 엄청난 재력을 바탕으로 세상을 먹어 삼킬 듯이 도전하고 있다. 그런 모습을 보고도 교회는 왜 주저하는지 이유를 묻고 싶다. 왜 교회는 세상에 대하여 두려워하며 세상으로 들어가는 것을 두려워하는지 묻고 싶다. 왜 언제부터 물질과 돈이 맘몬이 되었으며 무슨 연유로 경제를 두려워하고 돈을 두려워하는지 이유를 묻고 싶을 뿐이다. 물론 돈을 거룩하게 사용하지 않으면 일만 악의 뿌리가 될 수 있는 것이 사실이다.

한국교회의 미래는 무엇인가? 어디서 동력을 찾을 것인가? 누가 한국교회의 대안을 제시할 수 있는가? 한마디로 '글쎄올시다!'이다. 나는 한국교회를 향하여 담대하게 경제라는 파도를 두려워하지 말고 활용하면 목회와 선교 그리고 부흥의 시기를 회복할 수 있다고 외치고 싶다. 이러한 연유에서 이제 목회자들도 경제와 비즈니스라는 용어 사용을 두려워하지 말고 공부를 통하여 성도들과 경제 수준을 맞추는 여건을 마련하여야 한다.

작금의 한국교회는 교회 성장의 한계에 직면하였다. 성도의 노령화, 청소년의 출석률 저하, 청년대학생들의 교회를 등한시하는 현상, 더불어 장년층들의 심각한 교회 이탈 등, 이미 한국교회는 심각한 위기에 처해 있다고 본다. 이러한 현실을 대형교회를 제외한 교회들은 심각하게 체감하고 있으며, 중소형교회는 이미 심각한 중병을 앓고 있다. 앞으로 가면 갈수록 교회는 대형화되고, 이로 인해 중소형교회는 교회운영조차도 어려운 지경에 이르게 될 것이다. 젊은 세대가 교회를 떠나는데도 대책이 없는 한국교회, 청년대학생들이 무엇 때문에 교회를 떠나는지도 모르고, 더 나아가 무슨 고민이 있는지도 모르는 것이 현실이다. 이러한 현실 속에서 나는 목사이면서 글로벌 사업가로서 한국교회에 대안을 제시하고자 한다.

신학대학교에 경영과 비즈니스 교육프로그램을 도입하자.

한국교회의 저성장에는 여러 가지 원인이 있다. 나는 여기서 신학적 접근을 원하지 않는다. 나는 목사로서 선교사로서 글로벌 국가에서의 사업경험을 살려서 한국교회에 대안을 제시하고자 한다. 2016년 2월에만, 한국의 수많은 신학대학교, 대학원, 군소 신학교에서 수만 명의 신학생들이 배출되어 나왔다. 한 언론사의 통계에 의하면 60~70 퍼센트가 목양지를 잡지 못했다고 한다. 졸업한 신학생들은 모두가 하나님의 부르심과 불같은 소명에 의해 신학교에 지원했을 것이다. 그런데 왜 사역할 자리가 없는 것일까? 아니면 찾지 못해서인가? 대형교회의 세습과 인적 네트워크가 잘 되어 있으면 그나마 줄 서는 곳이라도 있을 수 있다는 현실, 참 답답하기 그지없다. 세상적 정치집단도 기업집단도 연계고리를 통해서 일자리를 잡는 방법은 허용되지 않는다. 그런데도 교회는 언제부터인지 예외의 장소가 되었다. 이러다 보니 힘과 빽 없는 신학생들은 현장의 교회에서 자리 잡기가 하늘의 별따기보다 어렵다는 소리가 들린다.

이러한 현실을 우리는 어떻게 보아야 하고 대처해야 할까? 나는 불타는 사명과 소명의 부르심 속에 달려온 미래의 목회자들에게 영성도 중요하고 신학지식도 중요하지만, 21세기 경제시대를 맞이하여 대학교에 비즈니스 목회와 비즈니스 선교라는 다양한 주제들을 교양과목이나 필수과목으로 선정하여 일정한 학점을 얻을 수 있도록 가르쳐야 한다고 본다. 그래서 교회에 진출하지 못하였을 경우, 학교에서 배운 다양한 경제적 교양을 바탕으로 세상 속에서 얼마든지 하나님의 나라를 만들 수 있고, 일터에 대한 부르심 속에서 세상을 향하여 가라는 하나님의 암시적 명령을 지킬 수 있다고 본다. 목회에만 영성이 있는 것이 아니라 비즈니스에도 영성이 있고, 일터에도 영성이 있다. 여기서 영성에 대한 부분은 말할 필요가 없다. 어느 환경이든 주어진 여건과 환경 속에서 하나님의 말씀과 부르심에 충실하면 그것이 바로 영성이고, 영성 속에 사는 것이다. 영성을 말하는 사람들 중에는, 세상을 등지고 세상을 떠나 조용히 묵상하고 묵상 속에서 하나님의 음성을 듣는 것을 영성의 전부인 양 여기는 이들이 적지 않다.

나는 목사이면서 선교사이자 글로벌 사업가이다. 나에게 있어서 영성은 세상 속에 들어가서 하나님의 주권을 세우고 하나님의 영토를 회복하는 것이다. 그러면서 성령님의 음성에 민감하고 사업의 현장에서 영성을 적용하고 누리면서 사는 것이다. 이것이 나의 영성관이다. 신학교 졸업생들이 해마다 쏟아져 나오는 현실 앞에서 한국교회는 어디에서 대안을 찾고 어떻게 대처할 것인가? 한국교회는 그에 대한 방법을 찾을 수 있을 것인가? 이러한 문제를 해결하기 위해서 신학교에 경영과 비즈니스 과정을 개설해서 학생들로 하여금 교회만이 목양지가 아니라, 주어진 일터에서도 얼마든지 일터 목회, 열린 목회를 할 수 있다는 확신을 주어야 한다. 그리고 그러한 소양을 갖출 수 있도록 가르치고 교육을 받도록 해야만 할 것이다.

교회학교 유치부 · 유소년부도 경제를 가르쳐야 한다.

한국교회는 한때 선교원이라는 것을 전교회가 운영하였다. 선교원을 통해서 유치부를 교육하고 그것을 통해 부모들을 교회로 유입시키고자 하는 사업적 발상이 아주 그럴 듯했다. 하지만 이 방법은 일부 성공을 거둔 것 같았지만, 교육적 비즈니스 측면에서는 한국교회의 대단한 오류였다고 본다. 물론 소기의 성과를 얻었다는 것마저 무시하고 싶지는 않다. 과거의 유치원은 선교원이라는 타이틀로 접근하다보니 타종교를 가진 사람이나 기독교에 배타적인 사람은 제외되었고, 단지 교회에 다니는 한정적 자원을 대상으로 할 수밖에 없는 제한적인 것이었다. 선교원을 비즈니스적 접근요소가 아니라 선교적 접근으로 운영하다 보니 이제는 선교원이라는 이름으로 운영하던 곳은 다 사라지고 사설유치원에 영토를 빼앗긴 전형적인 모습을 보이고 있다. 선교원을 통해 성공적인 영토확장을 할 수 있는 좋은 기회를 한국교회가 놓친 것이 아닌가 싶다. 하지만 어쩌랴! 갓길로 갔지만 유치부에서부터 초등학교, 청소년들, 그리고 청년대학생까지도 교회에서 경제교육을 시켜야 한다고 본다. 공과에 경제 부분을 넣어서 성경적 경제를 교회에서도 배울 수 있도록 해야 한다. 유대인의 삶과 경제관념을 우리 교회에서도 가르쳐야 한다. 교회 안에서 먼저 이런 교육을 선점하면 세상에 영향력을 주는 것은 물론이고, 교회의 미래 세대에 큰 희망을 줄 수 있을 것이다.

내가 교회의 어린이에게 경제교육을 주장하는 이유는, 금전교육을 어릴 때부터 교육시키는 유대민족 중에서 잇달아 대부호가 배출된 배경에서 기인한다. 어린 시절부터의 금전교육이 크게 영향을 미친 것으로 여겨진다. 대부분의 유대인은 어릴 때부터 부모로부터 돈의 중요성을 교육받고 자란다. 피아니스트의 거장이 되려면 조기교육이 절대적이다. 어릴 때(늦어도 유치원에 들어가기 전까지) 기초를 제대로 습득해 두어야 한다. 돈도 마찬가지이다. 아들을 장차 억만장자로 만들고 싶다면, 어릴 때부터 금전교육을 철저하게 시켜야 한다.

또한 '자식을 사랑한다면 엄하게 키워야 한다'는 유대인의 격언은 현실에서도 그대로 증명되는 것 같다. 귀하게 성장한 아이는 평생 자립할 수 없다. 탈무드를 바탕으로 한 '인간 형성을 위한 교육'은 자립정신을 키우기 위한 교육이기도 하다. 그리고 강한 인간성을 이끌어 내기 위한 교육이다. '나는 자식을 사랑으로 키우고 있을 뿐, 보답 같은 건 눈곱만큼도 기대하지 않는다.' 그런 사람일수록 잠재의식에서는 자신의 보답을 기대하고 있는 경우가 적지 않다고 한다. 그래서 자식들에게 "지금 해줄 수 있는 모든 것을 해주어야지." 하며, 무분별하게 물질을 안겨주며 애지중지하기 쉽다. 그 결과, 자식은 고집이 세고 의존심이 강한 아이로 자라게 된다. 그런 사람이 사회에 나가면 어떻게 될까? 사회는 가정처럼 만만하지가 않아서, 그 속에는 괴로운 일, 싫은 일, 힘든 일이 넘쳐난다. 결국 과보호로 자란 사람은 고생에 대한 면역이 없어서 견디지 못하고 좌절할 가능성이 높다. 이에 비해 유대인의 경우는 어떨까? '인생은 놀이터가 아니라 정글이다.', '세상은 신보다 엄격하다.' ㅡ이것이 그들 유대인의 입버릇이자 인생에 대한 실감이다. 안이한 생각을 하다가는 당장 벽에 부딪혀 버린다는 것을 그들은 알고 있는 것이다.

왜 청년대학생들이 교회를 등지는가?

많은 청년대학생들이 왜 교회를 등지고 나가는가? 청년대학생을 담당하고 있는 목회자들이 청년대학생들과 거리가 먼 사고방식을 지닌 것이 문제이다. 청년대학생을 지도하는 목회자들이 담임목사의 목회철학에 반하는 목회를 할 수도 없고, 또 본인의 의지대로 청년대학생들에게 의지있게 목양을 하고 싶더라도 책임소재 등 여러 가지

제약적인 문제로 인해 소신있는 목회를 할 수가 없는 것이 현실이다. 사실 요즘의 청소년들과 일부 청년대학생들은 문화와 예술 운동에 무척이나 관심이 많은 게 사실이다. 그들의 모든 게 영웅이 될 수 있다는 심리적 요소 때문에 심취하는 경향이 강하고 스마트폰의 대중화로 더욱 심화되는 현상이다.

이러한 현실 속에서 청년대학생들에게는 무엇이 문제인가? 첫째는 취업이 문제이다. 높은 실업률 그것이 청년대학생들에게까지 영향을 미쳐 헬조선을 외치고 한국을 등지는 사람들이 늘어나고 있다. 이 문제는 교회 밖에서만 일어나는 것이 아니라 교회에서도 동일하게 나타나고 있다. 둘째는 이성의 문제로, 깊은 고민의 갈등 속에서 헤어나지 못하고 있다. 국가가 경제부담을 감소시키지 못하고 사회적 역할을 다 해주지 못함으로 인해 이제는 개개인의 생존을 위한 고민이 깊어지고 있다. 혼자 벌어서는 가정을 유지할 수 없다는 현실 속에서 결혼의 상대자를 어떻게 선택해야 하는지에 대한 고민이 취업에 이어 두 번째로 나타나는 현상이다.

이것은 세상에 속한 사람들의 문제이지만, 교회 안에 있는 사람들에게는 또 다른 하나의 고민 기둥이 있는데, 그것은 신앙인으로서의 현실이다. 내가 믿는 신앙이 과연 나의 장래 문제를 해결해줄 수 있는가에 대한 고민이 심각하다는 것이다. 앞에서도 말했지만, 청년대학생들의 고민을 해결해 줄 대안이 과연 교회 안에 있는가? 교회의 지도자들에게 대책이 있는가? 이러한 질문을 던질 때 'NO!'라는 답변이 돌아오는 것이 현실이다. 청년대학생들이 현실에 안주하다 보니 취업, 이성, 신앙의 문제에 심각한 문제를 가지고 교회를 등지고 있다는 것이다. 청년대학생들이 교회를 떠나는 이유는 신앙이 문제가 아니라, 리더로부터 배울 것이 없다고 판단했기 때문이다.

그렇다면 무엇을 어떻게 해야 할까? 청소년, 청년대학생들에게 성경적 경제와 비즈니스를 조기에 교육하여 미리 대안적으로 자기의 소질과 하나님께서 각자에게 주신 달란트를 확인하여 각자의 달란트에 맞는 일자리를 찾아가는 일터 사역의 중요성을 가르칠 필요가 있다. 경제와 비즈니스 교육을 통해 경제영토와 하나님의 영토를 확장하는 데 쓰임받는 은사의 발견자들이 될 수 있도록 조기교육이 이루어져야 한다고 본다.

목회자에 대한 경제와 비즈니스 교육의 필요성

한국교회는 굉장히 보수적이다. 신학교에서 받은 교육은 경제와 돈과는 거리가 멀다. 경제와 돈은 사단의 소유로서 목회자가 가장 멀리 해야 하는 덕목이라는 것이다. "돈을 사랑치 말고 있는 바를 족한 줄로 알라."(히 13:5), "돈을 사랑함이 일만 악의 뿌리가 되나니."(딤전 6:10)라는 말씀에 따라 목회자는 하나님이 채워주시는 대로 살아야 한다고 훈련되어 왔다. 하지만 작금의 시대에서 돈 없이 무엇을 할 수 있는가? 교회건축, 목양과 훈련, 교회홍보, 선교, 전도 등, 무엇을 하든지 돈이 필요하다. 돈을 사랑하지 말라는 뜻을 어떻게 받아들여야 하는지는 목회자 자신들의 역량이라고 본다. 돈이 무엇인가? 왜 돈을 사랑하지 말라고 하셨는가? 여기서 잠깐 돈이 무엇인가를 알아가는 자리를 만들고자 한다.

돈은 가능성을 크게 넓히는 '황금의 열쇠' 오라클, 워싱턴포스트,

뉴욕타임스, 로이터통신, 코카콜라, ABC텔레비전, NBC텔레비전, CBS텔레비전, 사자비리그, 에프터눈티, IBM, 마이크로소프트, 보잉사, 맥도날드, 로스차일드 재벌, 골드만삭스, 메릴린치, 제너럴 일렉트릭(GE), 제너럴모터스(GM), 모빌, 리바이스… 유대계 회사는 일일이 다 열거할 수 없을 정도이다. 그밖에 워너브라더스, 파라마운트, 유니버설, 20세기 폭스사와 같은 거대한 회사도 전부 유대계라고 하니 놀라움을 금할 길이 없다. 유대인들은 "생활할 수 있는 정도만 되면…" 하는 사고방식을 전혀 가지고 있지 않다. 덧붙여 말하면, 그렇게 현실을 무시하는 말을 하는 사람을 신용하지 않는다. "돈은 모든 문을 열어주고 모든 장애물을 치워버리는 황금 열쇠이다." 이것이 그들의 금전 감각이다. 물질은 하나님이 주셨지만 사용의 책임은 나에게 주셨다는 것이, 그들의 금전감각을 잘 나타내 준다.

돈벌이를 부끄러워 말라. 돈 버는 것을 죄악이라 생각하면 진정한 부자가 될 수 없다. 유대인의 격언 중에 '재산이 있으면 근심거리도 늘어나지만, 재산이 없으면 근심거리는 더 늘어난다.'는 말이 있다. 세상 사람들의 사고방식은 다양하지만, 어느 누구도 깨끗한 돈과 더러운 돈을 구분할 수는 없다. 유대인은 '돈은 신이 준 선물'이라고 생각하기 때문에 돈을 버는 데 있어서 머뭇거리지 않는다.

유대인에게는 돈에 관한 격언이 아주 많다. '돈은 기회를 제공한다.', '돈은 선한 자에게는 선한 것을 부르고, 악한 자에게는 악을 부른다.', '돈이 결코 모든 것을 좋게 만들지는 않는다. 그렇다고 돈이 모든 것을 썩게 하지도 않는다.' 유대민족은 결코 돈을 만능이라고만 생각하지는 않는다. 돈은 훌륭한 수단이자 무서운 것이라는 점을 확실히 인식하고 있다. 이것이 바로 유대인의 현명하고도 위대한 점이다. 돈은 우리들 인간에게 다양한 기회를 제공한다. 힘든 노동에서 해방시켜줄 뿐만 아니라, 시간적인 여유를 부여함으로써 자기계발과 꿈의 실현이라는 창조적인 일에 몰두할 수 있게 해주기 때문이다.

돈은 하나님 영토확장의 기본이 되어준다.

나는 돈에 대하여 말하고 있다. 나도 목사이다. 하지만 사업가이다. 돈과의 관계에 누구보다도 깊이 관여되어 있다. 돈을 사용하는 법에 따라 사람을 분류하자면, "백 원을 천 원처럼" 사용하는 사람이 있는가 하면, "천 원을 백 원처럼" 사용하는 사람이 있다. 나는 백 원을 천 원처럼 사용하는 사람이다. 두 부류 중에서 전자는 주로 비즈니스를 하는 사람들이다. 물론 다 그렇다는 것은 아니지만 사업하는 사람들은 자기가 고생고생해서 번 돈이기 때문에 백 원을 천 원의 가치처럼 사용한다.

하지만 목회자들은 천 원을 백 원처럼 사용한다고 한다. 돈을 물처럼 사용한다는 것이다. 돈의 소중함? 물론 알고 있다고 치자. 하나님께 바친 헌금을 귀하게 사용해야지 하는 마음은 다 있다. 하지만 목회자는 사업의 현실과 방법을 모르기 때문에 성도들이 어떻게 돈을 벌어서 헌금을 하는지 알 길이 없다. 왜냐하면 경제와 비즈니스에 대하여 공부도 식견도 없기 때문이다. 신학교에서 배운 것이라고는, 돈을 사랑하지 말고 가까이도 하지 말고, 굶어도 하나님이 주시는 것만 먹으라는 것이다. 경제가 어떻고 비즈니스가 어떻고 하는 것을 배운 적이 없다. 앞에서도 말했지만, 지금은 경제시대이고 경제가 대세이다. 모두가 경제 민주화를 외친다. 그리고 교회 안의 수많은 사람이 자영업자 내지는 사업하는 사람들이다. 이들에게 목사가 무슨 도움이 될까? 크리스천 기업, 즉 법인 기업이든 개인 기업이든 자영업자이든 크리스천 실업인이든, 그들의 사업장에 가면 이런 성경구절이 다 걸려 있다. "시작은 미약하였으나 나중에는 창대하리라." 여기서 말하는 나중은 언제를 얘기하는 건가? 우리가 자주 말하는 하나님의 때인가? 아니면 예수님 오실 때인가? 그것도 아니면 운때가 맞아 대박이 터질 때인가? 그것도 아니면, 성령이 충만하고 말씀 속에 살고 교회에 충실하며 맡은 직분에 충실할 때를 말하는가?

나는 성경을 해석하는 조직신학자가 아니라서 모르겠다. 그런데 그런 문구가 걸려 있는 사업장을 보면, 하나같이 다들 힘들고 어려워 죽겠다고 한다. 사업이 안 된다고 아우성치는 이유는 무엇인가? 나는 그래서 늘 궁금했다. 왜 아직도 성공하지 못하고 지리멸렬하게 힘들고 어려운 사업을 계속하고 있는가? 누구의 문제이고 무엇이 문제이기 때문인가? 나는 이러한 질문을 던지지 않을 수 없다.

이러한 문제를 가지고 목회자를 탓할 필요는 없다. 목회자는 성도들의 영적인 문제를 책임지는 것이지, 성도들 개개인의 사업까지 책임질 여유가 없다. 교회 안에 있는 수많은 사업자의 삶은 더 어려워지고 사업 또한 고난의 연속으로 더 힘들어지고 있는 이때, 사업하는 성도들이 목사님께 사업을 위해 기도를 부탁하는 경우가 다반사이다. 이때 대부분의 목회자가 성도를 향해 이렇게 기도해 준다. "하나님, 사업에 기름부어 주시고 인권 물권 영권 주셔서 사업이 삼십 배, 백 배, 천 배, 만 배 성장하여 십일조 많이 내고 하나님 나라를 위해 많은 재물을 사용하게 해주십시오." 이런 식의 축복 기도를 해준다.

나 같으면 기도에 앞서 사업의 현황과 업력을 들어보고 멘토링을 해줄 것이다. 그런데 목사는 경영과 비즈니스를 모르니까 멘토를 해줄 자신도 방법도 없다. 예를 들면 한 성도가 식당을 운영하는데 주변의 식당은 사람들이 몰려들고 줄을 서서 기다린다. 그런데 이 식당은 한결같이 손님을 망연자실 기다려야 한다. 그 사업자는 하나님을 더 찾을 것이고 교회를 더 찾을지도 모른다. 아마도 맞는 방법일 것이다. 더 하나님을 의지해야 할 것이기 때문이다. 하지만 이미 하나님은 그 사람에게 사업을 할 수 있는 멍석을 깔아주셨다.

사업을 시작하려고 할 때 준비하는 과정 속에 이미 하나님은 개입하셔서 아이템도 생각나게 하셨고, 사업에 필요한 재정과 방법까지도 지혜로 인도하셨다. 그렇다면 아직도 하나님이 일을 하셔야 한단 말인가? 하나님이 식당을 운영하셔야 한단 말인가? 나는 가만히 있고! 내가 사장이 아니라, 하나님이 사장이란 말인가? 나는 래디컬(radical)하게 말하겠는데, "하나님의 일은 끝났다!" 그런 마음으로 사업을 하니까 사업도 주먹구구식이 될 수밖에 없는 것이다. 사업은 하나님이 주시는 지혜와 인도하심 속에서 내가 하는 것이지 하나님이 하시는 것이 아니다.

다시 돌아가서, 목사로서의 나는 성도에게 이렇게 말할 것이다. "성도님 사업이 안 되는 이유는 모르겠지만 전문가한테 진단을 받아보시기 바랍니다. 경제적으로 여유가 된다면 전문가한테 받아보시고, 만약 경제적 여유가 없다면 제가 제시하는 방법대로 먼저 음식 맛,

레시피의 질, 종업원의 위생상태, 주방상태, 음식의 질, 청결 상태, 손님에 대한 서비스 상태, 홍보상태, 가격상태, 음식의 대상 선정 상태, 고객에 대한 보답의 상태, 요리사의 자격상태, 메뉴 상태, 테이블 청결 상태, 식당 바닥 상태, 고객을 위한 상태, 고객이 손님을 끌어오는지의 상태, 비효율적인 경영상태, 식당의 안전상태, 어린이 손님에 대한 준비상태, 원가 절약을 위한 상태, 종업원의 교육상태, 종업원의 근무 만족도 상태, 식당의 인테리어 상태, 조명의 조도 상태, 주차장 상태, 주차원의 상태 등, 수십 가지에 이르는 것에 대하여 검토해 보시기 바랍니다. 그리고 식당의 메뉴, 간판, 식당의 이미지 개선 등 사장으로서 할 역할을 제대로 하고 있는지, 직원들을 잘 섬기고 있는지, 아니면 갑질을 하고 있는지, 직원들이 자신의 일처럼 손님을 귀하게 여기고 있는지, 직원들이 개인의 사업장처럼 일하고 있는지 등을 점검해 보시기 바랍니다."

그리고 나서 기도해 주면, 그 성도는 목사에 대하여 몇 배 존경할 것이고, 목사의 경영 전반에 대한 지식에 놀라움을 금치 못할 것이다. 이러한 프로세스를 가리켜 준 다음에 기도해 주면, 그 성도는 자신의 사업을 점검할 것이고, 목사에 대한 감사의 보답으로 더 열심히 뛸 것이다. 또한 충성된 청지기로서의 역할도 다하려고 할 것이고, 창대케 되리라는 문구에 이 기업의 비전도 넣을 것이고, 사회적 기업으로서 역할도 하리라 다짐하게 될 것이다. 이러한 멘토링을 한 다음에 기도해 주면 성도는 목사가 자신의 사업에 이렇게까지 관심을 가지고 있다는 사실에 놀라움을 금치 못할 것이고, 더 열심히 사업을 성공시키겠다는 의지를 불태울 것이며, 사업의 모습을 보여주고 싶어 안달할 것이다. 하지만 여기서 멈추면 안 된다. 더 나아가 회사를 통해 이루어야 할 목적과 비전을 제시하고, 그 목적과 비전을 위해 식당을 새롭게 만들어가야 한다고 제시를 하면, 목사는 성도로부터 존경과 대접을 받을 것이다. 이러한 연유에서 나는 목회자가 경영과 비즈니스에 대하여 공부해야만 한다고 강조하는 것이다.

어찌해야 크리스천 기업인들이 사명을 다할 것인가?

교회의 실업인들이 사업에 성공하면 교회는 활력이 넘치고 교회가 추구하는 모든 것을 할 수 있다. 목사가 경영과 비즈니스를 알아야 할 이유가 여기에 있다. 더 나아가 실업인들이 교회의 청년대학생들에게 일자리를 제공할 수 있고, 그들의 멘토로서 당당하게 살 수 있다. 그런 결과를 만든다면 교회의 미래는 보장될 수 있고, 교회는 성도의 줄어듦과 재정의 염려에서 벗어남을 통해 교회가 추구하는 모든 것을 풍성함 속에서 해낼 수 있을 것이다. 이것이 진정 하나님의 경제법칙이 아니겠는가.

목회자가 살아야 성도가 살게 된다. 그리고 더불어 교회 안에 있는 실업인이 살면 개인의 영토가 확장되며, 더 나아가 기업의 영토확장을 통해서 하나님의 영토가 확장된다. 그리고 이를 통하여 교회부흥과 선교 영토확장이라는 두 마리 토끼를 잡을 수 있는 전기를 마련할 수 있다.

한국의 기독실업인들의 역할이 참으로 중요하다. 21세기 경제의 시대에 하나님께서 준비한 기독실업인들의 비즈니스를 통하여 하나님의 나라가 임하게 하는 역할을 다할 수 있도록 기도로 격려하고 용기를 주어야 할 때이다.

이를 위해서 교회는 물론 각양의 기독실업인 단체들이 하나님께서 주신 비전을 완성하는 데 목숨을 걸어야 한다. 그렇지 않으면 크리스천 비즈니스의 영토는 사라지고, 비즈니스를 통한 일터에서의 영향력은 줄어들 수밖에 없다는 사실을 명심하여야 한다.

제 2 부
맛있는 비즈니스, 이렇게 하라

사업은 행복이다. 사업은 누구나 할 수 있다. 사업은 돈 버는 축복의 통로이다. 사업은 모든 사람을 행복하게 한다. 이런 마음가짐이 자리 잡히자 나의 비즈니스에는 불이 붙었다. 그래서 '이왕 비즈니스로 나섰다면 똑 부러지게 제대로 하자.' 이것이 나 자신과의 약속이었으며 각오였다. 그 안에는 다른 이들과 차별화 있게 해보자는 마음이 생겼다. 그래서 나는 사업을 할 때 두 가지를 강조한다. 첫째, 사업은 누구나 할 수 있는 방법이어야 한다. 둘째, 이 방법을 통해 돈을 벌어 세상을 윤택하게 해야 한다.

왜, 비즈니스를 하는가?

비즈니스란 무엇인가?

한국어 사전에서 '장사'는 이익을 얻으려고 물건을 사고 파는 것이라고 정의한다. 중국에서는 장사를 '셩이'(生意)라고 부르는데, 글자대로 풀이하면 '살아가는 의미'이다. 달리 표현하면, '삶이 곧 장사'라는 것, 다시 말하면, 3천 년 전 중국인들은 사업을 생명이라고 표현하면서, 사업은 "경제 활동을 위해 필요한 돈을 버는 것이 목적이다."라고 말했다.

한국에는 세계 문화유산인 팔만대장경이 있다. 팔만대장경은 불교 관련 글인데, 이렇게 종교나 한 분야를 대표하는 책은 책 제목 뒤에 '경'(經)을 붙인다. 대표적인 경전(經典)으로 불교의 불경(佛經), 기독교의 성경(聖經), 유교의 사서삼경(四書三經)이 있다.

마찬가지로 중국에는 장사, 즉 상업을 대표하는 책 『상경(商經)』이 있다. 상업(장사)이라는 글자 뒤에 종교 경전에서 쓰는 경(經)이라는 글자가 붙어 있으니, 장사에 관한 최고의 책인 셈이다. 중국에서 상경(商經)이라 불리는 책으로는 사마천의 『사기(史記)』, "화식열전"(貨殖列傳)이 있다.

"화식열전"에는 상업과 관련된 일을 상품교환, 상품생산, 서비스업, 임대업의 네 가지로 구분하고 있다. 이 글에서 상품교환의 일을 하는 장사에 대해 살펴보면, 사마천은 '돈이란 풍요롭고 아름다운 생활을 누리는 가장 중요한 조건이기에, 부자가 되려는 건 인간의 본능적 요구'라고 진단한다. 그러면서 가난한 사람이 돈을 벌고자 할 때는, 농업이 공업만 못하고 공업이 상업만 못하다고 한다. 구체적인 예로 여성들이 집에서 방직물에 자수로 아름다운 문양을 만들어 얻는 수입은, 시장바닥에 앉아 장사하는 수입보다 못하다고 한다.

사마천은 어떤 장사를 할지는 본인이 가지고 있는 자본의 규모에 따라 다른데, 자본이 많은 부유한 사람은 기회를 노려 투기해서 큰 재산을 모을 수 있고, 자본이 있으나 많지 않을 경우는 곧 지략으로서 조그만 재산을 취하며, 자본이 없는 서민은 오로지 부지런하게 장사할 수밖에 없다고 한다. 부자가 되고 싶지만 자본이 적은 일반 사람은 지략을 짜내 부지런하게 장사해야 한다는 것이다.

나는 이 말에 전적으로 공감한다. 한국에 자영업자 1천5백만 명이 있고, 법인회사가 4백만 개 정도 있다고 한다. 이 많은 회사들이 무엇을 위해 일을 하는가? 그것은 바로 경제활동을 통해서 돈을 벌기 위해서이다. 회사는 제품을 만들고 유통을 통해 제품을 공급하면서 고객과 소통하고 경제적 이익을 얻는다. 이것이 바로 회사의 구조이다. 이를 위해 제품을 생산하는 부서가 필요하고, 마케팅 관리 등 다양한 부서와 인원이 필요한 것이다. 이를 위해서 회사는 부단히 자기의 제품을 팔아야 하는 과제를 가지고 시장에서 다양한 활동을 펼친다. 다시 말하면, 양육강식의 현장에서 자기 회사 제품의 생존을 위해 전투를 벌이는 것이다. 왜 이렇게까지 하면서 회사를 운영하는 것일까? 이유는 하나! 돈을 벌기 위함이다. 이를 부인할 사람, CEO, 관리자는 없을 것이다. 돈은 생물과 같아서 관리하지 않으면 어디로 흘러갈지 알 수 없기 때문이다.

사업이라는 것은 돈을 벌기 위한 하나의 수단이라고 볼 수 있다. 그런데 많은 사람이 사업을 하면서도 돈을 벌기 위한 수단이라고 말하기를 주저한다. 자기가 회사를 설립하고서도 자신이 없고 자영업을 하면서도 목적이 없기 때문에 회사가 어렵고, 늘 새로운 도전을 찾아 유랑하는 회사와 자영업자들이 얼마나 많은지 모른다. 국어사전에도 사업이란 "주로 생산과 영리를 목적으로 지속하는 계획적인 경제 활동이다."라고 말하고 있다. 결론은, 사업은 돈을 벌기 위해 하는 것이다. 하지만 우리는 목표와 가치가 다르다.

비즈니스, 누가 하는가?

기업은 회사를 설립하는 사람의 일방적인 계획과 목표를 가지고 설립하여 운영한다. 이를 위해서 제품을 개발하고, 아니면 아웃소싱을 하든지 더 나아가 직원을 선발하는 등, 회사를 운영하기 위한 모든 것을 계획하고 이끌어 간다. 이것은 법인회사나 자영업이 모두 같다. 조직이 큰 회사는 회사를 운영하기 위한 다양한 솔루션과 소프트웨어, 그리고 하드웨어를 가지고 시작한다. 나름의 기업들은 회사를 운영할 때 조직을 갖추고 비전에 따라 운영한다. 오로지 회사의 운영방침에 따라서 방향을 결정하고 간다. 그 목표는 바로 돈을 벌기 위하여 회사의 모든 역량을 집중하고 돈을 벌기 위한 시스템에 적합한 직원을 선발하고 돈을 벌기 위해 수단과 방법을 가리지 않고 몰입하는 것이다. 이것이 기업의 목적이고 수단이다.

기업은 운영자가 목표를 세우면 직원들은 그 목표를 이루기 위해 맡은 바 직위에서 충성스럽게 일을 한다. 회사를 운영하는 것은 결과적으로 사람이 하는 것이며, 회사 내부의 사람들을 어떻게 효과적으로 관리하고 운영하는지가 회사 성공의 밑거름이 된다.

아직도 소총을 쏘는 사장님

세상의 수많은 기업은 양육강식의 사업세계에서 살아가려고 부단히 연구와 투자를 하고, 할 수 있는 모든 것을 경주한다. 그래서 그들은 새벽 일찍부터 사업이 이루어지고 있는 세상을 향해 포를 쏘면서 달리고 있는 것이다. 기업의 목표를 위해서 회사의 구성원 모두가 하나가 되어 일을 하는 것인데, 많은 기업들은 아직도 소총을 쏘면서 달리고 있다. 사업을 위해 죽어라고 노력하고 열정을 다해도 부족할 판인데 '어떻게 되겠지!'라는 심리가 만연하여 연구개발, 영업직원 관리 등 해야 하는 기본적인 절차와 방법을 무시하는 한심스런 기업인들이 너무도 많다. 왜 기업이 성장하지 못하고 다른 기업이 밟고 지나간 자리를 거쳐서 가야만 하는가? 이유는 무엇일까? 무척 궁금하여 독자들에게 묻고 싶다.

꿈을 꾸되 두 다리는 땅에 굳게 두라.

수많은 기업들이 하나같이 꿈꾸는 게 있다. 위대한 기업을 위한 꿈, 참으로 존경스럽고 위대한 생각이다. 나 역시 사업을 하는 사람으로서 존경하고 또 존경하고 싶다. 그런데 문제는 여기에 있다. 많은 기업들이 높은 이상과 목표를 가지고 있는 것을 보았다. 나는 이 사실을 경시하는 것이 아니다. 참으로 좋은 생각이고 이루어지기를 바란다. 하지만 분명하게 생각하고 넘어가야 할 것은, 높은 꿈을 가지고 목표를 세우더라도 제발 두 다리는 땅에 딛고 꿈을 꾸라는 것이다. 사상누각(砂上樓閣)이라는 말이 있다. '모래 위에 세운 누각'이라는 뜻으로, 기초가 튼튼하지 못하여 오래 가지 못할 일이나 사물을 비유적으로 이르는 말이다. 물론 꿈을 꾼다는 것은 꾸지 못하는 사람보다 좋을 수 있다. 하지만 현실을 직시하지 못한 꿈은 사상누각이 될 수밖에 없는 것이다.

한국에서 특허에 목매는 사람들을 수없이 만났다. 그 사람들은 하나같이 자기가 개발한 특허가 대기업에서 몇백억에 팔라는데도 안 팔았다면서, 이제 얼마 있으면 대박 터져서 테마파크를 짓고, 전세계에 회사를 짓고, 전세계에 엄청난 자금을 지원할 것이라는 장대한 목표를 세우고 있었다. 한데 그 사람들이 지금은 어디서 무엇을 하는지 알 길이 없고, 그 같은 생각을 가지고 회사를 운영하는 사람들을 보면, 지치고 힘들어하며 하나같이 어려움을 호소하고 있는 실정이다. 그 사람들이 개발하고 특허를 보유한 것을 뭐라고 말하고 싶지는 않다. 하지만 개발과 영업은 별개이고 연구와 유통 역시 별개라는 사실이다.

한 손으로 두 개의 수박을 잡을 수 없듯이, 두 다리는 땅에 굳건히 두고 그 꿈을 이루기 위해 부단히 노력을 해야 한다. 다시 말하면 사업의 목표를 위해 계획을 가지고 사업을 해야 하며, 닥쳐서 하는 것이 아니라 준비된 사업가가 되기를 바랄 뿐이다.

나의 사업 목표는 파트너로부터 정직한 사람이라는 인정을 받고 그들에게 신뢰를 받아 물건을 많이 팔아서 회사의 이익을 최대한 높이는 것이다. 나는 나의 목표를 위해서 내가 할 수 있는 최선의 노력을 다한다. 내가 할 수 있는 부분은 내가 하고, 내가 할 수 없는 부분은 전적으로 다른 사람의 도움을 청한다. 나의 회사의 목표는 여러 가지가 있다. 회사의 비전에 맞추어서 직원들의 행복과 권리보장, 그리고 사회적 기업 육성과 나눔이 목표이다. 회사가 자금이 돌아가지 않으면 회사는 문을 닫을 수밖에 없다. 기업으로서 의무를 다할 때 돈을 버는 것이지, 기업의 의무를 등한시할 때는 고객이 돈을 주지 않는다.

통 큰 사업, 통 큰 기업이란?

두 종류의 사업이 있다. 하나는 생수통 같은 사업이다. 냉·온수기라는 기계에 생수통을 꽂아 놓으면 시원한 물과 따뜻한 물을 골라 마실 수 있다. 하지만 이렇게 물을 마시려면 부지런히 물을 갈아주어야 한다. 물이 떨어지기 전에 물을 갈아주지 않으면 안 된다. 이런 방식의 사업은 힘들고 고단하다. 끊임없이 제품을 생산하여야 하고, 끝없이 고객을 찾아야 하는 방식의 이런 사업에서는 속히 벗어나야 한다.

반대로 파이프라인 같은 사업은 전자의 사업처럼 고단한 시스템이 아니라 자동화된 시스템을 말한다. 수도 파이프가 수원지에 연결만 되어 있으면, 수도꼭지만 틀면 하루 종일 물이 쏟아지는 시스템이다. 이러한 사업을 만들기 위해서는 회사를 시스템화하고 회사의 모든 프로그램이 자동으로 돌아가는 프로세스를 만들어야 한다. 이 책은 이러한 시스템을 만드는 길을 제시한다.

남들이 하지 않는 현장을 보라

사업하는 사람들을 보면 다양한 사업은 하지만 특화점을 찾아보기 어렵다. 특화된 것 같은데도 깊이 들여다보면 제대로 특화된 사업을 하는 사람은 많지 않은 것 같다. 대부분 남들이 하니까 한다는 식의 사업을 하고 있는 것이다. 나는 이러한 사업은 오래 가지 못한다고 본다. 오래 갈 수 있는 성질이 아니다. 자기의 개성에 맞지 않는 대학에서 학과를 공부하는 것과 다름없고, 몸에 맞지 않는 옷을 입은 것과 같은 것이다. 이런 경우 대부분 업종을 바꾸거나 변경하기 쉽고, 좋아서 하는 경우가 아니기 때문에 오래 가지 못한다.

내가 경험한 이야기를 할까 한다. 우리 동네에서 실제로 있었던 이야기이다. 이 이야기의 주인공이 누구라고 밝힐 필요는 없다. 한 가정에 나이 든 부부가 살고 있었고, 슬하에 한 아들이 있었다. 하지만 아들은 부부가 다니는 교회에 다니지 않았다. 그래서 부부의 기도 제목은 아들이 교회에 나가는 것이었다. 하지만 아들은 미동도 하지 않았다. 하루는 부부가 사정을 해서 교회에 가게 되었다. 교회 목사님이 "이 산더러 명하기만 하면 저리로 옮겨질 것"이라는 설교를 하는데, 이 청년이 혼자서 큰소리로 "아멘!"하고 외치는 것이었다. 예배를 마치고, 집에 돌아간 이 부부는 아들이 고마워 음식을 준비하였는데, 아무리 찾아도 아들이 보이지 않았다. 얼마의 시간이 지난 후, 같은 교회의 권사가 찾아와서 하는 말이 "큰일 났어! 당신의 아들이 앞에 있는 산을 향해서 '산아, 물러가라'고 외치고 있어! 어떻게 하면 좋아!"라는 것이었다. 그래서 나가보니 온 동네가 난리가 났다. 이 청년은 하루도 빠지지 않고 종일토록 산을 향해서 "산아 물러가라!"라고 외쳐댔다.

이쯤 되자 목사가 청년에게 "여보게, 나는 성경에 있는 말을 그대로 전한 거야, 그대로 되는 게 아니야, 그러니 이제 제발 그만두게. 교회도 창피, 하나님도 창피, 온 동네가 창피하지 않은가? 자네 부모를 보아서도 그만두게."라고 타일렀지만, 이 청년은 꿈쩍도 하지 않았다.

그 후 서너 달이 지날 무렵, 동네에 갑자기 트럭과 불도저, 포클레인 등 수많은 중장비, 그리고 사람들이 몰려오기 시작했다. 그때도 청년은 외치고 있었다. "이 산아! 물러가라!"

지금까지 없었던 일들이 동네에 벌어지자, 이장이 공사현장의 관계자에게 무슨 일이냐고 물었다. 현장 관계자가 하는 말이 "저 청년이 외친 대로 우리는 저 산 가운데를 뚫어서 고속도로를 내려고 합니다."

수많은 교인들이 입으로만 외쳤지만, 이 청년은 곧바로 현장에 가서 현장을 보고 외쳤던 것이고, 그것이 사실(Fact)로 눈앞에 나타나게 된 것이다. 남들이 하니까 하는 것이 아니라 남들이 하지 않는 현장을 바라보고 이 청년은 외쳤는데, 외친 대로 기적이 일어났고, 그 산을 뚫어서 고속도로가 생긴 것이 바로 호남 고속도로이다.

그렇다! 남들이 하니까 하는 것은 언젠가는 나에게 부정적으로 다가올 수 있고, 긍정보다는 피동적으로 나에게 리스크로 돌아올 수 있다.

하고 싶은 일 하고 싶어서 한다면?

하고 싶은 일을 하는 사람이라면 얼마나 좋겠는가? 세상을 살아가면서 내가 하고 싶은 일만 할 수는 없다. 나 혼자 살아가는 세상이 아니고, 수많은 조직과 인간관계 속에서 하고 싶은 일만 골라서 할 수는 없다. 하지만 하고 싶은 일이 아닐지라도, 억지로라도 해본다면 그것은 하나의 좋은 경험이 될 수도 있다. 돈 주고 살 수 없는 것이 경험이다. 나는 사업을 하고 싶어서 한 것이 아니라 어쩔 수 없어서 했다. 하면서 어쩔 수가 없어서 하는 것이 아니라, 하고 싶은 것으로 바꾸려고 노력했다. 하고 싶은 일만을 할 수도 있고, 하고 싶은 일이 아니라도 나에게 맞게 할 수도 있다. 그것은 전적으로 나에게 달려 있다. 그러므로 사업이라는 것은 참으로 쉬운 것이 아니다. 하지만 나는 보람을 느꼈고, 그 보람을 성공으로 만들었다.

사업이라고 하는 것은 자기가 만들고 싶은 일을 할 수 있는 장점이 있다. 자기만의 회사를 가지고 자기만의 세상에서 무엇이든지 할 수 있다. 세상에서 아름다움을 추구하는, 또 하나의 격이 높은 자기만의 제품과 고객을 가지고 있다면 얼마나 행복하겠는가.

나만의 마술을 만들기 위해서

마술사를 보라! 하나같이 똑같은 마술을 행하는 사람은 하나도 없다. 모두 다 자기의 고유한 마술을 가지고 고객에게 기쁨과 행복을 선사한다. 마술사들이 마술을 보여주기 위해서 얼마나 많은 연습과 숙달의 과정을 거치며 훈련하는지는 말을 하지 않아도 알 수 있다. 마술은 속임수를 병행하면서도 속임수가 아니라는 신뢰를 주기 위하여 수많은 연습의 과정을 거치면서, 나만의 마술을 만드는 것이다. 사업하는 사람도 마찬가지이다. 사업도 하나의 마술 같다고 할까? 마술에 걸리면 빠져나올 길이 없다고 한다. 마찬가지이다. 사업이라는 마술에 걸리면 성공하든지 망하든지 둘 중의 하나이거나, 아니면 본전치기를 할 것이다.

나만의 사업이라는 것을 만들기 위해서는 연습이 필요할지 모른다. 연습하지 않고 달려들었다가 망한 사람을 수없이 보았다. 그런 사람을 일컬어 '무작정 사업한 사람'이라고 말한다. 무작정 사업하면 무작정 망하고, 무작정 창업하면 무작정 망하는 것이다. 요즘 창업이 대세이다. 학생부터 노인에 이르기까지 창업, 창업을 노래한다. 아주 흥겨운 노래처럼 말이다. 하지만 창업해서 성공한 사람이 얼마나 될까?

나는 절대로 창업을 해서는 안 된다고 말한다. 창업이라는 허울 속에 빠져서 인생도 망치고 빚쟁이로 살려고 하는 것인가? 아니면 누구라도 그러하듯이, 하나의 경험이기 때문에 상관이 없다는 것인가? 다시 말하지만 창업을 말하는 사람을 자세히 보라! 창업해서 성공한 사람인지, 아니면 조직과 시스템을 물려받은 사람인지를 확실히 구분하기 바란다. 이러한 것에 마음 빼앗기지 말고 정신을 차리고 당신의 마술을 만들어 보라! 사업이라는 마술을 말이다. 그 마술을 가지고 행복한 세상을 만들어 보라.

비즈니스는 사람을 다스리는 기술이다

사람의 마음을 읽는 기술

비즈니스 하는 사람들을 보면 마음의 여유가 있는 사람이 별로 없는 것 같다. 항상 무엇인가에 쫓기는 듯한 모습을 본다. 물론 사업이 안 될 때는 모두가 분주하고 바쁠 수밖에 없다. 하지만 비즈니스는 사람과의 관계에서 일어나는 일이어서 사람을 잘 다스리는 기술이 있으면 시간과 노력을 투자하는 것 이상으로 사업에 많은 도움을 얻을 수 있다.

나는 한국에 와서 대학에서 운영하는 평생교육원이나 경영자 과정에 참석하라는 요청을 많이 받았다. 이유는 다름이 아니고, 그곳에 참석하면 어떤 부류의 많은 사람과 친분을 맺을 수 있고, 사업에 도움을 받을 수 있고, 인적 네트워크가 두터워진다는 것이다. 그런데 나는 사실 그러한 데 관심이 없다. 국내 강의와 해외 강의 그리고 사업으로 분주하게 다니는 관계로 물론 시간도 없지만, 나는 인적 네트워크가 넘치는 사람이다.

내 핸드폰에는 9천 개가 넘는 전화번호가 있고, 카카오톡에는 3천5백 명의 리스트가 있으며, 지금까지 모아온 명함만 해도 4만 장이 넘는다. 나는 명함 박물관을 세우려고 준비하고 있다. 나의 사무실이 서초역 근처에 있는데, 바로 옆 건물에 다단계 강의하는 곳이 있다. 많은 여자들이 분주하게 사람들을 데리고 들어가고, 커피숍에서 하는 대화를 들으면, 강의를 받으면 사업이 어쩌고저쩌고 하는 모습을 수없이 목격한다. 사람은 혼자서 아무것도 할 수 없도록 창조된 동물이다. 그러므로 사업도 사람과의 관계 속에서 이루어지는 것이다. 그러므로 사업은 사람의 마음을 얻는 것에서 시작하고 사람의 마음을 얻을 때 성공하는 것이다.

"무릇 지킬 만한 것보다 더욱 네 마음을 지키라 생명의 근원이 이에서 남이니라."(잠 4:23)

들어주는 것이 기술이다.

사람의 마음을 읽는 기술은 무슨 심리학이나 마인드 컨트롤을 배워서 얻어지는 것이 아니다. 나도 한때는 교육심리학을 열심히 공부한 적이 있다. 심리학을 공부한다고 하니까, 사람의 마음을 잘 읽을 수 있게 되겠다고 말한 사람들이 있었다. 물론 공부 안 한 사람보다는 사람의 마음을 읽는 데 도움은 될 것이다. 사람의 마음을 읽는 것이 소중하다는 것을 수많은 사람을 만나 계약을 통해서 배우게 되었다. 계약이 될 것 같은데도 안 되고, 계약을 하고도 진행이 안 되어 답답할 때면 구매자의 마음속을 읽고 싶고, 그 속에 들어가

심리상태를 보고 싶을 때가 있다. 나중에 알게 되었는데, 사람의 마음을 읽는 방법은 간단하다. 상대방의 대화를 들어주는 것이다.

나는 처음에는 내가 말을 많이 하여야 상대방이 이해할 것이라고 생각했다. 상대방에게 말할 기회를 주지도 않고 나 혼자 브레이크 없는 기관차처럼 말을 토해 냈다. 하지만 내 말을 듣는 것 같은데도 사실은 듣고 있지 않은 경우가 많았다. 내 말은 모두 허공에 날리는 말이었다. 나는 그 뒤 대화 방법을 바꾸었다. 내가 말하는 것이 아니라 상대방의 말을 경청하는 태도로 바꾸었는데, 무서운 결과들이 나타났다. 대화가 한결 편해졌으며, 분위기가 부드러워지면서 상대방은 자신이 존경받는 것 같은 기분을 느끼곤 했다. 그때 깨달은 것은 경청이 중요하다는 것이었다.

사람들은 자기가 말을 많이 해야 대화의 주도권을 잡았다고 생각하는데, 그것은 하수들이 하는 방법이다. 사람의 마음을 읽는 기술은 다름이 아니고, 상대방의 마음을 경청해주는 것이다. 경청한다는 것은, 존경심을 가지고 상대의 말을 들어주는 것이다. 현재 당신의 사업을 진행하면서 계약자나 사업 관계에 있는 사람들과 문제가 풀리지 않고 있거든 상대방의 말을 경청할 기회를 마련해 보라. 경청은 사업을 위대하게 만드는 지름길이다.

사람을 찾는 것이 기술이다.

나는 많은 나라를 다니면서, 강의와 사업을 하고 있다. 많은 나라를 다니면서 많은 사람을 만난다. 동포도 만나고 현지인도 만난다. 그러면서 나의 인맥을 넓혀가고 있다. 인적 네트워크를 자랑하라면 뒤지지 않는다. 그만큼 많은 나라와 많은 사람을 사업의 동역자, 친구, 그리고 다양한 단체의 사람들과 관계를 하고 있다. 나는 처음에 외국 파트너들과 거래하면서 어떻게 하면 물건을 팔까 조바심이 늘 앞섰다.

그 돌파구가 다름이 아니라 사람을 소중히 여기는 방법이었다. 현지에 도착하면 늘 사람을 찾았고, 만나는 사람들을 왕처럼 생각하면서 관계 맺는 일에 더 집중했다. 파트너의 집을 방문하고, 파트너의 가족들과 식사를 하고, 파트너의 나라의 문화를 이해하려고 하려는 방법으로 사업의 태도를 바꾸었다. 처음에는 나 자신이 힘들었지만, 시간이 지날수록 만남에 진정성이 담기게 되었고, 상대방도 너무 좋아하였다.

한번은 한국에서 사업을 진행하고 있는데, 도저히 진척이 안 되었다. 될 것 같으면서도 계약이 무산되곤 했다. 하루는 "사모님 이야기를 좀 해도 되겠느냐"고 물었다. 상대방이 좋다고 해서 사모님에 관하여 이야기하는 가운데 공통분모라고 할까, 대화의 소재가 생겼다. 사모님이 책을 읽는 것을 좋아한다는 것이다. 그래서 내가 쓴 책에 사인을 해서 드리고 싶은데 사모님을 여기에 오시게 할 수 없느냐고 물었다. 결국 사모님과 함께 이런 얘기, 저런 얘기를 나누다가 책을 드리면서 사인해 주었다. 그런데 사모님이 책을 보시더니, "그 유명한 사람이 바로 제 앞에 있는 이 분이군요." 하면서 놀라는 것이었다.

사모님이 KBS-1TV 글로벌 성공시대를 너무 좋아하는데, 그중에서도 아제르바이잔에서 성공을 일으킨 회장님의 성공사례가 너무 감동적이었다는 것이다. 연신 너무 영광이라고 하면서. 결국 대접하러 갔다가 오히려 대접을 받고 계약을 마무리하게 되었다. 그렇다. 어디서든 사업하는 사람은 사람을 중요하게 여기고, 사람을 찾을 필요가 있다.

대조영의 사람 얻는 기술

대조영은 홀로 외톨이나 다름없었다. 하지만 대조영이 있는 곳에는 언제나 사람이 있었다. 대조영의 곁에는 오랜 동안 인연을 맺은 사람들이 있었다. 그들은 대조영이 힘들게 살아가는 모습을 보면서 언젠가는 잃어버린 고구려를 되찾을 것이라는 확신과 무엇인가를 해내고야 말 것이라는 신념을 지니고 있었다. 대조영이 사람들의 마음을 얻을 수 있었던 것은 다름이 아니고, 사람들에 대한 배려의 마음 때문이었다. 손해를 보면서도 배려를 아끼지 않는 대조영의 마음에 수많은 사람이 감동했고 그를 따르게 되었다.

대조영이 발해를 세우기까지의 30년은 인고의 세월이었다. 하지만 30년 세월 동안 대조영을 배반한 사람은 하나도 없었다. 이유는 무엇일까? 그것은 대조영이라는 사람의 마음에서 나오는 배려와 이해, 그리고 자기의 희생정신 때문이었다. 대조영 옆에서 도움을 주고 있는 사람들을 보면 고구려 사람만 있었던 것이 아니라 백제, 신라, 거란, 돌궐에 이르기까지 수많은 사람이 그의 영향력 안에 있었다. 사람을 얻는 방법은 명령하고 강압하는 것이 아니라, 먼저 배려하는 마음을 가지는 것이다.

11
맛있는 나를 세상에 홍보하라

당신 자신을 믿어라.

나는 사업 초창기에 상품을 파는 데 있어서 상품을 소개하는 일에 집중했다. 수단과 방법을 가리지 않고 상품을 팔려고 온갖 말을 쏟아부었다. 제품에 대하여 거창하게 소개를 하여야 한다고 생각했고, 온갖 미사여구로 제품을 설명했다. 하지만 효과가 없자, '나'라는 사람에 대하여 생각하게 되었고, 상대방에게는 상품보다 나에 대한 신뢰가 더 소중하다는 것을 깨달았으며, 나의 신뢰를 준 다음에야 모든 것이 일사천리로 진행되는 기쁨과 보람을 맛보게 되었다.

상품을 팔기 전에 나를 파는 것이 중요한데, 그것은 나를 믿는 데서부터 출발한다. 내가 나를 신뢰할 때 상대방도 나를 신뢰할 수 있다. 상대방은 나와 대화를 나누면서 나의 몸짓을 보는 것이 아니라 나의 눈을 본다. 상대방의 눈에 비치는 것은 나의 신뢰의 모습일 수도 있고, 그렇지 않을 수도 있다. 상대방은 자신 있는 나의 모습을 보면서 나에 대한 신뢰를 높이게 된다. 내가 나를 못 믿는데 상대방이 나를 믿을 수는 없다. 그러므로 내가 나를 믿고 사업을 진행한다면 한국이든 해외이든 당신은 성공할 수 있고, 당신을 보다 더 좋은 이미지로 각색할 수 있다.

당신이 행운이라고 생각해 본 적이 있는가? 난 행운이라고 생각해 본 적이 없다. 하지만 사업을 하면서 나는 상대방에게 행운을 주면서 그 행운이 나에게 다시 되돌아오겠구나 하는 생각을 자주 하게 되었다. 내가 나를 신뢰하고 있는 자신감으로 사업을 하니까 상대방은 나를 통해서 행복을 얻곤 하였다. 이런 과정을 거치면서 나는 "이기는 비즈니스의 비법"을 배우게 되었다. 그렇게 하다 보니 나만의 비즈니스 전략을 만들 수 있었고, 성공으로 연결되었다.

지금은 홍보의 시대이다. 돈을 들이지 않더라도 홍보할 수 있는 콘텐츠는 수없이 많다. 나는 하루에 30분 정도 SNS에 시간을 투자한다. 그리고 새로운 트렌드를 찾아 나의 것으로 접목하고, 신문과 인터넷 뉴스를 통해 수많은 카피라이터를 나의 것으로 만들어 재생산하여 활용한다.

이 시대는 나를 얼마나 홍보하느냐에 따라 나에 대한 인지도가 달라진다. 나를 홍보할 때 내가 만든 뉴스를 최대한 활용한다. 나에 대한 뉴스는 내가 어느 신문에 논설위원으로 있기 때문에 한 달에 두 번 뉴스가 나오고, 강의나 각종 행사에 참여함으로써 뉴스가 늘 붙어 다닌다. 나는 홈페이지와 각종의 블로그를 통해서 나를 적극 홍보한다.

기업을 팔지 말고, 상품을 팔지 말고, 나를 팔아라. 내가 아무리 회사의 이름과 상품을 판다고 하여도 나의 신뢰와 영토가 없으면 한계에 도달한다.

나의 제품이 있으면 그것은 최고의 제품이고 가치라고 볼 수 있다. 나를 통해서 만들어진 나의 제품과 나의 영토는 바로 회사의 영토일 수 있고, 그 영토는 나만의 것이 아닌, 회사의 모든 사람들의 영토인 것이다. 그러므로 나는 어디서든 나의 가치를 부각시킬 수 있고, 그 가치는 나를 통해서 위대한 기업으로 나타날 수 있다.

나만의 명함을 만들어라.

명함은 누구나 가지고 다닌다. 하지만 모두의 명함이 빛을 발하는 것은 아니다. 수많은 명함을 주고받지만 명함으로의 역할을 하지 못하는 명함도 있다. 내가 받은 것들 중에는 국내는 물론이고 해외의 유명 지도자들의 명함도 많고, 정치인, 사업인 등 각양각색의 사람들의 명함이 있다. 명함을 보면 다양한 디자인으로 만들어져 있는데, 하나같이 똑같은 것은 없다. 이유는 명함은 자신을 홍보하는 도구이기 때문이다. 자신을 상대방에게 소개하는 데 있어 가장 중요한 역할을 하는 것이 명함이라면, 명함을 만들 때도 신경을 써야 할 것이다. 왜 그런가? 명함은 자신의 얼굴과 같은 것이고, 자신의 영토를 보여주는 것이기 때문이다.

명함을 직접 디자인하여 보라! 나는 나의 명함을 인쇄소에 직접 맡기지 않는다. 내가 직접 디자인해서 디자인대로 만들어 줄 것을 부탁하고 여러 번 수정을 거쳐서 완성한다. 이렇게까지 까다롭게 하는 이유는 명함이 바로 나의 얼굴이고, 나의 영토이기 때문이다.

모임이 있어 초청을 받아 갔다. 소개를 받고 명함을 건넸는데, 상대방이 명함을 주려고 하더니만 당황하면서 명함이 다 떨어졌다고 미안해 어쩔 줄 모른다. 나는 상대방에게 괜찮다고 하면서 명함을 보고 연락을 주라고 부탁을 하고 헤어졌다.

그 뒤 나의 사무실로 무슨 소포가 퀵으로 배달되어 왔다. 무엇인가 열어보니 지난번 명함을 주지 못해 미안해하던 분이 명함과 자기소개를 보낸 것이다. 나는 깜짝 놀라지 않을 수 없었다. 사람을 이렇게 감동시킬 수 있다니! 이런 사람하고는 무엇이든지 하면 되겠다는 생각이 들었다.

명함이 퇴색되어가는 이 시대에 명함의 가치를 다시 생각하게 되었고, 명함 박물관을 세우려고 마음먹은 데는 이분이 기여한 바가 컸다.

비즈니스 더 활성화하는 방법

비즈니스 더 활성화하는 방법

비즈니스를 활성화하려고 할 때, 사람들은 많이 배워야 하고 많은 경험을 해야 한다고 생각하고, 방법보다는 수단을 중요하게 여긴다. 하지만 나는 경험보다는 기본 원리를 더 중요하게 생각한다. 다시 말하지만, 제품은 고객을 위해서 만드는 것이지 나를 위해서 만드는 것이 아니다. 나를 위해서 만든다면 뭐 하러 고생 고생하면서 연구하고 제품을 만들겠는가? 고객이 있기 때문에 고객을 위하고 나를 위해서 하는 것이다. 고객이 어떤 상품을 원하는지, 생각해 보았는가?

고객은 단순하다. 결코 복잡하지 않다. 고객의 마음을 헤아리는 것도 그리 어렵지 않다. 자기 생각에서 헤어나지 못하기 때문에 어려운 것이다. 고개의 입장이 되어보는 것이야말로, 비즈니스를 활성화하는 가장 빠른 길이다.

정직한 제품이 답이다.

고객은 정직한 제품을 원한다. 우수한 원료를 가지고 만드는 과정을 거쳐서 만들어낸 정직한 제품을 원하는 것이다. 고객은 당신의 제품이 물건이든 아니면 음식이든, 정직함의 소산인지 아닌지를 바로 알아차린다. 잠시 잠깐이라도 소비자를 속여서 돈을 벌려는 생각은 애당초 하지 말아야 한다. 정직한 제품은 정직한 고객을 만나게 되어 있다. 그래서 제품의 가치가 올라가는 것이다. 정직하지 못한 제품은 사회를 병들게 하는 전염병 같은 존재이다. 하지만 고객이 만족하는 제품은 기쁨이요, 행복이다. 정직한 제품은 고객을 부르고 돈을 가져온다.

정직한 마케팅이 답이다.

정직한 제품도 중요하지만 정직한 마케팅도 중요하다. 마케팅을 하는 과정에서 또 하나 중요한 것은, 소비자에게 적정한 가격을 부여하는 것이다. 그러기 위해서는 원가 계산이 중요하고 그에 따라 소비자에게 합당한 가격을 제시해야 한다. 이러한 모든 것이 고려된 마케팅은 고객이 넘쳐나게 마련이다.

나는 슈퍼에 자주 간다. 그런데 어떤 제품 앞에는 줄이 서 있는데 어떤 제품에는 사람이 없는 제품이 있다. 그 제품이 필요가 없어서가 아니라 고객이 섣불리 다가가기가 어려운 제품이기 때문이다. 제품의 규모나 성격으로 보아 가격과 성능이 만족스럽지 않아 보이기 때문에 접근하지 않는 것이다. 고객에게 적당한 가격을 제시하기 위해서는 다양한 상황에서 제품의 가격을 실험하여 보고 결정해야 한다.

수익을 창출하는 것이 답이다.

당신의 제품이 수익을 올리는 제품인가는 당신이 더 잘 알 것이다. 수익을 올리지 못하는 제품이 있으면 빨리 청산하여야 한다. 그 제품을 가지고 잉여가치를 높이려고 애를 쓴다면 당신은 사업가로서 자질이 없는 사람이다. 유능한 사업가는 적시적소를 잘 아는 사람이다. 되지 않는 것을 붙잡고 씨름해 본들 거기서 수익이 나오지 않는다. 그래서 사업에는 경영이 필요한 것이다.

경영은 복잡하고 어려운 것이 아니다. 되는 곳에 인력을 집중배치하고 안 되는 곳은 인력을 배치하지 않는 것, 그것이 잘 하는 경영이다. 경영은 대학의 경영학 교수에게서 절대로 나오지 않는다. 그들은 이론에 방점을 두고 가르치는 사람들이고, 경영은 이론보다 더 중요한 현실과 경험에서 나오기 때문이다.

나는 사업의 파트너들을 왕처럼 받들면서 사업했다. 그 결과 오늘의 나를 만들었는데, 실제는 그들이 나를 만들어준 것이다. 비즈니스에서 돈 버는 방법은 간단하다. 나를 돈 벌게 해주는 일에 시간과 열정을 투자하고 사람을 소중히 여기는 것이다.

"의논이 없으면 경영이 무너지고 지략이 많으면 경영이 성립하느니라."(잠 15:22)

전어(箭魚)가 답이다.

회사의 규모가 아무리 크고 제품이 많다고 해도 그것만으로는 위대한 기업이라고 할 수 없다. 규모에 상관없이 고객의 사랑을 받는 회사가 최고의 회사라고 말할 수 있다. 고객의 사랑이 없는 회사는 앙꼬 없는 붕어빵과 같다. 고객이 확보되어 있으면 어떤 물건도 판매할 수 있다. 그래서 고객이 답이다.

"전어는 집 나간 며느리도 돌아오게 한다."라는 말이 있듯이, 잃어버린 고객을 '집 나간 며느리'라고 생각하고 전어라는 물고기를 만들어야 한다. 새로운 고객을 만드는 것보다 이것이 더 쉬울 수 있다. 한번 맛을 본 고객은 맛을 잊지 못하고 그곳을 찾게 된다. 그러니 먼저 전어를 확보하라!

영토확장에 목숨을 걸어라

비즈니스의 개념 세 가지

나의 비즈니스의 개념은 세 가지이다. 즉 개인의 영토확장, 기업의 영토확장, 그리고 해외진출을 통한 해외 영토확장이다. 이것을 통해 나는 비즈니스 세상에서 하나님을 위해 영토를 확장하는 것이 나의 비즈니스의 최고 가치로 여긴다. 더불어 비즈니스를 통해서 나의 삶에 먼저 날개를 다는 것이 나의 비즈니스 개념이고 원리이다.

내가 굳이 사업을 하지 않아도 나의 영토는 필요하다. 하지만 꼭 대지일 필요는 없다. 나의 영토는 명함에 다 적혀 있다. 영토는 내가 소유한 부동산일 필요도 없다. 물론 부동산도 나의 영토는 되겠지만, 그것을 명함에 넣을 수는 없다. 나만의 영토는 나의 명함에 있는 직함만 보아도 알 수 있고, 나 스스로도 대견하게 생각한다. 그렇다. 나의 영토가 나의 활동공간이고 영역인 것이다.

나는 이 영토를 통해서 수많은 사람에게 영향력을 주고 있으며, 사람들의 영토를 어떻게 만들고 어떻게 활용하여야 하는지를 가르치고 있다. 이 영토는 나의 명예나 욕심의 대지가 아니고, 나의 인생의 노하우가 만들어준 귀한 보배이면서 내 인생의 가치이다.

"주께 힘을 얻고 그 마음에 시온의 대로가 있는 자는 복이 있도다." (시 85:5).

개인의 영토확장

나는 초창기 이름 없는 무명의 사업가였다. 아무리 애를 써 본들 사업이 확장되지 않고 무리수만 발생하였다. 나중에 깨달은 바는 나의 영토가 없다는 것이었다. 그래서 비즈니스에서 첫 번째로 가장 중요하게 생각해야 하는 개념이 바로 개인의 영토확장이라는 것을 깨달았다. 내가 사업을 시작할 때 나의 영토를 가지고 시작하면 많은 사람으로부터 존경을 받을 수 있다. 하지만 나 개인의 영토도 없으면서 사업한다고 할 때 많은 사람에게 신뢰를 얻을 수 있을까? 아니다!

개인의 영토를 가장 잘 보여줄 수 있는 것이 명함이다. 명함은 저저 나누어주려고 가지고 다니는 것이 아니다. 명함은 '나'를 나타내고 소개하는 간판이다. 명함을 받아보면 그 사람의 모든 것을 알 수 있다. 명함에 자기의 모든 것을 소개하려고 앞뒤에 가득하게 자신이 하는 일들을 소개하는 것을 볼 수 있다. 명함이 자기를 나타내는 얼굴이라 해서 디자인에도 저마다 최선을 다한다.

그만큼 명함은 자기를 표현하는 데 있어서 아주 중요한 것이다. 내가 가진 명함은 나를 표현하고 나를 상징하는 것이기 때문에 모두가 중요시한다. 그래서 함부로 명함을 건네지 않는다. 나는 명함을 줄 때는 먼저 받고 나서 준다. 윗사람한테는 내가 먼저 준다. 명함은 나의 자존심이고, 나의 모든 영토이기 때문이다. 이 영토를 가진 사람이 사업을 하게 되면 없는 사람보다 빨리 갈 수 있다. 사업에서 무엇보다도 중요한 것이 개인의 영토이고, 만약 개인의 영토가 없으면 만들면 되는 것이다. 만드는 방법은 앞에서 이야기했다. 그 다음으로 중요한 것은 바로 기업의 영토이다. 이를 위해서 사업을 하는 것이다.

기업의 영토확장

개인의 영토가 확장되면 그 사람의 영향력으로 인해 사업의 영토를 확장하는 데에 어려움이 없게 된다. 개인의 영토를 바탕으로, 즉 다시 말하면 개인의 신뢰와 정직을 바탕으로 사업체를 만들고 이끌어 가면 기업의 영토를 만드는 데에 전혀 문제가 발생하지 않는다. 오히려 개인의 영토를 통해 기업의 영토가 확장되고, 기업의 영토가 확장됨으로써 여러 방면에서 영향력을 만들 수 있다. 하나의 기업이 주는 영향력은 참으로 대단하다. 그 기업 안에 있는 직원과 직원의 가족, 그리고 고객과 고객의 주변 사람까지도 기업의 영향력 속에 들어올 수 있다.

기업이 중요한 것은 정치, 사회, 교육, 문화, 예술, 그리고 사회에 엄청난 영향력을 줄 수 있기 때문이다. 하나의 기업이 주는 영향력은 한 사람의 영향력보다도 크다고 할 수 있다. 전세계의 수많은 기업들을 보라. 그들이 가지고 있는 영토를 통해서 얼마나 많은 영향력을 주고 있는가를 보라. 그 기업들은 제품을 팔려고 부단히 노력하지만, 그들이 전심을 기울이는 것은 고객에 대하여 최고의 가치를 부여하려고 노력한다는 것이다.

기업은 돈만을 목표로 삼을 것이 아니라 인문학에도 관심을 가짐으로써 직원들의 가치와 고객의 가치를 존중하면서 기업의 영토를 확장해야 한다. 이 책을 읽는 당신이 이러한 기업에 도전해보라. '맛있는 기업'을 만들어서 당신의 영토도 확장하고 위대한 사람이 되어보라.

세계 속에 영토확장

개인의 영토확장과 더불어 기업의 영토확장을 통해서 만들어지는 것은 바로 세계 속에 당신의 영토확장을 꾀하는 것이다. 이것이 바로 나 최웅섭 회장이 말하는 지속가능한 비즈니스를 만들어 가는 방법이다. 이것이 비즈니스 최고의 가치이고, 개인의 최고 가치이다. 이런 영토확장을 통해서 당신이 꿈꾸는 하나님의 나라를 만들 수 있고, 그 나라를 통해 비즈니스의 최고 가치를 발휘하여 세상을 변화시킬 수 있는 것이다.

나는 이를 위해서 비즈니스 비전(vision)을 세우고, 그 비전을 통해서 미션(mission)을 수행해 가며, 미션을 통해서 가치(value)를 만든다. 가치가 가치로서 끝나는 것이 아니라, 지속할(sustainable) 수 있는 가치를 만들기 위해서 관리(management)를 잘 하여야 한다. 관리를 효과적으로 잘 하기 위해서는 전략(strategy)이 필요하다. 지속할 수 있는 비즈니스를 성공적(successful)으로 만들기 위해서는 전략을 잘 만들어야 한다. 여기에 플러스 비즈니스를 하는 사람의 열정(passion)이 필요한 것이다.

"부지런한 자의 경영은 풍부함에 이를 것이나…"(잠 21:5).

대조영의 영토확장 방법

고구려는 망했다. 하지만 대조영은 망한 고구려를 부활시키고자 하는 마음이 너무도 강했다. 나라를 잃어버린 한이 많아서였을까, 아니면 분통함 때문이었을까? 영토 없는 국가는 국가가 아니기 때문이다. 지금의 시대를 보라. 국가의 틀을 갖추고 있지만 영토가 없는 나라들이 적지 않고, 그들의 서러움 때문에 지구 곳곳에서는 분쟁이 그치지 않고 있다.

대조영은 잃어버린 고구려를 찾고자 동모산에 목표를 두고 하나씩 차분하게 이루어나갔다. 천문령에서 수많은 부하들을 잃어버리고 회생의 기회를 잃어버릴 지경이 되었는데도 영토를 확장하겠다는 신념 하나로 천문령을 넘는 대전투에서 승리를 거머잡았다.

천문령을 넘은 대조영의 부대는 수많은 영토를 확장해 가면서 발해라는 대국을 세우게 된 것이다. 기업의 우선순위는 기업의 영토를 확장하는 것이다. 기업의 영토가 확장될 때 기업에서 나오는 영향력은 세상을 변화시키고도 남는 것이다.

비즈니스에서 가장 중요한 것은 영토 확장이다. 영토 확장이라는 것은, 다른 말로 하면 사업의 번성과 확장이라고 할 수 있다. 사업이 확장되면 일자리가 늘어나고, 그럼으로써 사업의 규모가 커지면서 영향력도 더 커지게 되는 것이다. 이 부분에 대하여는 책 속의 책, "만사형통 창업노트"에서도 다룰 것이다.

"생육하고 번성하여 땅에 충만하여라. 땅을 정복하여라. 바다의 고기와 공중이 새와 땅 위에서 살아 움직이는 모든 생물을 다스려라 하셨다." (창 1:28)

미래의 사업을 예측할 수 있는 방법

미래를 예측한다는 것은 상당히 어려운 일이다. 하지만 미래 예측도 세 가지 비전을 가진다면 가능하다고 본다. 세 가지 비전이란 첫째, 당신의 능력을 믿는 것이다. 둘째, 당신이 꿈꾸는 것을 이룰 수 있도록 시스템을 만드는 것이다. 셋째, 주어진 환경을 진취적으로 만드는 것이다. 이러한 것들을 통해서 미래를 통찰하고 예측할 수 있다. 우리는 이것을 이루기 위해 통찰력 훈련을 통해 시대를 바꾸고, 시대의 변화를 만들어가는 나만의 미래 지도를 만들 필요가 있다. 이것을 완성하기 위해서 당신에게 주어진 사업을 성공시키는 비전을 만드는 것이다.

나는 세 가지 영토확장을 위해서 사업을 통 큰 사업, 통 크게 성공하는 사업을 하여야 한다고 늘 말한다. 이제 21세기 사업의 중요성이 날로 부각되고 있을 때, 성공적인 비즈니스를 위해서 과감하게 도전하여야 한다.

"하나님이여 주는 하늘에 높이 들리시며 주의 영광이 온 세계 위에 높아지기를 원하나이다." (시 57:11)

남보다 탁월하게 비즈니스하는 방법

경험론적 비즈니스 철학

비즈니스, 한국에서 이 글자의 의미를 모르는 사업가는 없을 것이다. 그리고 사업을 왜 해야 하는지 이유와 목적을 모르는 사업가 또한 없을 것이다. 사업이 우리가 해야 할 일이라면, 이것은 글로벌 시대에 우리가 해야 할 비전이라는 사실도 알고 있을 것이다. 그럼에도 불구하고 모든 사람이 다 사업을 하는 것은 아니다. 이유가 무엇일까? 나 개인적인 생각으로는, 사업에 대한 행복을 모르기 때문이다. 살아가면서 행복을 느낄 때, 우리는 그 일이 지속되기를 바란다. 사업도 그렇다. 일단 그 단맛을 맛보게 되면 끊을 수 없다. 행동하는 사업가를 자처하는 나는, 사업에 관한 다섯 가지 철학을 가지고 있다.

첫째, 사업은 행복이다.
둘째, 사업은 누구나 할 수 있다.
셋째, 사업은 돈 버는 축복의 통로이다.

넷째, 사업은 영토를 확장할 수 있다.
다섯째, 더불어 모든 사람을 행복하게 한다.

날로 확장되어 가는 나의 비즈니스에 불이 붙게 되자, 나는 결심했다. '이왕 비즈니스로 나섰다면 똑 부러지게 제대로 하자.' 이것이 나 자신과의 약속이었으며 각오였다. 다른 이들과 차별화 있게 해보자는 마음도 생겼다. 그래서 나는 사업을 할 때 두 가지를 강조한다.

첫째, 사업은 누구나 할 수 있는 방법이어야 한다.
둘째, 이 방법을 통해 돈을 벌어 세상을 윤택하게 해야 한다.

나의 지나온 시간에 비추어볼 때 첫째와 둘째 방법이 조화롭게 잘 이루어졌으며, 내가 시행한 방법도 그리 어려운 방법이 아니었다는 것을 말하고 싶다.

인터넷 정보를 살펴보면, 비즈니스 모델에 대하여 여러 가지 이론들이 기록되어 있다. 오랜 시간의 숙고와 연구 및 조사 끝에 도출해낸 이론들인 만큼 존중받아 마땅하다고 생각한다. 무엇보다 비즈니스라는 것이 무엇인지에 대한 개념을 이해하고 접근하는 데에는 그들의 이론이 아주 유용하리라 생각한다. 단, 나 최웅섭이 이 책에서 말하는 비즈니스는 이론이라기보다는 실전이라고 이해하는 것이 옳겠다. 지금까지 이론가로 활동한 것이 아니라, 현장에서 영육으로 부딪히며 배우고 느끼고 고민하며 정리해 본 경험론적 비즈니스가 나의 이론이라면 이론이다.

비즈니스를 시도하기 위해 이론 분야를 많이 공부하고 연구한

다음에 시작하면 더 유리할지도 모르겠다. 하지만 나의 경험으로 봤을 때, 비즈니스는 이론에 대하여 공부하지 않았다고 두려워할 필요가 없이 누구나 쉽게 도전할 수 있는 분야라는 것이다. 그런 의미에서 나는 비즈니스가 실제적인 경험을 더욱 필요로 하는 분야라고 생각한다. 그리고 환경이 따라준다면 반드시 했으면 하는, 아니 반드시 한번쯤 도전해보는 것이 좋다고 강조하고 싶다.

오늘날 사업의 현실에 이 길이 정말 합리적이고 지혜로운 방법임을 경험한 사람이었기에, 어떠한 환경 속에서도 적용할 수 있는 비즈니스의 롤 모델을 만들기로 결심하였다. 비즈니스를 계획하는 사람들이 나의 실전 경험론을 귀하게 활용할 수 있다면 그보다 값진 이론이 있겠는가!

비즈니스 시작의 통로, 사람

"사업에서 가장 중요한 것은 사업 자체가 아니라, 사업을 만들어가는 '사람들'이다." 항상 명심해야 할 말이다.

나는 많은 나라에서 수많은 사람과 접촉해 본 경험이 있다. 그 경험만으로 충분히 자원이 되고 사업 밑천이 된다. 그러므로 사업을 배우기 위해서는 시간을 투자해야 하고, 그 시간에는 "사람을 만난다."라는 내용이 반드시 포함되어야 한다. 나 역시 사람을 잘 만난 것이 사업이 본격적으로 시작된 이유이고, 그들을 나의 사람으로 만든 것이 사업의 성공 요소였다. 그래서 지금도 나는 어디를 가든지 먼저 사람 찾는 일을 먼저 한다.

사람을 중시하지 않는 사업가는 잠시 잠깐 성공할지 모르겠지만 영구적일 수 없다. 진짜 사업가들은 사람을 좋아한다. 사람을 귀하게 여기는 사업가, 사람을 좋아하는 사업가, 사람 만나기를 좋아하는 사업가, 이들은 이미 성공가도를 달리는 자들이다.

사람을 얻는 정직과 신뢰

비즈니스를 하면서 사업 파트너들을 만나게 되면, 늘 나의 신앙을 먼저 밝히고 일을 시작한다. 그 이유는 여러 나라에서 사업을 하다 보니 종교도 다양하고 다양한 믿음을 가진 사람들을 만나기 때문이다. 내가 그렇게 사업과 언행의 가이드라인을 정해놓고 말을 하면, 상대방도 그 가이드라인에 적절한 반응을 해주었다. 또한 이슬람 사회에 살고 있기 때문에 크리스천이라는 사실을 의도적으로 알리는 것도 있다. 그들이 항상 크리스천인 나를 주시하도록 유도하는 것과 동시에, 나 스스로도 행동이 그릇되지 않도록 최선을 다하려는 의도에서였다. 무슬림들 앞에 훤히 드러난 크리스천으로서 정직하게 행동하는 모습을 보여주려고 노력했고, 그런 나의 삶을 통해 그들에게 영향을 줄 수 있을 것이라는 생각에서였다.

사람을 얻는 데 있어서 "정직"은 참으로 멋진 도구가 되어 주었다. 정직이 나의 대명사처럼 그들에게 각인되도록 항상 애썼고, 파트너들이 부르는 최웅섭이라는 내 이름의 가치를 높게 평가받고 싶었으며, 그들에게 늘 신뢰를 주기 위해 노력했다. 그 결과, 아제르바이잔뿐 아니라 세계 여러 사업장에서 알게 된 파트너들 사이에는 최웅섭은 정직한 사람, 믿을 만한 사람이라는 인식이 선명하게 각인되어 있다. 그들은 스스로 해결할 수 없는 문제를 나와 상담하고 싶어하며,

내 전문 분야가 아닌 일에 관해서도 나에게 자문을 구한다.

요즈음 만나는 사람마다 하나같이 불경기라고 한다. 힘들어 죽겠다고 한다. 그럴 수도 있을 것이다. 하지만 이럴수록 사람의 관계를 더욱 중요하게 여겨야 한다. 다시 말하지만 사업은 누구를 만나느냐에 따라 결정되는데, 경쟁자일 수도 있고 고객일 수도 있다.

사실, 같은 나라 사람들과 일하고 경쟁하기도 결코 쉽지 않은 것이 사업이고 시장구조이다. 그런데 해외에서 문화와 삶의 방식이 천차만별인 사람들과 사업하고 경쟁한다는 것은 몇 배로 어려운 일이다. 하지만 나에게는 크리스천으로서 비장의 무기인 정직이 있었고, 그것을 적극적으로, 그리고 참되게 활용해 사업 파트너와의 관계를 구축해 나갔다. 내가 정직했던 만큼 그들은 신뢰를 보내왔고, 자연스레 나는 그들에게 정직하고 신뢰가 넘치는 영향력 있는 사람이 되었다.

정직한 사업가 주위에는 정직한 사람들이 몰려들게 마련이다. 그 사람들이 때마다 도움을 줄 것이고, 사업의 길을 열어줄 것이며, 사업을 번창하게 해줄 것이다. 그러므로 정직을 잊어서는 안 된다. 비록 사업이 안 될지라도, 손해가 발생할지라도, 정직을 잃어버려서는 안 된다. 잠깐의 작은 이익을 위해 정직을 버린다면, 장기적으로 봤을 때 모든 것을 다 잃어버리게 된다는 것을 절대 잊지 말아야 한다.

"이것 봐. 내가 말했잖아. 비즈니스가 사람 잡는다고."

한 마리의 물고기가 호수를 어질러 놓듯이, 잔잔한 호수에 던져진

돌멩이 하나 때문에 커다란 파문이 일어나듯이, 정직하지 못한 사업가가 사업을 하면 엄청난 문제를 야기한다. 동료들의 사기를 꺾고 잘못된 비즈니스로 인해 전체를 욕 먹이는 해악을 끼치게 된다. 정직하지 못한 비즈니스는 잠시 잠깐 성공을 가져올지 모르지만, 결코 선한 영향력이 될 수 없고 오히려 많은 사람에게 엄청난 피해를 준다는 사실을 명심해야 한다.

찾아오도록 하는 비즈니스

비즈니스 초기의 2~3년 동안, 물건을 팔기 위해 목숨을 걸고 찾아다녔다. 집에 돌아오면 파김치가 되어서, '다시는 하지 말아야지. 내가 사업하러 여기에 온 것이 아니지 않은가!'라는 자괴감에 휩싸이기도 했다. 하지만 자고 일어나면 다시 비즈니스 본성이 살아나 야생마처럼 달려 나갔다. 그런 시간들 속에서 점차 경험이 쌓여 갔고, 경험에서 요령과 지혜가 생겨났던 것 같다. 처음에는 그들이 짜놓은 구도 속으로 내가 들어가려고 애쓰다가 그때마다 튕겨 나오는 식이었다면, 요령과 지혜가 생기면서 내 주변 사람들과 환경을 이용해 나만의 비즈니스 모델을 만들 수 있게 되었다. 물론 정직을 기반으로 한 비즈니스 모델이 구도였다.

나의 판을 맛본 사람들이 하나둘 늘면서 그들이 새로운 사람들을 계속해서 데리고 들어왔다. 이제는 그들의 고객까지도 나의 구도 안으로 들어오고자 애쓰는 모양새로 바뀐 것이다. 아제르바이잔 정부 관계자들도 그렇게 소개받을 수 있었다. 나를 찾아오는 사람들이 많아질수록 사업도 당연히 더욱 확장되어 갔다.

또 하나의 비전, 프랜차이즈

사업이 확장되고 직원들이 성장하는 모습을 보게 되자, 현재의 수준에 안주할 수가 없었다. 비즈니스의 롤 모델을 만들고 싶은 욕구가 내 마음 깊은 곳에서 용솟음쳤다. 사업을 다른 나라로 확장하기로 마음먹은 것은 그 때문이다. 일단, 카자흐스탄을 목표로 정하고 탐문하였다. "그곳에서 어떤 사업을 하면 좋을까?"

'내가 행한 비즈니스 성공 노하우를 이용해 그곳에서 성공을 이룰 수 있을까?' 기대되는 마음으로 카자흐스탄의 문을 두드리기로 했다. 먼저 직원을 파송해 회사를 설립하기 위한 시장조사와 법인을 세우는 방법 등을 알아보도록 했다. 한국회사들이 세계시장에서 판매하는 전광판 매출액의 80퍼센트를 내가 담당하고 있었기 때문에, 카자흐스탄에서도 전광판 사업으로 승부를 걸고 싶었다. 전광판 판매회사를 설립하기 위한 과정, 판매방법, 판매절차 등에 대해 많은 기술적 노하우를 가지고 있었기 때문에 도전해볼 만하다고 판단했다.

절차를 밟고 카자흐스탄에 진출, 전광판 광고 회사들과 만남을 이루어갔다. 예상대로 우리의 제품에 호감을 나타내기 시작했다. 중국의 저가제품에 맛 들린 그들이었지만, 끈질긴 설득으로 고품질 고성능의 우리 제품에 대한 인지도를 올려주었다. 더불어 나만의 비즈니스 특기 중 하나인 한국방문을 강력하게 추진하였다. 카자흐스탄의 몇몇 기업체 사장들을 모아서 한국으로 초대, 생산시설도 보여주고 성능 시현도 해주며 깊은 감명을 받도록 철저히 준비했다. 그 뒤 그들은 나의 제안서에 관심을 표하며 하나같이 계약하자고 요구했다. 드디어 또 하나의 국가에서 사업을 성공시킬 진입로에 들어서고 있었다.

고국으로 돌아간 그들은 카자흐스탄 정부에 우리 제품에 관하여 이야기를 나누었다. 덕분에 정부 관계자가 수도 아스타나에 방송국을 건립하는 데 전광판이 4개가 필요하다며 계약을 문의해 왔고, 8월에 계약하여 12월 말까지 완벽하게 설치 및 완공하였다. 전광판을 본 카자흐스탄 대통령에게 훌륭하다는 칭찬도 들었으며, 추가 주문이 이루어져 또 진행중에 있다. 카자흐스탄 진출을 준비하면서 경험한 몇 가지 사업들을 통해, 나는 '프랜차이즈'를 구상하게 되었다.

현재 나는 14개 국가에서 사업을 진행하고 있다. 이러한 방식이 내가 추진하는 프랜차이즈 사업이다. 본사를 두고, 다른 국가에 계속해서 지사를 확장하는 사업, 확장한 곳에 현지인을 직원으로 채용하여 일자리를 창출하는 기업으로서 영향력을 발휘하여 영토확장과 연결되도록 하는 사업, 이것이 나의 프랜차이즈 사업이다.

크리스천 기업인들이 사업을 확장하면 그만큼 하나님의 영토는 확장되는 것이다. 그것이 바로 하나님이 원하시는 프랜차이즈식 하나님의 영토확장의 원리이다.

"여호와께서 아브라함에게 이르시되 너는 너의 고향과 친척과 아버지의 집을 떠나 내가 네게 보여줄 땅으로 가라." (창 12:1)

15
성공하는 비즈니스는 이렇게 다르다

성공하는 비즈니스, 무엇이 다른가?

나는 한국과 세계를 대상으로 비즈니스를 하면서 성공한 사람들, 그리고 그들이 하는 기업을 수없이 볼 수 있었다. 그런데 하나같이 다른 점이 있었다. 그들에게는 남다른 그 무엇이 있었다. 그들이 집중적으로 하는 일을 보면서 성공한 사람은 그들만의 사고방식이 있고, 고집과 열정, 그리고 자기보다 다른 사람을 섬기는 모습을 보았다. 한국의 문화에서 보지 못하는 여러 요소를 보았다.

한국의 기업들은 자기가 만들어 놓은 것, 다시 말하면 자산을 결코 타인에게 물려주지 않는다. 언젠가는 배반한다는 이유에서다. 아무리 똑똑해도 타인을 믿지 못하기 때문에, 경영 능력과 비즈니스 능력이 없는데도 자식한테 물려주는 것이 좋다고 판단하는 것이다. 그 사업이 망해도 부자는 3년은 먹고 산다는 말이 있는 것처럼, 망해도 자식이 망하면 서운한 것이 없다고 생각한다. 타인으로 인해서 망하는 것보다 낫다고 생각하는 것이다. 이러한 문화로 인해 한국의 기업은 국민의 신뢰가 없을 뿐만 아니라, 창업자의 정신을 이어받을 수 있는 여건도 조성되어 있지 못한 것이다.

인재 양성 창업자가 인재를 양성하려고 하지 않을뿐더러, 인재를 양성하더라도 소유물에 지나지 않는다는 생각이 크다. 일본 기업가들은 사업이 크든 작든 상관없이 자기의 기업이라고 생각하지 않는다. 그래서 그들은 2세이든지 기업에서 성장한 인재든지 상관없이 기업을 이양한다. 이러한 모습은 선진국에서 흔하게 볼 수 있다. 기업에 있어서 가장 중요한 것은 적재적소에 인재를 양성하여 배치하는 것임을 잘 알고 있는 것이다.

인재 양성이 중요한 이유는, 회사의 맥을 알고 있어서 다른 데서 수혈해서 쓰는 인재보다 더 충성스럽고 헌신적이기 때문이다. 인재를 양성할 때 가장 중요한 요소는 충성도라고 본다. 일편단심의 마음을 가진 사람, 이런 사람을 찾기가 쉽지 않지만 위대한 기업에서 가장 중요한 것은 바로 그런 인재를 찾아서 키우는 일이다.

지도자의 헌신 인재를 양성하는 것은 결코 쉬운 일이 아니다. 선발부터 인재로 만들어가는 과정에 투자가 되어야 하고, 신뢰가 전제되어야 한다. 신뢰가 전제되지 않는 인재양성은 포효하는 사자를 키우는 것과 같다. 언젠가는 나를 잡아먹으려고 덤벼들 것이다. 인재들에게는 먼저 헌신을 훈련시켜야 한다. 무엇보다도 자기 자신에게 헌신하는 인재, 두 번째로는 사람에게 헌신하고, 삶의 가치에 헌신하는 지도자를 키워야 한다. 기업의 성장은 인재가 얼마나 많이 있느냐에 따라 비례한다. 인재가 많다는 것은, 그만큼 위대한 기업을 만들 수 있는 여건과 환경이 조성되었다는 것을 뜻한다. 인류의 역사 속에서 충성스럽게 임무를 수행한 사람들은 하나같이 상관에게 충성을 다하고, 헌신한 사람들이었다. 이렇게 헌신한 사람들이 있기 때문에 인류 역사는 그래도 긍정적으로 돌아가고 있는 것이다.

성공 지향적인 문화 어떤 회사는 웬일인지 전혀 활기가 없고, 어떤 회사는 활기가 넘치고 일하는 의욕들이 보인다. 왜 그런 차이가 나타나는 것일까? 회사의 문화형성에 따른 것이다. 기업의 문화를 만드는 것은 아주 중요하다. 대기업이든 소기업이든 자영업이든 상관없다. 서로를 존중하면서 일하는 모습의 기업문화가 만들어질 때 기업의 문화는 배타적이지 않다. 하지만 기업의 문화가 순리적으로 돌아가지 않으면 배타적이 되고, 일은 하지만 능률적이지 못하다.

기업은 이제 상하복종의 관계에서 벗어나 수평으로 조직 문화를 새롭게 만들어야 한다. 칸막이를 없애고, 대화와 소통이 원활하게 이루어져 융합하는 회사가 될 때, 성공 지향적인 문화 속에서 위대한 기업이 태어날 수 있다. 성공 지향적인 문화는 기업이 추구하는 문화를 만드는 것인데, 기업의 비전을 성취시키는 문화가 바로 융합 지향적인 문화이다.

유연한 수평 구조 지금의 시대는 직원들 개개인의 사고방식도 다양하고, 추구하는 바도 다양하다. 이 다양한 직원들의 구조를 단순히 소유주가 원하는 방식으로 만들려고 무리하게 추구한다면, 많은 시행착오를 겪게 된다. 기업의 구조를 유연한 수평 구조로 만들면, 사람을 소중히 여기는 문화가 생성되고, 직원들이 가지고 있는 가치를 보다 더 효과적으로 생산력과 직결시킬 수 있다. 그리고 그 가치가 회사의 문화를 만들고, 문화는 고객과 사회에 영향을 주게 된다. 유연한 수평 구조는, 명령 체계가 아니라 기업의 비전을 향하여 스스로 일을 추구하도록 분위기를 조성하는 데에 유리하다.

고객을 만족시키는 프로그램 기업의 최고 가치는 고객이다. 그러므로 고객은 어떠한 경우에도 존경을 받아야 하고, 고객을 통해서 회사의 가치를 만들어가는 것이다. 그러므로 위대한 기업은 고객을 위한 프로그램을 만들 필요가 있다. 물론 대기업은 다양한 프로그램을 만들 수 있는 여력이 있기 때문에 고객 서비스 센터를 통해서 고객을 만족시킬 수 있다.

소기업과 일인 기업은 그런 여력이 없더라도 고객만족을 위한 프로그램을 못 만드는 것은 아니다. 나는 지금까지 사업을 해오면서 고객관리는 주로 메일로 한다. 고객의 리스트를 만들어놓고 월 2회 메일링을 한다. 나에 대한 새로운 정보를 제공하고, 제품에 대한 소식과 고객을 잘 관리하려면 다음과 같이 하면 된다.

첫째, 정직한 정보를 제공하려고 노력한다.
둘째, 고객에게 늘 새로운 정보를 제공하여야 한다.
셋째, 고객과의 인간관계를 중시하여야 한다.
넷째, 고객에게 향한 진정성이 있어야 한다.
다섯째, 고객에게 가치를 높여주어야 한다.

나의 진정성이 고객에게 전달될 때 고객은 나의 진정성을 고객의 고귀한 가치로 여기게 된다.

직원의 가족을 행복하게 만들기 어떤 회사는 직원들에게 회사의 수익을 돌려주는 훈훈한 모습을 연출한다. 팍팍한 기업문화에서 마음에 폭포수 같은 단비를 주는 풍경이다. 직원이 소중한 것처럼 직원의 가족도 배려하는 마음이 있으면 좋겠다. 나는 내 회사의 직원들과 함께 가족을 소중히 여기는 것이 우선이라고 늘 생각했다. 그래서 수시로 직원의 가정을 방문하면서 관계를 만들어갔다.

내가 직원들의 가정을 방문하는 이유는 가정의 형편과 상황을 이해하고자 함이고, 직원의 가족도 회사의 일원이라는 사고방식에서이다. 직원의 가정이 평안할 때 직원의 근무 태도도 좋아지고, 회사에 충성도가 높아졌다. 가정에 각종의 우환이 겹치면 직원의 몸은 회사에 있지만, 마음은 가정에 가 있는 상태이므로 근무가 제대로 이루어지지 않는다. 직원들의 가정까지 배려하고 생각하는 기업, 기업의 지도자가 하고자 하면 할 수 있다. 이런 프로그램은 엄청난 예산을 투입하여서 하는 것이 아니라, 회사의 경영에 포함하여 직원의 가족도 회사의 경영 콘텐츠에 넣어서 관리하는 것이다.

"보라 형제가 연합하여 동거함이 어찌 그리 선하고 아름다운지요." (시 133:1)

지속가능한 지수 높이는 대안

하나에 집중하라.

사업 초창기에는 상품종류가 다양해야 한다는 생각이 컸다. '이것이 안 되면 저것은 되겠지.'라고 하는 생각 때문이었고, 상품이 다양해야 만나는 사람도 많을 것이라는 생각 때문이었다. 하지만 이 방법은 나를 더 힘들게 했고, 전문성도 떨어지게 했다. 항상 많은 것을 가지고 다니는 초보자는 전문성이 떨어지고, 구매자와 상담에서 자신감을 갖지 못한다. 하지만 나는 오히려 괜한 여유가 있었다.

"구매자한테 이 물건 못 팔면 다른 물건 소개해야지."

"이 구매자한테 못 팔면 다른 구매자한테 가서 팔 만한 다른 상품들이 얼마든지 있어."

이런 말도 안 되는 자존심을 가지고 있었다. 비즈니스를 활성화시키기 위해서 여러 가지 방법을 동원하곤 했지만, 매출이 발생하지 않자 노선을 바꾸기 시작했다.

"사람이 비즈니스를 해준다."라는 진리를 깨닫고 나서다. 그 후, 그동안 취급한 170여 가지 품목을 모두 접고 오로지 LED 전광판에 집중했다. 결과는 바로 성공으로 이어졌다.

다지망양(多支亡羊), "큰 길에는 갈림길이 많아서 양을 잃어버리고, 배우는 이는 방법이 많아서 삶을 잃어버린다."

중국 도교 경전의 하나인 『열자』의 설부 편에 나오는 말이다. 다양한 방면에서 소질을 가지는 것도 좋지만, 이것저것 하다 보면 모두 어중간하게 갈 뿐이다. 하나의 상품에 집중하여 판매를 완성시키는 것이 성취도가 크다.

한국에 수많은 커피숍이 있다. 한 집 건너 커피숍이라고 한다. 나의 커피숍 브랜드를 만들기 위해 수백 개의 커피숍을 확인해 보았다. 하나같이 특화성 없이 수많은 메뉴들을 가지고 씨름하는 모습을 보았다. 커피숍이면 무엇을 팔아야 하는가? 커피를 팔아야 하는 것이다. 그런데 커피보다 다른 메뉴에 더 집중한다. 이유는 매출이 적기 때문이다. 자기만의 고유한 메뉴도 상품도 없다. 다시 말하면 한 가지에 집중하지 않는 것이다. 이 책을 읽는 당신이 커피숍 사장이라면, 나는 돈 버는 커피숍 콘셉트를 무료로 제공해 줄 수 있다.

빈틈을 공략하라.

시장의 빈틈을 공략하여 사업하는 판매전략인 니치마케팅(Niche-marketing), 즉 틈새시장을 찾는 것은 아주 중요하다. 틈새시장은 무궁무진한 잠재력을 가지고 있기 때문이다. 중남미, 아프리카, 중앙아시아, 동남아시아 등에는 무궁무진한 틈새시장이 존재한다. 각 나라의 특성과 시장마다 틈새시장은 있게 마련이다. 한국에도 물론 틈새시장이 있다. LED 전광판을 판매할 때 미국에도 오랫동안 시장을 개척하고자 시도했지만 실패한 경험이 있다. 선진국에 진을 치고 있는 막강한 경쟁 상대들이 결코 시장을 내주지 않기 때문이다. 오랜 시간의 도전 끝에 겨우 몇 년 전부터 지인을 통해 첫발을 들여놓았을 뿐이다. 그래서 처음부터 경제여건이 잡힌 나라나 선진국에는 도전하지 않는 것이 좋다.

내가 판매하는 세계시장 여건상 LED 전광판은 틈새시장을 공략하기에 적절하고도 충분하지만, 시장구조가 대체로 중국 상품 대 다른 나라 상품과의 대결 양상이다. 나도 LED 전광판을 판매하면서 제일 많이 경쟁하는 제품이 중국제다. 중국 제품의 저력이 저가정책에 있어 일부 먹히는 부분도 있지만, 품질면에서는 세계 어느 곳에서나 신뢰도가 낮다는 치명적인 결함을 갖고 있다. 그것이 내가 바라본 틈새였고, 나는 가격 대비 고품질을 강조하며 구매자를 만족시켰다. 판매 이후에도 지속적이고도 철저하게 고객 및 제품을 관리해오는 이유도 있겠지만, 일단 품질면에서는 신뢰를 구축해 왔다. LED 전광판을 팔고 나서 한 번도 제품에 대한 불만을 들은 적이 없다.

빈틈을 공략하는 전략을 한국에서 사업하는 소기업인이나 자영업자에게 말해주고 싶다. 빈틈을 공략하는 방법은 다른 사람들과 차별화하는 것이다. 나는 앞에서 커피숍 이야기를 했지만, 나만의 브랜드를 가지고 있다. 내 커피숍 브랜드는 나만의 커피 이름을 사용하고 있다. 내가 수백 개의 커피숍을 시장조사 하면서 얻은 결론은, 남들과 똑같이 해서는 2년을 못 넘기고 문을 닫는다는 것이었다. 남들이 가지 않는 길, 남들이 하지 않는 사업, 남들이 하지 않는 브랜드로 틈새시장을 공략하는 것이 나의 전략이다.

과감히 제거하라.

쓸모없고 병든 가지를 즉시 가지치기 해주지 않으면 과일나무는 좋은 열매를 맺을 수 없는 법이다. 인생사도 마찬가지다. 살아가는 데 불필요한 것들을 제거해 주어야 삶이 단순해지고 한결 가뿐해진다. 초조함, 열등감, 타인의 평가에 대한 두려움, 불필요한 관심사 등 심리를 압박해 오는 증상들을 잘라내지 않으면 에너지가 한곳에 모이지 않고 흩어지고 만다. 사업도 마찬가지다. 관심의 대상이 아니거나 불필요한 것이라고 판단될 때는 과감히 가지치기해야 한다. 사업하는 사람은 때로는 단순해질 필요가 있다. 하지만 내가 한국에서 만난 수많은 사람은 가지를 줄줄이 달고 다니는 사람들이었다. 불필요한 메뉴, 불필요한 제품의 짐을 지고 가는 사람들이 많았다. 자영업자나 소기업의 사장의 경우는 더욱 그런 경향이 심했다. 불필요한 것들을 가지고 있으면서도 불필요한 것인지, 아니면 필요한 것인지도 구분할 분별력도 없고, 어떻게 해야 할지도 모르고 있었다. 그러다 보니까 사업이 더 힘들어져서 양쪽 어깨는 두 날개로 날아오르기보다는 천근만근 무거워진 채 모든 것을 끌어안고 가느라 지친 모습들이 역력하였다. 필요 없는 것은 과감하게 버릴 용기가 필요하다. 팔리지 않는 제품을 가지고 최고의 제품이라는 망상에 빠져서 사업하는 사람들이 이 땅에 수없이 존재하고 있는 것이 현실인데, 그중에 당신은 포함되어 있지 않기를 바란다.

작게 시작하라.

경험 없음. 자본 없음. 시장 모름. ―이런 상황에서 비즈니스를 시작하려면 답답할 수밖에 없다. 전쟁터 같은 비즈니스 세계에서 회복불능의 상태가 되지 않으려면 작게 시작해야 한다. 그래야 실패에 대한 두려움이나 불안이 엄습하지 않는다.

무엇인가를 실행하려 할 때, 이런저런 이유로 머뭇거려지는 경우가 적지 않다. 무엇인가를 시작하기는 하여야겠지만, 선뜻 실행하지 못하고 막연히 미루게만 되는 것이다. 작게 시작하면 첫발을 내디딜 수 있다. 일단 시작하면, 차츰차츰 진행되는 과정 속에서 전체 그림이 그려진다. 사람들이 어떤 아이템을 좋아하는지, 시장이 어떤 콘텐츠에 반응하고 어떤 콘텐츠를 공유하는지 등에 대해 면밀히 분석, 보완해 가면서 조금씩 성장하는 것이다. 그러면서 사업가들 사이에서 안착하는 것, 이것이 정상적인 초보 사업가의 모습이다.

사업을 시작할 때 작게 시작하면 사업에 대한 리스크가 작게 발생한다. 물론 자금이 넉넉하면 소규모로 시작할 필요가 없다. 하지만 자금이 있더라도 불학실성에 근거하여 사업할 때 항상 명심할 것은 작게 시작하는 것이다. 욕심이 잉태한즉 사망에 이르는 지름길이다. 무슨 말인가 하면, 아무리 계획이 좋고 제품이 좋아도 시장은 항상 유동적이고 당신의 경쟁자는 늘어나게 되어 있다. 그러므로 당신의 사업이 성공이라는 그림을 그리기 위해서는 작게 시작해서 점점 크게 늘려 나가라. 이것이 핵심 중의 핵심이다.

사회에 기여하는 영향력 있는 비즈니스 만들기

변화가 없으면 성공도 없다.

나는 사업을 하면서 항상 어떻게 하면 지속적으로 수익을 올릴까 하는 문제를 내 사업의 최고 가치로 삼았다. 그래서 사업을 하면서 만든 전략이 8시간 일하고 돈은 24시간 들어오는 시스템을 구성하는 것이었다. 수익이 없으면 아무리 좋은 비전도 백해무익하고, 모래 위에 지은 집과 같은 것이다. 8시간 일하고 일한 것 이상으로 돈이 24시간 들어오는 시스템을 구성하면 된다. 하지만 많은 기업들이 8시간 일하지만, 돈은 그렇게 들어오지 못한다.

많은 기업들이 성공을 이루기 전에 무엇을 하겠다는 비전을 선포하는 것을 좋아한다. 그런데 막상 뚜껑을 열어보면 비전 자체가 하나의 꿈이고, 이후에도 꿈으로만 유지하고 있는 것을 수없이 많은 기업에서 본다. 왜 이럴까? 회사를 설립하는 과정에나 설립한 이후에 서로 나눔을 한다는 것, 기업의 관계자들, 직원들, 고객들에게 회사의 비전과 미션을 보여주고 공유한다는 것은, 황홀한 유혹이 아닐 수 없다. 이러한 유혹을 이기지 못하여 대부분의 기업이 비전을 선포하면서 이루지도 못하는 현실을 보게 되는 것이다.

사회에 영향력 있는 기업으로 존재하려면, 회사의 재능이 아니라 정직으로 승부를 걸어야 한다. 기업은 재능이 아니라 정직이라는 바탕에 세워져야 한다. 제품을 만든 재능, 상품을 파는 재능, 고객을 사로잡는 재능, 그것이 중요한 게 아니다. 좋은 제품으로 고객에게 정직으로 다가갈 때 고객은 움직이고, 그런 고객이 회사를 성장시켜 주는 것이다.

그러나 한 번 고객이 영원한 고객은 결코 아니다. 고객의 기호는 끊임없이 변화한다. 변화되는 고객의 기호에 따라 기업 또한 변해야 한다. 변화의 물결을 타지 못하는 기업은 성장할 수 없다. 끝없는 변화를 시도하고 시대적 상황에 맞추어 나아가야 한다. 기업의 지도자가 변화를 주도하고 직원들이 같은 배를 타고 갈 때, 변화는 내부에서 이루어지는 것이다. 이 시대는 분·초 단위로 수많은 정보들이 업그레이드되어 돌아간다. 여기에 적응하면 살아남고 적응하지 못하면 도태되는 것이다. 성공은 거듭되는 변화를 통해서 만들어지는 것이고, 나타나는 것이다. 현상유지만 해서는 성공적인 기업을 만들 수 없다.

공급자가 아니라 고객을 보라.

기업에서 가장 중요시하는 것이 제품생산일 수도 있다. 물론 이를 부인할 사람은 아무도 없다. 하지만 제품생산은 그다지 중요하지 않다. 애플을 보라! 제품을 생산하고 있는가? 핸드폰을 생산하는 모바일 회사를 보라! 애플이 다른 회사들과 다른 이유는 무엇인가? 애플은 OS를 가지고 모든 것을 협력사를 통해서 생산하므로 리스크 부분에서 자유롭다. 하지만 다른 회사들은 OS는 없고, 자체에서 생산을 하는 시스템이므로 하드웨어나 소프트에서 다 무거운 구조이다. 기업이 생산시설을 반드시 가질 필요는 없다. 이 시대는 4차 산업혁명의 시대이다. 굳이 내가 생산하지 않아도 된다. 음식업도 마찬가지이다. 내가 직접 주방장을 두고 음식을 만들어 파는 시대는 가고 있다. 고객의 취향에 따라 얼마든지 맛있는 음식을 공급할 수 있는 유통 회사들이 나타나고 있는 것이다.

사회에 영향력을 주고 고객을 축복하라.

기업이 사회와 고객에게 영향력을 준다는 것은 하나의 축복이다. 기업이 고객에게 주는 최고의 축복은 고객의 가치를 만들어 주고, 그로 인해 기업은 기업의 가치를 만들어갈 때 최고의 축복이라고 말하고 싶다. 회사가 존재하는 이유, 그것은 바로 사회와 고객으로부터 존경받는 회사로 존재하는 것이다. 그리고 그것 자체가 아름다움이다. 기업의 존재 이유는 물론 기업이라는 공동체를 통해 사회와 고객에게 기여하면서, 지속가능한 기업의 문화를 만들어 수익을 올리는 것이다. 그 수익의 일정 부분을 사회와 고객에게 돌려준다는 것은 기업의 최고 가치이고, 이웃과 축복을 나누는 것이다. 이러한 문화를 만드는 것은 거대 기업만이 할 수 있는 것이 아니다. 작은 일인 기업이라도 사회와 고객에게 영향력을 줄 수 있고, 이러한 기업이 많아질수록 사회가 밝아질 것은 자명한 이치이다.

제 3 부

잘 되는 비즈니스 모델 만들기

나 최웅섭은 성공한 글로벌 사업가라는 브랜드와 이미지가 있다. 나는 수많은 단체를 다니면서 강의를 하는데, 나의 강의 때문이기도 하지만 나라는 사람을 더 좋아하는 이유가 있다. 그것은 내가 만든 나의 이미지이다. 최웅섭은 글로벌 사업가로서 정직한 사람이라는 브랜드와 열정맨이라는 이미지가 그것이다. 이 이미지와 브랜드가 오늘의 나를 만들었다. 나의 브랜드와 이미지를 구축하기 위해서 나만의 독특성과 차별화, 그리고 특정화된 프로그램이 필요하다. 그것이 바로 나만의 브랜드요 이미지가 되는 것이다.

더 위대한 성경적 비즈니스 만들기

위대한 비즈니스란?

위대한 기업(Great Company)이란? 나는 위대한 기업이 되려면 다음 두 가지가 실행되어야 한다고 본다. 1단계는 기업의 기본원칙에 경영자나 직원 모두가 순종하는 것이고, 2단계는 경영자와 직원의 관계 속에서 기업의 철학, 가치관, 원칙에 맞게 행동하는 것이다. 이러한 철학을 공유하기 해서는 변화에 민감하여야 하는데, 그 변화는 나로부터 시작되어야 한다. 하지만 변화는 사실 무척 어려운 것이다. 하물며 경영자의 변화는 더 어려운 것이다. 하지만 내가 변해야 모든 게 살고 기업도 위대해질 수 있다.

성공적인 실리콘밸리 창업의 전형적인 경영방식은, 전략을 세운 다음에는 이를 빠르게 실행하여 지속적으로 개선시켜 가고, 시장의 변화가 감지되면 그에 맞게 제품을 출시하여 소비자의 반응을 반영하면서 시장을 넓혀가는 것이다. 이것이 성공의 지름길이고, 이로 인해 위대한 기업들이 탄생했다. 이처럼 고객 중심의 기업이 바로 위대한 기업이다. 고객과 관련이 없는 것은 최소화한다는 것이 원칙이고, 이를 위해서는 고객에 대한 깊이 있는 이해가 필요하며, 기업은 고객 입장에서 왜 구매가 이루어지는지, 제품이나 서비스 이용은 어땠는지, 그 총체적인 과정을 철저하게 이해해야 한다. 기업의 성공이란 무엇인가? 과연 수익만 많이 올리면 성공한 기업인가? 나는 기업의 목적에 부합하는 회사가 위대한 기업이라고 생각한다.

사람이 먼저인 기업 사람을 소중히 여기는 기업이 위대한 기업으로 가는 첫째 조건이다. 사람을 소중히 여기지 않는 회사는 언젠가는 사람 때문에 망할 수 있다.

냉혹한 현실 직시하라. 기업은 이 세상에 수없이 존재한다. 그렇다고 해서 다 성공하고 위대해지는 것은 아니다. 냉혹한 현실을 직시하고 판단하면서 경영하는 것이 필요하다.

이익이 없는 사업 수많은 회사들이 설립되고 수많은 회사들이 문을 닫는다. 약육강식(弱肉强食)의 생태계처럼 이익이 없으면 회사는 다른 회사에게 먹히거나 스스로 문을 닫게 되는 것이고, 그로 인해 인적 자원과 사회적 자원이 피해를 보게 된다.

미래가 보장되지 못하는 사업 미래가 보장되지 못하는 회사들이 수없이 많다. 그 이유는 여러 가지가 있겠지만 대부분은 고객의 관리가 안 되고 마케팅에서 뒤처지는 결과이다.

재미없는 사업 사업은 하지만 재미가 없다. 마지못해 한다는 식이어서는 망할 수밖에 없다. 이유는 간단하다. 무작정 했으니까 무작정 망한 것이다.

대박을 바라는 사업 사업을 시작할 때는 주변 사람들과 함께 성공을 꿈꾸지 않은 사람은 하나도 없고 모두 다 대박을 바랄 것이다. 하지만 대박은 고사하고, 쪽박도 건지지 못하는 경우가 너무 많다.

도전과 실패의 갈림길 쪽박도 건지지 못하는 상황에서는 실패를 감당할 것인지 다시 도전할 것인지를 결정해야 한다. 이 갈림길에서는 빨리 결정하면 할수록 좋다. 그만큼 리스크가 줄어들게 될 것이다. 왜 이런 일이 벌어지는 것일까? 그 이유는 간단하다. 변화를 두려워하는 기업이기 때문이다.

머뭇거리지 말고 다시 스타트업 하라. 시작은 누구나 다 한다. 하지만 시작만 한다고 해서 성공하는 것이 아니다. 시작의 동기는 나 혼자에게만 부여되어서는 안 된다. 항공기가 스타트 할 때 조종사가 스타트 하는 것이 아니라 비행기, 조종사, 승무원, 승객이 같이 하는 것이고, 더 나아가 엔진의 출력이 강화되면서 이륙을 하는 것이다. 이와 같이 스타트업의 시작 동기는 경영자와 직원 그리고 고객이다. 이제 다시 출발선에 선 당신, 이제 당신이 정신 차리고 달려라.

새로운 비즈니스를 시작하거나 기존의 사업을 개선하려 하는 경우, 단계별로 확인해야 하는 적합성이 몇 가지 있다. 창업자가 제품과 서비스를 만들 수 있는 능력이 있어야 하고, 사람들이 가진 문제를 잘 파악하고 잘 해결할 수 있는 서비스를 만들어야만 한다. 비즈니스 모델이 지속가능한지, 수익을 창출하는 데는 문제가 없는지 등에 관하여 고려해야 한다.

제품과 창업자 적합성(Product-Founder Fit)

사업하기 위해서는 가장 먼저 창업자가 제품과 서비스를 제공할 수 있는지 점검해 보아야 한다. 사업을 한다는 것은 단순히 제품과 서비스를 만들 수 있는 능력 이외에도 여러 가지 조건을 필요로 하는데 다음과 같다.

전문성 창업자는 제품과 서비스를 만들 수 있어야만 한다. 직접적인 능력이든 간접적인 능력이든, 만들 수 있는 기반을 갖춰야만 한다. 지식이나 적절한 기술, 경험, 혹은 네트워크, 파트너 등의 인적 기반을 생각해볼 수 있다.

열정 새로운 사업을 하는 경우, 인생의 많은 부분을 희생해야만 한다. 하루아침에 성공한 것처럼 보이는 많은 사업도 몇 년간의 암흑기를 지낸 경우가 많다. 따라서 사업을 한다는 것은 몇 년이 걸릴지 모르는 지속적인 투자를 하겠다는 각오가 필요하다. 자신이 하는 사업을 즐길 수 있다면 그것만큼 좋은 일은 없을 것이다. 그래서 사업하는 사람들에게 나는 이렇게 이야기한다. "될 때까지 하면 된다."

삶과의 조화 똑같은 이야기 같지만, 사업을 한다는 것은 많은 시간과 노력을 필요로 한다. 개인적인 비전이나 주변인과의 관계 등, 라이프 스타일이 사업을 하는 것과 맞지 않으면 힘들 수 있다. 그런 경우에는 사업이 되었든 개인의 삶이 되었든 어느 한쪽이 희생당할 수 있다.

자원 사업하기 위해서는 여러 가지 자원이 필요할 수 있다. 돈이 될 수도 있고 시간이 될 수도 있다. 사업하기 전에 필요한 자원을 얼마나 확보하고 있는지, 추가적인 자원의 확보는 어떻게 할 것인지 등에 관하여 생각해 보자.

솔루션, 그리고 제품과의 적합성

사업을 성공으로 이끌기 위한 제품과 서비스의 개발을 위해서는 사람들이 가지고 있는 문제나 필요(Needs)를 찾아야 한다. 그후 내가 제공하는 솔루션이 얼마나 적절한지를 생각해 봐야 한다.

고객의 문제/ 필요(Needs) 내 회사의 고객이 얼마나 문제를 가지고 있는지, 얼마나 절실히 해법을 찾고 있는지, 또는 어떤 혜택을 원하고 있는지 등을 찾아야만 한다. 단순히 생각이나 경험으로만 고객의 필요를 파악하기보다는 구체적인 증거들을 찾아야만 한다.

솔루션의 적합성 고객이 지닌 문제를 이해했다면 내가 제공하는 솔루션이 얼마나 문제를 잘 해결하는지, 고객이 이 솔루션을 얼마나 원하는지 등에 관하여 검증해야 한다. 검증에는 여러 수준과 방식이 있다. 비즈니스의 현재 상태를 잘 파악하고 낮은 비용으로 효과적인 검증해 나가는 것이 좋다. 예를 들면 아이디어 단계의 솔루션이면서 제품화 비용이 비싼 경우에는 여러 가지 저비용의 프로토타입 (Prototype)을 이용하여 검증하는 것이 좋다.

문제를 완벽히 이해하고 솔루션을 검증해 나가야 하는 것은 아니다. 낮은 비용으로 빠르게 솔루션 테스트를 할 수 있다면, 고객이 지닌 문제를 이해하는 데 많은 도움이 된다. 문제에 대한 검증과 솔루션의 검증은 어느 정도 병행될 수 있는 부분이 있다.

비즈니스 모델의 적합성

제품과 시장의 적합성을 확보했다고 해서 비즈니스가 성공적으로 진행되는 것은 아니다. 소수의 고객에게 실험적 판매는 성공했지만, 대다수의 잠재 고객에게는 도달하지 못할 수도 있다. 지속적으로 수익창출이 가능한 비즈니스 모델을 만들기 위해서 필요한 요소들의 적합성을 확인해야만 한다.

시장의 규모 및 성장성 시장의 규모가 사업하기에 충분해야만 한다. 현재는 작은 시장이지만 성장성에 따라 매력적인 시장이 될 수도 있다. 어느 경우가 되었든 충분한 수의 고객이 있는 시장을 확보해야만 한다.

적합한 채널 고객들에게 다가가기 위한 적합한 채널도 파악해야 한다. 고객들은 정보를 어디서 얻는지, 어떤 결제형태를 선호하는지 등, 구매 단계별로 고객들이 선호하는 채널에 관하여 이해하는 것이 필요하다.

수익모델 및 비용구조 비즈니스 모델의 수익과 비용의 구조가 지속적인 사업을 가능하게 해야 한다. 비용이 수익보다 커서는 사업이 안 되는 것이 당연하다. 시간을 들여 고객이 수용 가능한 가격이나 지불 모델 등에 관하여 이해해야만 한다.

경쟁자들로부터 보호 사업이 경쟁으로부터 보호받을 수도 있어야 한다. 노력해서 좋은 비즈니스를 만들었는데 모방에 의해서 사업이 힘들어진다면 지속가능한 사업으로 보기 힘들다. 경쟁으로부터 사업을 보호할 수 있는 수단을 강구해야만 한다.

전환비용 사업이 기존의 제품들과 경쟁하는 경우에는 전환을 이끌어낼 수 있는 요소에 관해서도 확인을 해야 한다. 비즈니스 모델의 모든 것이 잘 갖추어졌지만 전환을 이끌어낼 수 없다면 사업은 시작조차 힘들 수 있다.

사업이 성공하기 위해서는 알아야 하는 것도 챙겨야 하는 것도 많을 수 있다. 긴 안목을 가지고 모든 것을 다 챙기는 것이 힘들 수도 있다. 하지만 최소한 사업이 처한 상황이나 단계에 따라 가장 중요한 것이 무엇인지 알고 꼭 필요한 것들을 확인하며 진행한다면 좋은 결과가 있지 않을까?

기업조직의 형성과정

조직 구성원의 잠재력 구성원이 고객에 대해 근본적으로 생각하게 되면 자발적으로 보다 나은 방식을 고민하는 계기를 만들고 결과적으로 고객과 구성원의 만족도가 높아지는 선순환이 이루어질 수 있다.

일하는 방식의 개선 지금까지 일해 온 방식보다 더 나은 것이 있다는 믿음을 조직 전체에 확산시키는 것이다. 틀에 박힌 형식에 얽매이지 말고 언제나 문제의식을 갖고 개선방안을 생각해내야 한다. 막연한 고민보다는 깊이 있는 관찰과 구체적인 자료를 활용하는 방향이 더 적절할 수 있다.

전략과 목표의 연계 조직이 지향하는 바를 항상 명확히 하고 전략이 과연 지향점과 잘 연계되어 있는지 점검해야 한다. 당연한 이야기이지만, 목표와 수단이 따로 놀아서는 안 된다.

위의 세 가지 원칙은 종합적인 의미로도 이해될 수 있다. 철저히 고객의 관점에서 가치있는 활동을 중심으로 군살을 제거하는 단순화가 핵심이다. 단순해야 빠르고 유연하게 대처할 수 있다. 사업환경의 불확실성이 날로 더해 가는 가운데, 조직 내부에 오랫동안 쌓여온 복잡한 원칙을 과감히 제거하지 않으면, 그 어떤 기업도 내일을 보장할 수 없음을 잊지 말아야 한다.

지속가능한 비즈니스 모델 만들기

지속가능한 기업(Sustainable Company)이란?

 사실 지속가능한 기업을 만든다는 것은 그렇게 쉬운 일이 아닌 것 같다. 기업에 종사하는 모두가 꿈꾸는 비전이 아니겠는가? 기업을 시작할 때 모두가 위대한 기업을 꿈꾸지만, 위대한 기업을 꿈꾸기도 전에 몰락하는 기업들이 너무도 많다. 이렇게 몰락하는 기업을 보면 비전이 없고 미션이 없어서가 아니라, 위대한 기업을 만들려는 의지가 빈약하고 시스템의 부족이 주원인으로 꼽힌다. 위대한 기업을 만들기 위해서는 기업이 시스템으로 움직여야 한다. 하지만 설립자의 의도대로 움직이기 때문에 아무리 비전이 있고 미션이 있어도 이루기는 어렵다.

 설립자의 의도와 주관이 회사를 이끌어가는 경우가 대부분이기 때문에, 지속가능한 시스템을 만드는 일은 쉽지 않다. 한국에서 요즘 벌어지고 있듯이, 갑질을 하다가 하루아침에 사라지는 거물들을 보라. 그들은 한때 돈을 주체하지 못할 정도로 벌었지만, 지금은 그 어디에 있는가? 그 이유는 회사를 개인의 소유처럼 만들고 수익도 개인의 전유물처럼 관리하면서 직원과 고객은 안중에도 없었기 때문이다. 수많은 기업들의 갑질문화가 만들어놓은 갑과 을의 문제점은 요즘에 나타난 문제가 아니다. 을이라는 주체가 참고 참아왔던 문제들이 요즘에 터진 것뿐이다. 왜 이런 문제들이 다반사로 나타나는 것일까? 문제는 회사의 운영에 대한 모델이 없기 때문이다. 비즈니스에는 비즈니스의 모델이 필요하다. 회사 운영에 대한 모델 없이 시작하다 보니까 자기 마음대로 항해하는 배와 같은 것이다. 배에 선장이 없으면 어떻게 될까? 통제가 안 될 것이다. 다시 말하면 사공은 많아도 선장이 없으니까 목적지가 산으로 갈 수도 있고, 항구가 아닌 대양으로 갈 수도 있는 것이다.

모델이라는 것은 한마디로 어떤 제품이나 서비스를 어떻게 소비자에게 편리하게 제공하고, 어떻게 마케팅하며, 어떻게 돈을 벌겠다는 아이디어 전체를 말한다.

1998년 미국 대법원이 기업이나 금융기관의 비즈니스 모델 등 서비스 기법에 특허권을 인정한 이후, 기업으로부터의 특허 신청이 급증하고 있었다. 비즈니스 모델은 특히 인터넷 기업들이 인터넷상에서 독특한 사업 아이디어를 웹상에서 운영하는 것을 특허 출원하기 시작하면서 널리 쓰이게 됐다.

미국 프라이스라인과 아마존이 각각 특허를 출원한 '역 경매'와 '원 클릭 서비스'가 대표적인 예라 할 수 있다. 사업 아이디어가 중시되는 인터넷 기업의 특성상 많은 인터넷 기업들이 다른 업체의 모방을 사전에 차단하기 위해 앞 다투어 비즈니스 모델을 특허 출원하고 있으나, 그 대상을 어디까지 규정할 것인가 등에 대해서는 여전히 논란의 여지가 많다.

기업업무, 제품 및 서비스의 전달방법, 이윤을 창출하는 방법을 나타낸 모형이 비즈니스 모델이다. 다시 말하면, 기업이 지속적으로 이윤을 창출하기 위해 제품 및 서비스를 생산하고 관리하는 것, 판매하는 방법, 제품이나 서비스를 소비자에게 어떻게 제공하고 마케팅하면서 돈을 벌 것인가에 대해 계획하는 것, 그리고 사업 아이디어 등을 가리킨다.

비즈니스 모델(Business model)이란?

나는 사업을 하면서 사업의 모델을 만들고 싶었다. 수많은 경영학자들이 기업의 경영과 비즈니스의 노하우를 만들어놓았다. 전세계 수많은 경영학자들이 만들어놓은 비즈니스 모델 플랫폼(Business Model Platform)이 있다. 하지만 나의 형편과 처지에 적응을 시키는 데에는 장점도 있었지만 한계도 있었다. 대체로는 너무도 복잡하고 나의 체질에 맞지 않았다. 다시 말하면, 토종인 나에게 그들의 모델을 적용하기에는 어려움이 많았다. 그래서 나에게 맞는 나만의 비즈니스 모델 플랫폼을 만들었다. 그런데 그것이 나를 성공한 사람으로 만들어 주었다. 내가 만든 모델은 우리가 너무도 잘 알고 말하고 사용하는 육하원칙이다.

언제(When) 사업의 시작과 사업을 진행하는 과정에서는 결단하고 결심할 때가 중요하다. 그리고 회사의 성장을 어느 시점에서 스타트업 할 것인가? 더 나아가 사회적 기여를 통해서 사회와 직원 그리고 고객에게 가치를 언제 돌려줄 것인가 등을 고려해야 한다.

어디서(Where) 회사를 시작할 때, 제품을 생산하고, 직원채용의 시기, 계약 장소, 재정 조달의 장소, 회사의 중추적 분야, 고객에게 기여할 수 있는 모든 것을 '어디서' 추진하고 획득할 것인지 그 장소가 분명하면 기업의 모든 것이 투명해질 수 있다. 그렇지 않으면 모든 것이 음지에서 이루어질 수도 있다. 이 음지를 거두어낼 수 있는 방법이 '어디서'를 투명하게 하는 것이다.

누가(Who) '누가'는 사업을 하는 사람을 말한다. 반드시 사업자를 가리키는 말은 아니다. 이 책은 사업을 하는 사람만을 위한 것이 아니기 때문이다. '누가'는 무엇을 하는 사람, 즉 주체를 말한다. 사업을 하는 사람이 누구냐에 따라 사업의 성공 여부도 달라질 수 있다. 사업에 대하여 관심이 없거나 무지한 사람이 사업을 한다고 생각해 보라. 그 사업이 어디로 가겠는가? '누가'는 어떤 공동체의 지도자일 수도 있고, 아니면 가장 중요한 주체적 요소를 가리킬 수도 있다. 집단이 있는 곳에 어떤 지도자가 있느냐에 따라 영향력이 달라지듯이, 이 '누가'는 참으로 중요한 요소이다. 이 '누가'를 잘 선택하면 성공의 지름길이 될 수 있으며 반대의 경우 불행의 연속이 될 수 있다.

무엇을(What) '무엇'은 회사를 말하기도 하고 제품을 말하기도 하면서 고객을 말하기도 한다. 사업의 주체가 될 수도 있다. 무엇을 어떻게 구체화하느냐에 따라 사업의 성질도 달라진다.

어떻게(How) '어떻게'는 사업의 방법일 수 있으며, 회사가 가지고 있는 비전을 세워가는 방법일 수도 있다. 다시 말하면 내가 하고 있는 사업을 구체적으로 실행하는 방법이다. 이 방법을 '어떻게?'라는 의문을 붙여서 만들어 간다면, 사업을 무작정 하는 것을 방지할 수 있고, 당신이 사장이라면 또는 앞으로 사장을 하려고 한다면, 사장(死藏)되는 일은 없을 것이다.

왜(Why) '왜'는 앞에서 말한 다섯 가지의 핵심 주체이다. 다시 말하면, 앞의 다섯 가지 핵심 과제들의 가치를 만들어주는 요소이다. 우리는 명품에 길들여져서 살아간다. 사람들이 명품에 집중하는 이유는, 가치 때문이다. 앞의 다섯 가지를 빛낼 가치가 바로 왜(?)이다. 이 왜(?)라는 것에 답을 제대로 하는 사람이면 지금 하고 있는 사업이든 삶이든, 굉장히 열정적이거나 성공의 반열에 들어선 사람들이라고 생각한다. 이 왜(?)가 잘못되어서 세상이 변화하지 않고 불확실에 근거하여 살아가고 있는 것이다.

우리는 살아가면서 수시로 나 자신한테 왜(?)라고 물어볼 수 있는 용기가 있어야 한다. 왜(?) 사업을 하는지, 왜(?) 실패를 하고 있는지, 왜(?) 위대하고 통 큰 기업을 만들지 못하고 더 나아가 내 삶도 지리멸렬하게 살고 있는지, 깊은 성찰의 시간을 가져 보아야 한다. 수많은 사람이 사업을 하지만 다 성공할 수 있는 것은 아니다. 하지만 그렇게만 생각할 것이 아니다. 성공은 어느 누구의 소유물도 아니다. 성공은 누구나 할 수 있는 것이다. 다만 조건이 있을 뿐이다. 육하원칙에 따르는 조건이다.

이와 같이 세상에 존재하는 모든 것, 가만히 보면 아주 작은 개미들도 모델에 의해 움직이는 것을 본다. 그런데 인간들은 삶의 모델

없이 산다. 다시 말하면, 될 대로 되라는 식으로 사는 것이다. 이유는 무엇일까? 불확실성이 증가하고, 미래의 삶에 대한 불안감 때문에 이런 일들이 나타나는 것이다. 하지만 그럴수록 삶의 모델을 육하원칙에 의해서 만들어 보라. 삶의 방향이 달라지고 운명이 변화하는 것을 볼 수 있다. 처음에는 어렵겠지만, 모델에 따라 살다 보면 삶의 윤택을 피부로 느낄 수 있게 된다.

비즈니스 모델이 중요한 이유

비즈니스와 삶에서 모델이 중요한 이유는 간단하다. 무작정 살면 무작정 망한다. 그리고 무작정 하는 사업도 무작정 망한다는 것이 나의 지론이다. 어떤가? 여러분의 삶은 무작정인가? 아니면 모델이 있는가? 사업도 마찬가지다. 무작정 하는 사업은 오래 가지 못하고 우왕좌왕 하다가 돌고 돌아 원래의 위치로 가고 만다. 선진국을 보라! 매뉴얼대로 하지 않는가? 매뉴얼이 없으니까 즉흥적이고 마음대로 한다. 그것이 법이고 정의라고 생각한다.

모델이 없으면 개인과 국가, 그리고 사회도 다 무너지고 만다. 그만큼 모델은 중요하다. 법은 지킬 때 편한 것이다. 하지만 지키지 않은 사람한테 법은 불편하고 거추장스러운 것이 되고 만다. 그래서 미국 사람들은 무슨 일이 있으면 변호사를 찾는데, 우리는 무슨 일이 벌어지면 벌써 경찰서나 검찰에 누구 아는 사람 있는가를 찾는다. 심지어는 사촌의 사촌, 그 이상의 인적 네트워크를 총동원한다. 그래서 동원하지 못한 사람은 사람 축에 들지도 못하는 것이 한국이다. 왜 이런 일이 나타나는 것일까? 법대로 하지 않고, 모델대로 하지 않기 때문이다.

　비즈니스도 법대로 하면 편한 것을 나중에 알았다. 처음에는 물건을 팔기 위해서 수단과 방법을 가리지 않았다. 마진이 없어도 팔아야 했고, 구매자가 원하지 않아도 우기면서 사라고 강요를 하였다. 비즈니스는 작든 크든 상호신뢰 속에서 이루어지는 것인데, 계약을 강요하면서, 고객의 가치를 추구해 주기보다는 나만의 이익을 위해서 하는 강요적인 모델이 나를 힘들게 했다. 하지만 모델을 만들고 연습하고 훈련되니까 그때부터는 사업에 날개를 단 것 같았다.

　대기업이든 작은 기업이든 모델이 있으면 어떠한 환경이 와도 모델대로 하면 되는 것이다. 이러한 모델이 없으면 기업이 오너의 눈치만 보게 되고, 개인 회사도 모델이 없으니까 주먹구구식으로 운영한다. 그 결과는 뻔하다. 성장하지 못하고 제자리만 빙빙 도는 것이다. 모델이라는 것은, 다른 말로 하면 성공모델이라고 할 수 있다. 성공하려면 성공한 사람 옆에 서라는 말이 있다. 나는 자신있게 말한다. 성공하려면 성공한 사람 옆에 서라는 말이 있듯이, 모델이 있으면 성공을 만들 수 있다. 성공은 누구나 할 수 있는 것도 아니지만 누구나 할 수 있는 것이기도 하다. 성공하려는 모델이 없으면 다른 사람의 다른 기업의 모델을 모방하라!

　모방은 제2의 성공이라고 말이 회자될 때가 있었다. 일본의 동경을 가보라. 도시의 구조가 어디서 본 것 같지 않은가? 미국의 뉴욕을 본떠 만든 것이다. 그래서 한때 일본은 모방의 천재 국가라는 말이 있었다. 내가 모델을 만들지 못하면 다른 사람이 이루어놓은 모델을 나의 것으로 만드는 것도 기술이다.

이 세상에 어디를 보아도 창조는 없다. 창조된 것에서 모방하여 수많은 제품이 만들어지고 있는 것이고, 재생산되는 것이다. 4차 산업혁명을 보라. 무엇인가? 이미 만들어지고 구축되어진 노하우와 클라우드가 모여서 4차 산업혁명의 모델을 만들고, 독일 인더스트리 4.0도 그것을 기반으로 만들어진 것이다. 4차 산업혁명의 시대에 만들어지는 모델, 그 모델을 서로가 카피해서 사용하고 있다. 4차 산업혁명에서 가장 중요한 것은 블록체인의 기술이다. 모든 콘셉트를 하나의 클라우드에 넣고, 체인으로 묶어서 서로가 연결되도록 하는 것이다. 그렇다면 대기업이면 어떻고 소기업이면 어떤가? 당신에게 맞는 삶의 모델, 그리고 사업에 맞는 모델을 만들어라! 나는 죽어도 못 만들겠다든지 아니면 어렵다든지 하면, 나에게 도움을 요청하라!

더 잘하는 마케팅이란?

마케팅(Marketing)을 어떻게?

기업이란? 함께 성장하기 위한 사람들의 단체라고 말할 수 있는데, 조직의 정의로 말한다면, 두 사람 이상이 모여 공동의 목적을 위해 긴밀한 관계를 맺는 사회적 단체라고 할 수 있다. 조직의 속성으로는 서로가 일을 시작하고 진행하면서 실적을 내는 것이다. 다시 말하면, 두 사람 이상의 구성원이 공동의 목적을 위해 상호작용하는 것이다.

경영자와 직원의 관계 속에서 대화가 잘 되는 회사, 동기부여가 잘 되는 회사는 마케팅을 잘 할 수 있는 기본 조건을 갖추고 있다고 할 수 있다. 사람을 소중히 여기면서 최고의 인재를 등용하고 문제가 있는 곳에 인원을 배치하는 것이 아니라, 기회가 있는 곳에 인재를 배치하는 회사가 바로 위대한 기업이다.

필요(Needs)를 찾는 것이다. 필요가 있는 곳에 고객이 있다.

아무리 상품이 좋아도 고객이 없으면 무용지물이 아닌가? 고객의 필요를 찾고 고객의 필요를 채울 때 진정한 기업가 정신이 나타난다. 고객의 필요가 있는 곳에 기업의 필요가 있는 것이다. 기업의 필요는 고객의 필요를 채우면서 고객의 가치를 높여주는 것이다.

욕구(Wants)를 만족시켜 주는 것이다. 고객은 늘 욕구를 채우기를 원한다. 이것은 있는 자나 없는 자나 똑같은 조건이다. 고객이 원하는지 아니면 필요로 하는지를 알아서 고객이 원하는 상품에 대한 욕구를 채워주는 것이 기업의 진정한 의무라고 할 수 있다. 고객은 자기 주머니의 돈을 주고 사면서도 제품 만족에 대한 욕구를 가지고 있다. 이 만족도가 넘치도록 하는 기업이 상술이 좋은 것이다. 중동 사람들과 중국 사람들의 상술은 가히 세계적이다. 그들의 상술이 얼마나 대단했는지 지금의 영토를 보면 안다. 그리고 그들이 사막이라는 곳에서 생존할 수 있었던 것, 그리고 중국의 화상들이 전세계 시장을 보유하고 있는 것은 상술 때문이었다.

수요(Demands)를 보라. 사람들이 명품을 사는 이유가 뭐라고 생각하는가? 호텔의 음식은 다른 곳에 비해 비싸도 한참 비싼데 사람들은 왜 굳이 거기에 가서 음식을 즐길까? 왜 그럴까? 왜 많은 사람들이 워렌 버핏과 2억이라는 돈을 주고 저녁 만찬을 하고자 줄을 서는 것일까? '가치'라는 것 때문이다. 사람들은 그 '가치' 때문에 주머니에 있는 돈을 최고 가치를 위해 사용하는 것이다. 하지만 주의해야 할 것은, 가치를 추구하는 사람들에게 공급부족의 현상이 나타나면 치열하게 구입을 하겠지만, 지속적으로 구매가 이루어지지는 않는다는 점이다. 그러므로 늘 '수요'를 볼 필요가 있다.

품질(Quality)이다. 고객이 가장 중시하는 것이 품질이다. 기업 역시 가장 중요하게 생각하는 것이 바로 품질이다. 그래서 우리는 고품질의 것을 명품이라 부른다. 사람들이 명품을 찾는 이유는 최고의 가치를 추구하기 때문이다. 고객은 자신들에게 혜택(Benefit)이 있다고 판단하면, 자신의 지불(Cost) 능력을 감추지 않는다. 사자가 풀을 먹지 않는 것처럼, 사자라는 고객은 최고의 명예를 위해 자기에게 지불할 능력이 있다는 것을 숨기지 않는다. 그러므로 품질이야말로 고객의 최고 가치를 충족시켜 줄 수 있는 가장 중요한 요소가 된다. 이 가치 때문에 기업은 지속성장할 수 있고, 이 가치를 창출하는 기업을 고객을 외면하지 않고 키워 준다.

여기서 질문 하나 하고 가야겠다. 내가 잘 만드는 상품이 좋은가? 고객이 원하는 상품이 좋은가? 당신은 뭐라고 대답할까? 나는 후자이다. 나는 내가 성공한 이유를 고객에게서 찾은 사람이다.

매출 2배 올리는 비법 배우기

기업의 최대 관심은, 작은 기업이든 큰 기업이든, 매출을 많이 올려서 최고의 수익을 창출하는 것이다. 이것이 기업의 목적이다. 그런데 이러한 결론에 도달하지 못하는 기업이 너무도 많고, 이것 때문에 희비가 엇갈리곤 한다. 어느 기업은 사장이 죽어라고 뛰어다니지만 경영은 좋아지지 않는다. 하지만 어느 기업은 사장은 노는 것 같은데 기업의 경영은 날로 좋아진다. 이유는 무엇일까? 그 이유를 어디에서 찾아야 할까?

당연히 매출에서 찾아야 한다. 매출이 이루어져야 수익이 발생하고 그 수익으로 인해서 기업은 성장하는 것이다. 그렇다면 매출문제를 어떻게 해결할 수 있을까? 나는 사업을 하면서 매출에 대하여 그렇게 심각하게 생각해본 적은 없다. 이유는 한국에서의 사업이 아니고 해외에서 하는 사업이고, 한국과 여건이 여러 모로 다른 상황에서 이루어지는 것이었으며, 직원들의 상황과 현지의 근무조건, 그리고 사업의 여건이 달랐기 때문에 매출에 목매지 않을 수 있었다. 하지만 사업을 할수록 매출은 기하급수적으로 올랐다. 한국 대기업의 무덤이라는 곳에서 혁혁하게 성공을 만들었고, 남들에게 보란 듯이 성공신화를 만들었다. 성공신화는 바로 매출이었다.

매출이 증가했다는 것은 다름이 아니고, 마케팅이 활성화되었다는 것이다. 매출을 올리는 것은 마케팅을 통해서 가능하다. 물론 마케팅만 통해서 이루어지는 것은 아니다. 하지만 매출의 모든 부분은 마케팅과 관련된다.

Marketing이란 단어는 Market+ing로 마켓에서 현재 일어나는 상황의 일이라고 말할 수 있다. 그래서 마케팅을 내 사업에 도움이 되는 일 전체라고 표현한다. 결과적으로 보면,

첫째, 마케팅은 매출에 도움을 준다. 상품개발 전략, 고객관리, 유통개발, 브랜드 런칭 등을 결합하여 복합적인 요소가 매출을 결정한다고 본다. 그러므로 매출은 한 가지 요소로 되는 것이 아니며, 매출에 영향을 주는 여러 요소들이 있는 것이다. 마케팅 언어를 빌리자면, 경쟁우위를 가져와야 하고, 세그먼트 포지셔닝(표적시장 선정)을 하면서, 콘셉트를 차별화해서 가치를 창출하는 브랜드를 만드는 것, 그것이 바로 매출의 가치라고 할 수 있다.

둘째, 마케팅은 사업을 하면서 만나는 많은 문제를 해결해 준다. 마케팅은 제품을 고객에게 판매하고 전달시키는 과정이다. 즉 제품을 판매하는 데 필요한 모든 문제를 해결해 준다. 그러므로 마케팅을 어떻게 포지셔닝 하느냐에 따라 사업의 성패가 달라지는 것이다.

셋째, 마케팅을 통해서 사업하는 것과 마케팅 없이 하는 사업은 다르다. 무엇이 다른가? 앞에서 나는, 사업을 무작정 하면 무작정 망한다고 했다. 그렇다! 마케팅을 무시하고 하는 사업도 마찬가지이다. '모로 가도 서울만 가면 된다.'는 식으로 사업을 해서는 성공할 수 없다. 그것은 구멍가게에서나 가능한 것이다. 당신은 구멍가게 사장인가? 아니면 기업의 사장인가?

우리가 치료과정을 보면 대부분이 환자들 그리고 환자의 주변의 사람들이 아래의 둘 중 하나를 선택하여 치료를 한다. 어떤 사람은 민간요법을 주로 이용한다. 주변 사람들에게 자신의 증상을 말하여 "어디 가면 용한 사람이 있대! 병이 다 나았대!"라는 말을 들으면 제공된 정보에 따라 '용한 사람'에게 처방을 받거나 소문대로 스스로 자연의 먹거리 등을 이용하여 치료를 꾀하는 부류이다. 그런 부류의 사람은 전해들은 정보를 바탕으로 좋다는 곳은 다 찾아다니면서 민간요법 치료를 받는다. 그런데 민간요법이라는 것은 사실 비과학적 진단과 처방, 그리고 불확실한 치료로 인해 수많은 부작용이 나타날 수 있다.

또 하나의 방법은 과학적 방법인데, 의사에게 진단을 받아 증세에 따라 검사, 피검사, 초음파, CT 촬영 등 다양한 검사 결과에 따라 원인을 진단하고, 과학적 처방을 받는 것이다. 물론 과학적 처방과 진단에 따라 치료를 받는 것이 완치의 확률을 높일 수 있다.

당신은 어떤 방법의 치료를 원하는가? 마케팅을 잘 활용하는 것은 민간요법 수준에서 벗어나 과학적이고 체계적으로 매출을 올리는 길이다.

매출의 핵심에 접근하라.

매출의 핵심이 무엇인가를 알아서 거기에 초점을 맞추어야 매출을 획기적으로 올릴 수 있다. 나는 종로 5가에서 다 망해가는 레스토랑 운영을 맡아 첫 달부터 매출을 배로 올려 3개월 만에 완전히 살려낸 경험이 있다. 내가 그 레스토랑에서 매출이 오르지 않는 것을 중점으로 본 것은 수많은 메뉴, 그리고 손님이 음식을 기다리는 시간이 너무 길다는 것이었다. 나는 식당을 인수받아 운영하고자 할 때, 이 문제를 해결하면 성공한다는 확신을 가지고 있었다. 문제는 레스토랑 자체에 있지 않았다. 주방과 서빙이 문제였다. 이 문제만 해결하면 현재의 매출을 두 배로 올릴 수 있다고 확신했다. 그래서 레스토랑을 시작하면서 시도한 것이 메뉴를 줄이고 직원들의 사기를 진작시키는 것이었다. 시작하는 날 저녁에 직원들 각자의 급여를 선입금해 주었고, 더 나아가 수입의 일정 부분을 옵션으로 주겠다고 선언했다. 그 결과 놀라지 마시라! 레스토랑은 매출이 세 배로 올랐다. 음식이 나오는 시간이 5분 이내로 단축되었고, 서비스가 달라졌다. 일도 시작하기 전에 직원들 급여를 미리 지급해 준 사례를 처음으로 실천한 사람이 바로 나다. 다른 사람들과 차별화시키는 것이야말로 사업 성공의 지름길이다.

마케팅적으로 사고하라.

마케팅을 한다고 해서 다 마케팅이 되는 것은 아니다. 이것도 순서와 절차가 있다. 마케팅을 '고객에게 팔고자 하는 것을 전달하는 하나의 수단'으로 생각하는 경향이 있다. 마케팅의 개념은 그것이 아니다. 상품을 생산하고 홍보하는 것이 아니라, 생산 전에 제품을 설계할 때부터 마케팅을 시작해야 한다. 그것이 성공적인 마케팅이다. 하지만 대부분의 기업은 생산을 하고 나서야 비로소 마케팅을 시작한다. 이런 이유로 항상 뒤처지는 기업이 되는 것이다. 마케팅의 개념은 고객이 만족하는 상품, 잘 팔릴 수 있는 상품을 홍보하는 것이다. 성공적인 마케팅은 제품을 만들기 전부터 하는 것이다.

마케팅을 진행할 때는 성과를 내기에 적합하게 하여야 한다. 마케팅의 기법은 누가 발견한 것이 아니라 과거의 성공사례를 모아서 성공원리를 적용하여 만들어진 것이다. 그러므로 마케팅적인 사고방식이 필요하다. 또한 마케팅 구성원리를 잘 알아야 한다. 마케팅을 잘하려고 하는데 왜 성과를 올리지 못할까?

마케팅 개념과 전체 구성 프로세스를 이해하지 못하므로 실패를 가져온다. 마케팅에 성공하려면 마케팅에 대한 올바른 이해와 사고방식이 필요하다. 툴(Tool)이 필요한 이유가 바로 여기에 있다. 다시 말하면, 마케팅 체크 포인트가 필요한 것이다.

첫째, 고객 중심의 마케팅이 필요하다. 고객의 가치를 만들어주는 마케팅을 필요로 한다. 고객의 수준은 항상 올라가려는 경향을 가진다. 하지만 기업이 고객의 수준에 앞서가지 못한다면, 기업은 망하고 말 것이다. 고객은 고객 중심의 마케팅을 하는 기업을 찾아다니고, 가치를 높여주는 기업에 돈을 쏟는다. 그러므로 기업은 고객 중심의 마케팅에 최선을 다해야 한다.

둘째, 마케팅과 상품은 분리될 수 없다. 고객과 상품이 따로 분리되어 있어서 고객을 잡으려면 상품홍보가 뒤지고, 상품을 홍보하려면 고객이 뒤지는 현상을 흔히 보게 된다. 이 둘을 따로 구분하지 말고, 한 가지 틀에서 보아야 한다. 마케팅의 목적은 고객을 만족시키는 데에 있는 것이지 상품을 만족시키는 데에 있는 것이 아니다.

셋째, 차별화된 마케팅을 해야 한다. 차별화가 필요하다는 것은 다른 것들과 구별되어야 한다는 것이다. 차별화한다는 것은 짝퉁을 구별한다는 것이 아니니 진짜로 오해하지 마시라. 짝퉁이면 어떤가? 고객은 마케팅에서 차별화되지 않은 기업의 제품에 돈을 지불하지 않는다. 지금은 마케팅의 차별화가 어느 때보다 필요한 시대이다.

넷째, 문제의 핵심을 파악하지 못하면 마케팅은 실패한다. 성공 마케팅은 모든 문제의 원인을 신속히 찾아서 치료하는 데에 핵심이 있다. 마케팅은 찍기가 아니다. 마케팅이란 무엇인가? 도요토미 히데요시는 그의 심복 오다 노부나가를 자기의 2인자로 선택했는데, 그가 그동안 했던 일은 자기 주공의 신발을 따뜻하게 하는 일이었다. 그 결과 도요토미의 2인자가 되었다. 마케팅이 바로 이것이다. 소비자가 상품을 구매할 수 있는 여건을 만드는 것이고, 소비자를 이해하여 제품 서비스 욕구를 충족시켜서, 자발적 구매가 이루어지도록 하는 것이 마케팅이다.

실천가능한 경영전략

실천가능한 경영전략이란?

'경영'은 인간사의 모든 분야와 관련된다. 기업을 만들어서 고객에게 수많은 양질의 제품을 공급한다고 하여도 매출은 올릴 수 있다. 하지만 경영은 매출을 올리는 것과는 다를 수 있다. 빨리 가는 것은 속도성이 있어 좋을 것 같으나 사고가 발생하지 않는다는 장담을 할 수는 없다. 사고 없이 빨리 가면 얼마나 좋을까? 하지만 그런 일은 없다. 빨리 가는 것이 중요한 것이 아니라, 정상으로 가되 질서를 지키며 갈 때 목적지에 빨리 안전하게 도달하는 것이다. 그러기 위해서는 경영이 필요하고 경영은 전략이 필요한 것이다.

전략이란 것을 한마디로 정의한다면 "방향을 잡는 것이다." 기업의 방향을 잡아서 잡은 방향대로 가게끔 전략을 세우는 것, 다시 말하면 시대의 흐름을 파악하여 자사의 강점을 활용하여 지속적 우위의 전략을 확보하는 것, 이것이 기업의 전략의 중점이 되어야 한다.

나는 나름의 사업을 하면서 특별히 전광판 판매사업에 집중한 이유는 다른 제품은 한 번 사면 일회성에 가까운데 전광판은 한 번 사면 최소 10년은 사용한다는 것이다. 물론 사용 기간이 길어서 재구매는 어렵지만 나는 그곳에서 틈새를 보았는데, 내가 계획한 사업의 전략이 정확히 들어맞았다. 나는 전광판을 팔면서 내 나름대로 경영이랄까, 아니면 사업의 정책이라고 할까, 전략을 가지고 사업을 진행했는데, 그것이 나의 사업의 핵심요소로 나타났다.

기업의 핵심 7가지 프로그램

그것은 다름이 아닌 일곱 가지 핵심 프로그램이다. 일곱 가지는 우리 모두가 알고 있는 단순한 단어이고 내용이면서, 많은 단체나 기관 또는 기업들이 사용하는 단어들이다. 나는 그 단어들을 묶어서 나의 것으로 각색하였고, 잘 활용하고 있다. 7가지는 비전(Vision), 사명(Mission), 가치(Value), 경영(Management), 전략(Strategy), 열정(Passion), 나눔(Sharing)이다. 이러한 단어는 수많은 곳에서 사용된다. 하지만 이 단어들의 가치를 빛내는 곳은 많지 않다.

비전(Vision)이라는 것은 '되고자 하는 것'인데, 회사의 목표가 될 수도 있고, 개인의 목표가 될 수도 있다. 하지만 내가 만나서 컨설팅 해주는 회사나 개인을 보면서 느낀 것은, 비전을 전부가 모방하고 베껴서 사용한다는 점이었다. 이런 사실을 알고는 놀라움을 금할 수 없었다. 좋은 비전을 모방하거나 차용한다고 해서 그것이 '나의 비전'이 되는 것은 아니다. 경험과 훈련을 통해서 얻어진 비전이야말로 진정한 비전이 될 수 있는 것이다. '나의 비전'을 만들기 위해서는 나름의 노력으로 준비가 되어야 한다. 어린 시절에는 거의 누구나 꿈을 꾸지만, 99퍼센트의 꿈은 이루어지지 않는다. 왜 그럴까? 그것은 다른 사람의 비전을 모방해서 사용하기 때문이다.

자신만의 노력을 통하여 '나의 비전'을 만들었다면, 비전을 이룰 미션(Mission)이 필요하다.

사명(Mission)은 기업과 사람의 존재 이유라고 말할 수 있다. 기업과 사람에게 미션이 없으면, 그 기업은 존재의 이유도 없이 그저 상품 팔아 돈만 벌면 된다는 생각으로 연명한다. 하지만 돈이라도 벌면 얼마나 좋을까? 돈은 고사하고 십리도 못 가서 발병 나고 말 것이다. 기업의 미션으로 인해서 기업이 존재하고, 직원이 하나 되어 기업을 성장시킬 수 있는 것이다. 미션이 중요한 이유는 간단한데, 미션이 가치를 만들기 때문이다.

가치(Value)는 믿는 것과 행동하는 방식으로, 앞에서도 말했지만, 명품을 소지하려는 욕망은 바로 가치 때문이다. 사람들은 이 가치를 얻기 위해 투자를 하는 것이고, 기업의 존재이유도 바로 여기에 있다. 기업이 가치를 고객에게 둘 때 고객은 바로 이를 알아차리고, 그 기업에 가치라는 것을 위해 투자를 하는 것이다. 가치가 가치로서 끝나면 아무런 의미가 없다. 가치가 가치로서 오래 지속되게 하여야 한다. 그러려면 관리를 잘 하여야 한다.

경영(Management)은 지속적으로 관리하는 것을 말한다. 가치가 가치로서 보존되려면 관리를 잘 해야 한다. 나도 명품 선물을 받아보았다. 조그만 휴대용 가방이 백만 원이 넘는다는 것을 알고 뒤로 넘어질 뻔했다. 그런데 그것을 잘못 관리해서 손잡이 끈이 찢어지는 문제가 발생했다. 수리를 받으러 갔는데 직원이 "상품 안에 있는 사용설명서 안 읽어보셨지요?"라고 묻는 것이다. 나는 그런 게 있는지도 몰랐다. 가방 안에 조그만 공간이 있는데, 거기에 설명서가 있었다. '손잡이를 무리하게 잡아당기지 마세요. 가방이 무거울 때는 손잡이와 가방을 함께 잡으세요.'

사용설명서를 읽어보지 않았기 때문에 명품의 가치를 손상시킨 셈이었다. 마찬가지이다. 가치를 가치로서 존속시키려면, 관리를 잘 하여야 한다. 관리만 잘 한다고 해서 끝나는 것이 아니다. 관리를 잘 하려면 전략이 필요하다.

전략(Strategy)은 다른 기업과의 구체적 경쟁계획이라고 할 수 있다. 다시 말하면 목표를 세워 기업의 목적과 끝이 어디이고, 그 영역은 어디까지 인정할 것인지, 그리고 경쟁하는 모든 회사와 경쟁우위 수단이 무엇인지를 체계적으로 세워두는 것이 전략이다. 전략경영의 일부분인 경영의 도구(Tool), 기술(Skill), 형식(Style)의 이해에서 출발할 수도 있다. 하지만 나는 여기서 이러한 부분은 다루지 않을 것이다. 내가 경험한 바로는, 전략이란 위험(Risk)을 최소화하는 것이다. 이 위험을 최소화하기 위해서 3C라고 하는 고객(Customer), 경쟁자(Competitor), 자사(Company)를 분석하여 사업전략을 만드는 것이다.

열정(Passion) 나는 이것이 더 중요하다고 생각한다. 앞의 다섯 가지는 이론적인 측면이 있다면, 열정은 몸으로, 지혜로, 행동으로 보여주는 것이다. 열정은 배반하지 않는다는 말이 있다. 그렇다. 나는 이 열정 하나로 남들이 이루지 못한 사업을 성공적으로 이루었고,

아제르바이잔이라는 나라에서 국민적 영웅 대우를 받았다. 열정은 세상을 변화시키고, 열정은 기업이 추구하는 바를 이루어주는 것이다. 이러한 것을 바탕으로 나는 위대한 다섯 가지 성공전략을 만들고 이용하였다.

나눔(sharing)은 세상을 변화시키는 동력이라고 말하고 싶다. 기업의 나눔 비전을 통해서 세상이 밝아지고 기업의 영향력은 확장되면서 세상의 모든 사람에게 존경을 받는 기업이 될 수 있다.

6가지 성공전략

제품전략이다. 제품전략은 간단하게 말하면 어떤 상품을 어떻게 만들 것인가 하는 것이다. 그리고 제품을 어떻게 디자인하고 포장하고 상표와 브랜드를 만드는가 하는 과정을 위한 것이다.

촉진전략이다. 제품을 만들어서 판매를 촉진시켜야 하는데, 필요한 사항들이 있다. 전단지, 광고 카피, 인터넷 홈, 모바일 홈, 소셜 네트워크를 통한 광고 등에 어떻게 런칭할 것인가 하는 문제이다.

유통전략이다. 아무리 좋은 물건이 있어도 어디서 어느 방법으로 어떻게 유통하는지 절차를 무시하면 사업을 할 수 없다. 그래서 지금은 유통을 잡는 사람이 돈을 벌고 유통 시스템을 가진 사람이 최고라는 말이 있다.

가격전략이다. 제품을 제작하는 원가를 비롯하여, 관리비용, 투자자금, 기대수익을 위해 들어가는 지속적 투입자금, 유사제품에 대한 가격분석 등 합리적 가격으로 수익구조를 만들어야 한다.

판매전략이다. 판매전략은 첫째로 고객이 상품을 구입함으로써 받는 혜택을 밝히는 것이다. 둘째로 상품의 독특함을 가져야 한다. 항상 고객이 어떠한 제품의 스탠스를 원하는지를 읽어야 한다. 셋째는 논리적으로 제공하여야 하는데, 예를 들면 살 빠지는 약을 팔 때 '1일 먹으면 몇 킬로그램 빠진다'고 하는 것보다 '1일 먹으면 엉덩이 부분이 정확히 몇 킬로그램 빠진다', '체중 감소보다 지방제거에 효과가 있다'는 등 구체성이 있어야 한다. 넷째는 명확한 증거를 대라는 것이다. 도미노 피자는 30분 안에 도착하지 않으면 돈을 받지 않는다는 논리로 엄청난 기업이 된 것을 알고 있는가? 다섯째는 짧고 분명하고 간결하게 말하라. 다시 말하면 회사 이름이나 브랜드 이름을 간결하게 할 필요가 있다. 여섯째는 두리뭉실한 광고전략은 통합하고 광고에 돈을 투자하지 마라. 일곱째는 강력하게 영업하고 고객에게 어필하라. 그 강력함으로 고객은 당신의 기업을 선호한다.

고객확보전략이다. 고객이 있어야 회사가 살 수 있다. 직원을 채용할 때 내부 근무를 염두에 두고 선발하는 것보다, 다용도로 근무할 직원을 선발하는 것이 좋다. 지금의 시대는 고객을 얼마나 많이 확보하고 있는가가 기업의 최고 자산이다. 고객을 확보할 수 있는 가용수단을 총동원하여 확보하는 것이 최고의 전략이다.

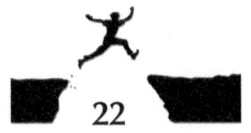

더 맛있게 비즈니스하는 방법

하고 싶은 일을 정하고 부단히 지식을 쌓으라.

나는 사업과 강의하는 일을 하고 있다. 사실 나는 강의하는 일에는 별로 관심이 없었다. 하지만 어느 날 보니까 나는 한국과 해외에서 유명 강사가 되어 있었다. 이유는 나는 나에게 주어진 일을 위해서 부단히 노력하기 때문이다. 나는 사업을 통해서 배운 경험과 실전 그리고 이론을 체계적으로 정립하여 '더 맛있는 통 큰 기업 만들기', '위대하고 지속가능한 기업 만들기', '글로벌 리더 요셉의 리더십으로 기업 만들기'를 주제로 강의와 세미나를 진행해 오고 있다. '크리스천 실업인이 살아야 교회가 산다', '스토리가 있는 만사형통·범사형통 창업노트' 등을 통해서 창업학교 운영 등 다양한 활동을 하고 있으며, 최웅섭 비즈니스 아카데미를 통해서 창업과 스타트업을 위해서도 강의를 하고 있다. 이러한 강의를 할 수 있는 것은, 내가 하고 싶었던 일을 선정하고 부단히 지식을 쌓은 노력의 산물이라고 할 수 있다.

나는 경영이나 비즈니스를 정통 과정을 통해서 배운 사람이 아니다. 하지만 내가 열강을 하는 강의내용은 부지런히 필요한 항목을 선정하여 연구하고 부단한 노력을 계속해 왔기 때문이다. 나는 하루에 두 시간 이상 신문을 보면서, 사회·정치·경제·문화, 국제, 그리고 IT 분야의 뉴스를 섭렵한다. 이 뉴스를 통해서 세상이 어떻게 돌아가고 있는지를 알아가고, 이 시대의 다양하게 변화되어가는 각종의 트렌드를 알아가는 것이다. 나는 지금까지 12,000권의 책을 읽었다. 물론 그 중에는 필요한 부분만 읽은 책들도 많다. 더불어 나는 10,000권 이상의 책을 구입해서 읽고 보관하고 있다. 지금까지 읽어왔던 책들이 머리라는 하드디스크에 차곡차곡 쌓여 있어서 언제든지 필요할 때 꺼내어 사용할 수가 있게 되어 있다. 나는 지금까지 일곱 권의 책을 집필했고, 이 책이 여덟 번째 책이다.

이처럼 나는 내가 하고자 하는 일을 선정해서 그 분야에 대하여 부단히 연구하기를 멈추지 않는다. 그러므로 자기에게 주어진 사업이든 기업이든 성공시키기 위해서는 자기만의 노하우를 개발하고 전문가가 되어야 한다.

나를 도울 고객을 찾으라.

내가 선정한 주제에 대하여 아무리 내가 잘 알고 있다고 하여도 내가 선정한 주제를 들어줄 사람이 없으면 무의미하다. 사업도 마찬가지이다. 내가 하고 있는 사업을 펼칠 마당이 없으면 어떻게 하겠는가 말이다. 나는 나의 네 번째 책 제목을 "하나님이 주신 멍석에서 멋지게 놀아라"라고 달았다. 그렇다. 내가 놀 수 있는 마당이 없으면 어디서 놀겠는가? 나의 브랜드를 사용하여 줄 고객이 있어야 하고, 나의 브랜드를 펼칠 마당이 있어야 하지 않겠는가? 그러기 위해서는 나를 도울 고객을 부지런히 찾아야 한다. 나는 한국을 떠난 지 20년이 넘다보니 한국에 상당한 거리감이 있다. 친구들과 지인들도 연락 없이 지낸 지 오래다. 그러다 보니 나를 홍보할 방법이 없었다. 하지만 부단히 SNS를 활용하고 블로그를 통하여 나를 홍보하기 시작했다. 그 결과, 나는 1년에 수십 개의 기업을 컨설팅하고 수백 번의 강의를 다닌다. 나만의 브랜드, 나만의 회사 브랜드를 만들어 부단히 홍보하면서 고객과 접촉하고, 그것으로 인해 고객이 고객을 만들어주는 전략을 세워라.

고객의 욕구에 대하여 깊이 연구하라.

나의 첫 강의는 너무도 정적이었고, 감동이 없었다. 다시 말하면 학교에서 이론만 배운 교수처럼, 감동을 주기보다는 나의 이론을 전하는 데 급급하였다. 하지만 이제는 하루에 8시간 강의를 하여도 청강생들이 열강에 매료되곤 한다. 이유는, 경험과 실전 그리고 이론을 전하면서 현장에 맞추어 대안과 방법을 정확히 전해주기 때문이다. 나는 사업과 강의를 위해 파트너와 수강생의 욕구를 늘 파악하는데 주력했고, 내 강의를 듣는 사람들의 욕구를 파악하기 위해 부단히 노력했다.

사업도 마찬가지이다. 사업의 성공을 위해서는 부단히 연구하고 고객이 무엇을 원하는지 고객의 욕구를 파악하여야 한다. 고객의 욕구를 파악하기 위해서는, 고객이 원하는 것과 필요로 하는 것을 알아야 한다. 고객이 원하는 것에 너무 집착하다 보면 고객이 필요로 하는 것을 놓칠 수 있다는 사실을 명심하여야 한다.

나만의 노하우를 무료로 제공하라.

나는 사업이든 강의든 노하우가 있다. 나의 사업의 노하우는 지속가능한 사업만 하는 것이다. 다시 말하면 지속적으로 팔릴 수 있는 제품만 취급하고 잠시 잠깐 이벤트로 팔릴 수 있는 제품은 절대로 취급하지 않는다는 원칙이 있다. 강의 역시 마찬가지이다.

나는 내가 만든 노하우를 다른 사람이 필요로 할 때 과감히 제공한다. 사업의 아이디어를 제공하고 지원하면서 성공하도록 지원을 아끼지 않는다. 강의 노하우가 필요하다고 하면 강의 자료와 원고도 아무런 조건 없이 제공한다. 무료로 제공하는 것이 언뜻 손해일 것 같지만, '면도기 사업기법'과 마찬가지로, 언젠가는 반드시 되돌려 받기 때문이다. 면도기는 저렴하게 구할 수 있다. 하지만 면도날은 상당히 비싼 가격에 판매된다. 한 번 선택한 면도기는 사람들이 쉽게 바꾸지 않기 때문이다.

브랜드를 통해 이미지를 구축하라.

나 최웅섭은 성공한 글로벌 사업가라는 브랜드와 이미지가 있다. 나는 수많은 단체를 다니면서 강의를 하는데, 나의 강의 때문이기도 하지만 '나'라는 사람을 많은 사람들이 좋아하는 이유가 있다. 그것은 내가 만든 나의 이미지 때문이다. 최웅섭은 글로벌 사업가로서 정직한 사람이라는 브랜드와 열정맨이라는 이미지가 그것이다. 이 이미지와 브랜드가 오늘의 나를 만들었다. 나의 브랜드와 이미지를 구축하기 위해서 나만의 독특성과 차별화, 그리고 특정화된 프로그램이 필요하다. 그것이 바로 나만의 브랜드요 이미지가 되는 것이다.

제품을 프로모션 하라.

내가 가진 브랜드를 활성화시키기 위해서는 프로모션 할 필요가 있다. 아무리 좋은 제품도 장롱 안에 있으면 가치가 나올 수 없다. 내가 가진 제품을 프로모션 할 때 제품의 가치가 있는 것이다. 내가 가진 제품의 브랜드를 프로모션 하는 이유는 간단하다. 사람들에게 알리는 것이다. 다시 말하면 세상에 알리는 것이다. 내 사업장에서 새로 만들어진 제품이나 아이디어 제품 혹은 플랫폼이 있으면 알리는 것이다. 제품을 알림으로써 고객은 다양한 상품 정보를 제공받는 혜택을 누리게 되고, 그로 인해 사업이 확장되는 결과를 얻게 되는 것이다. 프로모션 하는 방법은 앞에서 얘기했다.

영향력을 넓힐 수 있는 파트너를 찾으라.

아무리 프로모션을 하였다 할지라도 영향력이 넓어지는 것은 아니다. 제품을 프로모션 했다고 하여 가만히 있는 사람은 없을 것이다. 부단히 홍보하고 광고를 할 것이다. 마찬가지이다. 홍보를 위해서 다단계의 원리를 이용해 보라. 당신의 제품을 다단계처럼 팔라는 것이 아니라, 다단계 회사가 하고 있는 인적 관리 프로그램을 이용하여 당신 회사의 제품을 홍보할 사람들을 찾으라는 것이다. 돈을 투자하지 않고도 다양한 방법으로 얼마든지 당신의 회사 제품을 홍보할 수 있다. 기존 광고매체를 이용한다면, 당신의 사업을 정상적인 단계에 올리기까지 엄청난 광고비를 투자하여야 할 것이다. 그러한 경제적 여유가 있으면 모르지만 그렇지 않다면 사람을 통해 영역을 넓힐 수 있는 영향력 있는 사람들을 선두에 두라.

90퍼센트의 불가능을 100퍼센트 성공에 도전하라!

비즈니스 스펙이 중요하지 않고 사회성이 필요하다고 나는 강조하고 싶다. 스펙으로 따지면 나는 비즈니스를 할 수 있는 사람이 아니었다. 아제르바이잔에 가기 전에 나는 비즈니스를 해본 경험이 전혀 없었다. 하지만 나는 사람을 좋아하였고, 그 사람들이 나의 사업을 성공시켜 주었다. 그것이 바로 내가 비즈니스를 성공시킨 요인이다. 그래서 사업에는 성공을 위한 사회성이 필요하다고 본다. 나 혼자 잘 벌어서 잘 먹고 잘 살려는 것이 아니라, 사회에 기여하고자 하는 마음이 필요하고, 비즈니스의 분명한 역량을 여기에 맞출 필요가 있는 것이다.

나는 주변의 이익을 고려하는 사교성이 나의 비즈니스를 성공시켰다고 생각한다. 그리고 또 하나 중요하게 생각할 것이 있다. 사업에 있어서 가장 중요한 것은 판단력과 의사결정이다. 이를 위해서는 사물과 현상을 바르게 인식할 필요가 있고, 기업과 사업에 대하여 논리적으로 정리할 필요가 있다. 그리고 마지막으로 사업에 대한 신속한 자신감과 순발력이 필요하다. 세상에 공짜는 없다는 것이 나의 신조이다. 이러한 사고방식을 가지고 사업하면 90퍼센트의 불가능을 100퍼센트 성공으로 만들 수 있다. 나는 그렇게 만들었다.

돈 더 잘 버는 전략 10가지

비즈니스의 목적은 돈 버는 것이다.

비즈니스의 목적은 돈 버는 것이다. 이 일이 아니면 할 필요가 없다. 그렇지 않은가? 당신은 자선 사업가인가? 아니면 사업가인가? 당신이 부모로부터 물려받은 재산이 많으면 자선 사업가로 나서라. 그렇지 않고 사업에 목적이 있다면 당연히 돈을 벌어야 하지 않겠는가? 경영의 귀신이라 불리는 고노스케 회장도 기업의 목적은 수익을 올리는 것이라고 말했다. 돈을 벌려면 어떻게 하여야 하는가? 나는 기본부터 잘 해야 한다고 생각한다. 세금을 잘 내고, 직원들한테 잘하고, 고객에게 잘하는 것, 이것이 사업의 기본이다.

비즈니스의 목적을 설정하라.

사업의 시작을 잘해야 한다. 육하원칙에 의해서 목적을 설정하고 방향을 잘 잡아야 한다. 그리고 조직의 구성이 잘 되어야 한다. 직원을 필요한 곳에 배치하고 필요없는 곳에는 배치할 필요가 없다. 하지만 혹시나 해서 '저 프로젝트는 잘될 거니까.'하고 배치하는 방식은 위험하기 짝이 없다. 사업을 설정할 때에는, 사업의 성격에 따라 법인이냐 자영업이냐를 잘 판단하여야 하고, 아이디어, 제품개발, 광고, 런칭, 유통, 고객확보, 그리고 수익구조와 지속적 연구개발에 대한 준비를 하여야 한다.

회사의 강력한 규칙과 조직을 강화하라.

성공적인 회사를 만드는 것은 다름이 아니고 '사람'이다. 직원을 선발할 때는 매뉴얼(Manual)대로 선발하여야 하고, 선하고 착한 사람보다는 업무능력을 위주로 뽑아야 한다. 내적 근무의 적합성보다는 외부적 적합성을 보고 뽑아야 한다. 언제든지 직원을 영업사원으로 바꿀 수 있도록 준비되어야 하기 때문이다. 한 직원이 일당백을 할 수 있다. 그러므로 직원과 계약을 하라. 갑과 을의 계약이 아닌 모두에게 좋은 계약을 하고, 충성스런 직원을 만들어야 한다. 직원이 회사에서 벌어들인 만큼의 급여를 가져가는 것은 아니다. 하지만 삶을 위한 일터에서 직원을 신뢰해 주는 것은 많은 급여를 주는 것보다 중요하다. 직원을 신뢰해 줄 때 회사는 직원과 문화를 공유할 수 있다.

비즈니스의 매뉴얼(Manual)을 만들어라.

비즈니스에 있어서 가장 중요한 것은 매뉴얼을 만들어서 매뉴얼대로 하는 것이다. 이것이 없으면 직원에게 잔소리를 하게 되고 모든 것을 간섭하게 된다. 매뉴얼이 있으면 경영자와 직원 사이에 신뢰가 생기고, 믿는 관계 속에서 사장은 놀아도 된다.

세 종류의 사장이 있다. 첫째는 죽어라고 일만 하는 사장, 둘째는 직원과 같이 일하는 사장, 셋째는 사장은 연구하고 나눔하며 직원과 고객이 돈 벌어 주는 사장이다. 당신은 어떤 사장인가? 매뉴얼이 있으면, 사장은 새로운 사업을 구상하고 회사의 관계성을 위해 새로운 비전을 만들 수 있다.

나는 기업이나 각종 단체에서 돈에 대한 강의를 한다. 그리고 어린이들에게도 돈에 대한 강의를 한다. 돈은 인생에 있어서 없어서는 안 될 중요한 것이다. 그래서 이스라엘에는 "돈이 없으면 불편하고, 돈이 있으면 많은 것을 행복하게 할 수 있다."라는 속담이 있다. 혹자는 말한다. 돈이 인생의 전부가 아니라고. 그렇게 말하는 사람을 보라! 어떻게 살고 있는지! 처참하거나 아니면 비참하게 사는 사람들이다. 물론 돈이 없어도 살 수는 있을 것이다. 그렇지만 없는 것보다는 있는 것이 더 좋은 것이다. 돈이 있어야 나누어줄 수 있고, 베풀 수도 있다. 하지만 돈이 없으면 베푸는 것도 나누는 것도 할 수가 없다. 기업도 마찬가지이다. 기업에 있어서도 돈은 중요하다. 돈이 있어야 기업의 미래 자산을 만들 수 있다. 돈이 있어야 필요할 때 투자를 할 수 있고, 새로운 시장에 진출할 수도 있다. 기업이 재정적 수입을 올리려면, 올릴 수 있는 방법을 잘 설정하고 계획하여야 한다.

비즈니스의 통로는 사람이다.

기업이 가장 소중하게 생각하는 것이 사람이어야 한다. 성공한 어느 기업의 사장이 청년대학생들이 모인 단체에 강사로 나섰다. 그는 청년대학생들에게 나처럼 하면 성공한다고 하면서, 만약 나의 사업을 프랜차이즈 하고 싶다면 자금의 50퍼센트를 지원하겠다고 하면서 열강을 했다고 한다. 그런데 며칠 뒤에 그 회사에 대한 소문이 모든 언론사에 등장했다. 식품 재료에 불량품을 사용해서 고객이 피해를 입었다고! 아이고, 이렇게 돈 벌면 뭐하노!

고객이 돈이다.

기업에 돈을 누가 가져준다고 생각하는가? 당연히 고객이다. 고객이 돈 벌어주는 것이다. 앞에서 고객을 관리하는 방법에 대하여 말했다. 고객을 소중히 여기고, 고객을 왕처럼 받들어라. 그들은 당신의 기업에 돈을 던져줄 것이다. 고객의 가치를 인정해줄 때 고객은 기쁨으로 되돌려준다.

나는 전광판을 팔 때 세트로 파는 것을 좋아한다. 하나를 팔든 두 개를 팔든, 시간은 같이 투자되고 노력도 같이 투자된다. 그럴 바에는 고객에게 하나를 사는 것보다 두 개를 구입하는 것이 유리하고 돈도 절감되고, 그로 인해 당신의 수익도 배로 올라간다고 설득한다. 대부분 이에 넘어간다. 이렇게 해서 고객의 돈을 나의 것으로 만들었다. 어떤가? 멋지지 않은가?

고객의 돈은 소중하다. 하지만 돈보다 더 소중한 것은 기업의 가치이고 그 기업의 가치를 고객에게 기쁨으로 안겨줄 때 고객은 있는 돈을 다 내어놓는 것이다.

한 가지에 충실하라(One Think).

'한 우물을 파라!'는 속담이 있다. 어떤 이들은 이 시대에는 한 우물 파서는 안 된다고 한다. 이 시대는 스마트 시대이니까 물론 그럴 수도 있다. 하지만 한 우물 안 파고 성공한 사람 있으면 나와 보라고 해보라! 어디 있는가? 없다! 이유는 분명하다. 사람의 사고라는 금고는 하나에 집중할 때에만 열리는 것이다. 사람의 뇌의 구조가 그렇게 되어 있다. 그러므로 하나에 집중할 때 모든 것을 잡을 수 있고 얻을 수 있다. 나는 사업 초창기에 수많은 제품을 판매해 보았다. 바쁘기는 무척이나 바쁜데 실속이 없었다. 그렇다! 한 가지에 집중하면 거기서 결론이 난다. 나는 그때 한 가지, 한 우물에 집중하자고 했다. 그것이 오늘의 나를 만든 것이다. 나의 제품이 기네스북에 등재되었고, 그것으로 먹고 살고 있다. 얼마나 좋은가! 여기서 끝나지 않는다. 내가 판매한 제품으로 그 제품이 없어지지 않는 한, 유지보수해 주면서 룰루랄라 살고 있다. 스마트 하지도 않으면서 스마트한 것처럼 행세하는 것처럼 답답한 것은 없다. 당신의 스마트함, 하나에 집중할 때 그 스마트함은 더 빛이 난다는 사실을 명심하라.

생산에 목매지 마라.

누군가는 생산을 하여야 한다. 그래야 제품이 만들어지니까 말이다. 하지만 당신의 재능에 따라서 하라. 제품을 만들지 않고도, 사업을 할 수 있으면 부디 생산라인을 가질 필요는 없다. 내가 아는 사람

중 '두 끼'라는 프랜차이즈를 운영하는 사장이 있다. 그가 아이디어를 얻은 것은 '주방이 없는 식당은 안 되는가?'라는 의문에서 시작하여 성공한 케이스이다. 손님이 와서 매뉴얼에 따라 음식을 해먹고 가는 모델, 너무 신선하지 않은가? 그렇다. 꼭 필요할 수도 있지만 생산이 없다고 사업이 안 되는 것은 아니다. 나도 생산을 하는가? 아니다. OEM 방식으로 하고 있다.

지금은 한국에서 생산하지 않고 중국에서 생산한다. 중국에서 생산하지만 물건에 하나도 하자가 없고, 너무도 잘 만든다. 이유는 물건에 맞추어서 돈을 주기 때문이다. 중국의 물건이 나쁜 이유는 돈을 적게 주면서 잘 만들어 달라고 하니까 하루살이 물건을 만들어주는 것이다. 물론 양면이 있을 수 있다. 생산시설이 있으면 원가를 줄여서 좋은 가격으로 판매도 가능할 것이고, 반대로 생산시설이 없으면 영업하는 기분이 들 것이기 때문에 장단점이 있다. 그런 것은 기업하는 사람이 판단하면 된다.

틈새를 공략하라(Niche-Market).

세분화된 시장의 특징을 추출하여 관리 가능한 시장으로 나누는 것을 시장 세분화라고 하는데, 세분화 시장을 식별하는 목적은 소비자의 욕구식별과 이로 인한 표적설정에 있다. 이에 비해 니치마켓은 아직 충족되지 못한 욕구가 있는 작은 시장이며, 이러한 시장은 하나의 세분화 시장 속에서도 존재할 수 있다. 다시 말해 니치마켓은 시장의 기회를 찾기 위한 목적으로 소비자의 독특하고 새로운 욕구를 찾아 시장의 세분화 기준을 더욱 많이 적용하여 설정한, 상대적으로 작은 시장을 말한다. 소비자 욕구가 점점 더 섬세하게 분화되는 추세와 맞물려 니치마켓이 각광받고 있으나, 일반적으로 그 규모가 작고 시장 자체도 소규모이기 때문에 신속성과 전문성이 수반되지 않으면 실패할 우려가 높은 시장이다.

니치 비즈니스는 시장을 통째로 먹으려고 시도할 때 망한다. 세상에 블루오션 따윈 없다. 레드오션에서 차별화를 통해 성공하면 새로운 블루오션이 보인다. 그렇기 때문에 우연히 발견하는 즐거움과 가까운 곳에서 틈새를 찾는 노력이 수반되면 아주 좋을 것 같다.

틈새시장에서 아이디어를 얻는 법은 과거에 생각했던 아이디어를 부활시키는 것이다. 하지만 이때 너무 시대를 앞선 것은 힘들다. 이유는 적응시키고 설득시키는 데 오랜 시간이 투자되어야 하기 때문이다. 다른 지역의 성공사례를 찾아서 나의 성공사례로 만드는 것은 바람직한 일이다. 아이디어를 찾기 위해서는 항상 귀를 열어 두고 청취하여야 한다. 시장을 언뜻 보면 대형시장은 대그룹이 다 잡고 있는 것 같아 보이지만, 대형시장을 세분화하여 보면 틈새가 보인다. 그곳에 집중하면 되는 것이다. 더 나아가 뉴스에 늘 귀를 기울여라. 나는 강의를 위해서 하루에 2시간 이상 뉴스를 본다. 시대적 상황에 뒤처지지 않기 위해 뉴스에 집중하는데, 국제 뉴스와 경제 뉴스에 올인원(all-in-one) 한다. 잘 알겠지만 평범한 케이크와 과자에도 틈새시장은 존재한다.

여기서 간단히 아이디어 분석의 5단계를 말해주고 싶다.

— 시장을 찾는다. 누가 그 시장을 장악하고 있는가?
— 특별한 필요가 무엇인가?

— 그것을 만족시킬 만한 상품이나 서비스는 무엇이 있는가?
— 판매전략을 수립한다.
— 수익성이 있는지 판단해야 한다.

이 정도 파악이 되면 이제 당신은 사업의 귀재가 될 수 있고, 위대한 기업인이 될 수 있다. 그러므로 늘 긴장하라!

여기서 또 하나 짚고 넘어갈 것은, 시장성 가운데 여성의 시장은 아직도 무궁무진하다는 점이다. 하지만 어려움도 있다. 그것이 어려운 이유는 투자유치가 어렵고 고객을 볼 수 없기 때문이다. 더 나아가 반복구매의 가능성이 낮다. 그러나 포기하기에는 이르다. 방법은 고객을 감동시키는 방법을 알면 된다.

고객을 감동시키려면, 먼저 내가 숨죽이고, 싸움터로 가서 정체를 최대한 숨기고 자신 있는 곳에서 정면으로 승부하라. 그러면 답이 보인다. 다시 말하면 물결을 타라. 맞대응하지 말고 유연하게 대처하라. 상대방의 허점이 보일 때, 그때 집중적으로 공략하면 된다. 그리고 시장과 상대를 역이용하면 상대의 강점이 약점이 될 수 있다. 신속하게 허점을 노리면 니치 시장은 나의 것이 될 수 있다.

위험(Risk)을 줄여라.

잘 되는 사업은 이유가 있다. 그 이유는 간단하다. 잘 되는 곳에 인력을 집중배치하고 안 되는 곳은 과감히 수술을 하여야 한다. 하지만 사업하는 많은 사람들이 안 되는 부분에 대하여 많은 애착을 가지고 있다. 이유는 지금까지 투자한 것에 대한 미련과 그래도 될 것 같다는 심리가 작용하기 때문이다. 사업하는 사람들은 대개 긍정적인 마인드의 소유자들이라 안 되는 것을 되게 하고자 하는 욕심이 강하다.

하지만 이런 경우는, 경영이라는 측면에서는 좋지 않은 전략이라고 말할 수 있다. 잘되는 사업을 만들기 위해서는 순간의 판단력이 좌우한다. 안 되는 부분에 대해서는 과감하게 결단하는 용기가 필요하다. 안 되는 부분을 붙들고 씨름하다 보면, 에너지가 낭비된다. 그러므로 안 되는 곳은 과감하게 절단하고, 되는 쪽에 모든 역량을 집중하여야 한다.

성공한 사람들이 하지 않는 말 7가지

사업 아이디어를 함부로 말하지 않는다. 아이디어는 아이디어일 뿐이다. 구체화해서 실행에 옮기기 전까지는 아무 의미가 없다. 성공한 사람은 사업 아이디어를 실행해가는 과정에서 도움이 필요할 때만 선택적으로 아이디어를 다른 사람과 공유한다. 아이디어를 얘기했다가 실천하지 못하면 실없는 사람이 될 수 있고, 아무 생각 없이 아이디어를 말했다가 다른 사람들에게 뺏길 수도 있기 때문이다.

자신의 사생활을 떠벌리지 않는다. 성공한 사람은 자신의 소소한 가정사나 개인적인 고민을 사적인 영역으로 남겨둔다. 사생활에 대해선 사적인 영역을 공유할 수 있는 극히 일부 사람들에게만 얘기한다는 뜻이다. 대부분의 사람은 성공한 사람들의 사생활에 호기심이 많다. 가십거리가 되기 때문이다. 하지만 성공한 사람 중에 가십거리가 되고 싶은 사람은 없을 것이다.

자신이 대단한 사람이라고 말하지 않는다. 자기가 대단한 일을 했다고, 또는 하고 있다고 공개적으로 말하는 사람이 있다. 이런 사람치고 신뢰가 가는 사람은 드물다. 성공은 주머니 속에 든 송곳 같아서 말하지 않아도 주머니를 뚫고 나와 사람들에게 알려진다. 성공한 사람은 굳이 자기가 잘났다고 떠들 필요를 못 느낀다.

자신의 수입을 정확히 밝히지 않는다. 성공한 사람은 물론 평범한 사람도 대부분은 자신이 얼마 번다고 다른 사람에게 말하지는 않는다. 너무 많으면 쓸데없는 시기와 질투를 일으키고, 너무 적으면 창피하기 때문이다. 특히 성공한 사람은 자신의 수입이 공개되면 불필요한 의혹이나 비난을 야기할 수 있고 세무조사까지 받을 수 있어 더욱 신중하다.

남 얘기 하는 것을 좋아하지 않는다. 성공한 사람은 남에게 들은 얘기, 다른 사람에 대한 말을 잘 하지 않는다. 남의 얘기를 잘못 옮겼다가 문제가 생길 수 있고, 내가 아는 남의 얘기라도 함부로 했다가 후폭풍이 있을 수 있기 때문이다. 게다가 성공한 사람은 가만히 있어도 온갖 정보가 몰리기 때문에 먼저 나서서 남 얘기하면서 정보를 떠보거나 탐색할 필요가 없다. 지금 크게 성공하지 못했지만 성공하고 싶은 사람이라도 남의 얘기는 삼가는 것이 좋다. 내 얘기를 듣는 상대방이 내가 지껄이는 그 사람과 어떤 관계인지 모를 때는 더욱 그렇다. 가십에도 참여하지 않는 게 좋다. 가십은 사람들을 화합시키기보다는 분열시키는 경향이 있다.

좋은 소식이든, 나쁜 소식이든 일단 가슴 속에 담아둔다. 하루에도 수많은 일이 일어나고 그 중에는 좋은 일도 있고 나쁜 일도 있다. 성공한 사람은 좋으면 좋다고, 나쁘면 나쁘다고 즉각 다른 사람에게 공개하지 않는다. 일이 되어가는 방향을 살펴 정리한 뒤 필요한 것만 공유한다. 특히 조직을 이끄는 사람은 어떤 일이 벌어졌을 때 그 정보를 날것 그대로 즉시 조직원들에게 공개하는 것을 피해야 한다. 그 일에 대해 의견을 구하고 싶을 때라도, 원칙이 섰을 때 공유하는 것이 좋다. 날것 그대로의 정보는 혼란만 초래할 수 있다.

두려움을 표현하지 않는다. 성공한 사람이라도 일에 대한 부담감, 미래에 대한 불안이 있다. 하지만 성공한 사람은 두려움을 쉽게 털어놓지 않는다. 자신이 처리해야 할 몫임을 알기 때문이다. 힘들다고 말하는 것이 솔직해 보인다고 생각할 수 있지만, 조직원에겐 쓸데없는 불안감만 조성할 수 있다. 극히 가까운 사람이 아닌 한, 힘들다고 말하는 것은 상대방에게 부담만 줄 뿐이다. 두렵다는 표현은 아주 친밀한 사람에게 하거나 아주 친밀해지고 싶은 사람에게만 하라.

"너는 네 우물에서 물을 마시며 네 샘에서 흐르는 물을 마시라."
(잠 5:15)

제 4 부

비즈니스로 글로벌을 호령하라!

나는 아주 특이한 경력과 열정으로 전세계를 다니면서 사업을 개발하고 성공시킨다. 그것은 나에게 있는 프로정신 때문에 가능한 것이다. 나는 이 프로정신이 가정과 사회와 세계를 변화시킬 수 있다고 본다. 나는 얄팍하게 돈 몇 푼 벌려고 전세계를 누비고 다니는 것이 아니다. 어떤 때는 경비가 나오지 않을 때도 있다. 하지만 개의치 않는다. 지금까지 다녀온 국가에는 아직도 연락을 주고받는 친구들이 수없이 많다. 그것이 내 행복이고 나의 인생의 아름다움이다.

비즈니스에는 국경이 없다

경제적 국경이란?

현재 국가마다 최고의 경제적 이슈는 자국의 생산성을 높이고 소득을 높여서 국민의 행복을 추구하는 것이다. 국내의 기업을 활성화 시켜 일자리를 만들고, 더 나아가 수출을 확대하여 경제영토를 넓히는 일이다. 세계 각국은 보이지 않는 비즈니스 전쟁터에서 치열하게 전투를 하면서, 자국의 이익구조를 만들고 그를 통해서 경제영토를 확보하고자 혈안이 되어 있다. 그만큼 경제적 국경의 장벽도 높아지고 있다.

제3세계 국가는 국가에서 제공해 주는 복지와 만족감, 그리고 행복감이 적기 때문에 다른 것을 통해 대리만족을 하려는 경향이 강하다. 이런 이유에서인지 한국 열풍이 불고 있어 그만큼 진입하기가 쉽고 가능성이 크다. 미국, 유럽 등 선진국은 안전한 사회보장과 사회체제를 유지하므로 상대적으로 새로운 물결에 대한 갈망이나 열정이 덜하지만, 그 외의 시장은 우리에게는 대단한 시장임을 볼 수 있는데, 세계시장 진출에 참고하여야 한다. 이제 한국 젊은이들과 기업이 제3세계 국가에서 얼마든지 영토를 확장하고 자기만의 영역을 구축할 절호의 기회가 왔다고 본다.

당신은 한국이 얼마나 넓다고 생각하는가? 내가 볼 때 그리 넓은 영토가 아니다. 인구는 많고 땅덩어리는 좁다보니 늘 치고받고 싸우는 모습이 넘쳐난다. 정치·경제·문화·사회·예술 어느 분야든 곳곳에서 시끄러운 소리가 끊일 날이 없다. 땅덩어리가 좁고 인구는 많으니 기회는 적을 수밖에 없고, 그러다 보니 학연·지연으로 연결될 수밖에 없는 나라가 한국이다.

당신은 그렇게 생각하지 않는가?

:: 중앙아시아 ::

구소련으로부터 독립한 15개 국가를 보라. 아직도 그곳에는 황금의 기회가 넘쳐난다. 다시 말하면, 기회가 많고 멍청한 돈들이 넘쳐난다는 뜻이다.

이곳에서 한류 열풍은 대단하다. 이 반열에 들어서는 순간, 얼마든지 사업의 기회를 잡을 수 있다. 중앙아시아는 대부분 이슬람 국가이다. 이 종교적인 면이 오히려 사업에 더 장점이 있다. 물론 그들도 속이고 거짓말하고 믿기 어려운 부분도 있다. 하지만 내가 만난 중앙아시아 구소련의 많은 국가의 사람들은 손님을 왕같이 여긴다. 그리고 한 번 맺은 관계는 내가 먼저 버리지 않는 한 절대로 그들이 먼저 관계를 무너뜨리는 경우는 없다.

그들은 또 너무도 가정적이고 정적이면서 한편으로는 동적인 면도 지니고 있다. 그러므로 그들을 사업의 파트너나 직원으로 채용하여 같이 일한다면 전혀 문제가 없다. 내가 중앙아시아에서 성공할 수 있었던 것도 역시 사람들을 잘 만났기 때문이다. 내가 사람들을 잘 만나지 못했다면, 나는 아직도 무명의 용사나 다름없을 것이다. 사업의 성공은 내가 만드는 것이 아니라 주변 사람이 만들어준다. 나는 이 사실을 확실히 믿는다. 물론 내가 만들 수도 있다. 능력이 있고 관록이 있다면 말이다.

여기서 한 마디 하고 가겠다. 많은 사람들이 나보고 영어를 엄청나게 내추럴하게 할 것이라고 말한다. 나는 솔직히 영어 그렇게 잘 하지 못한다. 내가 세계 여러 나라에서 성공한 것은 영어를 잘 했기 때문이 절대로 아니다. 언어는 물론 중요하다. 하지만 언어보다도 진정성이 더 중요하고 열정이 더 중요하다.

:: 동남아시아, 서아시아 ::

이 지역 나라 중 싱가포르, 인도네시아, 말레이시아는 어느 정도 자리가 잡혀 있는 국가라고 볼 수 있다. 하지만 아직도 멀었다. 특히 동남아시아를 주목하라. 우리가 잘 아는 베트남, 태국, 캄보디아 등, 이런 나라들에는 한국의 젊은이들에게 수많은 사업의 기회가 열려 있다. 이 나라들뿐만이 아니다. 어마어마한 인도 시장도 마찬가지이다. 그 주변의 국가들도 보라. 얼마나 기회가 많이 있는지.

국가 시스템이 제대로 만들어진 곳이 별로 없다. 인도만 봐도 인구가 10억이 넘는다. 그곳에는 할일이 태산같이 많다고 할까? 인도는 최첨단과 과거가 공존하는 세계이다. 그곳에서 당신의 날개를 펼치는 데 전혀 문제가 없다.

동남아시아 어느 나라라도 당신이 간다면 그곳은 당신을 위해 준비된 곳이다. 단지 도전하지 못하는 당신이 문제이지, 그 땅과 그곳의 사람이 문제가 아니다.

:: 아프리카 ::

아프리카는 어떤가? 아프리카는 죽음의 땅인가? 아니면 저주의 땅인가? 당신이 젊은이로서 그 땅을 그렇게 봤다면 당신의 생각을 고쳐야 한다. 우리나라도 이렇게 선진국 문턱에 들어선 지 불과 얼마 안 되지 않는가.

아프리카에 가 보라! 돈이 넘치고, 기회가 넘치고, 역동적인 면이 넘쳐난다. 그들은 기회를 찾고 있다. 서구의 수많은 광고들이 넘쳐나고 있고, 젊은이들은 하나같이 최신 핸드폰에 열중하고 있다. 아프리카에 당신이 간다면 거기에 숨겨진 멍청한 돈은 당신이 다 가질 수 있다. 남아프리카, 북아프리카라고 상황이 다를 것 같은가?

남아프리카는 남아프리카공화국을 위시해 몇 나라만 질서가 잡혀 있을 뿐이지, 사업의 질서는 아직도 멀었다. 그렇다면 당신이 그곳의 개척자로 나서면 되지 않을까? 북아프리카는 이집트, 모로코 등 자원이 풍부한 나라들이다. 관광산업으로 먹고사는 나라가 많다.

하지만 그들이 가지고 있는 잠재력을 무시하지 말고, 그 속에 잠재되어 있는 다이아몬드를 캐라!

:: 남미 ::

열정의 땅 중남미에는 멕시코부터 브라질까지 찬란한 문화역사를 가진 나라들이 있다. 그곳에 가면 나도 그들과 같이 열정의 사람이 된다. 그래서 나는 그곳이 좋다.

한국에서나 아제르바이잔에서 비행기를 타면 거의 30시간 이상 타야 그곳에 가지만, 나는 그곳에 도착하면 피곤함을 모른다. 왜? 열정의 사람들 속에 같이 있으니까, 나도 덩달아 힘이 난다. 그래서 많은 사람들이 나를 열정의 사람이라고 한다.

그들은 새로운 시대를 준비하고 있는 사람들 같다. 새로운 시대를 준비하는 그들에게 불어닥친 것은 대단한 한류바람이다. 한국 제품은 없어서 못 판다. 여기저기 코리아라는 이름만 말해도 융성한 대접을 받는다.

나는 당신이 진정 사업을 하려고 한다면 남미에 가서 자리를 잡으라고 하고 싶다. 기회의 나라, 엄청난 보화가 있는 나라, 내가 말한 엄청난 돈들이 남미에 몰려 있다.

그들 역시 친절하기로 유명하다. 손님대접 잘하고 충성심이 강하다. 물론 혹자는 잘 속이고 거짓말 잘 하는 민족이라고 말하기도 한다. 그러한 말에 속지 말라! 나는 전세계를 다니면서 솔직히 한국 사람처럼 사기 잘 치는 사람을 본 적이 없다. 나는 젊은이들에게 아니 도전의 의지가 있는 사람이라면 몇 년 고생할 생각하고 해외에 도전하라고 한다. 오히려 한국보다 기회가 더 있다. 남들과 똑같이 해서는 성공을 맛볼 수 없다. 남들이 하지 않는 것에 도전해서 그것을 내 것으로 만드는 것이 진정한 나의 성공이다.

나는 그래서 3년만 참으면 무엇이든 된다고 믿는다. 내가 3년을 고생하고 나니까 길이 열렸고, 사람들이 주변에 모여들기 시작했다. 그 사람들이 사업을 만들어주었다. 옛날 군대에서 하는 말 가운데 거꾸로 매달아도 3년은 간다는 말이 있다. 성공을 위해서 자신의 모든 것을 걸 수는 없는가? 세상에 공짜는 없다. 내 것으로 만들려면 고생을 감수해야 하고, 뜨거운 열정으로 밀고 나가야 한다. 그래서 열정은 배반하지 않는 것이다.

:: 중동 ::

중동은 알다시피 이슬람 국가를 중심으로 이루어진 지역이다. 이곳에는 오래 전부터 종교와 무역을 통해서 영토를 확장해 온 나라들이 있다. 그들은 상업과 무역, 그리고 영토확장에 목숨을 걸고 살아온 사람들이다. 지금도 이들은 종교를 중심으로 국가를 운영하며 사업의 영토도 종교 차원에서 확장해 나간다. 그러한 이유 때문에 이들은 정직과 신뢰를 최우선 덕목으로 삼는다. 중동에서 사업하려면 제일 중요한 것이 바로 종교라고 생각할지 모르지만, 이들이 중시하는 것은 꼭 종교만이 아니다. 그들은 한국 사람이 중시하는 빨리빨리 문화와는 거리가 멀다.

나는 2014년 6월에 카타르 도하에서 왕족의 부르심을 받고 모든 것을 지원받아 다녀온 적이 있다. 이유는 2022년 월드컵 축구장 전광판과 신도시에 초대형 회전 전광판 설치를 위한 사업 때문이었다. 당시 대화중에 그들이 제일 강조하는 것은 '신뢰' 부분이었다.

오랫동안 무슬림들과 같이 살다시피 하면서 배운 게 있는데, 그들은 손님을 왕처럼 여기고 존경한다는 것이다. 그러나 한국 사람들은 어떤가? 해외에서 보는 한국 사람들의 평판은 그리 좋지 못하다. 중동에는 아직도 많은 기회가 있다. 모든 것을 수입에 의존하는 나라들, 그곳에서 얼마든지 틈새시장을 노리고 사업을 진행할 수 있다.

:: 유럽 ::

유럽에는 약 40개 국가가 있다. 대부분 선진국이다. 물론 선진국 대열에 들지 못한 나라도 있다. 하지만 유럽에도 기회는 있다. 내가 알고 있는 지인들 중에도 유럽에서 성공한 사람들이 많다. 유럽은 단일통화 국가이고, 교통의 발달로 물류가 잘 되어 있으며, 문화적으로도 많은 공감대를 가지고 있다. 유럽은 잘 발달된 복지를 바탕으로 문화 콘텐츠가 풍부하다. 유럽인은 자유분방하지만 자제력이 있어 소비적이지는 않다. 그럴더라도 유럽의 40여 국가는 굉장히 매력이 넘치는 곳임에는 틀림없다. 그곳에서는 문화, 예술, 복지, 첨단기계 부분, IT 융복합 기술, 관광 등 다양한 분야에서 사업을 할 수 있다.

찬란한 문화가 넘치는 유럽에서 사업을 하려면 먼저 유럽의 문화를 알아야 한다! 사업에 문화를 접목할 수 있다면 대박도 가능하다. 문화적 자질과 사업의 기질이 있는 당신이라면 유럽은 이미 당신의 영토임에 틀림없다.

　세계 어디를 가든 당신의 자유이다. 그곳에 당신이 자리를 잡을 수 있는 확률이 한국에서 자리잡을 확률보다 더 높다는 것이 사실이다. 한국에서 대학 학자금이면 그곳에서는 몇 년을 살 수가 있다. 그렇게 되면 당신은 그 나라의 전문가가 될 수 있다. 내가 태어나지 않은 곳에서 나의 영토를 만든다는 것처럼 큰 희열이 있을까? 그것은 이루어본 사람만이 그 맛을 안다. 나는 이 책을 읽는 당신이 기업인, 학생, 공무원, 자영업자, 창업자, 직장인, 시니어, 누구든 상관없이 내가 해낼 것을 다 해낼 수 있다고 본다. 나는 해외에서 20년 이상을 살았다. 지금도 해외에서 살고 있고, 한국과 해외를 오가면서 느끼는 것은 한국이 너무도 좁다는 것이다. 나의 꿈을 펼치기에는 좁다는 것이다. 당신도 그렇게 생각할 것이다. 그렇다면 해외에 날개를 펴라. 특별히 당신이 기업인이라면 더욱 그리하고, 혹 당신이 청년대학생이라도 더욱 그리하라.

글로벌 비즈니스 맛있게 하는 10가지 방법

투명하고 정직한 사업가가 되라.

나는 내가 진행하는 사업과 진행되어 가는 절차에 대해 아내, 팀원, 한국 대사에게 꼭 말하는 경향이 있다. 실제 가족인 아내나 신앙적 형제애를 나누는 팀원은 이해할 것이고, 대사에게 알리는 이유가 궁금할 것이다. 그 이유는 내 실적이 대사의 실적이 될 수 있기 때문이다. 대사에게, 지금 내가 어떤 프로젝트를 어떻게 진행하고 있으며, 공사현황과 작업절차 등을 수시로 중간보고 해준다. 이렇게 하면 한국 정부를 대표하는 대사의 신뢰를 얻을 수 있을 뿐만 아니라, 내가 하는 모든 사업의 규모와 프로젝트가 한국 정부에 자연스레 보고된다.

나의 사업보고로 인해 아제르바이잔과 한국이라는 양국 정부의 관계가 더 밀접해지게 되니, 그 중간에서 나는 민간 외교관으로서의 긍지를 가질 수 있게 된다. 아제르바이잔 주재 한국 대사가 나를 가리켜 항상 행동하는 양심이라고 말하는 이유가 이것 때문이다. 항상 직원 모두에게 사업과 이익의 규모를 알릴 필요는 없지만, 동료의식을 가지고 그들이 소외되지 않도록 한다는 것도 나의 사업원칙 중의 하나이다.

"내가 일해서 회사가 커졌는데, 나한테는 혜택을 안 주고 끼리끼리 해먹는다."

이런 불만이 나오지 않도록 하는 게 좋다. 현지인들은 작은 것 하나로 속상해하고, 불평하고, 시기하고, 질투할 수 있다. 그들 대부분은 항상 소외되고 있거나 정부에서 관심을 가져주지 않는 집단일 수 있기 때문이다.

"우리의 역할은 그러한 사람들을 세워주고 그들과 같이 하는 것이다."라는 이런 마음을 가질 때, 우리가 경영하는 회사 또한 정직하고 투명해질 수 있다.

사업의 예산관리에만 정직하라는 것이 아니라, 모든 행동 전반에 걸쳐서 정직해야 한다. 정직함이 몸에 배인 사람처럼 행동할 때, 직원들은 자동적으로 충성할 것이다. 회사를 운영하면서 회사는 나의 것이라는 마음을 비우면, 회사가 더욱 커질 수 있다. 한 배를 탄 가족들 중에서 당신은 운영자라는 자리에 앉아 있을 뿐이고, 다른 식구들도 모두 제각각 자리를 가지고 있는 동등한 입장이라고 생각을 바꾸면, 일하는 행복이 배가될 것이다.

성경에 베드로라는 사람이 있는데 밤새 그물을 던졌지만, 한 마리도 잡지 못했다. 하지만 그는 잠시 후 배가 찢어지도록 고기를 잡을 수 있었다. 그물은 베드로가 던졌지만, 그 옆에 많은 동료들이 있었기에 그 하나의 그물로 153마리의 물고기를 걷어 올리지 않았는가! 우리의 사업에도 베드로의 동료처럼 힘이 되는 동역자의 마음이 필요하다.

"엄청난 고기가 잡힐 거야. 나 혼자 들어 올려 나 혼자 가져야지. 그래서 처자식도 먹여 살리고 돈 좀 벌어야지." 나 혼자 잡겠다는 생각을 했다면, 그물이 찢어져 물고기들이 다 도망갔을 것이다. 사업도 이와 같다. 함께하는 사람들과 힘을 합하여 나아가는 것, 그런 조화를 만들어내는 사람이 바로 훌륭한 CEO라는 사실을 기억하자. 그래서 사업은 인문학 정신을 가지고 하여야 한다. 그래서 이 책에는 다른 책에서 볼 수 없는 인간애를 중심으로 한 비즈니스의 노하우가 담겨 있는 것이다.

현지에 기여할 일을 찾아라.

당신은 사업가인 동시에 대한민국의 사업하는 대사라는 사실을 명심해야 한다. 즉, 글로벌 비즈니스의 마인드와 역할을 가져야 한다는 뜻이다. 돈만 벌면 된다고 생각하는 사업가는 19세기의 정신연령을 가지고 있는 전근대적인 사람이다. 나는 아제르바이잔공화국에서 정치·사회·문화·교육·경제 등 각 분야에 영향력을 주고 있으며, 현지인들 또한 나의 노하우와 영향력을 알고 있다.

현지에서 사업가는 사업적 마인드를 가지고 여러 분야에 영향력을 줄 필요가 있다. 영향력을 줄 때 돈과 결부시키지 말고, 비록 손해를 보더라도 영향력을 만들 수 있는 기회라고 판단되면 감사하고 즐거운 마음으로 기꺼이 응해 보라. 바로 그곳에 엄청난 사업의 잠재력과 원동력이 기다리고 있다. 사업도 장거리 마라톤이 되어야 한다. 당장의 손해가 아까워 호기를 놓치지 말았으면 한다. 금전상의 손해가 사실은 손해가 아니라는 사실을 인지해야 한다.

나의 영향력을 키우고 나의 사람을 얻기 위해 당연히 지불해야 하는 비용이라고 생각하면 전혀 아까워할 필요가 없다. 오히려 반가워해야 할 일이다. 일단 영향력을 얻으면, 그 영향력이 국가, 사회, 사람들을 변화시킬 수 있는 보이지 않는 막강한 힘이라는 엄연한 사실을 지구촌 곳곳에서 목도하고 있지 않은가! 사업하는 당신도 그 영향력의 한가운데에 우뚝 서기 바란다.

글로벌 사업가의 정신을 실현하기 위해서라도, 사업가라면 여러 가지 방법을 통해 국가와 지역사회에 선한 영향력을 주고 도움을 주는 리더로 설 수 있어야 한다.

모두에게 본이 되는 모범 사례를 만들라.

사업가로서 현지에서 성공하기를 원한다면, 나의 경우처럼 모범사례를 만드는 것이 지름길이다. 사회적 기업의 형태로 일하면서 거주하는 나라와 사회에 수익금을 환원하는 방법도 있고, 거주하는 지역의 여러 기관에서 봉사나 기부형태로 참여할 수도 있다. 수익금을 수익금이 발생한 지역에 가치있게 사용하면 그것이 곧 모범사례가 되는 것이고, 이것이 곧 사업가와 사업의 가치를 올리는 길이 된다. 작은 경제적 지원으로 그들에게 용기와 희망을 주고, 그들의 자녀가 공부하는 학교를 수리해 주면서 감사의 기쁨을 함께 누린다.

사업을 통해 얻은 수익의 일부를 사회에 환원한다는 것은 당신이 속한 사회에 선한 영향력을 행사하는 것이고, 영향력이 쌓이면서 그 중심에 자연스레 서 있는 당신 스스로를 만나게 될 것이다. 또한, 그 영향력이 당신을 신뢰하는 사람들을 불러들이고 당신이 해나가는 일들이 쉽게 이루어지도록 해줄 것이다. 현지에서의 영향력을 만드는 것도 당신의 몫이요, 그 혜택을 입는 것도 당신 자신임을 잊지 말고, 늘 베푸는 모범을 실천하도록 노력하자. 나는 많은 한인들을 만나면서 현지인에 대하여 좋은 감정을 가지고 있는 사람을 본 적이 별로 없다. 물론 현지에 들어가서 고생하면서 정착할 때 많은 설움도 겪었을 것이고 아픔도 있었을 것이다. 하지만 현지에서 당신이 정착하여 살고 있는 것도 현지의 누군가로부터 도움을 받았다는 사실을 기억해야 한다.

현지 국가와 현지인을 비판하지 마라.

몇 년 전의 일이다. 한국의 내로라하는 대기업들과 중소기업들, 그리고 공기업들이 아제르바이잔의 국가 프로젝트에 참여하겠다고 우후죽순으로 들어온 적이 있었다. 지금은 아제르바이잔이 한국기업의 무덤이 되었지만, 그때만 해도 한국기업들이 대단한 열정을 가지고 경쟁적으로 지사를 열며 소란을 피울 때였다.

"국가가 문제가 있다."

"사람들이 친절하지 않고 몰상식하다."

"담당자를 만나러 갔는데 만나주지도 않고, 아주 비인간적 행태를 보인다."

아제르바이잔에 진출한 경제인들의 모임에 참석해 보면, 대기업과 공기업의 직원이라는 사람들이 비판을 자주 하곤 했다. 심지어는 입에 담지 못할 비난도 여러 번 들었다.

한번은 전임 대사가 그 한인 경제인 모임에 나와서 나의 사업과 성공 노하우를 식사 전에 이야기해 달라고 부탁해 왔다. 그 자리에서 한국기업인들에게 간단명료하게 두 가지만 이야기했다.

"이 나라를 비판하지 말라."
"한국이 최고라는 소리를 하지 말라."

대기업, 중소기업, 공기업들과 함께 주 정부나 회사 그룹미팅에 들어가면 자기네 회사 자랑을 얼마나 많이 하는지 모른다.

"우리나라 IT가 세계 최고다."
"IT는 역시 한국이 최고다!"
"우리 회사가 이 분야에서는 최고다."

상대방에 대한 배려도 없이 최고만을 외치는 일이 빈번했다. 그 저변에는 사업을 하게 될 상대방 국가를 업신여기는 뉘앙스가 현저히 깔려 있는 모습을 수없이 보았다. 그러던 당시의 한국기업들은 현재 아제르바이잔 어디에서도 성공한 예를 찾을 수 없게 되었다. 상대방을 무시하고 거만하게 굴던 한국기업들이 단 하나의 프로젝트도 진행하지 못하고 있는 현실을 보라!

당신이 정착하고자 하는 장소가 평안해야 당신의 사업도 평안할 것이고, 그곳의 경제가 발전하면 당신의 사업도 그만큼 발전할 것이다. 사업지에서 사업의 질서가 잡히고 안정이 되면, 당신의 사업도 깊이를 더해 간다는 사실을 잊지 말기 바란다.

현지인이 당신을 돕도록 하라.

현지에서 살다 보면 여러 가지로 답답한 일들을 많이 겪게 된다. 질서를 모르는 무질서한 현지인들, 되는 것도 없고 안 되는 것도 없는 현지의 상황들, 이런 환경에서 지내다 보면 속 터질 때가 한두 번이 아니다. 그렇다고 삶의 자질구레한 일들 때문에 철수할 수는 없는 노릇이다. 세계 어느 곳이나 그렇지 않은 곳이 없으니까. 심지어 한국에서조차도 말이다.

현지에 정착해 살아가기 위해서 스스로 신변보호 수단을 갖추는 것은 당연히 중요하다. 현지의 주변 사람들을 이웃과 절친한 친구로 만들어 당신을 보호해주는 바람막이 혹은 해결사 역할을 하도록 하는 것은 대단히 지혜로운 방법이다. 당연히 그들 모두 사업의 대상이며, 당신의 삶을 빛나게 해줄 보배들이다.

이제 와서 하는 말이지만, 현지에서 사업하면서 많은 어려움을 겪었고 또 겪고 있다. 하지만 아내조차 나의 어려움을 잘 모르고 있으며, 현지에 사는 한인 교민들도 내가 어려움 없이 척척 사업하는 줄 알고 있다. 천만의 말씀이다. 나도 수많은 어려운 상황에 처해 힘이 들 때가 한두 번이 아니다. 물론 스스로 해결하기도 하지만, 솔직히 혼자 힘으로 해결하지 못할 때가 더 많았다. 그럴 때면 현지 친구들에게 전화를 하는데, 그들은 마치 해결사처럼 나에게 닥친 어려움들을 뚝딱 해결해 주곤 하였다.

사업의 실패를 두려워하지 마라.

현 그루지야 대통령의 모친과의 만남을 계기로 그루지야를 여러 번 방문하면서 그곳 현지인들과 자연스럽게 인적 네트워크가 만들어졌다. 그루지야에서 호텔업을 하는 터키인을 알게 되어 호텔 전면에 전광판을 설치하는 입찰에 참여하라는 말을 전해 듣고 입찰에 응하게 되었다. 입찰에 참여하면서 제품의 샘플을 보내주고, 직원을 파견하여 제안서와 함께 브리핑도 해주었다. 호텔 매니저와 사장도 제품에 대하여 대단히 만족하였고, 그들이 그루지야 대통령 모친과 인적 관계도 있고 해서 다 따 놓은 당상이었다. 이제 마지막 계약서에 서명만 하면 25억 달러 규모의 계약을 성사하기 직전이었다. 계약하고 선수금 30퍼센트를 받는 데도 전혀 하자가 없었다. 그런데 복병을 만났다.

중국 회사가 소문을 듣고 13억에 설치해 주겠다는 제안을 해왔다면서 한국 제품은 너무 비싸서 중국 제품으로 결정하겠다는 것이었다. 직원을 급파해 마음을 돌리고자 온갖 설득을 다해 보았지만, 결국 중국에 계약을 빼앗기고 말았다. 당장의 저렴한 가격을 보지 말고, 그 가격에 부합하는 장기적인 제품과 성능을 보라는 몇 번의 설득에도 불구하고 경쟁자에게 계약이 넘어갔던 그 처절한 마음의 상처를 받은 것이 바로 5년 전이다. 이 계약은 이루지 못했지만, 터키에서 좋은 파트너를 만나 투자할 수 있는 길을 찾았다. 너무 힘들고 속쓰린 경험이었다. 그러다 보니, 이제는 세계 14개 국가에서 사업하는 대형 사업가가 되었다.

지금도 언제 어디에서 문제가 발생할지 알 수 없다. 그래서 항상 실패를 대비하고, 실패를 반복하지 않기 위해 철저하게 확인하고 점검한다. 정직과 신뢰를 생명으로 하는 회사 경영 방침을 위해 늘 직원들에게 하고 있다. 그것만이 회사가 사는 길이고 직원들이 사는 길이다.

"사업이 잘 안 되면 어떡하지?"

일단 사업궤도에 들어섰다면 걱정을 미리 가불하지 말라. 어려움이 있을 때는 떳떳하고 정직한 자세로 임하면 된다. 혹시라도 잘못된 일이 발생한다면, 그 책임은 절대적으로 사장의 몫이어야 한다. 직원들에게 잘못의 책임을 전가해서는 안 된다. 또한, 사업이 무너질 지경에 처하더라도 직원들의 봉급만은 마련해두고 망해야 할 것이다. 그리하면 분명 다시 기회를 찾을 것이다. 최선을 다한 사장의 섬김을 받아본 직원들이라면, 회사가 어려울 때 결코 냉정하게 떠나지 않을 것이다. 그런 직원들을 대하는 순간, 당신의 사업 에너지가 재충전될 것이고, 그 힘으로 다시 반전의 기회를 잡을 수 있을 것이다.

먹고사는 데 목숨 걸지 마라.

나는 사업하는 사람에게 사업에 목숨을 걸지 말라고 당부하곤 한다. 사업에 최선을 다하지 말라는 뜻이 아니다. 사업만을 위해서, 사업의 확장만을 위해서, 수익을 위해서 길이 아님에도 불구하고 부당한 일에 목숨 걸지 말라는 의미다. 단순히 먹고사는 문제만으로 회사에 목숨을 걸고 있다면, 속히 사업 현지에서 떠나기를 권하고 싶다. 먹고사는 것이 해결된 사람이라면 최선을 다하되, 직원들과 함께 회사를 발전시키고 그들에게 책임을 주는 것이 좋다. 그렇게 하면 반드시 직원들이 자생적으로 기대 이상의 회사를 만들어갈 것이다. 단지 먹고사는 이유 때문이었다면 사업에 결코 발을 들이지 말아야 할 것이다.

여러 가지 이유 때문에 사업을 시작했지만, 나의 모든 것을 잃어버릴 만큼 사업에 올인원(all-in-one)하고 싶지 않았다. 사업을 통해 돈을 버는 것도 좋았지만, 무엇보다 영향력 있는 사업가가 되고 싶었다. 그 영향력을 바탕으로 더 나은 세상을 만들고 싶었다. 나누고 베풀면서 살고 싶었다. 더 많은 사람들이 나를 필요로 한다는 사실을 느꼈고, 먹고사는 것을 넘어 나도 나눔을 실천하고 있으며, 나의 필요가 다하는 날까지 글로벌 사업가로 현지에서 존경받으면서 CEO로 살고 싶다.

직원들에게 섬김을 실천하라.

현지에서 내가 최고라고 말해 봤자 현지인들이 인정해주지 않으면 무슨 의미가 있겠는가? 현지에서 주변 사람들을 섬길 줄 알아야 한다. 직원들을 먼저 챙기고 아낀다면, 그들 모두 섬기는 자의 편이 되어주고도 남는다. 그렇게 당신 편이 된 직원들이 회사나 당신이 어려움에 처했을 때 크나큰 도움의 손길을 내밀 것이다. 그러므로 평소에 주변 사람들을 잘 관리하고 섬길 필요가 있다. 특히 직장에서 근무하는 사람들을 잘 섬긴다면, 그들은 당신의 든든한 힘과 자산이 되어줄 것이다.

나는 직원들을 위해 수시로 이벤트를 열어서 직원 가족들까지 초청해 풍성한 삶을 함께 누리도록 하였다. 그날만큼은 CEO가 무슨 말을 해도 다들 유쾌하게 받아들일 것이다. 직원뿐 아니라, 직원들 가족 모두가 한마음이며, 이 사람들과 평생 함께 갈 것이 아닌가! 직원의 가족이 어렵고 힘들 때 부모 같은 마음으로 위로해주고 섬긴다면, 어느 누가 배반하거나 노동법을 들이대며 고발하겠는가? 그런 일들이 일어나는 것은 대체로 회사의 직원 대응방법이 잘못되었을 때 일어나는 일이다.

'악법도 법'이라고 했다. 글로벌 시장은 창의적 접근지역이다. 이곳에는 아직 법도, 국가 질서도 잡히지 않은 지역이 많고, 사업을 위해 거주하기에는 상당히 제한적일 수 있다. 그 시작이 당신의 주변인, 이웃들, 직원들, 직원 가족들이 되어야 할 것이다. 그들에게 정당한 대우를 해주고 섬겨 주어야 한다. 결과적으로, 당신의 보배를 반짝반짝 닦는 일이 될 것이다.

사업가의 삶을 아름답게 누려라.

사업은 장거리 마라톤과 같다. 하루아침에 이룰 수 있는 일이 아니다. 내가 조바심을 내고 안간힘을 쓴다고 이루어지는 것도 아니다. 겪어봐서 잘 알고 있을 것이다. 그럼에도 불구하고 그러지 못하는 자신을 느낄 때마다 애써 힘 빼고 여유 부리며 웃는 연습을 했으면 좋겠다. 당신의 행복한 미소에 현지인들이 웃고, 당신 가정의 단란한 모습에 현지인들이 단란한 가정을 만들며, 당신의 여유 있는 모습에 현지인들도 마음이 넉넉해진다. 대화도 여유가 있어야 맛이 있다. 커피 한잔 하면서 대화를 나누는 것이다. 직장에서도 커피 한잔 앞에 두고 직원들과 마주앉아 보라. 오손도손 진실한 이야기가 술술

풀려나올 것이다. 그 장소와 그 시간에 금은보화가 있고, 성공의 열쇠가 있다.

쉴 때는 제대로 쉬어라.

사업하는 사람도 안식년을 꼭 지켜야 한다. 사업도 중요하지만, 육체적 정신적으로 충만할 때, 사업도 기쁨이 되며 감사가 된다. 때때로 쉬어야 충전이 되어 다음 일을 더욱 활기차게 해낼 힘이 생긴다. 휴식과 여유가 현지에서 더 능률적으로 일할 수 있는 조건을 만들어주는 것이다. 사업의 안식년을 지키며 자신을 먼저 충만하게 채울 때, 사업도 더욱 순조롭게 이루어질 수 있기 때문이다. 초록의 숲은 당신의 휴식을 위해 마련해 놓은 것이고, 그 숲에서 당신이 쉬기를 오늘도 기다리고 있을지도 모른다.

사업이 아니어도 사람은 쉴 때는 쉬어야 하는 것이다. 하지만 쉴 만한 여유가 없다. 너무도 바쁘게 사니까 말이다. 안식년이 되어서 한국에 3년차 있는데 하루하루가 천년 같다. 사람들이 얼마나 바쁘게 일하고 사는지 정신이 없다. 먹고사는 문제, 즉 주어진 환경에 뒤떨어지지 않으려는 발버둥이라고 할까?

쉴 때는 과감하게 세상에서 제일 편하게 쉬어야 한다. 조용한 커피숍을 찾아 커피를 음미하면서 눈을 들어 푸른 산을 보고 잠시라도 쉬어라. 당신이 쉬는 만큼 삶은 여유로워지고 인생은 더 단단해질 것이다. 세상에 쉬운 것은 하나도 없다. 그렇다고 무작정 브레이크 없이 달린다고 목적지에 편히 가는 것은 아니다. 이러한 말을 기억하는가? 5분 빨리 가려다 50년 빨리 간다!

글로벌 시장에 진출하는 법

해외 비즈니스 개념 익히기

해외 비즈니스란 이윤을 추구하는 사업체를 매개로 내가 속한 국가에서 이익을 통해 그 나라와 국민들을 변화시키도록 하는 활동을 말한다. 비즈니스 자체가 하나의 돈벌이 수단이 되어 현지인들을 육체적, 경제적으로 도와주는 것이다. 해외 비즈니스는 육체적, 경제적 필요를 모두 염두에 둔다는 사실이 중요하다. 첫째, 수익성과 안정성, 둘째, 현지인들을 위한 일자리와 부의 창출, 셋째, 나눔을 통한 부의 극대화, 이 세 가지 목표를 반드시 충족시켜야 해외 비즈니스라고 할 수 있다. 헷갈리지 말아야 할 것은, 비즈니스 자체가 돈벌이 수단이 아니라, 그 안에서 일하는 사람들로 하여금 나에게 충성을 다하게 하고 그들과 더불어 성공의 길을 만드는 것이다.

해외사업가로 활공 준비

해외사업에 입문하기 위해 국가에 도착하면 처음 1~2년을 언어습득에 투자하는 과정은 필수이다. 하지만 요즘은 영어를 대부분 구사하기 때문에 빠르게 사업을 시작할 수 있다. 하지만 현지어를 배우면 더욱 사업에 동력을 얻을 수 있다. 현지 언어를 구사하면 현지인으로부터 신뢰를 얻을 수 있고 관계도 깊어져 사업에 많은 도움을 준다.

해외 비즈니스 적성 찾기

해외 비즈니스를 위해 1~2년 정도의 시간을 재투자하라고 권하고 싶다. 비즈니스를 위해 필요한 준비와 절차 등 비즈니스 입문 과정에도 시간을 투자하라는 뜻이다. 가장 먼저 어떤 비즈니스가 적성에 맞는지 자신의 소질과 성향을 살펴봐야 한다. 그다음 시장조사를 거쳐 어떤 전략과 내용으로 비즈니스를 할 것인가를 고민해야 한다. 경제적 여유가 있는 사업가들은 투자를 통해 수익을 낼 수도 있다. 하지만 가장 강조하고 싶은 것은 시간을 투자하라는 것이다.

사업은 단기전이 아니라 장기전이다. 제대로 사업하는 사람치고 단기간에 돈 번 사람은 극히 드물다. 적어도 1~2년 동안 철저히 계획하고 준비해야 한다. 준비하는 기간 동안 다른 사업가들과 접촉을 통해 정보와 견문을 넓히고 인간관계를 넓히는 것도 필수다. 현지에 이미 들어와 있는 사업가들은 동지가 되기도 하고, 적이 되기도 한다는 사실을 명심하며 관계를 가져라. 사업이란 누가 얼마나 시장을 잠식하느냐의 게임이기 때문에, 다른 사업가들이 당신을 경쟁자로 생각하여 비협조적일 수도 있다. 그렇다 하더라도, 동지와 함께 적도 알아야 한다.

본격적으로 사업에 뛰어들기

　나의 비즈니스 길이 제대로 열리게 된 여건이 조성된 것은 아제르바이잔에서 사업을 시작하면서부터였다. 지금부터 19년 전이었으니, 인터넷도 메일도 사용하기 어려운 환경이었다. 사업 파트너와 급하게 미팅을 해야 하거나 의문사항이 있을 때는 오로지 전화로만 문제를 해결해야 했다. 한국기업과의 전화요금이 만만치 않게 들자, 배보다 배꼽이 더 크다는 생각에 몇 번이나 포기를 생각해 봤다. 사업 파트너가 나와 코드가 맞지 않아 힘든 적도 많다. 여기에 사업자가 만나주지 않는 상황, 무시하는 상황, 터무니없는 가격 흥정, 제품을 믿지 않는 사장, 구매의사를 정확히 말하지 않는 상황, 한없이 기다리게 만드는 힘 빠지는 상황 등등, 수많은 각양각색의 상황들이 나를 지치게 했다.

연단을 낳는 인내를 사수하라.

　수많은 사업가들이 이구동성으로 하는 말, 바로 사업은 인내라는 것이다. 사업은 어느 날 갑자기 이루어지지 않는다. 노력과 땀방울이 쌓이고 쌓여 이루어진다. 사업은 누구나 다 할 수 있다. 하지만 누구나 다 성공하지는 않는다. 사업에 뒤따르는 수많은 실패, 좌절, 아픔, 고통을 이겨내지 못하면 낙오되고 마는 것이다. 이런 것들을 극복할 각오가 되어 있다면 도전하라. 하지만 그럴 만한 용기가 없다면, 오로지 현재 하고 있는 일에만 전념하라고 당부하고 싶다.

국내사업이나 해외사업에 성공한 사람들을 보면 때를 잘 만나 우연히 성공한 사례들도 있다. 하지만 이런 경우는 경험과 실전이 적고 성공에 대한 담론이나 이론이 없다. 이렇게 성공한 사람들은 현장에서 처절한 고생과 고통을 겪어보지 않았기 때문에 이론만 강조하게 되는 게 아닌가 싶다. 하지만 비즈니스는 결코 이론이 아니다. 결코 녹록하지 않은 전쟁 그 자체이다. 그곳에서 살아남는 방법은 오직 인내뿐임을 강조, 또 강조한다.

글로벌 비즈니스 모델이 필요하다.

이미 3천 년 전, 중국인들은 비즈니스에 대하여 비즈니스란 생명과도 같다고 가르쳤다. 당시에도 중국인들은 비즈니스를 단순히 돈 버는 목적이라고 규정하지 않고, 오늘날처럼 영속적인 성장의 목표가 있는 것이 비즈니스라는 것을 깨달았다. 지속가능한 성장을 이루기 위해서는 비즈니스 모델을 정해야 한다. 성향, 취향, 시장성, 경제적 여건, 사회적 여건 등을 고려하여 자신의 조건에 부합하는 사업을 찾는 데 도움이 될 만한 방법들을 몇 가지 기술해 보았다.

사람을 찾으라.

나는 수많은 나라를 사업차 다니면서 사람을 찾아다녔다. 그리고 찾은 사람을 100퍼센트 나의 사람으로 만들었으며, 나의 비즈니스를 100퍼센트 성공시켰다. 사람과의 관계가 이루어지지 않는 비즈니스는 성공할 수 없다. 비즈니스는 사람과 사람 사이에서 발생하는 독특한 문화라고 볼 수 있다. 이 문화를 무시하고 진행하는 비즈니스는 성공하기 어려운 것이다. 비즈니스에서는 거래 방법을 중시하곤 하지만, 사람과의 관계가 우선이다. 중국에서는 지금으로부터 3천5 백 년 전부터 "비즈니스는 생명이다."라고 말했다. 이 말처럼 비즈니스는 생명처럼 다루어야 하고 생명처럼 존중되어야 한다는 것이다. 이러한 이유에서 글로벌 비즈니스에서는 상술, 즉 모델이 필요하다. 모델은 거래의 모델이라고 할 수 있다.

다시 말하면 **첫째, 거래의 모델은 계약의 모델이 될 수 있다.** 이 계약은 서로간의 인간적 돈독함이 있어야 한다.

둘째, 신의가 있어야 한다. '모로 가도 돈만 벌면 된다.'는 식의 상술은 잠시 돈은 벌 수 있을지 몰라도 잠깐의 이익뿐이다.

셋째, 서로에게 유익이 되는 수단을 만들어야 한다. 서로가 손해가 발생하지 않도록 계약의 조건 등을 깊이 있게 하여야 한다. 만약 문제가 발생하면 서로의 신뢰가 깨지는 것은 물론 깊은 상처와 불신을 만들 수 있기 때문이다.

넷째, 지속가능한 모델이 필요하다. 나는 이 법칙을 철저히 지켰다. 그래서 글로벌 상인이 된 것이다. 한 번 물면 절대로 놓치지 않는 사자처럼, 나의 파트너들을 왕같이 대접하면서 사업을 만들어갔다.

제품에 대해 철저히 공부하라.

나는 처음에 상품의 정보를 제대로 숙지하지 못한 상태에서 고객에게 정보를 제공하면서 사업을 할 때도 있었다. 하지만 고객은 나에 대하여 상품정보를 어느 정도 숙지하고 있는지 다 알고 있었다.

그러므로 상품의 정보를 정확히 솔직하게 전달할 필요가 있다. 뼈저린 후회의 경험을 토대로 말하고 싶은 것이 제품의 샘플을 구매자 입장에서 철저하게 분석하고 연구하라는 것이다. 그것도 모자라면 제품을 생산하는 회사를 찾아가거나 그 회사 사장을 오라고 해서 사장이 설명할 때 신뢰도가 생기는 것이다. 그래야 신뢰를 주고 한 걸음 전진할 수 있다. 구매자들은 자신의 분야에 대해 당신보다 더 전문가이고, 당신의 머리 위에서 놀고 있는 사람이라는 점을 명심하라. 그리고 반드시 판매하고자 하는 제품의 전문가가 될 것을 당부한다.

계약을 종용하지 마라.

사업 초기에는 구매 예상자와 미팅할 때마다 내가 취급하는 제품이 최고라는 말을 입에 달고 살았다. 이것은 계약을 종용하는 저의가 깔린 무언의 태도이다. 그런 말을 할수록 계약은 늦어졌고, 성사되지 않았다. 구매자와의 미팅에서 필요한 미덕이 바로 경청이다. 상대방의 말에 진심으로 경청하면서 그의 질문에 존경하는 태도로 답할 줄 알아야 한다. 그는 사업 성공의 여부를 쥐고 있는, 소위 말해 '갑'이다. 사업은 사람의 관계 속에서 90퍼센트가 이루어지고, 나머지 10퍼센트는 상품의 매력에 좌우된다.

당신과 구매자의 관계가 제대로 정립되어 있다면 이미 물건을 계약한 것이나 다름없다. 나는 이것을 수없이 경험했다. 계약을 종용하지 말고 그의 말을 경청할 때, 그는 이미 계약을 결심하고 있는 것이다.

감성을 어떻게 하면 자극할 수 있을지에 대해서도 늘 연구한다.

경험을 통해 사업은 감성이라는 사실을 알기 때문이다. 가격 흥정 단계가 진전이 되었다면, 바로 계약에 들어갈 수 있다. 계약서를 제시하고 계약을 기다릴 때 절대로 먼저 꺼내서는 안 되는 말이 있다. "계약해 주면 얼마까지 해줄 수 있다." 라는 가격을 제시하지 말라는 것이다. 물건을 판매할 요량으로 먼저 나서서 가격을 깎아버리는 순간, 계약서 앞에서 상대방의 하수가 되는 것이다.

"얼마 정도 깎아줄 수 있습니까?" 상대방의 입에서 이 질문이 나오기를 기다렸다가, 즉각적으로 반응하면 된다. "이 정도는 깎아줄 수 있지만, 나의 마진이 이 정도이기 때문에 더는 불가능합니다."

이 시점에서 그야말로 '마지노선'을 제시하라. 곧바로 이어서 운송, 물건 도착날짜, 제품보증 등을 일사천리로 말하라. 구매자는 당신의 말에 집중할 것이고, 당신에게 고마움을 표시할 것이다. 계약서를 작성할 때는 구매자에게 다시 한 번 강조해야 할 말이 있다.

"당신은 탁월한 선택을 했습니다!"

"당신의 사업을 위해서 한국에서 생산되는 최고의 제품을 항상 당신에게만 공급하겠습니다."

"당신은 나의 영원한 파트너입니다. 나는 이곳에 살고 있기 때문에 언제든지 제품에 대해 보장해드릴 것이고, 물건에 대한 불만이 있을 때는 항상 당신 편에서 최대한의 편의를 제공할 것입니다."

이 단계에 이르면 구매자는 당신을 아마 최고의 파트너라고 생각할 것이다.

계약 후 구매자와 지속적으로 접촉하라.

　물건을 계약하고 선금이 입금이 된 이후에도 구매자에게 지속적으로 연락해야 한다. 구매자에 대한 최고의 배려이고, 신뢰를 올리는 최선의 방법이다. 물건을 받지 못한 상태에서 선금을 지불한 파트너는 불안해할 수 있다. 물건이 공장에서 출고되었고, 현재 어느 위치에 오고 있는지, 구매자인 당신과의 계약에 대해서 본사가 어떤 반응을 보이는지 등 계속해서 상황을 알려주고 연락할 때, 당신의 신뢰도는 하늘을 찌르게 된다. 이 맛 때문에 사업이 재미있는 것이고, 한 번 맛보면 빠져 나오기가 쉽지 않은 것이다. 그 신뢰도 덕분에 비즈니스를 통해 당신은 이미 한 사람에게 영향력을 주고 있는 것이다. 물건이 정확하게 도착만 한다면, 당신은 그에게 최고의 대우를 받게 될 것이고, '역시 최고의 사업가!'라는 호평을 얻게 될 것이다.

사업의 통로, 인적 네트워크를 관리하라.

　여러 나라에서 만난 모든 사람의 온라인 연락처와 주소록을 관리해 오고 있는데, 지금까지 모은 명함만 약 4만 장이 넘는다. 여러 나라의 대통령, 영부인, 대통령 후보자, 총리, 부총리, 국회의원, 장관, 차관, 수많은 국장급, 대기업 회장, 파트너 회사의 사장들, 문화 예술계 인사 등이 모두 포함되어 있다. 어디에서 누구를 만나든 명함에 만난 날짜, 장소, 인상착의 등을 자세히 기록하여 보관했다가 필요할 때 바로 찾아서 보고 있다. 또한, 어느 나라에서 누구를 만났든 되돌아온 후에는 짧은 글이지만 적어서 꼭 감사를 표현한다. 이것이 오늘의 나를 만들어주었고, 명함은 또한 이래서 나의 재산목록 1호다.

한 번 만나서 사업이 성사되었다고 관계를 끊지 말고, 그 사람을 통해서 지속적으로 인맥을 확대해 나갈 필요가 있다. 다시 말하지만, 사업은 사람을 통해서 이루어지는 것이기에 인맥을 넓히는 것보다 더 좋은 사업방법은 없다. 파트너의 생일, 가족 행사, 회사 등에서 일어나고 있는 사소한 일정까지도 기억하려고 노력하라. 기억하기 위해서는 항상 메모지를 옆에 끼고 있는 습관을 기르는 것도 좋다. 이런 소소한 애정행각(?)이 당신의 사업을 확장시키는 데 분명 큰 도움을 줄 것이다. 다시 한 번 강조하자면, '사업은 감성'이기 때문이다.

여기서 하나 짚어보고 가고 싶다. 한국의 기업들이 세계시장에 진출하려면, 많은 경비를 지출하여야 한다. 사업의 문화가 다르고 여러 가지 첩첩산중 같은 문제들을 풀어 가야 하기 때문이다. 하지만 크리스천 기업들은 전세계적으로 네트워크를 가지고 있다. 동포 그룹, 교포 그룹, 선교사 그룹과 같은 다양한 그룹들이 존재하고 있다. 이 그룹들을 활용하면 기업들이 해외에 진출하는 데 돈과 시간, 그리고 성공을 담보할 수 있는 여러 가지 조건들을 충족시킬 수가 있게 된다.

27
해외환경에 적응하는 요령

생각의 능력/ 언어의 능력/ 문화의 능력

글로벌이라 하면 거창하게 생각하곤 하는데 그럴 필요가 없다. 지금은 어느 나라나 갈 수 있고, 가서 살 수 있다. 하지만 그곳에서 정착하고 산다면 지켜야 할 것들이 있다. 무조건 가서 산다고 해서 그곳에 적응이 되는 것은 아니다. 사업을 하든지 잠시 여행을 하든지 환경에 익숙해지려는 노력을 한다면, 그곳에 있는 동안 행복을 누리면서 살 수 있다.

다른 나라에 가면 공항에서부터 생각의 능력이 단순화되는 경향이 있다. 2014년도에 몽골에 갔는데, 울란바트로 공항에 도착하여 공항 앞 도로에서 벌어지는 무질서라고 할까, 아니면 그 사람들의 삶의 방식이라고 할까, 적응이 안 되어서 그런지 몰라도 무척이나 당황한 적이 있다. 황당한 일들이 눈앞에 벌어지는 것을 보고는 질려버렸다. 택시를 타려고 기다리는데 서로 나를 태우려고 옥신각신하는 상황을 지켜보아야 했다. 그 모습을 지켜보는 순간, 나의 생각이 단순해지고 말았다.

현지에서의 적응은 쉽지 않다. 하지만 생각의 폭을 넓히면 적응하기가 어렵지 않고, 문화를 이해하면서 언어를 쉽게 배울 수 있다. 언어만 이해한다고 해서 현지인들과 소통이 되는 것이 아니다. 그 나라의 문화를 이해하여야 마음에서 우러나오는 소통을 할 수 있는 것이다.

그러므로 문화를 이해하는 것이 무엇보다도 중요하다. 특별히 그곳에서 사업을 하는 사람들은 문화를 배울 필요가 있다. 사람들이 일본에 그렇게 많이 다녀도 일본문화를 이해할 수 없다고 하는 이야기를 늘 들었다. 그곳에서 30~40년을 산 사람들도 문화를 이해하기 어렵다고 한다. 대화를 할 때면 너무도 친절해서 나의 마음을 받아준 것으로 착각하고 접근하였는데, 상대방은 아직도 경계심을 가지고 있었다는 것이다. 자신은 호의적으로 생각했는데 아직도 상대방은 호의적이지 않다는 것을 의식하는 순간, 왜 그러한지 그 문화를 이해하기가 어렵다고 한다. 그만큼 문화를 이해한다는 것은 쉬운 일이 아니다.

아제르바이잔에서는 무엇을 주려고 하면 거절한다. 그래서 싫은가 보다 하고 권하지 않았다. 그런데 그게 아니었다. 최소한 세 번은 권유해야 받아들인다는 것을 나중에야 알았다. 이렇게 각국의 나라는 자기들만의 고유한 문화를 가지고 있다. 그러므로 적응하기 위해서는 생각을 단순히 하면서, 언어를 배우고 문화를 이해할 필요가 있다. 현지 문화에 관심을 가지면 현지인과 쉽게 동화할 수 있다.

현지인과 쉽게 동화할 수 있다는 것은, 현지인들이 스스로 경계심을 풀고 나를 받아줄 준비가 되어 있다는 것을 나타낸다. 현지에서 사업을 하거나 다른 목적을 가지고 살려면 바로 이것을 제일 중요시하여야 한다. 문화를 이해하지 못하면 좌충우돌하게 되고 스트레스가 쌓여 힘든 과정을 거쳐야 한다. 그리고 현지 문화에 빨리 적응할수록 내가 이루고자 하는 것을 빨리 이룰 수 있다.

대부분의 한국 사람이 현지에 가서 가장 먼저 하는 일은, 자신을 도와줄 한국 사람을 찾는 일이다. 백 명이면 백 명이 다 그렇다. 현지에서 한국인의 도움을 받으면 안 되는 이유는, 그 사람이 배운 대로 당신을 돕고 그 사람 자신이 도착해서 적응된 그대로를 가르치기 쉽기 때문이다. 여기에 절대로 속으면 안 된다. 당신의 모든 것을 다 빼앗아 가도록 가만히 두면 안 된다. 그 사람은 당신을 돕는 사람이 아니라, 당신이 가지고 있는 재산을 모두 탕진하도록 돕는 사람이다. 하지만 현지인들과 함께 문화를 이해하면서 산다면 그런 일은 절대로 벌어지지 않는다.

현지인과 융합하라.

현지인과 융합하여 사업하면서 살아보라. 당신이 한국 사람에게서 느끼는 것보다 더한 친절함을 가지고 당신이 적응하도록 도와줄 것이다. 나는 현지에 살면서 먼저 온 사람들로부터 현지인은 다 도둑놈들이니까 조심하여야 한다는 소리를 수없이 들었다. 물론 그런 사람도 있다. 하지만 한국 사람들과 같지는 않았다. 현지인과 융합하면 그들은 당신을 왕같이 받들어줄 것이다. 현지인을 직원으로 채용하면 현지인의 네트워크를 구성하는 데 어려움이 없다. 하지만 한국인과 네트워크를 구성하여 사업을 한다면, 현지인의 네트워크를 구성하는 데 많은 어려움을 겪게 된다. 현지인과 융합하여 사업을 하게 된다면, 그들은 당신의 소중한 인적 재산이 될 것이다.

철저하게 현지인이 되어라.

현지에서 사업을 하려면 현지를 잘 알아야 하므로 현지인이 될 필요가 있다. 현지인이 되려면 앞에서도 말한 것처럼 현지의 문화를 이해함은 물론, 현지인과 융화하면서 살아야 한다. 현지인이 된다는 것은 현지인처럼 살라는 것이 아니다. 현지인처럼 먹고 현지인처럼 살라는 것이 아니라, 현지인의 사고방식으로 접근하면서 현지인을 존중하고 살라는 것이다. 그러면 당신의 안전은 보장되고, 그들이 오히려 당신을 더 존경하고 당신의 모든 일에 적극적으로 도와주는 손길이 될 것이다. 현지인이 된다는 것은, 그들의 문화에 대한 이해도를 높여가면서, 혼자가 아니라 모두 같이 산다는 모습을 보여줄 때 비로소 가능해진다. 그럴 때, 현지인들은 당신을 외톨이로 그냥 두지 않는다.

현지에서 사업하는 동안 내가 성공적으로 수행할 수 있었던 것은 바로 언어였다. 물론 영어로 사업을 할 수 있다. 하지만 영어보다는 현지어를 구사할 때 사업 파트너로부터 존경을 받을 수 있다. 나는 현지어를 누구보다도 잘 했다. 그것이 성공한 사업가가 되는 길이다.

성공한 CEO가 아름다운 이유

성공을 맛보면서 '맛있는 사람'으로 산다는 것

성공을 맛보면서 '맛있는 사람'으로 산다는 것, 정말로 멋진 것 같다. 성공이 아름다운 이유는 고생한 보람을 얻었기 때문이 아닌가 싶다. 나는 모든 CEO들이 이런 아름다움을 간직하였으면 한다. 남들이 이루지 못한 것을 이룬 것이고, 그러기에 고귀한 면면이 있는 것이다. 가는 그 길이 어렵고 힘들었지만 이루었을 때의 기쁨은 이루 형용할 수 없다. 이 아름다움을 맛보려면 '맛있는 사람'처럼 살면 된다.

사람은 자기가 이루고자 하면 이룰 수 있는 잠재력을 가지고 있다. 잠재력이란 내 속에서 꿈틀대고 있는 에너지원이다. 이 에너지를 휘발유를 부은 것처럼 활활 타오르게 해야 한다. 다시 말하면, 불난 집에 부채질하는 것처럼 더 잘 타게 하는 것이다. 성공하겠다고 작정했으면 성공한 사람처럼 행동하면 된다. 행동은 꿈꾸던 것을 현실로 나타나게 해준다. 당신이 어떤 사업을 하든, 규모가 있든 규모가 없든, 그것은 중요하지 않다. 당신의 자리가 중요하고 당신의 의지가 중요한 것이다. 내가 바라는 것은 성공한 기업가처럼 살라는 것이다. '바라봄의 법칙'이 있다고 들었다. 바라봄의 법칙은 바라볼수록 그렇게 되는 것이라고 한다. 당신이 하고 있는 기업을 통해서 성공한 기업가의 스토리를 만들어라. 그리고 당당하고 자신있게 걷고 말하고 행동하라! 가식과 거짓을 가질 필요는 없다. 허황되게 말할 필요도 없다. 당당한 기업가로서의 책임을 다하면서 성공한 사장을 꿈꾸고, 꿈꾸는 것을 넘어서서 그 꿈을 현실로 만들어서 모두의 귀감이 되게 하라.

나도 성공한 사업가이지만 다른 많은 성공한 기업가를 알고 있다. 모두 다 당당하고 멋진 삶을 살고 있다. 그들에게는 하나같이 공통된 점이 있는데, 늘 자신감 있고 모든 일에 패기가 있다는 것이다. 모든 일에 적극적이고 열정이 있다. 하지만 성공한 뒤에 조심하여야 한다. 성공한 사람들의 면면을 조사한 어떤 사람의 말에 따르면, 3년을 넘기는 사람이 50퍼센트도 안 된다는 말을 들었다.

성공하지 못한 대다수 사람들은 모든 일에 타인에게 책임을 돌리고 자기에게 관대하지 않으므로 타인에게도 관대하지 않은 사람들이다. 이런 사람들과 같이 있으면 피곤하다. 사람은 대화를 나누어 보면 이 사람이 어떤 사람인지 바로 알 수 있다. 대화를 나누면 나눌수록 에너지가 생기는 사람이 있는 반면, 에너지를 빼앗아 가는 사람이 있다. 피곤한 사람, 이런 사람들과는 같이 있으면 안 된다.

성공한 사람과 비즈니스 하라.

성공하려면 성공한 사람 옆에 있으라는 말이 있다. 그렇다! 당신이 성공하려면 성공한 사람과 비즈니스를 하라. 그렇지 않은 사람과 비즈니스를 하면 자기도 모르게 피곤해지고 에너지를 빼앗기게 된다. 비즈니스에 성공한 사람은 모델을 알고 있는 사람이다. 그런 사람과 비즈니스를 하면 모든 게 쉽게 풀린다. 하지만 힘들고 어렵게 비즈니스 하는 사람과 같이 어울려 보라. 당신의 하루는 힘들고 고통스러울 것이다. 성공한 사람은 비즈니스에도 자신이 있으므로 당신과의 소통이 가능하고, 융합이 될 수 있다. 하지만 반대의 사람은 당신이 가르쳐주면서 비즈니스를 해야 할지도 모른다.

성공한 사람은 기업의 운영에 대한 프로세스와 시스템을 가지고 있는 사람이다. 이 세상에서 가장 무의미하게 살아가는 사람이 프로세스 없이 살아가는 사람들이다. 특별히 사업에서 프로세스와 시스템이 없이 사업하는 사람은 인생도 똑같이 계획 없이 산다. 그런 사람의 사업체를 보라. 나는 한 단체에서 오랜 동안 강의를 하고 있다. 그런데 한 여성 사업가가 운영하는 회사에 갈 기회가 있었다. 생산하는 공장도 가보았다. 겉으로 보기에는 대단한 회사 같았다. 그리고 그 회사에서 생산되는 제품을 한동안 사용하였다. 그 여사장은 내가 강의를 하는 곳이면 어디든 찾아와서 듣는데, 어찌나 열심히 듣는지 여장부라고 생각했다. 그런데 내 사무실에 오고 싶다고 하여 오라고 했는데, 제품을 잔뜩 가지고 왔다. 고마워하기도 하고 미안해하기도 하면서 자주 방문을 하게 되었는데, 그때마다 회사의 사업계획을 들려주곤 하였다.

어느 대학과 MOU를 맺었다, 누가 투자를 하였다, 새로운 제품이 출시된다는 등의 말을 들을 때마다 대단한 사업가라고 생각했다. 그리고 한동안 만나지 못했다. 그런데 어느 날 TV에 좋지 않은 모습으로 뉴스에 나온 것을 보고 깜짝 놀랐다. 그게 다 사기였다니! 나는 한동안 숨을 쉬지 못할 지경이었다. 그렇다. 한길 물 속은 알아도 사람의 속은 정말 모른다. 성공한 사람 옆에 서면 실수가 없고, 경영에 문제가 발생하지 않는다. 하지만 반대가 되면 실패와 함께 평생 후회할 일이 발생한다.

성공한 CEO가 되라.

이왕 시작한 사업, 성공한 사업가가 되어야 한다. 그러기 위해서는 다시 말하지만 육하원칙을 잘 지켜야 한다. 그러면 성공하고, 돈도 벌 수 있다. 나는 돈 벌어주는 강의를 하고 있다. 그런데 많은 사람들이 돈을 벌고 있다는 사실에 나는 감사할 뿐이다. 성공한 사업가 혹은 실패한 사업가, 어떤 말이 더 어울리는가! 성공한 사업가가 되기 위해서는 자신의 형편과 처지를 알아야 한다. 자신의 처지란? 능력을 알고 행하는 것이다. 사람들이 성공으로 가는 길목에서 실수를 하는 것은 자신의 처지를 무시하고 과를 범하기 때문이다. 다시 말하면 욕심을 부리면 안 된다는 것이다. 재능이 부족하면 남보다 더 노력하면 되고, 지혜가 부족하면 다른 사람의 지혜를 빌려 사용하면 되는 것이다. 그러므로 부족한 부분은 회사 내의 사람들의 지혜를 빌려서 사용하면 그것이 바로 융합이고 소통인 것이다.

성공한 CEO는 조직을 무너뜨리는 것이 아니라, 조직을 강하게 세우는 사람이다. 조직을 강하게 키우기 위해서는 유연한 리더십으로 조직을 정직하게 이끌어야 하고, 사람을 소중히 여겨야 한다. 이러한 CEO가 있을 때 회사는 막강한 조직력을 갖추게 되면서 수많은 인재를 세우게 되는 것이다. 이러한 역할을 하는 CEO가 필요한 시대이다.

선교사적 삶을 살기 위한 4가지 답

사람이 답이다.

선교사적 관점으로 보는 세상은 이렇다. 하나님은 선교사적 목적을 이루기 위해서 이 세상을 만드셨고, 예수님은 선교사적 삶을 살기 위해 보냄을 받았다. 성경의 수많은 인물은 선교사적으로 삶을 살았다. 그리고 하나님은 사람을 통해서 선교하신다. 하나님은 가나안을 향해 아브라함을 보냄으로써 하나님의 선교가 시작되었음을 알리셨고, 요셉의 선교사적 삶을 통해 하나님의 선교사적 일이 지속되고 있음을 보여주셨다. 나는 선교사로서 선한 크리스천, 좋은 크리스천을 원하지 않는다. 이 세상에는 우리 크리스천보다 선하고 좋은 사람이 수없이 많다. 하나님은 우리의 삶이 고통스럽고 가는 길이 힘들고 어렵더라도 비즈니스를 통한 선교사적 삶을 살기를 원하신다.

하나님은 사람을 통해서 선교하는 하나님이시다. 그러니 우리도 사람과 함께 일해야 하며 사람을 소중히 여기는 사람이 되어야 한다.

물론 나도 사람을 중요하게 생각한다. 어디를 가든지 사람을 찾았고, 찾은 사람을 항상 소중히 여겼다. 그 결과 그 사람들이 나에게 사업을 주었고, 나의 사업을 성공시켜 주었다. 나는 세계 곳곳에서 사업을 하는데, 사업을 만들고 물건을 파는 데 집중하지 않는다.

"그럼 도대체 어떻게 사업을 성공시킬 수 있으세요?" 많은 사람이 반문한다. 사실 정답은 사람을 소중히 여긴 결과이다. 현재 10여 개 이상의 나라에서 사업을 성공적으로 수행하고 있는 것도 사람을 소중히 여긴 결과라고 볼 수 있다. 성경의 핵심내용도 사람을 중요하게 생각해야 한다는 것이다. 가정에서는 자식을, 남편을, 아내를 소중하게 생각해야 한다. 이것이 기본으로 되어 있어야 한다. 나는 당신을 오늘 이후부터 이렇게 부르고 싶다. "사업을 통해 사람을 찾으며 사업을 통해 이웃의 기업을 변화시키는 비즈니스 선교사님들!!!"

사업하면서 선교하는 사람, 선교하는 가정, 그 가정은 행복하다. 그리고 행복한 사람만이 선교할 수 있다. 사람을 소중히 여기지 않는 사람은 사업가 자격도 없을 뿐더러 위대한 사업가가 될 수도 없다. 성경에 수많은 사람에 관하여 기록되어 있다. 이유는 무엇일까? 그것은 하나님은 사람을 소중히 여기기 때문이다. 하나님 자신이 창조한 사람이고, 하나님 자신의 계획을 사람을 통해 완성하시기 때문이다. 그렇다면 우리도 사람을 소중히 여겨야 할 것이다.

정직이 답이다.

나는 15년 정도 비즈니스를 한 사업 초년생이다. 사업을 시작할 때 비자 때문에 사업을 시작하며 무려 170여 가지 제품을 팔았다.

죽어라고 맨땅에 헤딩하면서 살았다. 하지만 나는 한 번도 거짓말을 하거나 파트너를 속이지 않았다. 사업을 시작할 때면 파트너들에게 먼저 내가 크리스천임을 강조했다. 그것이 적중했고 정직한 사업가로 승승장구하고 있다. 정직만이 대세이다. 하나님 앞에 정직하려면, 먼저 자신에게 주어진 일에 정직해야 한다. 주어진 일을 정직하게 하지 않고서 어떻게 정직하다고 할 수 있겠는가? 나는 내가 크리스천이라고 말을 했기 때문에, 항상 정직하려고 노력했다. 정직은 세상을 변화시키는 에너지이다. 정직은 사람을 변화시키는 선물이며, 정직은 세상을 변화시키는 영향력이다. 그러므로 특별히 기독사업가는 정직해야 한다.

열정이 답이다.

나는 시편 34편 10절의 말씀을 의지하며 지금까지 열정 하나만으로 살았다. "젊은 사자는 궁핍하여 주릴지라도 여호와를 찾는 자는 부족함이 없으리로다."라는 이 말씀을 가지고 살았고, 이 말씀을 제목으로 나의 두 번째 책을 출간했는데, 『굶주려도 풀을 뜯지 않는 사자처럼』이라는 책이다.

'열정은 배반하지 않는다'는 말이 있다. 성경에는 열정의 사람들이 많다. 요셉, 모세, 다윗, 베드로, 바울 등을 보면 열정으로 일생을 살았다. 열정의 사람들은 특별하게 자기의 삶을 통해 많은 사람에게 영향력을 준 것을 알 수 있다. 하나님은 이 시대에 누구를 부르고 사용하기를 원하실까? 열정이 많은 사람을 부르신다. 사업의 현장에서 열정을 가지고 사업하는 기독실업인들은 세상을 변화시키는 원동력이다.

열정은 어디에서 오는가? 나는 하나님을 '열정의 하나님'이라고 부른다. '열정의 하나님'을 모시고 사는 나는 열정으로 살 수밖에 없고, 열정이야말로 성공을 이루는 원동력이다. 열정은 20대, 30대에게만 있는 것이 아니다. 40대, 60대에게도 있다. 열정이 있는 사람이 행복한 사람이다. 반대로 의욕이 없는 사람을 나는 불행한 사람이라고 부른다. 한 우물을 파야 성공한다. 젊은이들이 한 우물을 파지 않고 다양한 것을 배우려고 분주하게 사는 것은 열정이 없기 때문이다.

교회 안의 차세대들은 과연 열정이 있는가? 사실 지금 상태라면 교회 안에 있는 차세대에게 세상을 맡기고 싶지 않다. 왜 그런가? 열정이 없기 때문이다. 교회 안의 차세대들은 미래에 차 3대를 살 수도 없는 나약한 존재, 7포를 떠나서 포가 계속 늘어가는 세대, 요즘은 14포까지 나왔다는데, 교회 안의 차세대들에게 기존의 세대가 열정을 보여주어야 한다. 그리고 열정을 가지도록 동기를 부여해서 그들이 한국교회를 이끌 수 있도록 해주어야 한다. 이유는, 열정은 배반하지 않기 때문이다.

나눔이 답이다.

사업은 행복이다. 이 단어가 불편한가? 사업이 잘 안 되는 당신은 불편할 수도 있다. 하지만 사업은 내가 하지만, 나 혼자만의 것이 아니다. 주님의 감독하에, 그분의 통치 아래 있다고 생각해 보라. 그래도 불편한가? 당신의 사업은 사업만을 위한 것이 아니라, 사업을 통해 비즈니스 세계에 하나님의 나라가 임하게 하려고 당신에게 준 축복의 통로요, 기업인 선교사로 살게 하려는 하나님의 계획이다. 그리고 선교는 누구나 할 수 있다. 이유는, 우리는 거저 받았으니 거저 주어야 하기 때문이다. 그래서 나는 '선교는 나눔'이라고 말한다. 나누어주지 못하는 사람이 어찌 선교할 수 있을까 싶다. 또한, 크리스천이라면 나눔도 누구나 할 수 있다. 이제 나는 받는 선교사에서 주는 선교사이다. 나는 사업의 초창기부터 나눔을 실천하고 살았다. 현지에서 사업을 하면서 얻은 이익을 고국으로 보내지 않고 난민들을 위해 사용했다. 나눔을 실천하는 것은 어려운 것이 아니다. 나는 나누지 않는 사람을 별로 좋아하지 않는다.

"하나님! 현재 사업이 성공하면 십일조를 더 하겠습니다. 교회를 건축하겠습니다. 영광 돌리겠습니다. 그러니 사업을 성공시켜 주십시오."라고 기도하는 사람들의 사고방식은 하나님을 제한하는 것이다. 하나님을 인간적인 방식으로 제한하려 하지 말아야 한다. 하나님은 흥정의 대상이 될 수 없다. 십일조를 더 받기 위해서, 영광을 더 받기 위해서, 하나님이 당신의 사업을 성공시켜 줄 것이라고 믿는다면, 참으로 순진하고 어리석은 믿음이다. 그러니 '모로 가도 서울만 가면 된다.'는 식의 사고방식은 안 된다. 철저하게 정직과 믿음으로서 결과를 기대하지 않으면, 절대로 사업도 성공시키지 못하고, 성공에 목매는 사람이 되고 만다.

성공을 바라는 세 종류의 사람이 있다. 성공을 만들려는 사람, 성공을 좇는 사람, 그리고 타인의 성공을 바라보고 있는 사람이다. 성공하는 사람만이 나눔을 하는 것이 아니다. 나눔은 주님의 명령이며, 누구나 할 수 있다. 성경에 말하기를 '주는 것이 받는 것보다

복이 있다.'고 하였다. 나는 그래서 '선교사적 삶을 사는 것이 행복이다.'라고 말한다. 크리스천이 이 땅에 온 것은 모두 선교사로서 온 것이다. 그러니 이왕 온 것, 비즈니스를 가지고 일터에서 선교하며 행복해하고 세상을 변화시키며 하나님의 영토를 확장하자!

성공, 그것 별것 아냐

나는 성공에 목숨 걸지 않았다.

많은 사람이 성공에 대하여 눈에 불을 켜고 이야기한다. '누가 성공했다네, 누구는 실패했다네!'라는 등의 이야기를 들어온 나는, 막상 사업을 시작하면서 '내가 과연 성공할 수 있을까', '쪽박을 차게 되진 않을까' 하고 염려했던 것이 사실이다. 그렇다! 이 성공이라는 문제에 대해 엄청 생각하고 고민하여 신경쇠약에 걸릴 지경이었다. 왜냐고? 나를 보고 미친 사람이라고 한 사람들한테 무언가 보여주어야 했기 때문이다. 어디서부터 시작해야 성공을 그릴 수 있을지, 가늠이 서지 않았다. 시작하면서 힘이 들 땐 대학생 시절부터 수없이 읽어본 성공에 관한 책들이 주마등같이 스쳐 지나가곤 했다. 이렇게 해라, 저렇게 해라 등등의 문구들이 떠올랐다. 하지만 그런 글귀가 성공을 만들어주지 못했다.

나는 당시 일본에서 쏟아져 나오는 수많은 사람의 성공에 관한 책을 읽은 기억들이 난다. 특별히 성공에 관한 책들을 많이 읽은 까닭은, 가난한 집에 태어난 내가 과연 성공한 사람으로 살 수 있을까, 아니면 억이라는 돈을 만져볼 수 있을까 하는 불안한 마음에서 성공에 집착하는 마음이 있었기 때문이다. 그러면서 성공한 사람들의 삶을 나의 삶으로 만들고 싶다는 생각을 남몰래 키웠다. 나에게만은 가난한 삶이 다가오지 않기를 바라면서!

하지만 나의 삶은 가난하기 그지없는 삶의 연속이었다. 가난 때문에 일반대학에 들어갈 수 없어 스스로 신학대학교를 택해야 했고, 그것에 만족하고 살아야 했다. 나에게 성공의 기회가 왔을 때에도 100퍼센트의 확률로 다가온 것은 결코 아니다. 수없이 많은 물건을 팔려고 구매자들을 찾아다녔고, 그때마다 흘린 눈물이 아마도 몇 병은 되지 않을까 싶다. 오늘날 성공의 주인공으로 자리 잡기까지 수많은 어려움과 고통의 시간이 흘러갔고, 성공은 마침내 나에게 아름다운 모습으로 다가왔다.

많은 사람이 나를 보고 성공한 사업가라고 한다. 더 나아가 대단한 사람이라고도 한다. 하지만 나에게 성공한 사업가, 대단한 사람이라는 말이 어울리는 것 같기도 하고 아닌 것 같기도 하다. 내가 성공한 것은 틀림없는 것 같다. 사업에서만 성공한 것이 아니라, 다방면에서 성공한 것 같다. 사업, 나눔, 봉사, 섬김, 리더십, 작가, 그리고 명강사. 여러 부문에서 성공한 것 같지만, 나 자신에게 스스로 물어보았을 때는 별로 대단한 것 같지 않다.

나는 성공이라는 것에 결코 목숨을 걸지 않았다. 나는 사업의 전선에 나서기 전에 선교사였으며, 생존을 위한 하나의 방편으로 사업을 했을 뿐이다. 그런데 그것이 나에게 성공의 화신으로 다가올 줄은 몰랐다. 그래서 나는 아직도 내가 성공했다는 말에 실감을 느끼지 못하고, 아직도 목마른 사슴이 시냇물을 찾듯이, 더 큰 사업을 위해 세계를 누비고 있는 것이다. 그러니 나에게 성공은 별것이 아닌 것이다.

성공, 누구나 할 수 있어

수많은 자서전이나 성공에 관한 책들을 보면, '말을 잘 해야 한다', '외모를 어떻게 해야 한다', '전문분야가 있어야 한다'는 등의 이야기들을 늘어놓으면서 '따라 해보기'를 강요하는 경우가 많다. 도대체 성공이라는 개념을 어디에 두어야 하는가? 자기가 하는 일이 어디까지 도달해야 성공이라고 부를 수 있는 것이며, 어디까지 안 된 것을 실패라고 할 수 있는가? 성공의 개념이 먼저 자기 안에 정립되어야 한다. 그래야 자기만의 성공의 잣대를 가질 수 있다.

나는 성공의 가치를 돈을 버는 것에 두지 않았다. 나의 파트너가 나로 인해서 만족하는 것에 성공의 가치를 두었다. 나의 물건을 구매해준 구매자가 나의 물건을 보고 행복해하는 모습을 보면서, 나는 진정으로 성공을 맛보았다. 이것이 내가 이야기하고자 하는 '성공의 맛'이다. 나는 이것은 누구나 할 수 있다고 본다. 대기업을 거느리고 있다고 해서 성공했다고 볼 수 있을까? 아니다. 나는 아제르바이잔에 있는 법인회사의 CEO이다. 세계 14개 국가에 지사를 운영하고 있으며, 나는 내가 하는 일에 참으로 행복하다. 작은 일에서 행복을 느끼는 것, 작은 것이든 큰 것이든 목표를 완수했으면 그것이 성공이라고 본다. 하지만 목표를 완수하지 못했다고 해서 실패라고 할 수 있을까? 단연코 아니라고 생각한다.

나는 성공의 가치를 거기에 두지 않는다. 성공은 연속성이 있는 것이고 지속적으로 이루어지기 때문이다. 한 번 실패했다고 성공하지 말라는 법은 어디에도 없다. 오히려 한 번의 실패가 성공을 만드는 노하우를 제공할지도 모른다. 나는 수없는 실패를 통해서 성공의 노하우를 얻었으며, 그것을 바탕으로 성공을 완성시켜 나갔다. 그래서 나는 누구나 성공할 수 있다고 말한다. 성공은 어느 특정한 사람의 소유물도, 권리도 아니다. 누구나 성공을 맛볼 수 있고, 만들어갈 수 있으며, 성공이라는 거대한 항공모함에 승선할 수 있다.

성공, 과연 멀리 있는가?

사막에 가본 적이 있는가? 아니면 높은 산 정상에 올라가 본 경험이 있는가? 나는 사막도 가보고, 높은 산에도 올라본 경험이 있다. 내가 그러한 곳에 가본 이유는, 힘든 경험을 통해서 나를 단련시키기 위함이었다. 그 어려운 과정을 거쳐 갈 때는 당장이라도 그만두고 싶을 때가 한두 번이 아니었다.

나는 대성산이라는 곳에서 군대생활을 했다. 초반에는 중화기 중대에서 근무를 했는데, 대대훈련이 있는 날이면 80mm 박격포를 분해해서 분대원들이 어깨에 메고 출동한다. 부대를 출발하여 대성산을 넘어 훈련장으로 가야 하는데, 밑에서 바라보는 대성산은 에베레스트 산처럼 높아 보였다. "아! 저기를 또 넘어야 하는구나! 죽었다, 미치겠구나."하고 넘어간다. 땀을 비 오듯 흘리면서 분대원들이 힘들어하면, 포열과 포판을 나누어 지고 대성산을 넘어간다. 분대장인 내가 솔선하여 앞으로 나가니 분대원들도 할 말이 없다. 하지만 그 고통은 이루 말할 수 없다. 그러나 한 시간 두 시간 넘다 보면 어느새 산 정상에 선 나의 모습을 볼 수 있다. 산을 넘어올 당신에는 불편하고 힘이 들었지만, 정상에 서는 순간 힘들었던 시간은 하나도 생각나지 않고 정상에 올랐다는 희열만 남는 것이다.

과연 정상은 멀리 있는가? 그렇지 않다. 잡을 수 없는 정상이라면 무슨 이유로 수많은 사람이 목숨의 위험을 느끼면서 에베레스트 산 정상에 도전하겠는가. 그 이유는 멀리 있지 않기 때문이다. 오르다 보면 수많은 난관을 만날 수 있다. 넘어지기도 하고, 눈 속에 묻히기도 하고, 굴러 내려오는 돌에 맞기도 하고, 깊은 곳에서 길을 잃고 헤매기도 하면서 정상을 향하여 한 걸음 한 걸음 걸어가는 것이다. 멀지 않은 곳에 정상이 있기에.

나 역시 사업을 하면서 언제 성공했다는 소리를 들을지 모르지만, 멈추지 않고 부단히 상품을 찾았고, 구매자들을 만났고, 그들과 대화하는 것이 행복했고, 즐거웠다. 그러다 보니 어느 날 성공한 사람이라는 소리를 듣고 있다. 나도 모르게.

성공, 수많은 사람이 이루어 왔다.

멀지 않은 곳에 있는 성공의 길, 수많은 사람이 이루어왔다. 나도 그들 중의 한 사람에 불과하다. 어디에 내놓을 만한 학력과 경력이 있는 것이 아닌 나는, 성공의 반열에 들어가기 어려운 조건을 가지고 있는 사람이다. 하지만 성공은 조건이 좋다고 해서 주어지는 것이 아니다.

나는 단지 사업을 해야만 하는 상황에서 어쩔 수 없어 사업을 시작했다. 말이 사업일 뿐이었다. 컴퓨터 5대로 시작해서 첫 달 수입이 300달러였으니까! 바로 15년 전 이야기이다. 이 이야기는 창피해서 자랑할 만한 것은 아니다. 하지만 나는 그때 벌어들인 300달러를 너무도 소중하게 생각했고, 그것에 대해 자부심을 가지고 행복함을 느꼈다. 왜냐하면 첫 사업의 성공이었으니까! 누군가는 이렇게 말할 수 있다. 고작 300달러 벌고 행복하다고, 성공했다고, 말할 수 있느냐고! 하지만 성공의 척도는 행복에 비례하는 것이지, 돈의 크고 작음에 비례하는 것이 아니다.

성공, 아직 맛보지 못한 사람이 더 많다.

수많은 사람이 성공을 맛보았다고는 하지만, 지나간 역사 속의 사람보다 앞으로 다가올 역사가 더 많은 사람을 세상 속에 배출할 것이다. 그렇다면 성공을 맛보지 못한 사람보다는 성공을 맛볼 사람들이 더 많다는 계산이 나온다. 나는 일 년이면 수많은 나라를 방문하면서 수많은 젊은이와 사업가들을 만난다. 그들을 만나 대화하는 중에 느끼는 것이 있다. 모두가 성공에 목매고 있다는 사실이다. 도대체 성공하면 무엇이 달라지기에? 왜 이리도 성공에 목매는지 알 수가 없다. 아니, 나는 알고 있다.

내가 하는 사업들이 성공을 하자, 나에게 나타난 첫 번째 변화는 신분의 상승이었다. 내 주변에도 성공을 맛보려고 부단히 노력하는 사람이 참으로 많다. 나는 그들에게 격려의 박수를 보낸다. 왜냐하면 그들은 아직도 맛보지 못한 사람들의 부류에 속하여서 맛을 보려고 부지런히 달음박질하는 사람들이기 때문이다. 아직 성공을 맛보지 못했을 뿐이지, 이 부류에 속한 사람들도 곧(soon) 성공을 맛볼 사람들이다. 그러니까 절망하거나 실망할 필요가 없다. 초보 사업가인 내가 해냈는데, 당신은 사업에 있어서 전문가가 아닌가? 나보다 스펙이 더 좋지 않은가? 그렇다면 당신도 곧 성공에 이른 사람들의 부류에 속할 날이 멀지 않았다는 것을 확신하라.

앞에서도 말했지만, 나는 뜬구름 잡는 이야기를 하는 사람이 아니다. 나는 KBS-1 TV의 '글로벌 성공시대' 뿐만 아니라, 수많은 TV 방송과 언론에 출연했고, 지금도 여전히 글로벌 사업과 강의에 열중하고 있다. 이 정도면 평범한 사람이 성공한 것이 아니겠는가? 아직도 세계 14국에 지사를 두고서 사업을 진행하고 있고, 교포들 가운데 나를 모르는 사람이 별로 없다. 당신이 아직 성공의 맛을 보지 못했다고 슬퍼하거나 노여워해야 할 필요가 없다. 바로 다음 차례가 당신이기 때문이다.

성공만이 인생의 전부가 아니다.

'행복이란 무엇인가'라는 노래가 있다. 누군가가 나에게 "행복이 무엇인가?"라는 질문을 던진다면 나는 주저없이 이렇게 말할 것이다. '나에게는 가정이 행복이고, 하나님이 내게 주신 비즈니스를 통해 세상을 변화시키는 일이 곧 나의 행복'이라고. 나는 가정에 대해서 늘 이야기한다. 이유는 가정은 무한한 사랑의 공간이고 서로를 위해 섬겨주고 사랑을 나누어주며 베풀 수 있는 공간임과 동시에, 서로에 대한 신뢰를 배울 수 있는 장소이기 때문이다. 가정이란 부부가 섬김을 통해 자녀에게 삶의 본을 보여주면서 나눔과 베풂을 실천하는 곳이기 때문이다. 나는 이래서 나의 가정이 좋다. 더 나아가 사업하면서 행복을 느낀다. 나는 참으로 행복하게 사업한다.

전세계를 다니면서, 그리고 한국에서, 수많은 사업가들을 만났다. 모두가 하나 같이 힘들고 어렵고 죽을 지경이란다. 나 또한 죽어라고 물건을 팔기 위해 다닐 때는 다른 사람과 다를 바 없었다. 하지만 사업의 방법을 바꾼 뒤로는 한 번도 사업이 힘들다거나 어렵다거나 죽을 지경이라고 해본 적이 없다. 왜냐고? 사업 자체가 행복하니까! 이것 이상의 말을 해줄 수가 없다.

수많은 사람이 성공이라는 그 무엇을 위해 앞만 보고 달리는 경향을 볼 수 있다. 신기루 같은 것을 보고 달린다면 어떻게 될까? 그 삶은 얼마 가지 않아 낙심하고, 절망하고, 죽음의 지경에 이르고 말 것이다. 인생은 그 자체만으로 가치가 있다. 그 자체를 무시하고 성공이라는 것만을 좇아가는 인생이라면, 그는 인생의 의미를 다시 정립해야 할 것이다.

사업하는 사람들을 만나면서 줄곧 느끼는 것이, 사업을 즐기는 것이 아니라 마지못해서 하고 있다는 것이다. 물론 전세계적으로 경제가 어려운 상황에서 사업은 더 힘들 수밖에 없다고 생각한다. 그렇다고 인상을 쓴들 무엇이 달라지겠는가. 그렇지 않다. 사업도 자신이 하기 나름이다. 자기가 하고 있는 일에 확신과 신념이 있다면, 그것은 성공의 가능성이 90퍼센트 넘는다고 나는 말하고 싶다. 자기 자신을 신뢰하지 못하고 정직하지 못하면서, 어떻게 사업을 성공적으로 만들 수 있겠는가? 그것은 결단코 아니라고 본다.

먼저 자기 본질에 충실하고, 너무 성공에 매이지 말고, 현재 하는 일에 만족을 누릴 필요가 있다. 자기 본연의 임무에 충실하고 나아갈 때 진정한 성공을 말할 수 있으며, 성공을 그릴 수 있다.

성공, 사람과 열정이 만들어준다.

수많은 사람이 성공을 꿈꾸고 기대한다. 그러나 나는 솔직히 사업을 시작하면서 성공한 사업가를 바라보고 사업하지 않았다. 나에게 주어진 환경 속에서 하다 보니까 이제는 유명한 사업가가 되었다. 세상의 누가 성공을 마다하며 원하지 않겠는가? 나는 사업을 하면서 여러 나라를 다니면서 수많은 인맥을 쌓고 만들었다. 오늘 내가 여러 나라에서 왕성하게 사업을 진행할 수 있는 이유도 바로 내 주변에는 항상 사람이 많다는 것이다.

나는 어디를 가든 사람을 찾았고, 찾은 사람을 내 사람으로 만드는 데 정열을 쏟았다. 사람이 많다는 것은 나의 정보를 나눌 수 있는 사람이 많다는 것이고, 나에게 정보를 제공해줄 수 있는 사람이 있다는 것이다. 나는 나의 필요에 따라 필요한 사람만을 골라서 사람을 찾지는 않는다. 아주 다양한 곳에서 사람을 만나고 찾고 인맥을 쌓는다. 한인무역협회, 한인회장단, 상공회의소, 전세계 238개 국가에 나가 있는 사업가들, 현지의 지인들, 사업 파트너들을 통해서 부지런히 인맥을 넓혀간다. 그 인맥들은 한마디로 천금과 세계를 주고도 바꿀 수 없는 황금 같은 자원이다.

나는 나에게 주어진 인맥을 향하여 항상 왕 같은 대접과 존경을 표시하고, 진정한 사랑으로 대해 준다. 그러한 상황 속에서 상대방 역시 나의 진정성을 알고 나에게 호감을 베풀어 주었으며, 나의 사업의 동반자들이 되었다. 나는 나에게 주어진 인맥과 열정이 오늘의 나를 성공한 사업가로 만들었다는 것을 확신한다.

나에게 기회가 주어졌을 때 나는 그것을 놓치지 않으려고 대단한 노력을 기울였다. '상대방에 대한 존중을 어떻게 할 것이며, 그들을 어떻게 하면 존귀하게 대해주면서 사업으로까지 연결할 수 있을까?' 하는 고민을 수없이 했다. 그것을 이루는 데 시간과 돈과 열정을 엄청 쏟아부었다. 만약 나에게 인맥만 있고 열정이 없었다면, 그것은 사상누각에 불과했을 것이다.

나는 사업을 하든지 친구를 사귀든지 모든 일에 열정을 쏟아부었다. 많은 사람이 나에게 묻는 말이 그렇게 비행기를 많이 타고 다니는데 시차로 피곤하지 않느냐고 물어온다. 나는 비행기를 그렇게 많이 이용하지만 피곤함을 모른다. 물론 좋은 호텔 등에 머물기 때문이기도 하겠지만, 일을 성공시켜야겠다는 집념과 의지가 용틀임치는 곳에는 피곤이 감히 내려앉지 못한다는 것을 잘 알고 있다.

나는 사업하는 사람들이 의지박약하고 열정 없이 사업하는 경우를 많이 보았다. 혹자는 말하기를 사업하는 사람이 열정 없이 어떻게 하겠느냐고 물을지 모르겠다. 내가 여기서 말하는 열정은 90퍼센트의 불가능을 100퍼센트의 가능성으로 만드는 열정을 말한다. 90퍼센트의 불가능을 100퍼센트의 성공으로 만들기 위해서는 남들이 하는 방식으로는 불가능하다.

남보다 몇 배 더 노력하고 수고를 아끼지 않아야 한다. 그래도 성공할까 말까다. 불같은 열정을 쏟지 않고는 작금의 경제상황에서 성공을 만들어가기는 쉽지 않다는 것을 명심해야 한다. 남다른 열정과 투지와 인내가 수반되어야 사업이라는 전쟁터에서 이겨낼 수 있다. 그 열정은 어디서 오는 것일까? 나의 경험을 바라보건대, 그것은 자기 자신에게서 나오는 것이다.

자기에게 주어진 환경에서 성공을 그리고 있을 때, 그것을 향한 불같은 마음이 있다면, 그 속에서 뜨거운 열정이 쏟아져 나오는 것이다. 나는 사업을 진행하면서 수많은 실패와 실패를 거듭했다. 포기하고 싶은 때가 한두 번이 아니었다. 그러나 이왕 시작한 것이니 끝장을 보자는 열정이 나의 마음속에 늘 불같이 타오르고 있었다.

손해를 보는 것! 성공의 시작이다!

나는 선교사 신분으로 사업을 했기 때문인지 몰라도 나누어 주는 것을 좋아한다. 나는 아버지가 가난하게 살아서 특별히 아버지한테 유산을 받은 것도 없다. 받을 유산도 없었지만 준다고 했어도 받지 않았을 것이다. 이유는, 나 자신을 스스로 돌아보아도 생활력이 매우 강하기 때문이다. 중학교 일학년 때 아버지가 힘들게 일을 마치고 와서 코를 골면서 자는 모습을 보면서, 자식으로서 한편으로는 미안했다. 그래서 다음날 신문사를 찾아갔다. 신문을 배달하면 약간의 도움을 아버지께 줄 수 있을까 해서였는데, 그 뒤로부터 나는 일하는 것에 대해 두려워하지 않게 되었다.

사업의 현장에서 수입이 생기면 누구를 도와줄 것인지를 항상 먼저 생각했다. 계약이 완료되면 구매자에게 선물을 사다 주었다.

고맙다는 인사치레이기도 했지만 사업의 관계가 아닌 인간적 관계를 맺고 싶었고, 파트너가 아니라 친구로서의 만남을 소중하게 여기고 싶었기 때문이다. 선물을 줄 때는, "당신이 나한테 계약을 해주어서 나는 이로 인해 얼마의 금전적 이익을 얻었다." 라고 항상 밝혔다. 그러면 그들은 늘 "아니다. 오히려 나한테 좋은 물건을 줘서 고맙고 친구처럼 해주어서 고맙다."라고 했다. 이러다 보니 신뢰가 쌓이고 장기간 파트너로서의 관계를 유지해갈 수 있었다.

작은 정성이 사람을 감동시킨다. 그리고 돈에 목적을 둔 사업이 아니라, 서로의 이익을 공유하고 나눔을 목적에 두다보니 공감대가 형성되었다. 그러면서 한 번의 관계로 끝나는 것이 아니라, 계속해서 계약이 만들어지는 경우가 수없이 많았다.

내가 아제르바이잔에서 그 많은 사업을 할 수 있었던 것도 역시 나눔을 실천했기 때문이다. 아제르바이잔 대통령으로부터 프로젝트를 받아 수행할 수 있었던 것도 바로 이런 나눔을 통해서 할 수 있었다. 아제르바이잔에서 수행하는 수많은 정부 프로젝트는 개인이 할 수 있는 사업이 아니다. 한국의 대기업들이 자리를 잡고 있었지만, 대기업의 무덤이라는 곳에서 성공할 수 있었던 것도 바로 손해를 감수하고 한 덕분이었다. 그리하여 나는 수많은 프로젝트를 성공시킬 수 있었고, 아제르바이잔의 영웅이라는 소리를 들을 수 있었다.

나는 성공을 내 것으로 만들고 성공이 준 이익을 사업하는 나라에 나누어주었다. 성공을 나누어주었다고? 이게 무슨 말인가? 나는 물건만 파는 사람이 아니라, 파트너와 정부의 인사들을 비롯한 나를 만나는 모든 사람에게 인생 상담을 해주고 사업의 방향을 제시해

주었다. 그러면서 상대방에게 내가 물건만 파는 장사꾼이 아니라는 것을 각인시켜 나갔다. 정부 인사를 만나면 한국의 교육열과 내가 운영하는 장학재단을 말하면서, 나에게 기회가 주어지면 장학재단을 통해서 당신의 나라에 기여하겠다고 포부를 밝혔다. 그래서 여러 나라에 장학금을 지원하고 컴퓨터를 전달하기도 했다.

나는 나 하나의 성공이 축복이라고 이야기한다. 내가 성공했기 때문에 가는 나라마다 자신만만하고 여유가 있다. 그러므로 그들에게 어떻게 하면 좋은 제품을 통해서 혜택을 줄 수 있는지, 그 제품을 잘 활용하여 나한테서 구매하기를 잘 했다는 소리를 들을 수 있는지를 생각하였다.

인내와 오기로 무장하라.

나는 성공했다는 개념을 유명한 회사를 만들고 돈을 많이 버는 데 두지 않는다. 물론 그것이 성공의 잣대가 될 수도 있다. 나도 이런 과정을 만들었고, 내가 살고 있는 나라에서, 그리고 더 나아가 세계를 누비고 다니면서, 내 능력 이상으로 사업을 성공시켰다. 고맙고 감사한 일이다. 하지만 내가 보는 성공은 그런 개념이 아니다.

나는 오늘에 이르기까지 수많은 난관과 어려움과 고통을 감내해야만 했다. 내가 초창기 해외에서 사업을 시작할 때는 주변의 사람들 그리고 현지인까지도 전혀 도움이 되지 못했다. 하지만 나는 자신의 성공된 모습을 위해 인내해야만 했다. 더 나아가서는 내 인내가 다른 사람들에게 기쁨이 될 수도 있다고 생각했다. 이러한 마음가짐으로 인내하며 사업에 매진할 수 있었다.

내가 구매자를 만나러 가면 구매자들은 나를 한 시간이나 그 이상으로 많은 시간을 기다리게 했다. 속으로는 '뭐 이런 놈들이 다 있어!' 하면서 화가 나고 분노도 치밀었지만, 그들이 나를 테스트한다고 생각하고 참았다. 아니 참는 게 아니라 나를 시험하고 있다고 생각했다. 이러한 과정을 거치고 나니까 그들이 나를 친구로, 파트너로 맞아주었다. 만약 그들이 나를 오랜 시간 동안 기다리게 한 것을 욕하고 돌아갔다면, 나는 그곳에서 사람도 잃고 나의 인격과 사업도 잃었을 것이다.

인내하면서 나는 도전정신을 키웠다. 하나도 못 팔면서 10개를 팔겠다고 다짐하면서 다녔으니까. 나는 최 씨 성을 가진 사람이라서가 아니라 최영 장군을 좋아한다. 장군의 묘에 풀이 나지 않았다는 점도 마음에 든다. 그의 고집 때문에 묘에조차 풀이 나지 않았다고들 말한다. 나는 그것을 고집이 아니라 오기와 집념이라고 부르고 싶다.

수많은 샘플을 들고 다니면서 몇날 며칠씩 상품소개를 할 때에는 감정이 상할 때가 많았다. 계약이 될 듯하다가 말고 원점으로 돌아가는데, 이렇게까지 하면서 사업을 해야 하는지를 스스로 묻곤 하였다. 하지만 나는 하면 할수록 성공시키고 말겠다는 대단한 오기가 발동했다. 만약 나에게 그런 오기가 발동하지 않았다면, 나는 수없이 중도에 포기하고 말았을 것이다.

나는 구매자가 자신을 포기할 때까지 절대로 포기하지 않았다. 물건의 계약을 떠나 나하고 관계가 이루어질 때까지 찾아다녔다. 그들은 나를 친구로, 파트너로 맞아주었다. 그래서 아제르바이잔에서 맺은 친구가 3천 명이나 되었다. 오기로 똘똘 뭉친 나의 의지와 도전정신의 결과 그렇게 된 것이다.

진정한 프로가 되어라.

나는 사업 초창기에 비즈니스 용어를 몰랐다. 계약서를 어떻게 작성하고 스펙은 어떻게 만드는지, 기본조차 되어 있지 않았다. 달이 가고 연수가 흐르면서 하나씩 프로가 되어가고 있었다. 상담하면서 항상 가격에 대한 답을 제대로 만들지 못했다. 팔아야 한다는 강박관념에 가격을 제대로 제시하지 못하고 손해를 본 경우가 많았다. 그들은 아마 내가 사업 초년병임을 알고서는 이 가격에 주면 계약을 하겠다고 제시를 했고, 나는 그들이 원하는 가격에 맞추어 주겠다고 약속한 적이 한두 번이 아니었다. 다시 찾아가서 계약을 취소하고, 미안하다고 용서를 빌었던 적도 있었다.

나는 그들로부터 당신은 사업을 할 사람이 아니라는 소리를 여러 번 들었다. 당신을 한번 테스트해 본 것이라는 소리도 많이 들었다. 이런 과정을 거치면서 나는 점점 더 강한 호랑이가 되어 갔다. 나는 DMZ에서 근무를 했는데, 우리 소대 구호를 "사자는 풀을 먹지 않는다."라고 정할 정도로 강해지고 싶다는 마음을 품곤 했었다.

사업의 세계는 프로만이 존재한다. 단 한 번의 실수도 용납하지 않는다. 한 번 사인하면 그것은 지켜야 할 불문율이 되어 버린다. 만약 계약한 것을 지키지 않으면 누가 다시 그 사람과 사업하겠다고 하겠는가. 프로는 어떤 사람인가? 프로란 오기와 집념이 강하고 뚝심으로 자기의 일을 훌륭하게 해내는 선수라고 말하고 싶다.

나는 이런 면에서 보면 프로임에 틀림없다. 처음 맨땅에 헤딩하면서 비즈니스를 배우는 과정을 거쳐 이제는 전세계를 대상으로 사업하는 글로벌 사업가가 아닌가 말이다. 이 정도면 사업의 프로가 아니겠는가? 나는 아주 특이한 경력과 열정으로 전세계를 다니면서 사업을 개발하고 성공시킨다. 그것은 나에게 있는 프로정신 때문에 가능한 것이다.

나는 이 프로정신이 가정과 사회와 세계를 변화시킬 수 있다고 본다. 나는 사업을 돈 벌려고 하지만, 이것이 내 인생의 목적은 아니다. 내 물건을 사용하는 개인이나 기업이 내 물건으로 인해서 행복해지기를 바라고 있기 때문에 사업이 승승장구한다고 생각한다. 얄팍하게 돈 몇 푼 벌려고 전세계를 누비고 다니는 것이 아니다. 어떤 때는 경비가 나오지 않을 때도 있다. 중남미 한 번 방문하고 오면 경비만 해도 수만 달러씩 지출된다. 하지만 나는 이런 것에 개의치 않는다.

지금까지 다녀온 국가에는 아직도 연락을 주고받는 친구들이 수없이 많다. 그것이 내 행복이고 나의 인생의 아름다움이다. 앞에서도 말했지만, "사업은 생명이다."라고 말한 중국의 고어를 되뇌면서, 나도 사업을 하면서 물건만 파는 장사꾼이 되지 않기를 바랐다. 그래서 나는 사람을 만나고 관계 맺는 데 목적을 두었고, 그 사람들을 지속적으로 관리하면서 내 사람으로 만들었다.

나의 사업을 내가 하는 것이 아니라 그들이 내 사업을 만들어주도록 하는 것이 나의 목표였다. 그런데 그대로 이루어졌고, 지금도 그렇게 되고 있다. 그렇게 보면 나는 진정한 프로 중의 프로라고 자부한다. 나는 초창기에는 물건을 팔려고 안절부절못하며 스트레스를 부단히 받았다. 하지만 지금은 여유를 가지고 당당하게 글로벌 사업가로서 살아가고 있다. 프로라면 프로처럼 살아야 하기 때문이다.

이미 여러 번 말했듯이, 나는 사업 초창기에는 수백 개의 샘플을 들고 다니면서 팔려고 안달을 했다. 몇 개의 제품 외에는 팔지 못했지만, 사업을 오래하다 보니 경험이 쌓였다고 할까, 맷집이 세어졌다고 할까, 2005년부터는 모든 제품을 내려놓고 오로지 전광판 하나만을 가지고 전세계를 돌아다녔다.

나는 공장도 만들지 않았고 제품도 만들지 않는다. 만들 기술도, 능력도 없고, 그럴 필요도 없기 때문이다. 나도 한때는 전광판 공장을 만들려고 대지를 구입하려고 해보았다. 하지만 곰곰이 생각해보면, 생각을 바꾼 게 나에게 큰 복이었다. 나는, 사업은 콘텐츠만 있으면 되지 공장이 뭐가 필요하냐는 생각을 늘 가지고 있었다.

내가 성공한 것은, 바로 세계시장의 필요를 읽고 그것에 신속하게 대처하면서 나아갔기 때문이었다. 한 제품을 가지고 오래 하다 보니 어느덧 전문가가 되어 있었다. 제품을 만들지는 않지만 어떻게 연구 개발되어 어떤 프로세스를 통해서 생산되며 설치되고, 어떻게 프로그램이 돌아가는지를 누구보다도 잘 알고 있다. 그러므로 공장이 없고 직접 생산을 하지 않지만, 전세계 전광판 공장을 가지고 영업하는 사람보다 더 많이 팔고 있다. 오로지 한 우물만 팠기 때문에 가능한 일이다.

한 우물만 판 것은 1. 전문가이고, 2. 고객이 많고, 3. 상품이 좋고, 4. 언제 어디서나 비즈니스에 자신이 있고, 5. 더불어 고객의 가치를 만들어줄 수 있기 때문이다. 이러한 이유 때문에 나는 한 우물만 팠다. 만약 내가 한 우물을 파지 않고 닥치는 대로 했다면 오늘의 최웅섭은 없었을 것이다. 물론 현대적 시장의 감각 속에서 다양한 구매자들이 다양한 물건들을 요구할 때도 있다. 하지만 나는 극구 사양한다. 면전에 대고 바로 사양을 해서는 안 되기 때문에 사전 설명을 한다. 내가 당신이 원하는 제품을 알아줄 수 있고 누구보다도 더 싸게 구매되도록 할 수 있다, 하지만 나는 소개는 시켜줄 수 있지만, 내가 당신에게 팔 수는 없다고 하면서 나의 뿌리에서 벗어나지 않았다. 그것이 지금까지 나를 성공의 길에 서 있게 한 것이다.

사람들은 돈만 된다고 하면 무엇이든 달려든다. 자기 분야든 자기 분야가 아니든 말이다. 나는 단 한 번도 그러한 얄팍한 사업을 해본 적이 없다. 그래서 나의 구매자들은 나를 잘 알기 때문에 본래의 목적에서 벗어나지 않고 원뿌리를 벗어나지 않는다. 이렇게 하는 이유는, 나의 에너지를 다른 곳에 방출하고 싶지 않기 때문이다.

비즈니스에서 또 하나 중요한 부분이 스토리텔링이라는 부분이다. 스토리텔링이란 스토리(story)+텔링(telling)의 합성어로서, 상대방에게 알리고자 하는 바를 재미있고 생생한 이야기로 설득력 있게 전달하는 것을 말한다. 스토리텔링은 현대에 와서는 마케팅 기법으로 널리 쓰이고 있다. 예를 들어 마케팅 기업에서 상품의 가격과 이미지만을 밋밋하게 보여주는 광고의 시대는 지나갔다. 그런 광고에는 사람들이 이제는 식상해 한다. 고객들에게 상품을 더 각인시켜 줄 수 있는 방법의 하나로, 상품에 얽힌 이야기를 가공하여 들려준다거나 평범한 사람이나 명인들의 이야기를 들려줌으로써, 고객들에게 상품의 이야기(story)를 전한다. 이야기를 전할 때는 실제 스토리를 사용하거나 전설, 신화, 게임 등에 나오는 스토리를 차용하면 되는 것이다.

현대의 비즈니스에서 잊지 말아야 할 것이 있는데, 비즈니스 환경은 항상 수시로 변한다는 것이다. 그만큼 사업을 하는 사람은 시대의 변화에 민감해야 한다. 팔고자 하는 물건의 이미지나 가격만 제시하는 것이 아니라, 제품에 대한 스토리와 전개과정을 모두 소개하여서 구매자의 감성을 자극하여 계약을 성공시켜야 한다.

나는 제품을 브리핑하기 전에 항상 "아침의 키스가 연봉을 높인다."라는 말로 분위기를 띄운 다음, 가정이나 문화에 관하여 대화를 나누면서, 제품으로 인해서 얻게 될 부분을 각색하여 말해 준다. 이러한 과정을 거친 뒤 비즈니스가 성공적으로 이루어지는 과정을 너무도 많이 경험하였다. 기업의 스토리, 홍보의 스토리, 제품의 스토리, 경영의 스토리, 더불어 고객에 대한 스토리를 가지고 있는 기업이 위대한 기업이다. 스토리야말로 기업의 영토를 확장하는 커다란 도구라는 것을 명심할 필요가 있다.

31

대조영과 최웅섭 같은 사람이 성공한다

대조영과 최웅섭의 삶

나는 대조영이라는 드라마를 보면서 어쩌면 내 인생과 같은 길을 걸어왔을까 하는 생각이 들었다. 살려고 발버둥치고 국가에 대한 헌신과 무엇인가를 이루고자 하는 마음이 나에게 깊은 감동으로 다가왔다. 그러면서 나는 대조영의 인간성과 나의 인간성을 대조해 보았다. 대조영이 성공을 만든 사람이라면 나 또한 성공을 만든 사람이다.

일반적 관점을 가진 사람이다. 대조영과 나는 그저 평범한 사람이다. 다시 말하면 일반적 관점을 가지고 사는 사람이다. 특별하게 생각하는 것도 없고, 다른 사람처럼 비범하지도 않으면서 평범하게 살아간다. 그런데 이 평범함 속에는 세상을 뒤집고도 남을 에너지가 넘쳐나고 있다.

주변에서부터 시작한 사람이다. 대조영과 나는 혼자보다는 주변 사람들과 같이한 사람이다. 대조영도 외로웠고 나도 외로웠다. 하지만 그 외로움을 혼자서 감당한 것이 아니라, 항상 주변 사람들과 같이했다. 그리고 나누었다. 대조영에게는 흑수돌과 걸사비우가 있었다면, 나에게는 사랑하는 아내와 파트너가 있었다. 흑수돌과 걸사비우가 대조영의 친구였다면, 나에게 아내와 파트너는 친구요 동역자이다. 그러므로 항상 주변을 살피는 사람이 성공한다는 것을 경험하였다.

특별히 남다르지 않은 사람이다. 대조영도 남다른 구석은 하나도 없었고, 나 역시 그랬다. 늘 우울해하고 힘들어하면서 인생의 갈피를 잡지 못했다. 다시 말하면 남다른 구석이 하나도 없었다. 하지만 비굴해하거나 포기하지 않았고, 주어진 환경 속에서 안주하는 것이 아니라, 환경을 극복하여 멋지고 좋은 환경으로 가꾸어냈다.

유연한 생각을 가지고 있는 사람이다. 대조영이 성공한 이유는 대조영만의 독특한 성격이 있었지만, 그의 장점은 모든 것을 포용할 수 있는 유연한 사고를 지니고 있었다는 것이다. 나 역시 그와 마찬가지로 유연한 사고방식을 가지고 있었기 때문에 수많은 공사현장의 회사와 사람들을 융합하고 이끌어갈 수 있었다.

실패를 성공으로 만든 사람이다. 대조영은 수많은 실패를 경험하였고, 나 역시 마찬가지였다. 포기하고 싶을 때가 한두 번이 아니었다. 하지만 중간에 포기하면 수많은 사람으로부터 멸시와 천대를 받을 것 같았다. 그래서 기필코 성공을 만들고자 노력했고, 결국 성공을 만들었다.

학력과 전통을 중요시하지 않는 사람이다. 대조영은 학력도 없었고, 나 또한 대단한 학력을 지니지 못했고 전통도 없다. 그저 평범하게 성장했고, 힘들고 가난한 시절을 보냈을 뿐이다. 그런 이유인지 모르지만, 학력이나 전통이 성공을 만드는 데 필요한 요소는 아니라는 것을 깨달았다.

과거 경험에서 활로를 찾은 사람이다. 대조영의 과거나 나의 과거는 실패를 경험한 사람이었다는 것이다. 실패가 있었기 때문에 대조영과 내가 성공을 만든 것이다. 과거의 경험을 살려서 다시는 실수를 범하지 않으려고 실수를 반면교사 삼아서 더 열심히 했다. 그리고 활로를 찾았고, 그 활로를 열어서 길을 만든 사람이다.

인내하는 사람이다. 대조영의 드라마를 보라. 인내를 요구하는 장면이 수없이 나온다. 나 역시 인내 하나로 버티면서 성공을 만들었다. 누가 말했듯이 눈물의 빵을 먹어본 사람이 인생의 참맛을 안다고나 할까? 그렇다. 성공의 첫 번째 키워드는 인내, 그리고 또 인내이다!

주변의 사람을 먼저 챙기는 사람이다. 대조영을 보라! 늘 주변 사람을 챙기는 모습이다. 나도 그랬다. 이유는, 주변의 사람과 같이 가야 외롭지 않고 혼자의 힘보다는 여러 사람의 힘이 합치면 더 많은 에너지가 나오기 때문이다. 성공하고자 원한다면 늘 베푸는 사람이 되어야 한다. 사람들은 사소한 것에 감동하기 때문이다.

나눌 줄 아는 사람이다. 대조영은 돈은 없었지만 늘 정을 나누어 주었다. 나 또한, 사업해서 번 돈을 내 돈이라고 생각한 적이 없다. 나 혼자 잘 해서 번 돈이 아니기 때문이다. 이 시대의 진정한 지도자는 베풀 줄 아는 사람이라야 한다.

내가 하겠습니다, 하는 사람이다. 대조영과 나는 늘 앞장을 섰다.

나는 늘 내가 먼저 실천하고 살았다. 그 덕분에 일은 많았다. 하지만 내가 먼저 하려고 하면 행복하다. 나는 모든 곳에서 내가 먼저를 잘 한다. 다른 사람이 하기 싫어하는 일도 나는 나서서 먼저 하려고 한다. 그러면 행복이 배가되는 것을 수없이 경험했다.

불가능을 가능으로 만든 사람이다. 대조영이 왜 위대한가? 대조영은 잃어버린 고구려를 되찾고 유목민을 데리고 동모산에서 대발해를 건국한 사람이다. 다시 말하면 불가능을 가능하게 만든 사람이다. 그렇다. 나 역시 90퍼센트의 불가능을 100퍼센트 가능하게 한 장본인이다.

예수 그리스도의 일꾼으로 부르심을 받은 사람이다. 이것이 가장 소중하고 중요하다. 나는 예수 그리스도 그분의 것이요, 오직 그분만을 위하여 살겠다고 고백했다. 이제는 사업을 하는 당신도 이렇게 고백하라! "나를 부르시고, 부르신 나에게 비즈니스라는 일을 주시고, 그 비즈니스를 할 수 있는 일터를 주신 것을 가지고, 비즈니스의 세계와 일터에 하나님의 나라가 임하게 하는 일에 목숨을 걸리라!"

비즈니스는 모든 것을 풍요롭게 하고 아름답게 한다. 세상의 어떤 것도 재정이 없이는 할 수 없기 때문이다. 하나님이 당신에게 주신 재정을 감사함으로 나눔에 사용하고, 특별히 비즈니스를 통해서 얻어진 재정이니만큼 비즈니스를 통해 하나님의 나라가 임하게 하는 데 사용하라!

• 책 속의 책 •

스토리가 있는

만사형통 창업노트

■ "책 속의 책"―시작에 앞서

스토리가 살아 있는 창업이 세상을 바꾼다

　요즘은 창업이 대세이다. 서점에도 창업에 관한 책들이 넘쳐난다. 하지만 창업에 어떠한 도움을 줄 수 있을지는 미지수이다. 창업에 대한 구체적 방법을 제시하지 못하고 이론적 근거만 제시하는 책들이 너무도 많다. 창업은 누구나 할 수 있지만, 누구나 성공하는 것은 아니다. 나는 창업을 하지 말라고 단호히 얘기하는 사람이다. 하지만 많은 사람들이 창업에 목매고 있는 것을 보면서, 제대로 된 창업에 관한 책을 준비하기로 했다.

　창업을 하는 사람이 준비하여야 할 모든 것을 노트 형식으로 준비하면서, 창업계획서와 사업제안서를 만들도록 하였다. 그리고 창업에 필요한 모든 절차를 도표를 통해서 배우고 연습하여 사업에 실제적인 도움이 되도록 하였다. 따라서 이 책 한 권이면 창업에 필요한 A부터 Z까지를 모두 준비할 수 있을 것이다. 나는 이 책에서 창업은 힘들고 어려운 것이 아니라, 맛있는 음식 같다고 말한다. 그렇다! 사업을 하는 사람들의 이야기를 들어보면 나의 말에 동의할 것이다.

　사업은 사람과 같이 하는 것이다. 혼자서 할 수 없다. 그래서 나는 비즈니스는 맛이 있어야 하고, 인문학처럼 향기가 나야 한다고 주장한다. 이 책을 읽는 모든 사람들이 인간미 물씬 풍기는 사람이었으면 좋겠다.

비즈니스는 세상을 변화시킬 수 있다고 나는 장담한다. 비즈니스는 삶에 영향을 주는 자양분이기 때문이다. 나는 이 책에 나의 비즈니스 경험과 실제, 그리고 이론을 남김없이 담았다.

창업에는 스토리가 필요하다. 스토리라는 것은 이야기이다. 무슨 이야기인가? 창업에 관한 이야기가 있는 사람이 창업에 성공한다고 나는 자신있게 말한다. 그러므로 창업도 성공을 위해서라면, 창업 스토리가 필요하다. 나는 이 창업노트에서 창업에 대해서 어디에서도 들어보지 못한 창업 스토리를 들려준다. 다시 말하면, 창업 스토리를 만들어 주고 창업 스토리를 만들도록 도와준다. 이 창업 스토리는 성경을 근간으로 하고 있으며, 성경의 수많은 비즈니스 하던 사람들의 모습에서 나왔다. 당신도 그들과 함께 비즈니스 세계에 하나님의 나라를 임하게 하기 위하여 부름받은 사업가이다. 주저말고 담대하게 비즈니스로 세상을 점령하고, 하나님의 영토를 확장하는 일터 사역에 당당하게 도전하라! 성공의 스토리가 기다리고 있다. 주님을 위하여!

제 1 부
성경에서 말하는 비즈니스

하나님의 영토를 확장하는 것, 그것은 모든 크리스천이 하여야 할 의무이다. 하나님이 우리에게 주신 일터를 일터답게 만드는 과정을 통해서 일터를 하나님의 거룩한 지성소로 만들 수 있고, 그 지성소를 확장할 수 있다는 것을 알아야 한다.

하나님의 부르심이란?

하나님의 부르심에 대하여 우리는 신학적 이론들을 수없이 들어왔다. 신학교에서도 배우고 설교를 통해서도 익히 들어왔다. 하지만 오늘의 한국교회에서 중요한 것은 신학의 이론이 아니다. 우리에게 중요한 것은, 하나님의 부르심에 응답하고 있느냐 하는 것이다. 하나님의 부르심이란, 하나님의 필요에 의해서 하나님의 사역에 동참하도록 하기 위해 하나님이 찾는 사람들이 거기에 순응하는 것이라고 말할 수 있다.

여기에는 신학적 이론이나 학문적 요소가 필요하지 않다. 하나님의 부르심은, "하나님이 그들에게 복을 주시며 하나님이 그들에게 이르시되 생육하고 번성하여 땅에 충만하라, 땅을 정복하라, 바다의 물고기와 하늘의 새와 땅에 움직이는 모든 생물을 다스리라, 하시니라"(창 1:28)라는 말씀에 순종하는 것이다.

성경에서의 부르심이란?

성경에서 부르심의 모습은 성경 66권 모두에서 나타난다. 창세기의 아담부터 요한계시록의 요한에 이르기까지 하나님의 부르심의 모습이 기록되어 있다. 부정적인 모습으로 부르심에 응한 사람이 있는가 하면, 긍정적이고 적극적으로 응답한 사람도 있다. 어떤 사람은 죄악의 모습에서 하나님의 거룩한 사명을 완성하기 위해 부르심을 받은 사람들도 있다.

아브라함의 부르심을 통한 비즈니스 배우기

창세기 12장에는 아브라함을 향한 부르심에 대하여 상세히 기술되어 있다. 아브라함을 부르신 모습에서 우리는 하나님께서 하시고자 하는 일에 대한 비즈니스의 소명을 볼 수 있다. 하나님은 아브라함을 통해 비즈니스를 향한 부르심의 모습을 보여주심으로써, 오늘날 우리에게도 아브라함을 통하여 비즈니스의 모본을 배울 수 있도록 하신다. 아브라함 시대의 비즈니스나 오늘날의 비즈니스나 비즈니스는 하나님이 하시고자 하는 일이라는 사실을 성경에서 볼 수 있다.

하나님의 창조 역사를 보면 그것은 바로 하나님의 일이었고, 하나님은 그 일을 통해서 우리에게 일을 주셨으며, 우리를 하나님의 동역자로 부르셨다는 사실을 창세기 1장 28절에서 확인할 수 있다. 아브라함 외에도 성경에 수많은 사람이 비즈니스로 부르심의 현장에 있었던 것을 볼 수 있다. 구약에서는 노아의 일을 통한 비전 만들기, 야곱을 벤처(Venture) 사업가로 양성하기, 인큐베이터(Incubator) 기간을 통하여 액셀러레이터(Accelerator)로 성장하는 요셉의 훈련과정에서 보여준 글로벌 비즈니스 리더의 모습, 신약에서는 바울과 루디아의 모습 등, 하나님이 하시고자 하는 일에 여러 사람을 비즈니스의 현장으로 부르신 것을 볼 수 있다. 이외에도 성경의 수많은 인물들이 비즈니스에 관계된 일을 하고 있으며, 하나님의 부르심에 응답한 사람들을 볼 수 있다.

바울서신에 나타난 부르심 따라가기

사도 바울은 하나님의 일에 대한 개념을 복음 전함에 한정하지 않았다. 하나님의 일에 대한 잘못된 생각을 가지고 있는 사람들이 너무도 많다. 하나님의 일이란 목사가 되고 선교사가 되어야만 할 수 있는 일이라고 생각하는 전근대적인 사고방식을 가지고 신앙생활 하는 사람들, 물론 그런 사람들도 하나님의 부르심에 응답한 사람들이다. 하지만 그런 사람들만 하나님의 일을 하는 것은 아니다. 바울도 천막을 만들면서 복음과 일에 집중하였다. 하나님의 부르심은 일에 대한 부르심이다. 그 일이 복음을 전하는 일이 될 수도 있고, 세상 속에서 일이라는 것을 가지고 일터에서 일하는 것일 수도 있다. 바울서신에 나타난 일의 개념은, '게으른 자는 먹지도 말라'는 말씀과, '무슨 일을 하든지 사람에게 하지 말고 주께 하듯이 진심으로 하라'는 말씀에서 찾아볼 수 있다. 주목할 것은, 이 말씀의 권고의 대상이 누구였는가 하는 것이다. 권고의 대상은 높은 자리에 있는 사람들이 아니라 노예들이었다. 우리는 충실하게 일을 수행함으로써 하나님의 부르심, 즉 일에 대한 부르심에 순종할 필요가 있는 것이다.

기독교 역사 속에서 부르심 배우기

기독교 역사에서 일에 대한 부르심이나, 일에 대한 신학적 논고를 수없이 볼 수 있다. 칼빈이나 루터의 신학, 그리고 그들의 삶의 모습에서 우리는 일에 대한 그들의 생각이 어떠한지를 볼 수 있다. 그들은 일의 대한 생각을 거룩함이나 세속으로 구분하지 않고, 그 개념을 하나님의 부르심을 받은 사람들이 세상 속에서 어떻게 영향력을 나타낼 것인가에 중점을 두었다. 교회 안에서의 거룩함도 중요하지만, 세상 속에서 일을 통해 일터에서의 거룩함을 나타내고, 그 거룩함으로 일터를 변화시키는 것이 하나님의 일에 대한 부르심, 세상에 대한 부르심이라고 보았던 것이다.

하나님이 우리를 비즈니스로 부르신 것은 일을 통하여 일터를 거룩하게 하고, 그 일을 통해서 세상을 변화시키는 촉매자로 쓰시고자 함이며, 이것이 역사 속에서 하나님께서 하시고자 하는 일이다.

하나님의 위대한 일에 대한 부르심

예수님은 "하나님이 일하시니 나도 일한다."라도 말했다. 하나님은 천지창조를 하시면서 일하는 모습을 보여주셨다. 그것은 일에 대한 모든 것을 우리에게 시연해 보이신 것이다. 다시 말하면, 일은 위대하며 하나님의 일 또한 위대하다는 것을 보여주는 증거이다. 하나님은 일을 통하여 세상을 만드셨고, 일을 위대하게 하셨으며, 일을 통하여 세상을 완성하시고자 하는 모습을 우리에게 보여주셨다.

위대한 일에 대한 부르심

세상에는 수많은 일들, 즉 직업이 있다. 없어지는 직업이 있는가 하면, 새로 만들어지는 직업도 있다. 4차 산업혁명 시대를 맞아 현재의 일터와 직업이 다양하게 변모하고 있는 것을 볼 수 있다. 일의 규모와 성격은 다를지 모르지만, 하나님은 우리를 위대한 일에 부르셨다는 사실을 직시할 필요가 있다.

성경에서 말하는 일의 개념

하나님은 아담에게 가시가 넘치는 땅에서 땀 흘려 일을 해서 먹고 살고, 자손을 번성시켜야 하는 모습을 보여주셨다. 다시 말하면, 일에는 수고와 애씀이 따라야 한다는 것을 보여주신 것이다. 일을 통해 하나님이 의도하시고자 하는 경륜대로 이끌어 가신다. 그러므로 일은 천한 대상이 아니라 거룩함 자체이다. 이 일을 통해서 세상 속에서 하나님의 존재를 나타나게 하시고자 하는 목적이 있고, 일하는 사람들을 통해 일이란 거룩함이라는 것을 보여주고 있는 것이다.

부르신 자에게 주신 일

하나님은 노아를 부르시고 노아에게 방주를 만드는 일을 주셨다. 그 일은 결코 쉬운 일이 아니었다. 현대의 기술과 과학을 이용하더라도 노아가 만든 배를 그대로 만든다는 것은 결코 쉬운 일이 아닐 것이다. 하지만 노아는 하나님이 주신 명령이고 하나님이 주신 일이기 때문에 소명으로 알고 방주를 만들어냈다. 다시 말하면, 하나님이 주신 일이기 때문에 노아는 그 부르심 속에서 비전을 보았고, 가치를 보았으며, 그래서 엄청난 미션을 수행할 수 있었던 것이다.

주어진 일에 대한 헌신의 방법

노아는 주어진 일에 대하여 불평을 하거나 낙심하지 않았다. 이유는 간단하다. 하나님이 주신 일이라는 개념이 명확했기 때문이다. 다시 말하면, 주어진 일에 대하여 충성할 헌신의 마음이 있었던 것이다. 그래서 바울은 '맡은 자가 할 일은 충성'이라고 말했는지도 모른다.

노아는 자신에게 주어진 일에 대해 헌신할 각오를 하였다. 가족과 주변의 수많은 사람의 방해와 이간질, 그리고 힘들게 하는 여러 모습들이 있었지만, 하나님이 주신 일이라는 확신과 부르심 때문에 노아는 방주를 만드는 일에 헌신하였던 것이다.

성경적 일과 세상적 일의 개념

성경에서 말하는 일이란 어떤 것일까? 성경에서 말하는 일이란 오로지 하나님을 위한 일인 것일까? 하나님의 일, 다시 말하면 성전에서 섬기고 봉사하는 일에 국한되어 있을까? 그렇지 않다. 성경은 하나님의 궁극적 목적 또는 사명이 모든 피조물을 구속함으로써 자신을 영화롭게 하시는 것이라고 말한다. 전반적인 "창조, 타락, 구속, 그리고 완성"의 서사적인 구조를 통해 구속의 범위가 물리적·영적·물질적(경제적), 그리고 사회적 측면을 모두 포함하는 통전적인 것임을 알 수 있다. 신명기 6장 4-6절에서 말하듯이, 하나님은 인간이 하나님과의 관계를 통해 변성하고, 물질적으로 풍요롭게 살기를 원하신다. 그러므로 성경적인 일과 세상의 일은 구별될 수 없다. 하나님은 일을 통해서 세상을 하나님의 세상과 구별하려는 것이 아니라, 세상 속에서 조화롭게 사는 것을 원하시는 것이다.

일에서 얻어지는 은혜와 은사

우리는 일을 통해서 삶의 기본과 행복을 누리도록 만들어졌다. 하나님이 창조 사역을 일을 시작함으로써 하셨듯이, 우리는 일을 통해서 하나님의 신성한 은혜를 체험할 수 있으며, 일을 통해서 다양한 은사를 찾을 수 있다. 하나님이 베풀어 주시는 은혜의 궁전에서 우리는 삶의 기쁨을 누리고, 일에서 얻어지는 보람과 긍지를 통해서 발견한 각양의 은사를 일터에서 하나님의 영토로 확장할 수 있다. 하나님은 우리로 하여금 교회에서 사용할 다양한 은사를 주셨듯이, 세상 속 일터에서 사용할 은사도 주셨다는 사실을 발견할 필요가 있다.

일을 통한 영향력 만들기

하나님이 우리에게 일을 주시고, 그 일이 일터에서 은사로 나타날 때, 하나님은 무엇을 원하시는 것일까? 그것은 다름이 아니라 일을 통하여 일터에서 하나님의 위대한 창조의 일, 하나님이 하시는 일을 나타나게 하심을 알게 하려 함이다. 그러므로 우리에게 주어진 일터는 하나님의 거룩한 지성소나 다름없다. 하나님의 지성소는 거룩함이 극대화한 곳이라고 할 수 있듯이, 마찬가지로 일 역시 하나님의 은총의 산물이며, 일터에서 하나님이 주신 일을 통해서 세상 속에 있는 사람들에게 영향력을 주어야 하는 것이다. 그 영향력은 하나님이 주시는 지혜와 노력으로 만들어지며, 세상을 변화시키는 산 능력이 될 수 있다.

위대한 일터에 대한 선교적 부르심

일에 대한 부르심의 가장 적절한 말씀이 창세기 1장 28절이 아닌가 싶다. 하나님께서 그들에게 복을 주시고 말씀하시기를 "다산하고 번성하며 땅을 다시 채우고 그것을 정복하라. 그리고 바다의 고기와 공중의 새와 땅 위에서 움직이는 모든 생물을 다스리라."라고 하신다. 이 말씀은 그리스도인 모두에게 일에 대한 새로운 부르심의 말씀이라고 할 수 있다. 우리 모두가 일에 대한 부르심을 알기를 원한다면, 하나님은 우리 모두에게 일반적 관점이 아닌, 선교적 관점에서 살기를 바라신다는 사실을 직시할 필요가 있다.

일터의 의미

일터는 우리 모두가 같은 관점이라고 볼 수는 없다고 본다. 어떤 사람은 사업장이 일터일 수 있고, 어떤 사람은 공무원으로서 일하는 장소가 일터일 수 있으며, 각양각색의 일터가 있을 수 있다. 일터의 의미란 일을 할 수 있는 장소와 공간을 말한다. 우리는 일을 수행하는 장소에서 "어떻게 세상에 속한 사람들과 화목하며 살 것인가?"라는 질문을 가지고 살아야 한다. 우리를 일에 부르신 이유는 "화목케 하라"고 명하신 주님의 명령을 수행해야 하기 때문이다.

일터 사역자 아브라함 따라가기

아브라함을 보면 하란이 좋을 수밖에 없었다. 돈 많은 부자의 아들로 태어나 그 당시 최고의 도시에서 꽤나 명성을 얻고 살고 있었기 때문에 하나님의 부르심에 일터 사역자로 따라간다는 것은 가장 힘든 일이었을지도 모른다. 하지만 아브라함이 하나님이 주신 일터를 향해 갈 길을 모르면서도 떠났다는 사실 자체만으로 용기가 되고 위로가 된다. 그러므로 이 시대의 진정한 멘토, 일터 사역자 아브라함을 따라가 보자.

일터의 중요성과 일터에서의 역할

예수님은 이 땅에서 사실 때 자신의 통전적 삶을 보여주신 적이 있다. 마태복음 11장 2-6절에 보면, "요한이 옥에서 그리스도께서 하신 일을 듣고 제자들을 보내어 예수께 여짜오되 오실 그이가 당신입니까? 우리가 다른 이를 기다릴까요? 예수께서 대답하여 이르시되 너희가 가서 듣고 본 것을 요한에게 알리되 맹인이 보며 못 걷는 사람이 걸으며 나병 환자가 깨끗함을 받으며 못 듣는 자가 들으며 죽은 자가 살아나며 가난한 자에게 복음이 전파된다 하라 누구든지 나로 말미암아 실족하지 아니하는 자는 복이 있도다 하시니라."라는 말씀이 있다. 이 말씀에서 주시는 의미는 어떠한 역할도 중요하지만,

그 역할로 인해 실족하는 자가 생기면 아무런 의미가 없다는 사실이다. 그러므로 일터도 중요하지만 일터에서 행하는 역할이 더 중요하다는 것을 상징성으로 보여주고 있는 말씀이다.

일터에서 킹덤(Kingdom) 비즈니스적인 삶

우리의 모든 삶이 비즈니스라고 하여도 틀림없다. 우리 모두가 비즈니스를 통해서 얻어진 산물을 가지고 살기 때문이다. 우리는 세상의 방법으로 살아가는 사람들이 아니라, 하나님의 왕국이라는 목표 속에서 살아가기 때문에, 우리의 모든 환경이 일터라고 한다면, 그 일터에서 하나님의 왕국을 위한 일을 도모하고 완성하여야 한다. 그것이 바로 킹덤 비즈니스적인 삶이라고 말할 수 있다.

일터를 확장하는 방법 배우기

하나님의 영토를 확장하는 것, 그것은 모든 크리스천이 하여야 할 의무이다. 하나님이 우리에게 주신 일터를 일터답게 만드는 과정을 통해서 일터를 하나님의 거룩한 지성소로 만들 수 있고, 그 지성소를 확장할 수 있다는 것을 알아야 한다. 사단이 잡고 있는 세상의 영토를 일터를 통해서 확장하는 일은 그 무엇보다도 우선이 되어야 한다. 일터가 확장이 될 때 그 일터 안에 수많은 사람이 일을 할 수 있다는 것은 바로 기업이 확장된다는 것을 의미한다. 일터가 확장됨으로 인해서 그 안에 기독교 문화가 형성되면, 공동체가 만들어지면서 자연스럽게 크리스천 문화로 인해 복음의 영향력이 나타나게 되는 것이다.

04

일터에서 은사 활용하기

신약성경의 여러 곳에서 은사에 대한 내용을 찾아볼 수 있다. 대부분 직분과 관계된 은사들이지만, 직분을 통해서 일에 대한 은사와 일터에서의 은사를 분별할 수도 있다. 우리는 하나님으로부터 교회의 일과 세상의 일 속에서 다양한 은사를 부여받았다. 부여받은 은사를 활용하여 일터에서 하나님의 영토를 확장하는 데 사명을 다하여야 한다. 그것이 하나님이 일하신 목적이고 우리에게 주신 비전이다.

세상의 필요

우리가 하는 일이 과연 세상의 필요를 채울 수 있을까? 아니면 공허한 말과 일뿐일까? 그렇지 않다. 하나님께서 우리에게 주신 일은 세상을 변화시키는 가장 역동적인 것이다. 우리는 세상을 변화시키는 일터의 주인공으로 부름 받았다는 사실을 잊어서는 안 된다.

세상의 변화를 촉진시킬 은사와 재능

하나님께서 우리 각 사람에게 주신 은사는 일에 대한 감사의 은사이다. 그러므로 일을 할 수 있다는 것은 축복이다. 세상에는 일이 있어도 하지 못하는 사람이 있는 반면, 일이 없어 하지 못하는 사람도 있다. 이러한 사회적 현상에서 우리에게 일터를 주시고, 그 일터에서 할 수 있는 일을 주셨다는 것은 축복 중의 축복이다. 하지만 수많은 크리스천들은 이러한 감사의 은사를 제대로 활용하지 못하고 있다. 이러한 안타까운 현실을 볼 때 가슴이 아프다. 우리에게 각양의 은사를 주신 것, 즉 다양한 직업과 비즈니스를 주신 것은 세상을 변화시키고, 촉진시킬 수 있는 하나님이 주신 거대한 능력이라고 할 수 있다. 하나님께서 기업인에게 비즈니스를 주신 목적은, 비즈니스 세계에 하나님의 나라를 건설하고, 비즈니스를 통하여 통섭의 영향력을 만들기 위해서라는 사실을 기억하라.

일에 대한 진정한 갈망

예수님은 마태복음 10장 39절에서 "나를 위하여 자기 목숨을 버리는 자는 목숨을 얻을 것이다."라고 말했다. 섬김의 리더십을 단적으로 보여주는 말씀이다. 비즈니스 관점에서 볼 때, 섬김(service)이라는 말은 종종 비즈니스에서 제품을 소비하는 소비자들을 위하여 사용되는 말로서, 성경에서 말하는 섬기는 리더십(servant leadership)의 개념으로 사용된다. 하지만 나는 이 개념이 일에 대한 진정성을 보여주는 것이라고 말하고 싶다. 일에 대한 열정과 진정성이 있으면, 우리는 무슨 일이든 해낼 수 있다. 그것은 바로 일에 대한 진정성이 넘칠 때 가능할 것이다.

일에 대한 주 안에서의 자유함

우리의 주변에서 일에 대한 불안감과 성숙함을 드러내지 못하는 사람들을 수없이 보게 된다. 이러한 이유는, 바로 일에 대한 강박관념 속에서 나타나는 현상이라고 본다. 하나님이 우리에게 주신 일은 강박관념 속에서 하여야 하는 일이 아니다. 하나님이 우리에게 주신 일은 우리와 같이 새로운 창조사역, 즉 일을 통하여 세상을 변화시키려는 하나님의 의지를 보여주는 것이다. 그래서 하나님은 우리를 하나님의 일에 참여하는 동역자로 불러주셨다는 사실을 직시하여야 한다.

하나님은 우리에게 일을 주면서 자유의지를 주셨고, 우리를 로봇으로 만들지 않으셨다. 우리에게 주어진 일터에서 일을 할 때에는 자유함이 있어야 한다. 그리고 그 자유함 속에서 참된 일을 통하여 만족과 기쁨, 행복을 얻을 수 있어야 한다. 그와 동시에 우리는 일터에서 활력있게 일하는 자유함을 얻을 수 있다.

영향력 있는 킹덤 비즈니스 따라가기

영향력 있는 킹덤 비즈니스 따라가기

하나님 나라를 향한 비즈니스는 하나님의 영토를 확장하는 것이다. 세상 사람들로부터 가끔 엄청난 도전과 공격을 받는 이유 중의 하나는 우리가 너무도 배타적이라는 사실이다. 하지만 배타적이지 않으면 우리의 가장 중요한 골격이 무너질 수밖에 없다. 우리의 기초가 무너지면 영향력을 상실하고 하나님의 뜻을 이루는 영토확장을 위한 킹덤 비즈니스의 가치를 잃어버리게 된다.

영향력 있는 사람이 되는 것

세상에는 수많은 영향력을 가진 사람들이 있었고, 지금도 있으며, 앞으로도 나타날 것이다. 영향력이라는 것은 감동을 주는 것이 아니다. 영향력이라는 것은 사람들의 삶을 변화시키는 일이다. 영화를 본 적이 있는가? 감동은 하루 이틀 동안은 지속될지 몰라도 일년

내내 혹은 평생 지속되기는 어렵다. 하지만 영향력이라는 것은 그렇지 않다. 이 세상에 수많은 영향력 있는 사람들이 있었지만, 사람들의 운명을 확 바꾸어놓을 만큼 영향력 있는 사람은 예수 외에는 없다. 물론 사람들에게 영향력을 주고 있는 사람들도 있다. 하지만 운명을 바꾸도록 영향력을 준 사람은 드물다는 것이다.

이와 같이 영향력이 있는 사람이 된다는 것은 쉽지 않은 일이다. 영향력 있는 사람이 된다는 것은 하나님의 부르심을 알고 그 일에 순종하여 따르는 사람이다.

세상에 속한 그리스도인이 되는 것

하나님은 우리를 교회로 부르셨지만, 교회에 머무르기를 원치 않으셨다. 하나님은 우리를 세상으로 부르셨고, 세상에서 그리스도인이 되라고 부르셨다. 교회가 세상으로 들어가기를 원하지, 세상이 교회 속으로 들어오기를 원하지 않으셨다. 세상에 속한 그리스도인이 된다는 것은 하나님의 부르심에 순종하는 것이고, 하나님의 일에 대한 가치를 가장 잘 아는 사람이라고 말할 수 있다.

예수의 영향력 따라가기

예수님이 세상이라는 일터에서 보여주신 것은 "첫째가 된 사람이 꼴찌가 된다."라는 것이다. 예수님은 마태복음 19-20장에서 섬기는 그리스도를 보여주셨고, 이사야 53장에서는 이사야의 예언을 통해 섬김의 모습을 보여주셨다. 세상에는 수많은 리더십이 발표되고 있다. 하지만 그 중에서 가장 영향력을 주는 리더십은 '섬기는 리더십'

이다. 2천 년이 지난 지금도 예수의 섬김의 리더십이 인류에게 엄청난 영향력을 주고 있는 것은, 섬김의 리더십을 손수 행하셨기 때문이다. 우리의 일을 통해 일터에서 그리스도의 모본이 나타날 때, 모든 사람들이 그리스도의 영향력을 알아차리고 따라올 것이다.

영향력 있는 사람의 네 가지 답 배우기

영향력 있는 사람이 된다는 것을 우리는 예수 그리스도를 통해서 배웠다. 첫째는 사람을 소중히 여기는 것, 둘째는 정직을 행하는 것, 셋째는 열정을 가지고 행하는 것, 그리고 마지막으로 나눔을 행하는 것이다. 우리는 이러한 것들을 예수의 행적에서 찾아볼 수 있다.

글로벌 시대에 비즈니스는 무엇인가?

글로벌 비즈니스(Global Business)란?

여기서 다시 한 번 글로벌에 대한 개념을 정확히 하고 가고자 한다. 앞장에서도 다루었지만, 이제는 글로벌 시대이다. 글로벌 시대에 맞추어 살아가려면 글로벌에 대한 인식이 뚜렷해야 한다. 글로벌 시대의 리더는 영어나 문화를 이해한다고 되는 것이 아니고 소통하는 통찰력으로 통합하는 리더가 되어야 한다.

우리는 글로벌(Global)이라는 단어에 익숙해져 있다. 이제 국가, 기업, 기관, 선교단체, 그리고 다양하게 글로벌이라는 단어를 사용하는데, 이 단어는 국제(International)라는 단어와 맥을 같이하지 않는다. 사전에 보면 '국제'라는 단어는 '국제적인, 국가 간의, 국제적으로 인정된'이라는 의미로 사용되고 있다. 그렇다면 글로벌이란? '세계적인, 지구 위의, 전세계의'라는 뜻을 지니고 있으며, 모두 형용사로 쓰이고 있다. 글로벌이란 단어는 국가 간의 비즈니스와 기업간의 비즈니스, 그리고 개인 간의 비즈니스 용도로 사용되고 있다. 그러면서 글로벌 정책을 서로에게 유익하도록 사용하면서 세계 속에서 널리 사용되고 있다. 지금의 각 정부도 비즈니스에 올인원(All-in-one)하고 있는데, 그것을 일컬어서 글로벌 비즈니스(Global Business)라고 한다. 우리는 하나님께서 우리에게 글로벌이라는 환경을 만들어주신 것에 감사하고, 이제는 사업도 선교도 글로벌 마인드를 가지고 하여야 한다.

글로벌(Global) 개념과 환경 알기

글로벌은 우리에게 새로운 도전장을 주고 있다. 세계에는 238개의 크고 작은 나라들이 있다. 우리가 잘 아는 나라가 있는 반면에 전혀 모르는 나라도 있다. 우리가 전체의 나라를 다 갈 수는 없지만, 이제는 하루 생활권 속에서 각각의 나라의 정보를 볼 수가 있다. 전세계가 하루 생활권에 묶여 있다. 앞으로는 전세계 어디로든 출퇴근하는 시대가 올지도 모른다. 하나님은 우리에게 창세기 1장 28절을 통해서 명령하시지 않았는가? 하늘과 땅과 바다를 점령하라! 이것이 바로 비즈니스하는 사람들에게 주신 비즈니스와 선교의 지상명령이 아닐까 싶다. 그렇다면 우리는 이 과제를 수행하기 위해서 글로벌 시대에 맞게 행동하여야 할 것이다.

세상은 넓고 부르는 나라는 많다.

세상은 넓고 부르는 나라도 많다. 글로벌 비즈니스는 이 시대의 요청이다. 우리가 해도 되고 안 해도 되는 그런 것이 아니라, 모두가 하여야 하는 또 하나의 명령이다. 요즈음에 등장한 또 하나의 단어가 있는데, 글로컬(Glocal)이라는 단어이다. 왜 글로컬 비즈니스인가? 국제적으로 동시에 사용하는 글로컬이라는 단어는 글로벌(Global)과 로컬(Local)이라는 단어가 합성하여 만들어진 것이다. 다시 말하면, 성경에서 나오는 족속의 개념이 바로 로컬(Local)이고, 성경에서 나오는 나라가 바로 글로벌(Global)이라는 개념이다. 그곳에 당신을 위한 영토가 기다리고 있고, 그 영토 속에서 당신의 기업의 영토를 만들고, 더불어 하나님의 영토를 만들어라! 그리고 그곳에서 당신의 영향력을 만들어서 복음을 확장하고 선교의 깃발을 당당하게 세워라. 이것이야말로 글로벌 시대에 당신에게 주어진 임무이고 성공의 과제이다. 이제 비즈니스도 글로벌 시대에 맞게 시스템을 구축하고 글로벌 시대를 앞서는 비즈니스를 지향하여야 한다.

더 성경적 비즈니스

우리는 성경이 우리에게 가르쳐주는 성경적 비즈니스에 대해 알아야 할 필요가 있다. 나는 성경적 비즈니스를 잠언 15장 22절 "의논이 없으면 경영이 무너지고 지략이 많으면 경영이 성립하느니라."라는 말씀에서 찾았다. 성경적 비즈니스는 거대한 산맥이 아니라 나지막한 산과 같고 거대한 파도가 아니라 잔잔한 파도와 같은 것이다. 성경적 비즈니스란? 소통하면서 대화를 바탕으로 이루어진다는 것이고, 성경적 비즈니스의 원리는 대화이고 소통이라는 것이다.

더 성경적 경영

경영이란 무엇인가? 경영이라는 단어를 사전에서 보면 여러 가지 방법론적인 것이 많이 나온다. 하지만 경영이란? 리스크를 줄이는 것이고 관리를 잘 하는 것이다. 그래서 성경 여기저기에서 경영이라는 단어를 찾아보았다. 몇 군데에 경영이라는 단어가 나온다. 하지만 나는 다른 곳에서 경영법칙 또는 경영원리를 찾아보고 싶었다. 그러던 중 요한복음 2장의 가나 혼인 잔치의 현장에서 성경적 경영의 원칙을 찾을 수 있었다. 성경적 경영원리는 결론을 먼저 말하자면 다름이 아닌 '순종의 원리'이다. 물이 포도주로 변한 것이다. 성경적 경영의 원리는 단순하다. 성경이 시키는 대로 하면 되는 것이다.

킹덤 비즈니스의 사업원칙

비즈니스는 생명이다.

성경을 읽다 보면 "아! 이 사람들은 진정으로 비즈니스맨이었구나." 하고 잡히는 사람들이 있는데, 그 대표적인 인물로 구약의 아브라함, 야곱, 요셉, 신약의 바울과 루디아 등을 들 수 있다. 그런데 이런 사람들 이외에도 성경에 너무도 많은 사람이 비즈니스에 관련되어 살아왔다.

대표적인 예로 나는 야곱을 말하고 싶다. 그는 삼촌 라반의 밑에서 21년 동안 일했다. 노예로? 아니면 일꾼으로? 이 표현도 좀 그렇다. 아니면 이 표현은 어떤가! 라반의 밑에서 사업을 배우고 있는 청년 벤처 사업가로! 그는 한 여인을 얻기 위해 7년, 또 한 여인을 얻기 위해 또다시 7년을 일하였다. 그러나 삼촌의 욕심으로 또 7년을 더해야 하는 상황에 직면했는데, 이것이야말로 진정 비즈니스의 현장이 무엇인지를 보여주는 대표적인 사례이다.

그 후 야곱은 삼촌과 담판을 짓는다. 그 내용이 창세기 30장 37~43절에 기록되어 있는데, 이 말씀을 비즈니스 관점에서 주의 깊게 읽어보면, 야곱이 삼촌의 밑에서 지낸 20년의 경험을 통해서야 자기의 자리를 잡은 것을 볼 수 있다. 이 모습을 보면서 이것이야말로 진정한 비즈니스라는 것을 깨닫게 되었다.

물건을 파는 것이 비즈니스가 아니라, 삶의 모든 것이 비즈니스이다. 물건을 파는 것이 아니라 사람과의 관계가 비즈니스이다. 비즈니스는 영어로 'Busy', 즉 '바쁘다, 부산하다, 급하게 서두르다'와 추상명사 'ness'가 결합하여 'Business', 즉 급하게 다니면서 무엇인가를 한다는 의미의 단어로 파생되었다. 스페인어로 비즈니스는 '나링스리브'(Naringsliv)라고 하는데, 영어로 번역하면 'Nourishment for life', 곧 '생명을 위한 자양분'이라는 뜻이다. 그러므로 비즈니스는 생명을 위한 것이고 생명을 살리는 것이다. 생명을 위한 자양분이라는 것이다. 이러한 비즈니스의 개념이 이미 야곱의 시대 이전부터 지금의 선교를 위해 준비되어 있었다는 사실을 볼 때, 하나님의 치밀하고 완전하신 계획하심에 놀라지 않을 수 없다.

비즈니스는 베푸는 것이다.

"비즈니스는 생명을 위한 것이다."라는 말이 있지만, 우리는 왜 비즈니스에 목을 매는 것일까? 그것은 베풀어 주는 것이기 때문이다. 우리는 베풀기 위해서 사업을 하는 사람이다. 이것이 비즈니스의 결론이 아닐까? 그런데 세 부류의 사람이 있다.

테이커(Taker): 주는 것보다 받기를 좋아하는 사람(적자생존),
매처(Matcher): 받은 만큼 되돌려주는 사람(자업자득)
기버(Giver): 받는 것보다 주기를 좋아하는 사람(살신성인)

비즈니스 선교란? 비즈니스를 이용해서 선교하는 것을 말한다. 다시 말하면, 이윤을 추구하는 사업체나 사람을 통해서 하나님이 나라와 국민을 변화시키는 활동에 동참하여 사역하는 것이다. 능동적이든 수동적이든 경제적 이익을 가지고 필요로 하는 사람들에게 그리고 필요로 하는 곳에 경제적 필요를 채우는 것이 비즈니스 선교라고 말할 수 있다. 비즈니스 선교를 효과적으로 하기 위해서는 아래의 조건이 부합되어야 한다. 수익성과 안전성, 일자리 창출과 부의 창출, 사람을 세우는 것, 그리고 하나님의 영토 안에서 하나님의 사람을 세우는 것, 이러한 것이 충족되어야 비로소 비즈니스 선교라고 말할 수 있다.

첫째, 영향력 있는 그리스도인이 있어야 한다. 그의 영향력을 통해서 하나님의 목적을 수립할 수 있기 때문이다. 그리고 그런 사람이 회사에 있을 때 그의 영향력은 엄청난 파급효과를 나타낸다.

둘째, 하나님의 목적에 부합하는 사업이어야 한다. 하나님의 목적에 부합하는 사업이란 선교적 영향력을 줄 수 있는 사업을 말한다.

셋째, 이윤을 통해 하나님 나라를 확장할 수 있는 경제적·재정적 이윤의 틀을 마련하는 기업이어야 한다. 만약에 경제적 이윤의 틀도 마련하지 않고 하나님의 나라 확장에 뛰어든다는 것은 군인에게

총은 있는데 실탄이 없는 것과 같다.

넷째, 소속 직원을 행복하게 하는 것이다. 직원이 회사의 일원으로서 만족감과 충직함을 가지고 있지 못하다면, 그 회사는 직원의 관리에 엄청난 에너지를 소진할 수가 있다. 그러므로 갑과 을의 관계가 아니라 사장과 직원과의 관계가 수평적 관계를 맺고 문화를 만들어 가야 한다.

다섯째, 고객을 섬기는 회사로서 고객의 만족을 위해 부단히 연구하는 회사, 다시 말하면 고객이 회사를 존경해 주고 키워 주는 충성스러운 고객을 만드는 회사가 되어야 한다.

여섯째, 기업 문화가 하나님의 말씀과 목적에 부합한 사업과 사업자가 되어야 한다. 이를 통해서 모든 회사의 직원들이 한 문화 속에서 정체성을 가지고 기업이 추구하는 목적을 이룰 수 있는 것이다. 이러한 과정을 거치면, 비즈니스 세계에 하나님의 나라가 임하게 되며, 세상 속에서 일터를 통하여, 그리스도의 막강한 영향력을 줄 수 있다. 이것을 위해 당신을 비즈니스로 부른 것이다. 당신의 비즈니스가 성공해야 할 이유가 여기에 있다.

제 2 부
무작정 창업, 무작정 망한다

창업에 성공하기 위해서는 누구보다도 많이 준비하는 것이 성공의 첫째 관문이다. 이 관문을 통과하지 않고는 절대로 창업을 해서는 안 된다. 철저한 준비가 창업의 성공을 만들어 주고, 당신의 인생에 대해 후회하는 일이 발생하지 않는다.

창업이란?

아이고! 수많은 곳에서 너도나도 창업, 창업. 창업이 무슨 아이 이름도 아니고 다들 난리들이다. 너도나도 창업에 목매고 산다. 하긴 그럴 만도 하다. 수많은 사람이 창업해서 대박을 터뜨렸다고 언론과 방송에서 떠들어내니까 말이다.

창업(創業)이란 사람이 업(業)을 새로 만드는 것이고, 업을 시작하는 것이라고 말할 수 있다. 어떤 사람들은 창업을 스타트업 (Start up)이라고 한다. 하지만 그것은 아니다. 스타트업에 대하여 잘 모르고 하는 말이다. 스타트업은 영어로 "시동을 걸다"는 말이다. 우리가 앞서 정의한 사전적 의미와는 많은 차이가 있다. 미국에서 스타트업의 의미는 말 그대로 시동을 건 상태일 뿐이며, 목적지(혁신을 통한 수익창출)를 향한 준비 동작일 뿐이다. 다시 말하면 '스타트업'은 새로운 삶의 터전을 만드는 준비운동이라고 말할 수 있다.

창업을 너도나도 이야기하니까 손오공의 여의봉처럼 생각하는 사람이 많으며, 더 나아가 아라비안나이트의 양탄자같이 생각하는 사람과 '금 나와라 뚝딱!' 하면 금이 나오는 것처럼 착각하는 사람들이 많다. 창업의 성공을 연금술처럼 생각하고 창업도 같은 맥락에서 시작한다는 것이다.

민주주의 국가에서 창업을 하는 것은 자유이다. 누가 뭐라고 할 사람이 하나도 없다. 창업을 성공시키든 망하든 누가 상관하랴? 상관할 사람은 아무도 없다. 물론 언론과 방송에 당신의 창업 소식이 나올 이유도 없다.

창업은 새로운 업을 만드는 것이라고 했다. 여기에는 기쁨도 있을 수 있고, 버거움도 있을 수 있다. 새로운 것을 창조한다는 것은 그만큼 어려운 것이다. 그 일에 당신도 들어서고 있으니 말이다.

누가 창업하는가?

창업의 주체는 특정한 누구라고 말할 수 없다. 누구든지 할 수 있다. 작금의 상황에서 보면 창업하면 청년, 대학생, 명퇴자, 다양한 부류의 사람들이 창업의 전선에 뛰어든다. 정부와 지자체에서 창업을 부추기고, 더 나아가 프랜차이즈 회사들이 더욱 극성을 부린다.

한국에서는 창업의 광풍이 분다고 해도 과언이 아닌 것 같다. 가상화폐의 광풍도 이에 뒤지지 않지만, 창업의 열풍은 대단하다고 볼 수 있다. 요즘은 고등학생까지 창업의 전선에 뛰어들고 있으며, 시니어들도 아이디어가 있다는 생각이 들면 죽자 살자 창업을 한다고 난리를 피운다.

창업이란 생업을 만드는 일이라는 것 때문에 창업센터에 가보면 수많은 사람이 몰려든다. 누구라도 그러하듯이.

창업은 누구나 할 수 있지만, 누구나 성공할 수 있는 것은 아니다. 창업은 누구나 조건만 맞으면 할 수 있지만, 그렇다고 누구나 창업을 할 수 있는 것은 아니다. 창업은 창업의 조건이 맞는 사람이 하여야 한다. 하지만 누구나 달려들기 때문에 더 가치성이 떨어진다고 볼 수 있다.

수많은 창업자들을 만나서 강의도 하고 대화를 해보았다. 하지만 창업의 조건이 맞지 않는데도 창업을 한 사람들을 수없이 보았다. 그 사람은 누구인가? 아마도 당신일 수도 있고, 아닐 수도 있다. 창업은 누구나 할 수 있지만, 누구나 성공을 보장받지는 못한다는 사실을 직시하여야 한다. 그 누구라도!

창업의 성공률은?

창업하는 사람들의 다급성은 당해보지 않은 사람은 모를 수 있다. 나도 누구보다도 창업에 대하여 다급함과 가슴 아픈 사연을 가지고 있다. 내가 창업해서 성공하기까지 걸린 시간이 무려 10년이었다. 그 이전에는 맨땅에서 헤딩하고 다녔을 뿐이다. 곳곳에서 창업의 소리는 들리지만, 과연 창업이 창업답게 제대로 되는 곳이 얼마나 될까 싶다.

정부에서 발표하는 데이터만 보더라도 성공률은 그리 높지 못하다. 창업을 주도하는 정부나 지자체도 성공률을 보장하지 못하기 때문에 창업의 지속성을 강조하고 있지만, 창업의 실패가 인생의 실패가 되지 않기 위해 지속적으로 관리해 주어야 한다고 난리법석이다.

이만큼 창업은 어려운 것이고 성공률을 보장받을 수 없다. 정부의 통계를 보면 1년에 창업하는 수가 무려 백만이 넘는다. 그중에서 법인 성격의 창업이 20퍼센트 정도이고 나머지 80퍼센트는 자영업이다. 법인이란? 일정액의 자본금을 가지고 2명 이상의 사람이 회사를 설립하여 운영하는 것을 말하고, 자영업은 자본금이 없이 영세사업자로서 사업을 하는 것이라고 말할 수 있다. 1년에 수백만 개 회사가 등록을 하지만, 그 중에서 60퍼센트는 인터넷을 통한 사업이고 20퍼센트는 요식업, 그리고 20퍼센트는 기타 사업이다. 이 가운데 6개월 이상 버티지 못하고 사업장을 폐쇄하는 곳이 무려 40퍼센트이고, 나머지 50퍼센트도 2년 내에 문을 닫는 회사가 증가하고 있으며, 10퍼센트 정도만 생존한다는 사실을 볼 때, 참으로 창업의 성공률은 희박하다고 볼 수 있다.

그래도 창업에 매달리는 이유는 무엇일까? 우리가 처한 현실이 수많은 사람이 창업을 하게 되는 이유가 아닐까 싶다. 창업 성공의 높은 벽을 넘지 못하는 안타까움을 어떻게 해결하여야 할까? 그것이 문제이다.

창업에서 대박 났다고? 전부 거짓말!

나는 계속해서 창업에 대하여 이야기하고 있다. 나 자신이 창업을 이야기하면서 창업에 대하여 부정론자인가 하는 생각을 하게 된다. 하지만 나는 결코 창업에 대하여 부정론자가 아니다. 나는 사업을 시작할 때 맨땅에 헤딩하듯이 했고, 그 결과 성공의 역사를 만든 사람이다. 그렇기 때문에 창업 분야에서는 누구보다도 최고의 강사라고 자부하고 있다. 나의 강의를 들은 수많은 사람이 창업을 해서 한국은 물론 많은 나라에서 성공적으로 수행하고 있다.

하지만 나의 창업 강의를 들은 사람들 가운데에는 실패한 사람도 많다. 그 이유는 강사의 책임도 있지만, 실제의 책임은 강의를 들은 사람들에게 있다고 볼 수 있다.

나의 창업 강의는 다른 창업 강의들과는 다르다. 나의 창업 강의는 경험과 실전 그리고 이론으로 구성되어 있는데, 내가 만든 성공을 바탕으로 이루어져 있다. 나의 강의를 듣고 창업한 사람들 가운데에는 생존하고 있는 사람들이 많다. 다시 말하면, 대박을 낸 사람은 없다. 나는 창업해서 성공했다는 수많은 사람을 리서치했지만, 대박은 고사하고 망하지 않으면 다행이다.

언론과 방송 그리고 소문을 통해 창업해서 대박난다고 하는 사업체들을 방문해서 사실관계를 알아보았다. 결론은 대박이 아니라 여전히 힘들어하고 있으며, 기술적으로 사업적으로 힘들어하고 있는 것을 확인했을 뿐이다. 창업해서 대박나려고 하기보다는 창업의 시스템을 잘 배워서 사업의 모델을 가지고 운영하는 모습을 배워야 한다고 강조한다. 그러한 과정으로 창업을 이끌어간다면 시간이 성공을 가져다주고 성공을 만들어줄 것이다.

창업, 절대로 하지 마라!

창업은 성공 담보?

수많은 사람이 창업을 강조하고 정부도 창업을 해야 한다고 말하지만, 나는 절대로 창업을 해서는 안 된다고 생각한다. 나만이 아니고 전세계의 창업에 성공한 유명한 사람들도 절대로 창업을 해서는 안 된다고 말하고 있다. 나도 역시 그들과 같은 말을 하는 이유는 무엇일까?

나는 한국에서 살면서 사업을 해본 경험이 없다. 이슬람 국가에서 선교목적을 이루어야 하는 필연적 상황에 직면하여 시작한 것이 창업이었고, 그것이 사업이었다. 그것은 맨땅에 헤딩하면서 배운 값진 보물이었다. 또 국내에서 창업을 할 때 포기하고 싶은 때가 한두 번이 아니었다. 그러한 혹독한 과정을 거치면서 글로벌 사업가로서 성공적인 모습을 보여줄 수 있었고, 지금까지 성공을 이어가고 있다.

이러한 내가 창업을 절대로 해서는 안 된다고 부르짖는 이유가 있을 것이다. 이유 없이 무조건 창업을 하면 안 된다고 부르짖으면 미친놈이라는 소리를 듣기에 부족함이 없을 것이다. 그래도 나는 절대로, 절대로, 절대로 창업을 해서는 안 된다고 말한다.

창업을 통해서 인생의 멋진 맛을 볼 수도 있고, 실패를 통해서 인생의 쓴맛을 볼 수도 있다. 하지만 젊은 시절에 굳이 창업을 통해서 인생의 쓴맛을 경험할 필요는 없다. 앞으로 살면서 이보다 더 쓴맛을 볼 것이기 때문이다. 더 나아가 다른 부류의 사람들도 마찬가지다. 창업을 통해서 얻는 것보다 잃는 것이 더 많다. 그것이 현실이다. 그래서 나의 경험과 성공을 만든 사람들이 하나같이 창업을 해서는 안 된다고 말하는 것이다. 물론 성공한 사람도 있다. 하지만 창업해서 얻는 것보다 잃어버리는 것이 더 많다는 것이고, 잃어버린 것을 다시 회복하는 데 너무도 많은 시간과 노력이 필요하다는 것이다.

창업은 당신의 인생을 바꾸지 않는다.

많은 사람들이 창업센터를 찾아다닌다. 이유는, 삶의 다급함과 여유가 없고 미래에 대한 불확실성 때문이다. 그리고 창업에 관한 온갖 책을 찾아 읽는다. 그럼으로써 나의 삶을 다른 사람들과 비교하게 되고, 그러다 보니 삶의 여유가 없어진다. 젊은이들과 많은 사람이 일자리를 찾지만, 하늘의 별따기만큼이나 힘들어한다. 이것은 이들의 잘못이 아니다. 사회의 문제일 수도 있고, 국가적 문제일 수도 있으며, 기업들의 문제일 수도 있다.

이러한 연유에서인지 모르지만, 창업센터에 가면 수많은 사람이 몰려오는 것을 볼 수 있다. 그들이 창업을 통해서 얻고자 하는 것이 무엇일까? 그것은 하나같이 창업을 통해 성공을 원한다는 것이다. 창업센터에 가면 모든 강의의 내용들이 이렇게 하면 창업에 성공한다는 내용만 가득하다. 그런데 여기서 주목할 것은 창업의 성공을 이야기하는 사람들이 창업을 해보았거나 사업을 해본 사람들이 아니라는 사실을 어떻게 설명하여야 할까 싶다. 창업에 대하여 강의하는 사람들은 대개 대학의 교수들이나 창업의 이론을 공부한 강사들이다. 다시 말하지만, 창업은 이론 무장이 잘되어 있다고 해서 절대로 성공하는 것이 아니다. 이론과 실전 그리고 준비를 어떻게 하느냐에 성패가 달려 있다.

창업이 인생의 시험대도 아니고 돈이 많아서 경험삼아 해볼 수 있는 것도 아니다. 그런데도 모두가 이렇게 저렇게 창업하면 성공한다고 가르치는데, 실제로는 창업이 인생을 바꾸지 않는다.

창업에는 수많은 조건과 여건이 필요하고 준비도 필요하다. 창업센터에서 며칠의 강의를 통해서 창업이 성공을 한다면, 모두 창업센터로 GO GO 하자! 창업은 인생을 바꾸어주지 않는다. 단지 새로운 경험, 즉 비즈니스의 세계로 들어가는 과정이라고 생각하면 딱 맞는 것이다.

창업노트가 중요한 이유

창업에 성공하는 사람과 실패하는 사람

다양한 계층의 사람들이 창업에 도전하지만 성공하는 사람과 실패하는 사람으로 남는다. 이로 인해서 겪는 행복과 좌절은 극단적이다.

창업에 실패하는 사람은, 준비 안 된 사람이라고 말할 수 있다. 물론 준비하지 않고 창업하는 사람은 없다. 창업센터에서 수많은 방법과 절차도 배웠을 것이고 자신감도 있었을 것이다. 하지만 사업은 방법과 절차, 그리고 자신감이 성공시켜 주지 못한다.

창업센터에서 주는 비전이 사업을 성공시켜 주지 못하고, 창업센터에서 주는 성공에 대한 자신감과 감동이 사업을 성공시켜 주지 못한다. 창업을 시작할 때의 그 기분을 모르는 바 아니다. 자신만만하고 여유 있는 모습, 누가 보아도 좋다. 하지만 사업은 누구나 할 수는 있지만, 누구나 성공하지는 못한다. 누구나 다 성공할 수 있다면 왜 창업센터를 찾아갈 필요가 있을까? 그냥 하면 되지. 그렇게 생각하지 않나?

창업에 성공하는 사람은 따로 있다. 그 사람들은 서두르지 않은 사람들이었다. 때가 될 때까지 기다린 사람들이었다. 때로는 답답한 마음도 급한 마음도 있었지만, 때를 기다린 사람들, 그들은 모두 창업에 성공을 한 사람들이다. 여기서 말하는 때는, 시간의 공간을 말하는 것이며 준비의 시간을 말하는 것이다. 다시 말하면, 완벽하게 준비가 될 때까지 기다린 사람들이라고 말할 수 있다. 창업의 성공요소는 기다리는 것이다. 완벽하게 준비될 때까지 정상을 향해서.

창업노트 적고 또 적는 사람이 성공한다.

나는 초창기 사업을 시작할 때 수많은 노트를 필요로 했고 적었다. 사람을 만나서 대화하는 가운데 중요한 것은 물론 불필요한 것도 모두 적었다. 그러다 보니까 노트가 쌓이고 또 쌓였다. 그런데 나중에 그것은 나의 사업에 성공을 주는 최대의 보물이었다. 하루 일과의 모든 것을 적었다. 길을 가다가 생각이 떠오르면 적었고, 밥을 먹다가도 생각이 떠오르면 적었다. 그 가운데는 보물도 있었지만, 쓰레기도 있었다. 하지만 쓰레기도 가공하면 사용하기 좋은 제품이 나오듯이 쓸모없다고 했는데 거기에 엄청난 아이디어가 숨어 있는 것을 수없이 경험했다.

그래서 나는 창업의 성공요소는 메모하는 것이라고 말한다. 창업을 위해서 결정한 순간부터 나는 적기 시작했다. 손에 노트를 달고 다녔다고 할까? 내가 창업의 노트를 달고 다니면서 적는 모습을 본 상대방은 이유를 물었고, 이유를 알고는 당신들의 지혜(?), 즉 더 많은 것을 알려주기 시작했다. 당신들의 성공의 이야기가 듣는 것으로 지나치지 않고 한 사람의 노트에 기록된다는 사실에 감동하여 더 많은 보배들을 들려주었다. 다시 말하면, 성공의 노하우들을 나에게 들려주었는데, 그것이 오늘의 나를 만들게 된 것이다.

성공한 사람들은 기록이 있다. 이 이야기는 나중에 하기로 하자. 당신이 진정한 창업의 성공을 바란다면 지금부터 늦지 않았다. 적고 또 적으라고 강권하고 싶다.

준비하는 자가 성공한다.

창업을 하려고 할 때에는 대개 스스로에게 "성공할 수 있어!"라고 최면을 걸면서 한다. 물론 사업을 시작할 때 자신감을 가지는 것이 무엇보다도 중요하다. 하지만 준비하지 않는 창업은 하지 않는 것이 좋다. 창업은 당신의 인생에서 또 하나의 상아탑이 될 수도 있고, 정반대의 답이 나올 수도 있다는 것을 명심하지 않으면 안 된다. 준비하지 않고 창업에 달려든다면 창업이라는 무거운 짐, 당신 홀로 지고 가야만 하는 외로운 사투의 길이 될 수도 있음을 명심하라.

창업에 성공하기 위해서는 누구보다도 많이 준비하는 것이 성공의 첫째 관문이다. 이 관문을 통과하지 않고는 절대로 창업을 해서는 안 된다. 철저한 준비가 창업의 성공을 만들어 주고, 당신의 인생에 대해 후회하는 일이 발생하지 않는다.

시행착오를 모두 적어라

아무리 철저히 준비를 하였어도 어디에나 시행착오가 발생하게 마련이다. 사람이 하는 일에는 잘못과 판단력 부족으로 인해서 실수할 수 있다. 물론 시행착오를 통해서 성공의 기회를 만들 수도 있다. 하지만 이러한 시행착오가 지속적으로 반복되면 나중에는 의욕이 떨어질 수밖에 없다. 그렇게 되면 창업에 대한 후회와 함께 본인 자신에게도 해로울 수 있다. 이러한 과정을 거치지 않기 위해서는 창업노트가 필요하다. 계속되는 실수와 문제가 발생한다 해도 이러한 요소들을 분석하기 위해서는 창업노트에 적고 또 적을 필요가 있다.

당신의 창업에서 성공의 길은 당신의 손에 창업노트가 있느냐, 없느냐에 따라 달라질 수 있다는 것을 명심하라!

창업 코칭, 돈을 지불하고 배우고 배워라.

이러한 시행착오를 줄이기 위해서는 당신 옆에 경험자나 유능한 멘토(mentor)가 필요하다. 당신의 삶을 멘토링(mentoring) 할 사람이 아니라, 당신의 창업을 당신의 마음과 같이 조언해 주고 창업의 전체 과정을 같이해 줄 사람이 필요하다.

물론 찾기가 어려울 수 있지만, 당신과 뜻을 같이하는 사람을 찾으면 된다. 만약에 필요하다면 기꺼이 응분의 대가를 지불하고서라도 당신의 창업을 도와줄 조언가를 두어야 한다. 그렇지 않으면 당신에게 이런 문제가 다가올 수 있다. 사공이 많으면 빨리 가는 것이 아니라 산으로 간다는 말이 있듯이, 당신은 가고자 하는 창업의 방향을 잃어버릴 수도 있다. 이러한 과정을 거치지 않으려면 유능한 창업 멘토(mentor)를 찾으라.

시뮬레이션(simulation)을 해보아야 한다.

아무리 철저히 계획을 세웠다 하여도 그것을 현장에 대입하여 시뮬레이션을 해보아야 한다. 그 결과가 70퍼센트 이상이 될 때까지. 이 과정에서는 기다려야 한다. 하지만 이런 결과를 확인하지도 않고 창업의 전선에 뛰어들고 있는 상황이 비일비재하다. 그런 것을 보면서 나는 창업을 막무가내로 해서는 안 된다는 사실을 강조하고 있는 것이다.

창업이 성공방정식 아니다

성공에 목매는 창업은 안 된다.

모두가 창업을 시작한다. 창업자들이 우후죽순처럼 나타난다. 그런데 참으로 안타까운 현상들이 우리 모두를 서글프게 한다. 왜 이런 현상들이 나타날까? 창업자들이 일자리가 없어서 창업에 달려들기 때문이라고 말하기는 그렇다.

창업을 시작하기도 전에 성공할 것이라는 전제를 만들고 성공을 기대하면서 시작하는 창업자들이 대부분이다. 하지만 우리가 살고 있는 비즈니스의 현장은 전쟁터와 같다. 누군가는 망해야 내가 살고, 누군가가 돈을 잃어버려야 또 다른 누군가는 돈을 번다는 사실이다. 이것이 우리의 현실이고 비즈니스의 험악한 현장이다.

이러한 현장을 무시하고 성공을 기대하면 그것은 일장춘몽으로 끝날 확률이 높다. 물론 성공을 목매고 해야 더 열심히 할 것 같아 보인다. 하지만 더 반대의 현상이 나타날 수도 있다.

성공을 목매고 하면 창업 자체가 팍팍해지고 고단해진다. 창업을 세운 계획대로 하다보면 성공은 저절로 찾아오게 되어 있다. 창업을 시작할 때 만든 계획대로 진행하고자 하는 마음가짐이 더 우선해야 한다.

여기저기 기웃거리는 사람들

창업을 위해서 여기저기 모든 창업센터와 성공했다는 곳을 다니는 사람들을 보았다. 여기저기 찾아다니면서 타인의 말을 무조건 받아들이는 사람들이 있다. 하지만 창업에 실패했다고 해서 인생이 실패했다고 말할 사람이 있을까 싶다. 단연코 없다!

창업센터에 가보라. 전부 다 성공한 이야기들만 한다. 어느 누구 하나 실패한 창업가가 없다. 이유는 무엇일까? 창업센터에서 실패한 사람이 있다고 하면 그곳의 창업센터에 사람들이 오겠는가 말이다. 창업센터의 도움도 중요하지만, 당신이 진정으로 창업을 시작해서 정상적으로 성공의 길을 가기를 바란다면 이 창업노트의 길을 가면 된다.

창업에 성공했다는 곳을 찾아다니는 사람들처럼 방황하지 말고 그 시간에 이 책을 더 읽고 준비하고 연구하기를 바란다. 성공신화만 바라보는 창업자들이 되어서는 절대로 안 된다. 당신의 노력으로 당신만의 성공을 만들 수 있다. 이래서 이 책이 당신에게 필요한 것이다.

정부의 얄팍한 돈에 목숨 거는 사람들

정부와 지자체에서 창업을 적극 권장하고 있다. 그 길만이 실업문제를 해결할 수 있다고 판단하기 때문이다. 하지만 정부나 지자체에서 당신의 창업에 일정한 자금을 지원해 주겠지만 지속적으로 운영자금이나 필요한 다른 자금을 지원해 주지는 않는다.

정부의 자금지원을 믿고 창업을 하면 절대 안 된다는 사실을 명심하라. 창업을 시작할 때 창업 전 자금과 창업 후의 자금이 별도로 필요하다. 하지만 정부나 지자체에서는 당신의 사업제안서나 아이디어를 보고 창업 전 자금을 지원할 것이다. 하지만 창업 후의 자금지원 계획은 없다.

정부에서는 한 번의 창업실패가 되풀이되지 않도록 위해서 여러 가지 대책을 세우고 있다고 하지만, 창업 후의 자금은 대출을 지원하는 정도이다. 대출을 지원받아서 창업 후의 사업 성과가 좋으면 몰라도 당신의 사업은 매달 다가오는 자금의 압박 때문에 사업의 정체를 가져올 수 있다.

성공했다는 창업가들의 소리, 소리들

창업의 현장에 가보면 과거에 성공했다는 사람들이 많다. 그들을 강사로 세워서 창업 강의를 하고 있는 경우가 너무도 많다. 파워포인트(PPT)를 아름답게 만들어 보여주는 강사들의 이론이 창업의 성공에 도움이 될지는 모르지만, 이론이 창업의 성공을 만들어주지는 못한다. 그들이 사업 현장에 있으면서 창업센터에서 강의할 수 있다면, 아마도 대박을 낸 사람이라고 할 수 있을 것이다. 하지만 그들이 '지금도 성공하고 있을까?'라는 의문을 가져보았다. 그리고 그들에게 집요하게 물어보았다. "당신의 성공이 아직도 유효한가?"

성공담이 창업을 성공시키지 못한다. 성공담이 창업을 성공시키지 않는다는 사실을 명심하고 명심하라. 나는 성공한 사람의 주류에 속한다. 나의 성공담이 기록으로 남아 있다. 성공한 사람은 성공의 기록이 있다. 하지만 가짜 성공을 부추기는 사람들, 그들에게는 기록이 없다는 사실이다. 당신이 그 사람들의 성공 이야기를 믿고 창업을 시작한다면, 당신의 인생에서 중대한 과오를 범하는 것이다.

진심으로 준비되었을 때 창업하라.

나는 창업을 절대로 하지 말라고 말했다. 창업해서는 안 된다고도 말했다. 그 이유는 지금까지 말한 것으로 충분하다. 하지만 이제부터는 창업에 대하여 구체적으로 말하고 싶다. 왜? 당신이 창업하고자 하는 마음이 간절하기 때문이다. 아마도 내가 창업을 하지 말라고 해서 안 할 사람이 아니기 때문이다. 그렇다면 당신의 창업이 성공해야 하지 않겠는가?

당신이 이 책을 구입해서 읽고 있다면, 당신은 나의 고객이기 때문에 나는 책임감을 가져야 할 필요가 있다. 내가 볼 때 수많은 사람이 준비가 되지 않은 상황에서 창업하는 과정을 수없이 보아왔다. 그들의 아픔도 고통도 보았다. 왜 그런 일이 벌어지는 것일까?

그것은 아직 준비되지 않았는데도 창업을 하였기 때문이다. 준비가 되지 않은 당신, 절대로 창업하지 마라. 타인의 말에 너무 민감한 당신도 문제이지만, 창업은 더욱 안 된다. 신중, 더 신중하여야 한다.

준비되지 않은 창업은 자신의 인생에 잘못된 흔적으로 남을 수 있다. 그래서 나는 절대로 창업하지 말라고 강조하면서 진심으로 애절한 마음으로 준비될 때까지 기다리고, 또 기다리라고 말한다. 그렇다면 당신은 창업을 위해서 무엇을 하고 있는가? 창업에 필요한 절차가 있다. 여기에 있는 절차를 철저하게 준비하기를 바란다. 당신이 애절한 마음을 가지지 않을 때, 다른 사람이 당신의 길을 앞서 갈 수도 있고, 다른 사람이 경험한 철저한 실패를 경험할 수도 있다는 것을 알아야 한다.

창업, 놀고먹는 것 아니다

사업은 누구나 하지만 아무나 성공하지 못한다.

창업은 모두의 소망이고 희망이다. 이유는 한국의 경제여건의 문제 그리고 취업의 문제 등이 창업을 부추기고 있는 실정이기 때문이다. 이러다 보니까 모두 창업에 줄을 서는 것이다. 사업은 누구나 하지만 아무나 성공하지 못한다. 창업은 생각대로 되지 않는다.

생각대로 되면 다 성공했다. 세상의 모든 만사가 그렇듯이 창업 또한 그렇게 쉽지 않다. 쉬우면 모두가 성공신화에 등장하였을 것이다. 하지만 우리의 현실은 그렇지 않다. 창업에 성공한 사람보다 실패한 사람이 더 많다는 사실을 직시하기 바란다. 이러한 것은 당신이 인터넷을 검색하여 보아도 알 수 있다. 수많은 창업센터에서 제일 강조한 것이 무엇인가를 살펴보니, 사업계획서를 잘 작성해야 한다는 것이었다. 사업계획서를 잘 작성하고 싶지 않은 사람이 어디 있겠는가.

훌륭한 사업계획서가 성공을 만들어주지 않는다.

잘 만들어진 사업계획서가 있으면 없는 것보다는 당연히 좋을 것이다. 그런데 사업은 사업계획서대로 되지 않는다는 사실이다. 수많은 사업계획서가 인터넷에 돌아다닌다. 그런 계획서가 다 성공했을까? 아니다.

창업계획서나 사업제안서는 엄마가 아이를 출산하는 고통의 시간을 가지듯이 산고(産故)의 시간이 필요하다. 효과적인 창업계획서와 사업제안서는 육하원칙에 근거하여 아주 구체적으로 작성하라. 그것은 당신의 창업을 빛으로 인도하는 구세주가 될 것이고, 성공을 보장하는 통로가 될 것이기 때문이다.

당신보다도 더 많은 사람이 깊이 생각한다.

많은 사람이 "나보다 더 잘 하는 사람은 없을 것이다."라는 착각 속에 산다는 것이다. 세상엔 나보다 잘난 사람이 많다는 것을 기억해라. 창업도 마찬가지이다. 창업계획서를 작성할 때 왜(Why), 그리고(And), 어떻게(How)를 달고 작성하라. 그러면 더 구체적으로 작성할 수 있을 것이다. 육하원칙에 근거하여 생각하고 작성하라. 세상에 계획대로 되는 것은 없지만, 그래도 계획은 중요하기 때문이다.

95퍼센트가 실패한다. 그 속에 당신도 있다.

창업하는 사람들의 95퍼센트가 실패한다는 사실을 당신은 알고 있는가? 모를 수도 있다. 창업센터에서 가르쳐주지 않기 때문이다.

하지만 그 가운데 당신도 있을 수 있다. 창업자 가운데 5퍼센트는 성공했을까? 천만에 그렇지 않다. 세상은 우리가 생각하는 것처럼 호락호락하지 않다는 것을 알아야 한다. 이유는 10~20년 이상 사업한 기업가도 힘들어한다. 하물며 이제 막 시작한 당신은 성공보다는 혹독한 앞날이 보장되어 있을지 모른다. 이러한 과정에서 언론의 창업 성공 기사에 현혹되어, 맨땅에 헤딩하면서 창업하면 당신의 머리는 골병 든다. 나의 경우처럼 "절대로, 절대로 맨땅에 헤딩하지 마!"라고 당부한다.

무작정 창업, 무작정 망한다.

대부분의 사람들이 무작정 창업한다는 것을 아는가? 그들은 철저하게 준비했다고 한다. 하지만 전문가의 입장에서 보면 아직 덜 익은 사과인 것이다. 덜 익은 사과는 먹으면 맛이 없고 쓸 뿐이다. 하나의 쓴 뿌리를 가지고 있을 뿐이다. 의욕이 앞서면 앞선 만큼 망한다. 절대로 창업은 의욕이 앞서면 안 된다.

창업뿐만 아니라 인생사의 모든 것이 마찬가지이다. 대부분의 창업하는 사람들이 가장 가까운 지인들의 말을 듣는 경우를 많이 보았다. 지인들은 자기가 경험한 것 이상의 말을 해줄 수 없다. 그러한 말은 당신의 사업에 절대로 도움이 되지 못한다. 가장 가까운 사람의 말을 들으면 안 된다.

창업 전에 창업여행을 즐겨라.

창업 전에 창업여행을 다니면서 누가 무엇을 어떻게 하고 있는지를 구경하고 즐겨라. 그것이 당신의 창업을 살찌게 할 것이다. 나는 창업 후 수많은 나라들을 다니면서 경험하고 배웠는데, 사업에 엄청 많은 도움과 실전, 그리고 이론을 얻었다. 그것이 나의 창업의 자산이었고, 그것을 통해서 성공을 했다. 당신이 창업을 통해서 사장의 명함을 가지려고 한다면, 충고하건대 절대로 사장하지 마라. 사장(死藏)된다고 알려주고 싶다.

이제 여기까지 왔다면 당신은 성공 가능성이 그만큼 많아진 것이다. 지금부터가 더 중요하다. 누구나 생각은 한다. 하지만 생각을 행동으로 옮기는 사람은 많지 않다. 창업은 누구나 생각하듯이 그렇게 호락호락하지 않다.

제 3 부

창업 비즈니스, 상상을 넘어 생각하라

사람은 무엇을 생각하느냐에 따라 생각이 달라지고 운명이 달라질 수 있다고 한다. 맞는 말이다. 하지만 생각의 관점을 바꾼다는 것, 자체가 굉장히 어려운 것이다. 창업에서 가장 중요한 요소는 생각을 바꾸는 것이다. 비즈니스적인 생각으로 모든 것을 전환하고 그것에 투자하는 것이다.

창업의 사고방식을 바꾸라

생각을 부정으로 바꾸라.

생각을 부정으로 바꾸라는 말은, 부정적인 사고방식을 가지라는 말이 아니다. 사고의 방향을 부정으로 바꾸어서 생각해 보라는 것이다. 긍정으로 생각하면 모든 것이 좋게만 생각되고, 안 된다는 생각 없이 잘 될 것이라고만 생각하게 된다. 그래서 생각을 부정으로 바꾸면 그것에 대하여 방법을 찾을 수 있다.

부정 속에 왜(?)가 있다.

부정은 긍정을 만들면서 당신에게 활화산의 능력을 만들어준다. 더불어 부정은 생각의 폭을 넓히면서 성공을 만드는 지름길이 된다. 당신은 창업을 하면서 성공의 밑거름을 이미 그렸을 것이다. 잘 했다. 하지만 성공이라는 상상에 사로잡히는 순간, 당신은 사장(死藏)이 되고, 사장의 높은 권위가 당신을 망하게 할 것이다. 사장이 되는 순간 사장(死藏)된다고 말했다. 사장이 되지 말고 사업을 하는 사람이 되고, 부정의 생각이 긍정의 산을 만들어준다는 사실을 명심하기 바란다.

생각대로 된다면?

창업은 생각대로 되는 일이 아니다. 그렇다고 주저앉을 수는 없는 일이 아닌가. 칼을 뽑았으면 고구마라도 잘라야 하지 않겠는가 말이다. 생각을 긍정에서 부정으로 바꾸는 작업을 하면서 하루의 시작을 창업으로 시작하라. 그러면 유쾌해질 것이다.

이제 비즈니스적인 생각을 하라.

창업은 돈을 투자하여 비즈니스를 하려고 하는 것이다. 비즈니스는 철저하게 유물론이다. 다시 말하면 돈을 놓고 돈을 버는 것이다. 그래서 돈이 돈을 번다는 말이 있다. 투자한 돈이 이익을 가져다줄 수도 있고, 손해를 가져다줄 수도 있다. 이제부터 철저하게 비즈니스적인 사고와 집념으로 창업을 주도하여야 한다.

비즈니스에 대하여 공부하라.

누구도 세상에 나올 때 비즈니스를 하겠다고 나오는 사람은 없다. 삶의 현장에서 살다보니까 비즈니스를 하게 되는 경우가 다반사이다. 중국 사람들은 3천5백 년 전에 '비즈니스는 생명이다.'라고 말했다. 이유는 무엇인가? 비즈니스는 사람을 살리고, 죽일 수도 있다는 말이다. 이 세상을 살기 위해서는 돈이 필요하다. 돈 없이 아무것도 할 수 없다. 사는 것 자체가 비즈니스이다. 비즈니스에 대하여 공부하지 않고 창업을 한다고 도전하는 것, 그 자체가 상식 이하의 행동이다. 비즈니스를 모르고 경제활동을 하기란 불가능하다. 당신의 창업이 성공적이려면 비즈니스에 대하여 연구하고 공부하라.

세상의 관점을 다르게 생각하라.

사람은 무엇을 생각하느냐에 따라 생각이 달라지고 운명이 달라질 수 있다고 한다. 맞는 말이다. 하지만 생각의 관점을 바꾼다는 것, 자체가 굉장히 어려운 것이다. 창업에서 가장 중요한 요소는 생각을 바꾸는 것이다. 비즈니스적인 생각으로 모든 것을 전환하고 그것에 투자하는 것이다.

돈에 대하여 피동에서 능동으로 바꾸라고 말하고 싶다. 돈이 없으면 아무것도 할 수 없다. 그만큼 사업에 있어서 가장 중요한 요소는 돈이다. 돈에 대한 생각 역시 바꿀 필요가 있는데, 창업에서 가장 중요한 요소인 재정의 준비에 대하여 생각을 바꾸면 답이 보인다. 직원을 채용할 때 돈을 받으면 이상할지 모르지만, 직원과 사장 사이에 신뢰적인 관계가 성립될 수 있어 최고의 회사를 만들 수도 있다. 또 하나의 방법은 직원을 채용할 때 직원에게 선 봉급을 주는 것이다. 아마도 당신의 회사를 위해서 죽어라고 충성을 다할 것이다. 이와 같이 당신의 창업이 성공하려면, 발상의 전환이 필요하다. 발상의 전환이 없이는 다른 사람과 똑같은 창업의 길을 가게 되는 것이다. 당신의 사업이라는 현실을 직시하고 창업에 집중할 필요가 있다.

그렇지 않으면 회사를 운영하면서 많은 현실적 어려움에 직면할 때 후회함이 앞설 수밖에 없다.

시장조사, 발로 하고 머리로 하지 마라

창업의 기본은 시장이다.

창업에서 가장 중요하게 생각할 부분이 시장이다. 내 사업의 장을 펼칠 곳이 어디인가를 먼저 확인하는 것이 필요하다. 사업을 펼칠 곳이 어디인가를 결정하여야 한다. 그것을 시장이라고 표현했다. 창업을 어디에서 할 것인가는 창업에서 있어서 가장 중요한 요소이다.

시장이 없는 창업은 생각지도 마라.

시장이 없이 창업하는 사람은 없을 것이다. 바보가 아닌 이상 말이다. 하지만 창업하는 수많은 사람이 왜 힘들어하는가를 볼 필요가 있다. 시장이 형편없거나 시장이 형성되지 않았거나 둘 중의 하나이다. 이러한 곳에서 창업을 해본들 성공은 고사하고 말아먹지 않으면 다행이다. 물론 수많은 곳곳을 확인하고 부동산 주인에게 물어보고 주변의 사람들에게 물어보고 결정했을 것이다. 그런데도 하나 같이 망하고 있지 않은가 말이다. 왜 이런 문제가 발생하고 있는 것일까? 시장이 없이 창업하는 것이 문제이다.

창업센터에서 주는 시장조사 리스트는 틀렸다.

창업센터에서 주는 창업 시장 리스트는 버리고, 당신 스스로 문제를 찾아서 시장분석 리스트를 작성해라. 당신이 창업을 하고자 하는 곳에서 철저하게 자기중심적으로, 그리고 타인의 관점에서 시장조사서를 작성하여야 한다. 물론 창업센터에서 제공하는 리스트를 참고하면 도움은 되겠지만, 거기에 부응하지 말고 철저하게 발로 걸으면서 리스트를 작성하라. 그것이 당신 자신을 위한 것이다. 시장조사 리스트를 시장에서 직접 작성하는 것은 당신의 창업에 절대적 도움이 될 것이다.

우리가 생각하는 것처럼 시장은 친화적이지도 않고, 나의 편도 아니다. 다시 말하면 내가 창업하는 장소가 나에게 부정적일 수 있다는 것이다. 내가 창업하는 시장, 그곳 현장은 나의 적일 수도 있고 아군일 수도 있다. 만약에 나와 같은 업종이 있다면 그 시장은 나와 원수지간이 될 수도 있다는 사실을 기억하여야 한다. 내가 오픈하고자 하는 시장은 1+1이 아니다.

창업을 위해 SNS를 통해 설문조사 하라.

창업을 위해서 SNS를 활용하는 것도 잊지 말아야 한다. SNS를 통해서 그 지역의 미래 고객들과 미리 만날 수 있는 것이다. 당신이 그 지역의 사람들을 통해서 설문조사서를 발송할 수도 있고, 당신의 사업시장을 공유할 수도 있다. 미리 사업을 공개할 필요는 없지만, 그 지역 시장에서 필요로 하는 것 등을 미리 알 수 있는 방법이기도 하다.

어떻게 할 것인가를 정해야 한다.

창업하는 사람들 모두가 하나같이 그럴듯한 계획들을 세운다. 물론 무슨 계획 없이 사업을 할 사람이 어디 있겠는가. 하지만 창업에 있어서 중요한 것은 '어떻게 할 것인가?' 하는 것이다. 있다, 없다, 이것이 문제이다. 이것이 철저하게 준비되어 있지 않으면, 당신의 창업 후가 더 문제가 될 수 있다. 성공의 계획도 중요하지만, 실패 후의 계획도 세워야 한다. 그래야 실패해도 떳떳할 수 있다. 실패의 계획도 세울 필요가 있다. 어떤 사람은 말한다. 성공도 힘든데 벌써 실패의 계획도 세운다고? 실패하더라도 당당하게 그것을 경험 삼으면 다시는 실패할 필요가 없는 것이다.

창업은 비즈니스이다. 플랫폼(platform)을 만들어라.

창업에 있어서 준비할 것들이 엄청 많다. 아이디어, 돈, 제품생산, 홍보 등. 하지만 이 가운데서 가장 중요한 것은 이 모두가 포함된 비즈니스 플랫폼을 만드는 것이다. 창업 전에 비즈니스 플랫폼 모델(BFM)을 만드는 것이 중요하다는 사실을 잊어서는 절대 안 된다. 삶에도 계획이 필요하듯이 플랫폼이 있으면 그 안에 모든 것을 넣을 수 있다. 창업도 사업이기 때문에 플랫폼이 중요하다.

나만의 방법을 만들어라

타인의 사업계획서를 카피하지 마라.

사업계획서를 작성하고자 하면 난감할 수 있다. 어디에서부터 어떻게 작성해야 할지 답답하기 때문이다. 그러다 보니 창업센터에서 제공해 주는 방법이나 인터넷에 돌아다니는 것을 활용할 때가 많다. 이런 계획서가 도움을 줄지는 모르지만, 나만의 방법은 스스로 연구하는 가운데 나온다. 이것을 위해서는 늘 메모장을 옆에 두라. 계획서를 완성하기 위해서는 수시로 창업의 현장에 가볼 필요가 있고, 남들이 하지 않는 파격적인 생각을 하여야 한다.

전략을 세우고 디자인하라.

창업에서 가장 중요한 것은 디자인이다. 디자인이 중요한 이유는, 디자인이 잘못되면 손해 보는 것들이 많기 때문이다. 훌륭한 디자인은 디자인한 것을 제품으로 완성하는 데 전문가적인 성질을 가진다.

창업도 마찬가지라고 생각한다. 창업의 디자인을 어떻게 하느냐에 따라 성공이라는 기간이 단축되는 것이다. 다시 말하면, 성공을 디자인하는 것이다. 왜 창업이 실패하는가? 이유는 간단하다. 창업 디자인을 잘못했기 때문이다. 왜 망하는가? 전략이 없으니까 망하는 것이다. 그러므로 창업도 전략이 필요하다. 전략을 디자인하라. 전략을 세우면 성공을 관리할 수 있다. 창업전략을 구체적으로 디자인하라.

생존이 먼저다.

창업에서의 우선순위는, 성공을 바라지 말고 먼저 사업을 만드는 데에 있어야 한다. 사업을 만들려면 현실을 직시할 필요가 있다. 사업은 놀이터가 아니고 전쟁터라는 것을 알아야 한다. 그러므로 창업은 생존이 우선이다. 생존하지 않고 무엇을 하려고 하는가? 창업에서 가장 중요한 것은 생존전략을 세우는 것이다.

나만의 브랜드를 만들어라.

나만의 브랜드를 만든다는 것은, 내 인생의 최고 가치를 만드는 것이다. 이것을 위해서 해야 할 일 몇 가지가 있다.

나만의 플랫폼(platform)을 만들어라. 늘 연구하면서 나의 실력을 키우는 노력이 필요하다. 실력이 나의 브랜드의 가치를 높여주기 때문이다. 언제 어디서든 활용할 수 있을 때까지 배우고 노력하여 나의 자산으로 만드는 과정이 필요하다. 나는 나만의 브랜딩을 위하여 7권의 책을 출판하면서 만들었다.

나의 브랜드(Brand)를 런칭(lunching)하라. 나만의 브랜드를 만들었다고 해서 가치가 나타나는 것이 아니다. 그것을 다른 사람에게 런칭(lunching)할 때 비로소 브랜드의 가치가 있게 되는 것이다. 런칭하는 요령은 여러 가지가 있을 수 있다. 다양한 경로를 통해서 할 수 있다. 런칭을 통해 나의 브랜딩(Branding)의 가치를 높여서 결과적으로 상품으로서의 존재를 인정받는 것이다.

나의 브랜드(Brand)를 무료로 제공하라. 나의 브랜드의 가치를 높이는 방법의 하나는 나만이 가지고 있는 브랜드의 내용을 과감하게 무료로 제공할 수 있는 용기를 가져야 한다. 나는 강의내용들을 원하는 모든 사람에게 무료로 제공한다. 무료로 제공하는 과정을 통해서 고객과 더욱 가까워지고, 무료로 제공한 브랜드를 사람들이 고마워하고 있다.

나의 강점을 발견하고 찾으라. 나의 가치를 최고로 브랜딩(Branding)하기 위해서는 남들과 다르게 탁월함이 있어야 한다. 그러기 위해서는 나의 강점을 부각시키고 발견하여야 한다. 여기서 탁월함이란 명품을 각인시키는 것과 같은 것이다. 나의 강점을 찾아서 나의 고객에게 부각시키는 것이다.

나만의 명함을 만들어라. 수많은 사람이 자기만의 독특한 명함을 가지고 다닌다. 이유는 명함은 자기의 얼굴임과 동시에 자기의 영토이기 때문이다. 나는 명함을 두 개 가지고 다니는데, 하나는 종교적 명함이고 다른 하나는 사회적 명함이다. 나는 명함을 만들 때 직접 디자인한다. 나의 얼굴이기에 심혈을 기울이는데, 명함에서 나의 활동과 인상, 그리고 내가 누구라는 것을 볼 수 있도록 하였다. 명함은 나의 영토임을 기억하라.

창업에 있어서 나는 특별한 존재임을 각인하라.

창업에 있어서 당신만의 고유한 브랜드를 가져야 한다. 다시 말하면 남들과 같은 방법은 시장이라는 곳에서 통하지 않는 법이다. 창업에서 남들과 다르게 특별한 것을 강조하면서, 나는 특별함이 있는 사람임을 강조하라. 거기에 창업의 승부가 있다.

창업을 시작하면 대부분 똑같은 절차와 방법으로 시작한다. 당신은 이 책의 고객이다. 이 책의 절차를 이용하면 성공을 훨씬 앞당길 수 있다.

제 4 부
창업을 디자인하라

수많은 사람이 창업을 하지만 전부 실패하는 이유는 무엇인가? 사장이 되려고 하기 때문이다. 사장이 중요한 게 아니라 고객의 중요성을 모르기 때문에 창업하여 실패하는 것이다. 나를 위하여 창업을 하지 말고 고객을 위하여 창업을 하라.

창업 디자이너가 되라

앞에서도 이야기했지만, 유능한 디자이너가 만드는 제품을 우리는 명품이라고 부르며, 소비자들은 제품에 대하여 값진 대가를 치르고 제품을 구입한다. 이유는 그 제품의 가치 때문이다. 창업도 마찬가지다. 명품같이 가치 있는 창업을 꿈꾸며 만들어갈 디자이너가 되어보면 어떨까 싶다. 그것도 멋진 디자이너!

디자이너는 누구인가?

디자이너는 만들고자 하는 제품을 구상하는 것에서부터 어떻게 홍보하고 마케팅(Marketing)할 것인지를 모두 포함하여 제품을 만든다. 이러한 디자이너를 최고의 디자이너라고 부른다. 수많은 창업자들이 창업 후 마케팅을 시작하는데, 성공하는 창업자는 사업을 시작하기 전부터 마케팅 전략을 세우는 사람이다.

디자이너의 역할

디자이너의 역할은 제품을 생산하기 전부터 마케팅 팀과 함께 유통구조까지 검토하면서 제품을 디자인한다. 제품이 세상에 런칭될 때까지 디자이너의 역할을 다하는 것이다. 유능한 디자이너는 제품만 만들어내는 것이 아니라, 생산부터 유통까지 역할을 다하는 사람이다. 우리는 그들을 일컬어서 최고의 디자이너라고 부른다. 유명한 디자이너란? 제품만 만드는 것이 아니라, 제품이 고객의 손에서 가치를 만들어내도록 역할을 다하는 사람을 말한다.

창업과 사업을 디자인하라.

창업에도 디자이너가 필요하다. 창업을 위하여 필요한 모든 절차를 유능한 디자이너가 제품을 만들듯이, 창업도 유능한 전문가의 손길이 필요하다. 유능한 전문가를 만나면 그만큼 성공의 길이 빨라지는 것이다.

가장 신선한 아이디어를 고객을 위해서 만들라.

아이디어는 어딘가에서 만들어질 수도 있고 찾아질 수도 있다. 창업에 필요한 아이디어를 찾는 방법은 수많은 노력을 통해서 찾아지고 만들어진다. 아이디어를 얻기 위해서는 발품과 부단한 노력을 하지 않으면 금광을 찾을 수 없다. 남들과 같이 해서는 남다른 아이디어를 찾을 수 없다는 것을 명심하라.

창업 아이디어는 어디에서?

창업 아이디어는 머리에서 나오는 것이 아니다. 수많은 시간과 노력 속에서 나오는 것이다. 하고자 하는 창업유형의 사이트를 서핑하고 책을 읽고 수많은 곳을 찾아다니면서 아이디어를 찾는 것이다. 나는 하나의 아이디어를 찾기 위해서 인터넷에 있는 모든 신문을 읽는다. 신문을 읽기 위해서 하루에 3시간씩 투자한다. 그 속에 엄청난 보화가 있고, 그것을 나의 것으로 카피하여 수많은 제품을 만들었고, 브랜드를 만들었다. 내가 찾은 아이디어를 필요로 하는 사람들에게 무료로 제공하기도 한다. 지금도 활용하지 못한 아이디어들이 넘쳐난다. 이러한 것들은 가만히 앉아서 얻어진 것이 아니다.

나를 위한 창업은 Nothing이다.

수많은 사람이 창업을 하지만 전부 실패하는 이유는 무엇인가? 사장이 되려고 하기 때문이다. 사장이 중요한 게 아니라 고객의 중요성을 모르기 때문에 창업하여 실패하는 것이다. 나를 위하여 창업을 하지 말고 고객을 위하여 창업을 하라. 그러면 당신은 절대로 망하지 않는다.

고객을 위한 아이디어를 찾으라.

고객을 위하여 창업을 하고자 하면 고객이 창업을 빛나게 해준다는 사실을 명심하라. 내가 사업을 하고자 하면 힘들고 어렵다. 하지만 고객이 사업을 해주면 나는 가만히 구경만 해도 된다. 고객을 위하여 아이디어를 찾고 고객을 기쁘게 해줄 방법을 찾으라.

고객은 만들어진다

영원한 고객은 없다.

예전에는 '고객에 대한 예우'가 우선이지 않았다. 물건만 좋으면 되었다. 하지만 지금은 고객이 최고이다. 모든 회사들이 고객에게 어떻게 하는지를 보라. 지금의 시대는 고객의 시대이다. 고객이 없으면 아무리 제품이 좋아도 무의미하다. 고객에게 좋은 제품은 고객이 돈을 가져다준다.

경영은 고객이 만들어준다.

창업을 시작하면 경영이 필요하다. 사업 초보자들은 경영을 말하면 굉장히 부담을 느낀다. 경영은 복잡하고 어려운 어떤 사업의 이론이 아니라, 사업을 잘 되게 하는 것의 프로세스라고 말할 수 있다. 창업을 시작한 사업의 초보자에게 가장 필요한 것은 사업을 잘 하고자 하는 마음이다.

돈이라는 것을 투자해서 생명 바쳐 사업을 만들어가는 과정에서 가장 중요한 것이 경영이다. 하지만 이 경영도 고객이 만들어준다는 것을 명심해야 한다. 사업의 주춧돌을 고객에게 두고 시작하게 되면 고객이 고객을 몰고오는 시스템이 만들어질 수 있다.

고객은 당신의 모든 것을 보고 있다.

사업을 하는 사람들을 만나보면 자기가 잘 해서 사업이 잘 되는 것으로 생각하는 사람들이 많다. 물론 맞는 말일 수도 있다. 하지만 반만 맞고 반은 틀리다. 고객 없는 사업은 할 수도 없고, 있을 수도 없다. 고객은 그만큼 사업의 열쇠를 쥐고 있으며, 고객은 당신 사업의 모든 것을 보고 있다는 사실을 명심하여야 한다. 당신이 사업의 무대라고 하면, 고객은 주연이 되는 것이다. 그러므로 고객에게 최선을 다할 때, 고객은 당신의 진심과 정성을 보게 되는 것이다.

비판적인 고객이 당신의 사업을 키워준다.

여러 부류의 고객이 있다. 감사하며 고마워하는 고객이 있는가 하면, 진상 고객도 있다. 매사에 간섭하고 불평하고 시비를 걸어오는 고객! 하지만 이런 고객을 더 소중히 여기는 전략이 필요하다. 이런 고객은 사업의 방해꾼이 아니라, 당신의 사업에 관심과 애정이 있어서 비판하는 것이라고 생각을 바꾸면, 그 고객은 당신에게 충성을 다하는 고객이 될 수 있다.

고객은 사업 전에 만들어야 한다.

사업하는 수많은 사람이 고객을 확보하려고 한다. 이러한 사업가들은 아직 초보 사업가라고 말할 수 있다. 사업을 시작할 때 계획서에 이미 고객확보를 위한 전략이 포함되어 있어야 한다. 사업을 오픈하고 제품을 통해서 고객을 확보할 수도 있지만, 그때는 이미 늦을 수 있다. 사업을 시작하면 해야 할 일들이 줄줄이 벌어진다. 사업에 짓눌려 있는 상황에서 고객을 확보할 수 있는 방법은 지극히 어렵다. 그러므로 사업을 시작하기 전에 이미 고객확보 전략을 세워 고객이 사업 시작 전부터 참여하는 시스템을 만들어야 한다.

비즈니스를 디자인하라.

비즈니스는 누구나 할 수는 있지만 그렇다고 아무나 성공하는 것은 아니다. 그러므로 비즈니스를 잘 하려면 계획을 잘 세워야 한다. 그 계획에 대한 디자인을 잘 하면 되는 것이다. 비즈니스 모델에 따라서 디자인을 잘 하면 명품 비즈니스로 가는 길이 될 것이다. 비즈니스가 잘 되는 곳에 집중하면서 역량을 모으면, 활화산 같은 비즈니스를 만들 수 있다. 창업에서 처음 비즈니스를 시작하는 사람들이 가장 어려워하는 부분이 사업의 확장성이다. 비즈니스 확장성을 디자인하면 어떤 창업자보다 더 빠른 창업의 길이 열릴 수 있다.

제 5 부

창업의 프로세스 바라보기

사업계획서를 작성할 때에는, 다른 사람이 만든 창업 제안서를 참고하되 완전히 무시하라. 다시 말하면, 다른 사람의 사업계획서는 긍정적으로 되어 있어서 이제 시작하는 당신에게 화가 될 수 있다. 당신의 객관적인 입장에서 새로 만들고 당신의 창의성을 찾아서 사업제안서를 만들어라. 수없는 스케치를 하고 또 하라!

브랜드는 창업의 위대한 시작이다

사업 시작하며 상호 짓기

상호는 회사명, 상품명으로서, 사람으로 말하면 이름 짓는 방법과 비슷하지만 화사와 밀접한 관계가 있기 때문에 해당하는 회사의 업종, 형태, 사업의 내용, 시대의 흐름을 잘 파악하여 함축적인 뜻이 담기도록 하여야 하며, 사람들이 잘 기억하고 즐겨 부르도록 하여야 한다. 상호는 회사의 사업문제와 밀접하게 중요한 사항이므로 대표자가 적극적으로 결정하는 것이, 사업의 첫걸음이고 회사를 번창시키는 요인이 될 수 있다.

일목요연해야 한다.

상호의 이름은 간단하고 명료해야 하며, 광범위한 사람들을 대상으로 하기 때문에 한눈에 보거나 듣기만 해도 호기심을 유발하게 하여야 한다. 그래서 그 상호의 상품을 나도 한번 사용하고 싶다고 느끼게 해야 한다. 하지만 그렇다고 해서 너무 거창하게 할 필요는 없다.

개성이 있어야 한다.

사람들의 심리상태나 습관에 맞추어서 듣기 좋고 부르기 좋은 이름이 좋은 이름이다. 쉽고도 개성이 있어야 고객들에게 호감을 주어 고객의 마음을 얻을 수 있다.

통속적이어야 한다.

상호를 지을 때 사람들이 잘 알고 있는 통속적인 언어로 짓는 것이 좋다. 그곳에 깃들어 있는 옛말을 떠올리게 하여 사람들의 입에 오르내리게 된다면 더할 나위가 없다. 사람들이 한 번도 사용하지 않은 단어나 모르는 단어는 가급적 피하는 것이 좋다. 일상생활에서 기억하기 좋은 단어를 찾아서 짓는 것이 좋다. 크리스천이라면, 혹시 성경에서 이름을 가져오거나 기독인이 즐겨 사용하는 이름을 사용하고 싶은 욕심이 생겨날 수도 있다. 하지만 나는 반대이다. 이유는 간단하다. 그렇게 되면 사업의 대상이 한정되기 때문이다. 크리스천만 대상으로 사업하려고 하지 않는다면, 상호를 짓는 데 심사숙고하라.

이미지를 살려야 한다.

모든 회사가 생산하는 제품이 있다. 상호를 지을 때는 그 제품과 서비스의 이미지를 살려서 효과를 줄 수 있는 상호를 짓는 것이 중요하다. 그래야 쉽게 기억할 수 있기 때문이다. 그리고 발음하기 쉬워야 한다. 결합어나 파생어, 고유명사로 짓는 것이 좋고, 회사나

가게의 이미지를 살려주는 도전, 철학, 이념 등이 조합되도록 만들어야 한다.

좋은 상호를 위해 지식을 쌓아야 한다.

상호를 지을 때에는 그 브랜드의 확장성, 시장성 등을 고려하여 이름을 지어야 한다. 최근에는 외국기업들을 공략하기 위한 기업들이 늘어나기 때문에 회사 이름을 영문으로 하는 경우도 많지만, 영문보다는 회사를 대표할 수 있는 이름으로 지어야 한다. 이름 짓는 것이 중요하지만 신중하게 결정하고 지어야 한다.

예비 창업자를 위한 창업절차

창업을 위해서 반드시 지켜야 할 단계가 있다. 다음의 10가지 가운데 하나라도 빠지면 성공확률이 떨어질 수 있다. 성공을 위해 반드시 꼼꼼히 계획을 세우고 단계별로 준비해야 한다.

창업환경 분석

우선 국내 창업환경을 살피는 것이 중요하다. 창업의 자질, 적성, 경험을 분석하고 창업을 위한 이론을 학습하여야 한다. 창업에서 창업환경을 분석하는 것은 기본이다. 이것을 무시하면 당신은 창업의 쓰라림을 체험하게 된다. 당신이 하고자 하는 환경을 철저하게 분석하고, 빅데이터를 활용하여 점검하고 확인해야 한다. 다른 사람의 환경 분석은 다 무용지물이다. 당신이 직접 창업의 현장에서 환경을 분석해야만 한다.

투자자금 설정

투자에 들어가는 돈을 계산하고 투자 가능한 자금을 설정한다. 창업에서 가장 중요한 것이 창업자금이다. 요즘의 창업은 정부의 창업자금을 받아서 창업하려는 사람, 정부의 창업자금을 받아서 창업을 부추기는 사람, 공자의 마음으로 창업하려는 사람들이 많다. 하지만 물질이 있는 곳에 마음이 있다고, 당신의 자금이 들어가지 않는 창업은 100퍼센트 실패하고, 뼈저리게 후회한다. 다시 말하지만, '세상에 공짜는 없다.'는 말을 명심하라! 지금부터라도 자금을 준비하라! 자금이 많고 적은 게 중요한 게 아니다. 사업에 필요한 창업자금 계획을 빈틈없이 세워서 자금을 설정하라.

업종 선정

성장성이 있고 안전성이 있는 아이템이어야 한다. 최소 세 개 이상의 아이템이 필요하다. 창업에 수많은 아이템과 콘텐츠가 동원된다. 당신이 창업하면서 "이런 아이템이 돈을 벌 수 있대."라는 이야기를 듣고 창업을 한다면 100퍼센트 실패한다. 창업에서 가장 중요한 것은 아이템이다. 그런데 요즘 창업의 주 대상이 무엇인가? 인터넷 쇼핑몰이다. 인터넷 쇼핑은 단순하게 창업할 수 있다는 생각이 강하다. 하지만 창업의 60퍼센트가 인터넷 창업인데, 5~6개월 뒤에 생존율이 가장 적은 것도 인터넷 쇼핑몰이다.

업종 타당성 조사

아이템별로 수익률 검토도 필요하다. 그리고 창업자의 적성과 부합하는지도 고려해야 한다. 앞에서도 말했지만, 업종 선정은 창업에서 성공으로 가는 지름길이라 할 수 있다. 그러므로 업종에 대한 시장조사는 물론 타당성 조사를 필히 하여야 한다. 그러면 눈물의 빵을 먹지 않을 수 있다. 수많은 업종들이 한정된 시장에서 눈물겨운 사투를 하고 있으며, 누군가는 죽어야 누군가가 성공하기 때문에 약육강식(弱肉强食)의 세계가 업종의 세계이다. 이 업종에서 당신이 살아나려면 업종의 타당성을 철저히 조사하라.

시장조사

시장조사는 매우 중요하다. 아이템의 판매형태, 가격, 서비스 등을 파악하고 실제 가게를 찾아가 조사를 해야 한다. 수많은 시장조사 단체에서 제공하는 것도 있고, 창업센터에서 제공하는 것도 있다. 이러한 곳의 시장조사 데이터는 대부분 "…카더라."이다. 이런 자료를 믿고 창업하면 당신의 창업은 산으로 갈지도 모른다. 창업을 위한 시장조사는 당신이 직접 발로 뛰라. 당신의 발바닥으로 밟으면서 시장조사를 할 때 그곳에 성공이 기다리고 있다. 창업의 현장에서 사람을 만나고, 대화하고, 성공한 사람도 만나보고, 실패한 사람도 만나면서, 시장의 틈새를 철저하게 조사하라. 수고한 만큼 성공의 대가를 얻을 수 있는 곳이 바로 시장이다. 그 시장을 철저히 조사하라.

수익성 분석

월 매출과 비용을 제외한 순수익을 산출하고 월기별 성장성과 수익률을 전수하고 손익 분기점을 계산한다. 수익성 분석이 중요하다.

하지만 "수익성 분석을 어떻게 할 것인가?"라는 것에 초점을 맞추라. 하지만 창업 전에 아무리 수익구조를 만든다고 해도 사업은 절대로 생각대로 되지 않는 것이다. 그렇다고 안할 수도 없다. 투자대비 수익을 고려해야 창업을 할 수 있기 때문이다. 시장의 규모와 투자비, 그리고 경상비 등을 잘 따져야 한다. 수익성 분석을 당신의 긍정적인 마음으로 하면 안 된다. 철저하게 부정적인 마음으로 하라. 그러면 당신의 수익구조는 살아 움직이게 될 것이다.

사업계획서 작성

지금껏 나온 자료를 종합하여 사업계획서를 작성하는데, 위에 나온 모든 절차와 내용이 바로 사업계획서의 내용이 된다.

사업계획서를 작성할 때에는, 다른 사람이 만든 창업 제안서를 참고하되 완전히 무시하라. 다시 말하면, 다른 사람의 사업계획서는 긍정적으로 되어 있어서 이제 시작하는 당신에게 화가 될 수 있다. 당신의 객관적인 입장에서 새로 만들고 당신의 창의성을 찾아서 사업제안서를 만들어라. 수없는 스케치를 하고 또 하라! 그럼으로써 당신의 사업제안서가 빛나게 될 것이다. 당신의 사업제안서가 세상에서 가장 귀중하고 소중한 사업제안서가 되도록 하라.

사업장 선정

사업계획서를 참고하여 적절하게 입지를 선정하고 입지와 상권을 분석하여 예상 매출과 수익이 남는지를 결정하자. 사업장 선정은 바로 사업의 성공의 바로미터이다. 사업에서 가장 중요한 것이다.

물론 전혀 다른 생각과 패러다임으로 전혀 다른 장소에서 획기적인 사업을 시작할 수도 있다. 이러한 생각과 사고로 성공한 사람들이 내 주변에 너무도 많다. 상상을 초월하는 장소와 위치는 당신의 새로운 창의적 사업과 성과를 만들 수 있는 것이다. 사업장이 어디여야 한다는 고정관념과 개념에 목숨 걸지 말고, 당신의 상상의 날개를 펴서 장소와 위치를 선점하라.

행정절차

사업자 등록과 영업신고 등을 해야 한다. 정화조나 소방설비 등의 정보도 미리 알아둔다. 사업을 하려면 여러 정부 기관에 신고해야 하는 절차가 많다. 등기소와 세무서, 그리고 은행 일뿐만 아니라 각종 절차가 필요하다. 이 과정이 당신을 힘들게 할 수 있다. 하지만 이 과정은 당연히 거쳐야 하는 과정이다. 당신이 발로 직접 뛸 수도 있고, 위임할 수도 있다. 하지만 위임하면 그만큼 돈이 더 들어간다. 필요한 모든 행정절차는 인터넷으로 할 수도 있지만 한계가 있다. 그러므로 당신이 직접 발로 뛰라. 급할수록 돌아가라는 말이 있다.

드디어 창업 스타트업이다.

디테일이 필요한 단계이다. 인테리어, 디스플레이, 집기 설치 등을 하고 개업식 홍보, 채용, 영업 등 본격적 경영에 들어간다. 스타트업은 이제 자동차 시동을 걸었다는 것이다. 시동만 걸었다고 차가 앞으로 나가는 것은 아니다. 앞에서 말한 많은 절차를 거쳐서 이제 당신은 자동차 시동을 건 것이다. 차가 안전하게 앞으로 나아가려면 액셀러레이터도 밟아야 하고, 때에 따라서는 브레이크도 밟아야 한다. 안전벨트도 매야 한다. 시동을 걸었다고 해서 차가 안전하게 가는 것이 아니라는 사실을 명심할 필요가 있다. 지금부터가 더 위험할 수 있다는 사실을 명심하라.

취업과 창업의 갈림길에서 필요한 것들

컴퓨터를 생산 및 판매하는 중견기업의 재무부서에서 오랫동안 근무하다 퇴직해 분식점을 시작한 이가 있다. 성격이 내성적이고 사교성이 부족해 낯을 가리는 편이었다. 하지만 생계에 압박을 받다 보니 선택의 여지없이 분식점을 열었다. 하지만 일이 적성에 맞지 않아 스트레스가 가중되고 의욕은 점점 떨어져 결국 1년6개월 만에 문을 닫았다. 그동안 투입된 창업자금이나 시간과 노력이 모두 물거품이 된 것이다.

창업은 누구나 할 수 있지만 아무나 성공하는 것은 아니다. 창업 성공요소로는 창업자, 창업아이템, 창업자금, 사업장 등 4가지가 있고, 이 가운데서 어느 것 하나 중요하지 않은 것이 없다. 하지만 창업자의 자질이나 마인드가 특히 중요하다. 그것이 부족하면 창업에 성공하기 어렵다. 자신의 창업적성이나 직업적성을 알아보지도 않은 채, 창업해서는 안 되는 사람까지 창업시장에 뛰어들고 있다. 그래서 예비 창업자에게 꼭 권하는 것이 창업적성 검사, 직업적성 검사, 성격유형 검사이다.

창업 마인드란 무엇인가?

한국고용정보원 워크넷은 구직, 구인, 직업, 진로, 고용정책에 관한 토털 정보 사이트이다. 특히 직업, 진로 코너의 심리검사는 나에게 꼭 맞는 직업 찾기를 통해 직업과 학과 정보를 제공하고 있다. 창업적성 검사란 창업을 준비하는 사람의 자질과 창업적성을 측정하는 검사로 창조성, 모험심, 책임감, 자신감 등을 판단할 수 있다. 이를 통해 음식업이 자기 적성에 맞는지, 도소매업과 서비스업 중 어느 쪽이 더 적성에 맞는지를 알아볼 수 있다. 이렇게 자신의 창업적성과 직업적성을 정확히 파악해야 어떤 업종을 선택할지를 결정할 수 있다.

성격유형 검사는 창업에 나설 것인지, 취업을 할 것인지를 판단하는 데 도움이 될 뿐 아니라, 자신에게 가장 적합한 업종과 직업도 알 수 있다. 이제부터 이런 검사를 어디서 받을 수 있고, 어떻게 활용해야 하는지를 살펴보자.

01 워크넷(www.work.go.kr)

한국고용정보원 워크넷 사이트에 들어가면 직업정보, 심리검사 카테고리가 있다. 그곳에 청소년과 성인을 대상으로 한 총 22종류의 검사가 있으며, 각 검사에 대한 설명을 참조해 자신에게 필요한 검사를 받으면 된다. 특히 워크넷 창업적성 검사는 온라인으로 가능하며, 검사 후 즉시 결과를 확인할 수 있다. 검사 결과와 관련해 상담을 원한다면 가까운 고용노동부 고용센터(1350)를 찾아가거나 유선으로 전문 상담원과 상담하면 된다. 창업적성 검사는 창업자로서의 역량을 진단하고 그 역량을 기초로 가장 적합한 업종을 알아보는 검사다. 이 검사를 통해 창업자가 갖춰야 할 역량을 '많은 노력 필요'에서 '매우 적합'까지 4단계로 평가해 창업 적합수준을 진단한다. 그리고 사업지향성, 목표 설정, 주도성, 문제해결, 책임감수, 성실성 등 12개 항목의 역량진단 검사결과를 바탕으로 성공적인 창업을 위해 어떤 역량이 더 필요한지를 알려준다.

워크넷 창업적성 검사 결과 55점을 넘으면 창업자로서 필요한 역량을 갖춰 창업에 성공할 가능성이 있음을 의미하고, 55점 미만이면 창업자로서의 역량개발에 많은 노력을 기울여야 한다는 설명이 뒤따른다. 마지막으로 이 검사의 창업업종 진단결과를 통해 1~3순위까지 가장 적합한 업종을 추천받을 수 있다. 검사비용은 무료이며, 시간은 20분 정도 걸린다.

02 온라인경력개발센터 꿈날개(www.dream.go.kr)

여성의 취업, 창업 등 경제활동을 돕고자 경기도가 운영하고 여성가족부가 지원하는 온라인 취업지원 서비스로, 해당 사이트의 진단센터 카테고리에서 창업을 준비하는 사람의 자질과 창업적성 등을 측정할 수 있는 무료 창업적성 검사를 제공한다. 창업적성 검사는 정신적 건강, 자신감, 결단력, 승부욕, 끈기, 인간적 매력, 책임감 등 10가지 항목으로 나눠 실시한다. 예를 들어 '스스로 동기유발을 잘 하며 침체의 늪에 빠지지 않는다.', '낯선 환경 및 사람관계에서도 적응력이 좋다.', '불황은 성공을 위한 기회이다.', '요즘 인기 있는 업종이 무엇인지 알고 있다.', '나는 사업을 위해서 남의 고민에 관심이 많고 해결해주고 싶은 마음이 생긴다.' 같은 문항에서 '매우 그렇다'부터 '매우 그렇지 않다'까지 5가지 척도 가운데 하나를 선택하면 된다. 총 30개 문항이 있으며 예상 소요 시간은 5분이다.

창업적성 검사의 평균 점수와 10가지 항목에 대한 결과 외에도 항목별 상세보기에 들어가면 자세한 설명을 볼 수 있다. 일단 창업자로서 자질을 확인했다면, 창업역량 진단하기에 들어가 성공적인 창업을 위해 필요한 역량이 무엇인지를 확인하면 된다. 그 밖에도 직업선호도 검사, 직업역량 진단 등도 있어 진로선택으로 고민하는 사람에게 유용하다.

경기도가 운영하는 온라인 취업지원 서비스 '꿈날개'의 진단센터 사이트는 검사를 통해 적성에 맞는 직업과 창업분야를 제시한다.

03 무료 직업적성 테스트(www.arealme.com/16types/ko)

창업적성 검사와 함께 직업적성 테스트를 미리 해보는 것도 좋다. 직업적성 테스트는 47개 문항을 체크하면 바로 결과를 확인할 수 있다. 모든 문제는 객관식이며 자신에게 해당되는 것만 선택하면 된다. 그렇게 47개 문항을 따라가다 보면 자기 적성을 대략적으로 파악할 수 있다.

04 한국MBTI연구소(www.mbti.co.kr)

MBTI(Myers-Briggs Type Indicator)를 한국기업교육학회 'HRD 용어사전'에서는 다음과 같이 설명하고 있다. "MBTI는 캐서린

브릭스(Briggs, K.)와 그의 딸 이사벨 마이어스(Myers, I. B.) 모녀가 개발한 대표적인 성격검사 도구이다. 정신과 의사인 융(Jung, C. G.)의 심리유형론을 근거로 하는 심리검사로, 개인이 쉽게 응답할 수 있는 자기보고 문항을 통해 검사한다. 각 개인이 문항의 내용을 인식하고 판단할 때 선호하는 경향을 구분하여 판단한다. 이를테면 힘을 발휘하는 성향(외향형과 내향형), 정보를 지각하는 성향(감각형과 직관형), 의사 결정을 내리는 성향(사고형과 감정형), 라이프스타일 성향(판단형과 인식형) 등, 각각 2가지로 구분된 4개의 선호경향에 따라 파악하는 것이다. 이를 바탕으로 개인의 성격, 흥미 같은 특성과 함께 선호하는 작업환경 및 직업정보를 제공하는 것이다."

MBTI는 온라인 검사라 해도 전문가와 사전 상담을 한 뒤에 안내를 받아 진행하는 것이 원칙이다. (주)한국MBTI연구소 사이트에 들어가면 MBTI 검사기관을 안내받을 수 있다. (주)어세스타 온라인심리검사센터에 접속해 진행하는 방법도 있고, 해당 지역별 강사를 소개받아 직접 검사를 의뢰할 수도 있다. 대부분 유료이며 전문가로부터의 설명을 통해 분석결과를 들을 수 있는 것이 장점이다.

창업은 이렇게 준비할 것도, 배울 것도 많다. 가끔 이런 검사까지 받아야 하느냐고 되묻는 이가 있다. 그럴 때마다 창업자 자신의 적성 및 성격검사를 소홀히 해서 발생하는 결과는 돌이킬 수 없는 실패로 이어진다는 점을 강조하고 싶다. 창업만큼 돌다리도 두들기며 건너듯이 신중을 기해야 하는 일도 없다. 따라서 창업자 자신에 대한 정확한 분석과 검증과정을 통해 창업에 나설 것인지, 말 것인지를 확인해야 한다. "너 자신을 알라"는 말은 바로 이럴 때 필요한 것이다.

제 6 부

돈은 세상의 악이 아니다

사업하는 사람들을 보면 24시간 일하고 돈은 8시간 들어오는 것을 보게 된다. 하지만 이러한 사업을 하게 되면, 힘들고 어려울 수밖에 없다. 8시간 일하고 돈은 24시간 들어오도록 하는 시스템을 만들어야 한다.

돈 없이는 아무것도 하지 못한다

돈은 일만 악의 뿌리가 아니다.

사업을 컨설팅 해주면서 이러한 이야기를 많이 들었다. "사업은 자기 돈으로 하는 것이 아니다."라고. 어떻게 보면 맞는 말일 수도 있다. 하지만 자기 돈으로 사업을 하지 않으면 문제가 생기기 쉬운 것이 현실이다. 자기 돈이 아니기 때문에 책임감이 결여되고, 사업의 진정성이 있을 수 없다. 자기 돈을 투자하고도 사업의 어려움을 겪는데, 자기 돈이 아닌 돈으로 사업을 책임감 있게 할 수 있겠는가? 그러므로 돈 없이 할 수 있는 아무것도 없다. 이 세상은 돈으로 굴러가는 구조로 되어 있다. 우리가 알아야 할 것은, 돈 없이는 아무것도 할 수 없다는 사실이며, 돈이 그만큼 소중한 것이라는 것이다.

돈은 생물이다.

돈은 생물과 같아서 이리저리 이 사람 저 사람 주머니로 옮겨

다닌다. 생물처럼 움직이는 돈을 나의 주머니에 담기 위해서는 돈의 움직임을 잘 알아야 한다. '돈이 돈을 번다'는 말이 있다. 그렇다. 생물이 살아 움직이는 것처럼 돈도 마찬가지라고 생각하고, 사업에서 돈이 움직이도록 만드는 것이 중요하다. 다시 말하면, 돈의 통로를 만들어야 한다.

돈 버는 사람은 따로 있다.

언론에 보면 어떤 사람들이 수십억을 벌었다는 이야기가 많다. 당신은 이런 기사를 보고 어떻게 생각하는가? 나는 수백억의 돈도 벌어보고 수천억의 사업도 성공시킨 사람이다. 내가 내린 결론은, 누구나 돈 버는 것은 아니라는 것이다. 하지만 돈 버는 방법을 알면, 돈을 버는 것은 어렵지 않다. 돈을 사랑하고 돈을 좋아하는 사람이 돈을 번다. 돈을 내가 벌려고 하면 힘이 든다. 돈이 따라오게 해야 한다.

누군가가 나에게 돈을 벌도록 해주는 것이 필요하다. 누군가 돈을 벌었다는 것은 누군가는 돈을 잃어버렸다는 것이다. 그러므로 사업에서 돈을 벌려고 한다면 돈을 벌기 위한 구체적 계획이 필요하다.

돈 없는 창업, 하지 마라.

돈 없이 창업하지 마라. 나는 강력히 말한다. 정부에서 또는 지자체에서 지원해 주는 돈으로 사업을 성공시킬 수 있다고 생각하는 자체가 순진한 생각이다. 사업을 시작할 수는 있다. 하지만 사업을 시작하고도 수많은 자금이 들어간다. 시작할 때보다 더 많은 자금이 필요하다.

사업에서는 무조건 여유 자금이 필요하다. 이 여유자금 없이 사업을 시작하면, 매달 지급되어야 하는 재정적 문제 때문에 사업을 제대로 진행할 수 없다. 그러므로 창업 전에 자금계획을 잘 세워야 한다. 하지만 생각의 발상을 바꾸면, 돈을 효과적으로 활용하여 사업을 할 수 있다.

창업에서 가장 중요한 것은 돈이다

돈 개념이 없으면 창업하지 마라.

당신이 무슨 연유로 창업을 하게 되었는지 모르지만, 창업 전에는 돈을 벌었거나 아니면 받아서 사용했는지도 모른다. 그렇다면 당신은 돈에 대하여 모를 수도 있다. 창업 전에 할 일도 많지만, 돈에 대하여 공부하는 것도 중요하다. 돈이 없으면 궁색해진다.

창업지원 자금은 당신을 골병들게 만든다.

우리의 현실은 창업자금을 받아서 창업할 수밖에 없는 상황이고, 따라서 정부에서 지원하는 창업자금을 받을 수밖에 없다. 하지만 이 자금은 공짜가 아님을 명심해야 한다. 언젠가는 갚아주어야 하는 자금이다. 이 자금만 바라보고 당신이 창업을 시작한다면 당신의 창업은 가다가 아니 간 것만 못한 일을 만들고 말 것이다.

창업 후 필요한 6개월의 운영자금을 준비하라.

사업을 하다보면, 특별히 초창기에는 예상 외의 자금이 많이 들어간다. 생각하지 못한 자금이 발생하여 창업의 맛도 보기 전에 돈에 대한 강박관념에 사로잡히기도 한다. 대부분의 창업자들이 가장 어려움을 호소하는 내용이 운영자금이다. 그래서 사업이 잘 돌아가려면, 최소한의 6개월 정도의 운영자금을 필요로 한다. 이 자금도 창업 전에 설계도에 포함시켜야 한다. 돈 없이 창업할 수 있다는 말에 속지 마라.

돈이 준비될 때까지 기다리라.

나는 앞에서도 강력하게 되풀이 말하고 있는 것이, 절대로 창업하지 말라는 것이다. 왜 그럴까? 이유는 두 가지이다. 하나는 창업에 대해 애절해질 때까지 기다리라는 것, 둘째는 창업에 필요한 자금준비가 완벽해질 때까지 기다리라는 것이다. 이 부분에서 선택이 중요하다. '아마도 잘 될 것'이라고 긍정적으로 생각하는 순간, 당신은 올무에 걸릴 수 있다.

'돈이 전부가 아니다'라는 말에 속지 마라.

사람들은 타인의 말에 쉽게 결정을 내려주는 경향이 있다. 하지만 그러한 말에 속지 말라. 타인은 격려해준다는 의미에서 말을 하지만 실제로는 전혀 나에게 도움이 안 될 때가 많다. 창업을 시작할 때 가장 중요하게 준비하여야 할 부분이 돈이다. 이 부분에 심혈을 기울이고 디자인하여야 한다.

사업은 8시간 하고 돈은 24시간 들어오게 하라.

사업을 하는 사람들이 낭만적인 소망을 가지고 있는 것을 수없이 보았다. 사업을 시작하는 순간, 나 개인의 시간을 가질 수 없다. 하루 24시간이 모자란다. 그렇기 때문에 사업의 계획이 중요하고 재정의 계획이 중요하다고 강조하는 것이다.

사업하는 사람들을 보면 24시간 일하고 돈은 8시간 들어오는 것을 보게 된다. 하지만 이러한 사업을 하게 되면, 힘들고 어려울 수밖에 없다. 8시간 일하고 돈은 24시간 들어오도록 하는 시스템을 만들어야 한다.

매출은 계획대로 되지 않는다

매출을 상상하지 마라.

창업계획서를 보면 제품에 대하여 상세히 분석하여 매출을 계획하고 순수입이 얼마가 발생한다고 계획을 세우곤 한다. 하지만 당신의 생각은 100퍼센트 맞지 않는다. 그러므로 매출을 상상하지 말고 사업의 진정성을 상상하라.

매출의 목표를 세우지 마라.

사업에서 매출의 목표를 세우는 것은 가장 중요하다. 하지만 매출의 목표를 세운다고 그대로 되는 일은 없다. 매출의 목표를 세우지 말고, 고객이 매출의 계획을 세우는 데 일조하도록 하라. 성공한 사업가들은 매달 매출이 준비되어 있는 것을 볼 수 있다. 하지만 매출은 수학적 계산으로 오르지 않는다. 매출은 흘러 다닌다. 돈이 당신에게 흘러 들어오려고 한다는 사실을 명심하고 사업을 하라.

매출은 고객이 올려준다.

매출은 고객이 올려준다는 사실을 명심하면, 고객이 곧 당신의 매출이다. 고객이 당신에게 충성하게 하라. 고객이 넘치면 매출은 자동으로 올라가게 되어 있다. 그러므로 매출을 임의적으로 올리려고 하지 말라. 사업의 진정성을 고객에게 보여줄 때, 고객은 사업의 매출을 올려주면서 대박 나게 해주는 것이다.

자, 이제 성공을 향해 가자

세심한 전략이 필요하다.

인간에게 주어진 모든 것에는 '경영'이라는 것이 필요하다. 기업을 만들어서 고객에게 수많은 양질의 제품을 공급한다고 하여도 매출을 올리는 것과는 다를 수 있다. 빨리 가는 것은 속도성이 있어 좋을 것 같으나 사고가 발생하지 않는다고 장담할 수 없다. 사고 없이 빨리 가면 얼마나 좋을까마는 그런 일은 없다. 빨리 가는 것이 중요한 것이 아니다. 정상으로 가면서 질서를 지키며 갈 때 안전하게 목적지에 도달할 수 있는 것이다. 그러기 위해서는 경영이 필요하고, 경영은 전략이 필요한 것이다.

전략이란? 한마디로 정의한다면, 방향을 잡는 것이다. 기업의 방향을 잡아서 잡은 방향대로 가게끔 전략을 세우는 것, 시대의 흐름을 파악하여 자사의 강점을 활용하여 지속적 우위전략을 확보하는 것, 이것이 기업전략의 중점이 되어야 한다.

나는 나름의 사업을 하면서 특히 전광판 판매사업에 집중한 이유는, 다른 제품은 한번 사면 일회성에 가까운데 전광판은 한번 사면 최소 10년은 사용한다는 것이다. 물론 사용기간이 길어서 재구매는 어렵지만 나는 그곳에서 틈새를 보았다. 그리고 내가 계획한 사업의 전략은 정확히 맞아떨어졌다. 전광판을 팔면서 내 나름대로 경영이랄까, 아니면 사업의 정책이라고 할까, 전략을 가지고 사업을 진행했다. 그런데 그것이 나의 사업의 핵심요소로 나타났다.

기업의 7가지 프로그램

그것은 다름이 아니고 7가지 프로그램이다. 7가지는 우리 모두가 알고 있는 단순한 단어이며, 단체나 기관 또는 기업들이 사용하는 단어들이다. 나는 그 단어들을 묶어서 나의 것으로 각색하였고, 잘 활용하고 있다. 7가지는 Vision, Mission, Value, Management, Strategy, Success, Passion이다.

Vision이란 되고자 하는 것인데, 창업의 목표가 될 수도 있고, 개인의 목표가 될 수도 있다. 하지만 내가 만난 창업자들이나 개인을 보면서 놀랍게 느낀 것은, 비전을 전부가 모방하고 베껴서 사용한다는 사실이었다. 비전을 모방이나 차용해서 사용한다고 해서 '나의 비전'이 되는 것은 아니다. 경험과 훈련을 통해서 얻어진 비전이야말로 진정한 비전이 될 수 있는 것이지, 타인의 비전을 모방하여 사용한다고 해서 나의 비전이 될 수는 없다.

비전을 만들기 위해서는 나름 노력을 기울이지 않으면 안 된다. 어렸을 때에는 수많은 꿈을 꾸지만, 99퍼센트가 이루어지지 않는다.

왜 그럴까? 이유는, 다른 사람의 비전을 모방해서 사용하기 때문이다. 작만의 비전을 만들어야 한다. 그리고 산고 끝에 비전을 만들었으면 그 비전을 이룰 미션이 필요하다.

Mission은 창업의 존재이유라고 말할 수 있다. 기업의 미션이 없으면 존재의 이유도 없다. 그저 상품 팔아 돈만 벌면 된다는 것이다. 하지만 돈이라도 벌면 얼마나 좋을까? 돈은 고사하고 십리도 못 가서 발병 나고 말 것이다. 미션으로 인해서 기업이 존재하고, 그 미션을 위해 직원이 모두 하나가 되면 위대한 기업을 만들 수 있는 것이다. 미션을 이루고자 하는 이유는 간단한데, 가치를 만들기 위해서이다.

Value는 믿는 것과 행동하는 방식으로서, 앞에서도 말했지만 명품을 소지하려는 욕망은 바로 가치 때문이다. 사람들은 이 가치를 얻기 위해 명품에 투자를 한다. 기업의 존재의 이유도 바로 여기에 있다. 기업이 가치를 고객에게 줄 때 고객은 알아차리고 그 기업에 가치라는 것을 위해 투자를 하는 것이다. 가치가 가치로서 끝나면 아무런 의미가 없다. 가치가 가치로서 오래 지속되게 하려면, 관리를 잘 하여야 한다.

Management는 지속적으로 관리하는 것을 말한다. 가치를 가치로서 보존, 존속시키려면 관리를 잘 해야 한다. 그리고 관리만 잘 한다고 해서 끝나는 것이 아니다. 관리를 잘 하려면 전략도 필요하다.

Strategy는 다른 기업과의 구체적인 경쟁계획이라고 할 수 있다. 다시 말하면, 목표를 세워 기업의 목적과 끝이 어디이고, 그 영역은 어디까지인지, 그리고 경쟁하는 모든 회사들과 경쟁우위 수단이 무엇인지를 체계적으로 세우는 수단이 전략이다. 전략경영의 일부분인 경영 도구(Tool), 기술(Skill), 형식(Style)의 이해에서 출발할 수도 있다.

내가 경험한 바로는, 전략은 리스크를 최소화하는 것이다. 리스크를 최소화하기 위해서는 3C 분석을 통해 고객(Customer), 경쟁자(Competitor), 자사(Company)를 분석하여 사업전략을 만들어야 한다.

Success는 성공전략이다. 성공전략을 이렇게 말하는 사람이 있다. "열심히 하면, 최선을 다하면, 조금만 노력하면!" 이런 말은 전부 거짓말이다. 이런 말이 당신의 성공을 만들어주지 않는다. 성공은 성공전략이 만들어 준다. 당신의 성공전략을 스토리텔링으로 만들어 보라.

마지막으로 Passion이다. 앞의 6가지가 이론적인 측면이 있다면, 이 마지막 Passion 곧 열정은 몸으로, 지혜로, 행동으로 보여주는 것이다. "열정은 배반하지 않는다."는 말이 있다. 열정은 세상을 변화시키고, 열정은 기업이 추구하는 바를 이루어준다.

위대한 창업을 위한 6대 전략 만들기

전략에 대해서는 앞장에서도 다루었기 때문에, 여기서는 다시 한 번 점검하는 차원에서 요약하고자 한다. 비록 요약이기는 하지만 당신의 창업에서 '위대한 창업을 위한 6대 전략 만들기'가 가장 중요한 것임을 명심해야 한다.

제품전략이다.

제품전략은 간단하게 말하면 어떤 상품을 어떻게 만들 것인가 하는 것이다. 그리고 제품을 어떻게 디자인하고 포장할 것인가 하는 것과 더불어 상표와 브랜드를 만드는 과정도 제품전략에 속한다.

촉진전략이다.

제품을 만들어서 촉진을 시켜야 하는데 그것에 필요한 사항은 카탈로그 디자인, 광고 카피라이트, 인터넷 홈페이지, 모바일 홈페이지, SNS 광고 등에 어떻게 런칭을 하는가 등의 문제이다.

유통전략이다.

아무리 좋은 물건이 있어도 어떻게 어느 방법으로 유통하는가의 절차를 무시하면 사업은 할 수 없다. 그래서 지금은 유통을 잡는 사람이 돈을 벌고 유통 시스템을 가진 사람이 최고라는 말이 있다. 고객에게 가장 친숙한 유통전략을 만들 필요가 있다.

가격전략이다.

제품을 제작하는 원가를 비롯하여 관리비용, 투자자금, 기대수익을 위해 들어가는 지속적 투입자금, 유사제품에 대한 가격 분석 등, 합리적 가격으로 수익구조를 만들어야 하는 것이다.

판매전략이다.

판매전략은 첫째는 고객에게 상품을 구입함으로써 받는 혜택을 밝히는 것이다. 둘째는 상품의 독특함을 가져야 한다. 항상 고객이 어떠한 제품의 스탠스를 원하는지 읽어야 한다. 셋째는 논리적으로 제공하여야 한다. 예를 들어 살 빠지는 약을 팔 때 1일 먹으면 몇 킬로그램 빠진다고 하는 것보다 1일 먹으면 엉덩이 부분이 정확히 몇 킬로그램 빠진다고 하는 구체성이 중요하다. 또 체중의 감소보다 "지방 제거에 좋다."라는 식으로 하여야 한다. 넷째는 명확한 증거를 대라는 것이다. 도미노 피자는 "30분 안에 도착하지 않으면 돈을 받지 않는다."라는 논리로 엄청난 성장을 한 것을 알고 있는가? 다섯째는 짧고 분명하고 간결하게 말하라. 다시 말하면 회사 이름이나 브랜드 이름을 간결하게 할 필요가 있다. 여섯째는 두리뭉실한 광고전략을 통합하고 광고에 돈을 투자하지 마라. 일곱째는 강력하게 영업하고 고객에게 어필하라. 그 강력함으로 인하여 고객은 당신의 기업을 선호하게 될 것이다.

고객전략이다.

사업하는 사람들은 대부분 사업을 시작하면서 고객을 확보할 전략을 세운다. 하지만 이것은 너무 늦다. 초보 사업가들이나 그렇게 한다. 전문사업가는 사업을 시작하기 전에 이미 고객을 선점하기 위한 전략을 세운다. 창업에 있어서도 마찬가지이다.

고객전략이 모든 전략에서 가장 중요한 전략이다. 그것도 창업 전에 세우는 것이 중요하다.

전략을 세우고 검토하는 과정에서 왜(?)라는 질문을 하면서 시스템을 만든다면 최상의 비즈니스로 가는 큰 도우미가 될 것이다.

제 7 부
성공창업으로 가는 비즈니스 플랫폼

무작정 사는 삶은 무작정 망한다. 그리고 무작정 하는 사업도 무작정 망한다는 것이 나의 지론이다. 어떤가? 여러분의 삶은 무작정인가? 아니면 모델이 있는가? 사업도 마찬가지다. 무작정 하는 사업은 오래 가지 못하고 우왕좌왕하다가 돌고 돌아 원위치로 돌아가고 만다. 선진국을 보라! 매뉴얼대로 하지 않는가?

나만의 비즈니스 플랫폼을 만들어라

나만의 비즈니스 플랫폼을 만들어라.

비즈니스에서 가장 중요한 것이 '비즈니스가 무엇인가'를 아는 것이 중요하다. 사업을 시작하는 것도 중요하지만 사업을 어떻게 실행할 것인가? 이것이 가장 중요한 요소라는 사실을 직시할 필요가 있다. 사업은 하나의 요소만 가지고 할 수 없다. 여러 가지 복합적인 요소들이 연결되어서 운영된다. 사장이 있으면 직원이 있고, 고객이 있으면 서비스가 있고, 제품이 있으면 제품을 만드는 요소 등 수많은 복합적인 요소들을 하나의 플랫폼으로 이어져 있고, 이것들을 어떻게 구성하느냐가 사업의 성공을 만들어 준다.

비즈니스는 플랫폼에서 시작한다.

사업은 플랫폼에서 시작한다고 볼 수 있으며, 플랫폼을 가진 사람이 성공한다고 보면 된다. 이 플랫폼을 만드는 데 어려움이 있지만 이 과정을 잘 하면 성공이 보인다. 플랫폼이라는 것은 여러 가지 흩어져 있는 물길들을 하나로 모아 저수지에 가두는 것과 같다. 저수지에 가두어 필요한 때에 적시적소에 공급하는 것이다. 그러므로 사업을 시작하는 것도 중요하지만 사업에서 가장 중요한 것은 플랫폼을 만드는 것이다.

비즈니스는 관계를 만든다.

나는 비즈니스를 시행한 지가 15년 되었다. 수많은 난관과 어려운 고비들이 있었다. 하지만 성공시켰고, 글로벌 유명인이 되었다. 이유는 비즈니스를 성공시켰기 때문이다. 물론 다른 것을 성공시켜도 유명인이 될 수 있다. 하지만 비즈니스는 다른 어떤 분야보다도 가치가 있다고 볼 수 있다. 비즈니스는 수많은 사람과의 관계 속에서 이루어지기 때문이다. 그래서 나는 '비즈니스는 관계를 만든다.'라고 말한다.

창업은 사업을 만드는 것이 아니라 즐기는 것이다.

창업을 왜 하느냐고 물으면 사람들에게 나오는 대답은 여러 가지이다. 여러 가지 대답이 틀린 것은 아니다. 하지만 이런 대답은 어떤가? "내가 좋아하는 것, 즐기고 싶어서 합니다."라고 말이다. 얼마나 멋진가. 돈 버는 것을 즐기면서 번다고 할 수도 있을 것이다. 돈 벌려면 죽을 각오로 해야 한다고들 말한다. 거짓말이다. 이런 말에 속지 마라. 죽을 각오로 하면 돈은 벌지 몰라도 돈 벌다가 죽고 말 것이다. 이런 사람들을 수없이 보았다. 돈 버는 데 목숨 걸지 말고 플랫폼 만드는 데 목숨 걸고, 고객에게 목숨을 걸으라.

사랑과 정성이 성공을 만든다.

돈은 물과 같이 흐른다고 하였다. 돈은 사랑과 정성을 쏟으면 몰려오게 되어 있다. 그것은 내가 경험한 것이다. 당신의 창업에 사랑과 정성을 쏟아라. 첫사랑의 경험이 있는가? 첫사랑, 얼마나 순결하고 아름다운 사랑인가. 첫사랑의 열정을 사업에 투자하라. 창업은 정성이 필요하다.

창업은 누구나 하여도 된다. 하지만 사랑을 모르는 사람은 창업을 하면 안 된다. 나의 생명을 바쳐 창업을 했는데 거기에 집중하지 않으면 어떻게 되겠는가 말이다. 창업은 사랑이 필요하다. 애절한 사랑이 절실하다. 그러면 창업은 성공한다, 누구나!

창업은 즐거움이다.

나는 수많은 곳에서 창업 강의를 한다. 하지만 강의를 시작할 때나 강의를 마칠 때 절대로 창업하지 말라고 강조, 강조한다. 이유는 간단하다. 무엇인가를 해보겠다는 의지로 너도나도 창업에 뛰어든다. 잘 될까? 의문이다. 이런 창업자들을 수없이 만났다. 하지만 지금도 힘들어한다. 창업은 자기가 하고 싶은 일을 하여야 하고, 그래야 한다. 그렇지 않으면 기쁨보다도 고통이 앞서고, 후회함이 넘쳐난다. 즐거움을 만끽하려면 즐거운 곳에서 살아야 한다. 창업이라는 즐거움을 누려라.

창업에는 고통이 따른다.

창업을 하면 대부분이 좋은 기분을 가질 수 있다. 하지만 시작해 보라. 3일이 부담되고 3달이 부담으로 다가온다. 창업은 고통이다. 맘껏 잠을 잘 수 있냐고? 천만에! 맘껏 놀 수 있냐고? 천만에! 창업을 하고 난 순간부터 고통이 따른다. 직원이 고통이고, 재료가 고통이고, 고객이 고통이고, 모든 것이 고통으로 다가온다.

창업은 등산하는 것과 같다.

등산을 해본 경험이 있는가? 나는 설악산 대청봉에 올라가 본 적이 있다. 중간에 몇 번이고 포기하고 싶었다. 하지만 끝까지 해보자는 마음으로 올라갔다. 그런데 올라오기를 잘 했다는 생각이 수없이 들었다. 첫째는 내가 자랑스러웠다. 둘째는 세상이 달라 보였다. 셋째는 정상에서 만난 사람들 때문이었다. 넷째는 정상에서 물건을 파는 사람들을 보고 감명을 받았기 때문이다. 그 무거운 물건들을 지고 날라서 사람들의 갈증을 채워주는, 세상에서 가장 아름다운 사람들을 만났다는 사실이다. 이것이 창업이다. 창업은 내가 하는 것이 아니라 사람이 해준다.

창업은 의지로 안 된다, 배우고 또 배워라

창업은 배우고 또 배워야 한다.

세상의 어떤 것도 배우지 않고는 할 수 없다. 누구도 엄마의 태안에서 배우고 나온 사람은 없다. 물론 부모의 DNA를 가지고 나올 수는 있다. 창업도 역시 마찬가지이다. 창업을 위해서 가장 중요한 것은 빨리빨리 오픈하는 것이 중요한 게 아니라, 배우고 배워서 하는 게 더 중요하다. 창업은 누구나 할 수 있지만, 아무나 다 성공하는 것은 아니다. 배우는 자가 성공한다.

사업의 현장을 찾아 여행을 떠나라.

한국 사람들은 빨리빨리를 입에 달고 산다. 내가 오래 전에 한 국가의 대통령을 만났는데 '빨리빨리'라고 인사한 경우가 있었다. 이것이 자랑스러운가? 부끄러운 한국의 모습 중 하나이다. 사업은 빨리빨리 한다고 되는 것이 아니다. 사업은 절차가 중요한 것이다.

그런 이유에서 나는 창업 여행을 떠나라고 강조한다. 당신이 하고자 하는 사업의 유형에 맞는 곳을 찾아 여행을 떠나라. 사업을 위해 여행을 다닐 곳은 얼마든지 있다.

커피 브랜드를 만들기 위해 350개 커피숍을 돌아다녔다.

나는 나만의 고유한 커피숍을 하고 싶었다. 그래서 전국에 있는 커피숍과 해외에 있는 커피숍 수백 곳의 맛을 보았고, 콘셉트를 살펴보았다. 하지만 하나같이 마음에 들지 않았다. 그런데 일본에서 여행하는 가운데 내가 원하던 커피숍을 찾았다. 구세주를 만난 기분이랄까?

내가 하고자 하는 콘셉트와 너무도 같았고, 커피 맛도 최고였다. 나는 자기가 하고 싶은 것을 위해 시간과 열정을 투자하지 않으면 그것은 진정성이 없다고 본다. 창업은 진정성이 있을 때 고객으로부터 사랑을 받는 것이다.

수많은 아이디어를 찾고 내 것으로 만들어라.

창업의 아이디어도 있지만, 창업 속에 또 아이디어가 필요하다. 이 시대는 누가 먼저 아이디어를 선점하느냐에 따라 성공이 달라진다는 사실을 기억하라. 아이디어를 찾기 위해 부단히 노력도 하여야 하지만, 아이디어를 내 것으로 만들지 않으면 무용지물이 되고 만다.

지속가능한 창업 모델 만들기

지속가능한 창업

지속가능한 창업을 한다는 것은 그렇게 쉬운 일이 아닌 것 같다. 창업에 종사하는 모두가 꿈꾸는 비전이 아니겠는가? 기업을 시작할 때 모두가 꿈꾸는 위대한 기업, 하지만 위대한 기업을 꿈꾸기도 전에 몰락하는 기업들이 너무도 많다. 몰락하는 기업을 보면 비전이 없고 미션이 없어서가 아니라, 위대한 기업을 만들려는 의지가 빈약하고 시스템의 부족이 주원인으로 꼽힌다.

위대한 기업을 만들기 위해서는 기업이 시스템으로 움직여야 한다. 하지만 설립자의 의도대로 움직이기 때문에 아무리 비전이 있고 미션이 있어도 이루기는 어렵다. 설립자의 의도와 주관이 회사를 이끌어가는 경우가 대부분이기 때문에 시스템을 만드는 일은 의외로 쉽지가 않다. 한국에서 요즘 벌어지고 있는 갑질을 하다가 하루아침에 사라지는 거물들을 보라. 그들은 한때 돈을 주체하지 못할 정도로

벌었지만 지금은 그 어디에 있는가?

그 이유는 회사가 개인의 소유처럼 만들고 수익도 개인의 전용물처럼 여기고 관리하면서 직원과 고객은 안중에도 없기 때문이다. 수많은 기업들의 갑질 문화가 만들어놓은 갑과 을의 문제점들은, 비단 요즘에만 국한된 문제가 아니다. 을이라는 주체가 참고 참아왔던 문제들이 요즘에 터진 것뿐이다. 왜 이런 문제들이 다반사로 나타나는 것일까? 회사의 운영에 대한 모델이 없기 때문이다.

창업 비즈니스 모델(Business model)이란?

나는 사업을 하면서 사업의 모델을 만들고 싶었다. 수많은 경영학자들이 기업의 경영과 비즈니스의 플랫폼을 만들어놓았다. 나도 한때는 그 플랫폼을 이용해서 시도도 해보았다. 하지만 너무도 복잡하고 나의 체질에 맞지 않았다. 다시 말하면, 토종인 나에게 양종은 적용하는 데 어려움이 많았다. 그래서 나만의 비즈니스 모델을 만들려고 하고, 연구에 연구를 계속하고 시험을 하여 보았다. 그런데 그것이 나를 성공한 사람으로 만들어주었다. 내가 만든 모델은 우리가 너무도 잘 알고 말하고 사용하는 육하원칙이다.

창업 비즈니스 모델이 중요한 이유

비즈니스와 삶에서 모델이 중요한 이유는 간단하다. 무작정 사는 삶은 무작정 망한다. 그리고 무작정 하는 사업도 무작정 망한다는 것이 나의 지론이다. 어떤가? 여러분의 삶은 무작정인가? 아니면 모델이 있는가? 사업도 마찬가지다. 무작정 하는 사업은 오래 가지 못하고 우왕좌왕 하다가 돌고 돌아 원위치로 돌아가고 만다. 선진국을 보라! 매뉴얼대로 하지 않는가? 매뉴얼이 없으니까 즉흥적이고, 마음대로 한다. 그것이 법인 양, 그리고 정의인 양!

비즈니스도 법대로 하면 편하다는 것을 나중에 알았다. 처음에는 물건을 팔기 위해서 수단과 방법을 가리지 않았다. 마진이 없어도 팔아야 했고, 구매자가 원하지 않아도 우기면서 사라고 강요를 하였다. 비즈니스는 작든 크든 상호신뢰 속에서 이루어지는 것인데, 계약을 강요하면서, 고객의 가치를 추구하기보다는 나만의 이익을 위해서 하는 강요적인 모델이 나를 힘들게 했다. 하지만 모델을 만들고 연습하고 훈련되니까 그때부터는 사업에 날개를 단 것 같았다.

대기업이든 작은 기업이든 모델이 있으면 어떠한 환경에서도 모델대로 하면 되는 것이다. 이러한 모델이 없으면 기업 오너의 눈치만 보게 된다. 마찬가지로 개인 회사도 모델이 없으니까 주먹구구식으로 운영하게 된다. 그 결과는 뻔하다. 성장하지 못하고 제자리만 빙빙 도는 것이다. 모델이라는 것은, 다른 말로 하면, 성공모델이라고 할 수 있다. 성공하려면 성공한 사람 옆에 서라는 말이 있다.

나는 자신있게 말한다. 성공하려면 나 최웅섭 옆에 서라고! 왜? 나는 성공을 맛보고 만든 사람이니까! 모델이 있으면 성공을 만들 수 있다. 성공은 누구나 할 수 있는 것도 아니지만, 누구나 할 수 있는 것이기도 하다.

창업 모델 만드는 방법

모델이라는 것은 한마디로 어떤 제품이나 서비스를 어떻게 소비자에게 편리하게 제공하고, 어떻게 마케팅하며, 어떻게 돈을 벌어야 할 것인가에 대한 아이디어를 말한다.

1998년 미국 대법원이 기업이나 금융기관의 비즈니스 모델 등 서비스 기법에 특허권을 인정한 이후, 기업으로부터의 특허신청이 급증하고 있다. 비즈니스 모델은 특히 인터넷 기업들이 인터넷상에서 독특한 사업 아이디어를 내고, 이를 웹상에서 운영하는 것을 특허출원하기 시작하면서 널리 쓰이게 됐다.

기업업무, 제품 및 서비스의 전달방법, 이윤을 창출하는 방법을 나타낸 모형이 비즈니스의 모델이다. 그러므로 기업이 지속적으로 이윤을 창출하기 위해 제품 및 서비스를 생산하고, 관리하며, 판매하는 방법, 제품이나 서비스를 소비자에게 어떻게 제공하고 마케팅하면서 돈을 벌 것인지에 대해 계획하는 사업 아이디어를 말한다.

맛있는 창업 활성화 방법

비즈니스를 활성화하려면?

사람들은 비즈니스를 활성화하려고 할 때, 많이 배워야 하고 경험이 있어야 한다고 생각하고 방법보다는 수단을 중요시 여긴다. 하지만 나는 경험도 중요시하지만, 기본원리를 더 중요시한다. 다시 한 번 이야기하지만, 제품은 고객을 위해서 만드는 것이지 나를 위해서 만드는 것이 아니다. 나를 위해서 만든다면 뭐 하러 고생 고생해서 연구하고 제품을 만들겠는가? 고객이 있기 때문에 하는 것이다. 고객이 회사의 상품을 원할 때 어떤 상품을 원하는지 생각해 보았는가? 고객은 단순하다. 하지만 고객이 원하는 것을 먼저 고려하는 사업가는 만나기가 쉽지 않다.

정직한 제품이 답이다.

고객은 정직한 제품을 원한다. 우수한 원료를 가지고 만드는 과정을 거쳐서 만들어낸 정직한 제품을 원하는 것이다. 고객은 당신의 제품이 물건이든 아니면 음식이든, 그 어떤 것도 정직함이 있는지를 바로 알아낸다. 잠시잠깐이라도 소비자를 속여서 돈을 벌려는 생각은 애당초 하지 말아라. 정직한 제품은 정직한 고객을 만나게 된다. 그래서 제품의 가치가 올라가는 것이다.

정직한 마케팅이 답이다.

정직한 제품도 중요하지만 정직한 마케팅도 중요하다. 마케팅을 하는 과정에서 또 하나 중요한 것은, 소비자에게 적정한 가격을 부여하는 것이다. 그러기 위해서는 원가계산이 중요하고, 그것을 바탕으로 소비자에게 합당한 가격을 제시해야 한다. 이러한 모든 것이 포함된 마케팅은 고객이 넘쳐나게 마련이다.

나는 슈퍼에 자주 간다. 그런데 어떤 제품 앞엔 줄이 서 있는데 어떤 제품은 파리 날리는 제품이 있다. 그 제품이 필요가 없어서 아니라 고객이 섣불리 다가가기가 어려운 제품이기 때문이다. 제품의 규모나 성격으로 보아서 가격과 성능이 만족스럽지 않아 보이기 때문에 접근을 하지 않는 것이다.

수익을 창출하는 것이 답이다.

당신의 제품이 수익을 올리는 제품인가는 당신이 더 잘 알 것이다. 당신의 제품이 수익을 올리지 못하는 제품이 있으면 빨리 청산하여야 한다. 그 제품을 가지고 잉여가치를 높이려고 애를 쓴다면, 당신은 사업가로서 자질이 없는 사람이다. 유능한 사업가는 적시적소를 잘 아는 사람이다. 되지 않는 것을 붙잡고 씨름해 본들 수익이 나오지 않기 때문에, 사업에 있어서 경영이 필요한 것이다.

경영은 복잡하고 어려운 것이 아니다. 되는 곳에 인력을 집중배치하고 안 되는 곳은 인력을 배치하지 않는 것, 그것이 잘 하는 경영이다. 경영은 대학의 경영학 교수에게서 절대로 나오지 않는다. 그들은 이론에 방점을 두고 가르치는 사람들이고, 경영은 이론보다 현실과 경험이 더 중요하고 또 필요한 것이다.

나는 내 사업의 파트너들을 왕처럼 받들면서 사업했다. 그 결과 오늘의 나를 만들었는데, 실제는 그들이 나를 만들어준 것이다. 비즈니스에서 돈 버는 방법은 간단하다. 수익구조를 만들면 된다.

지속가능한 지수 높이는 대안

하나에 집중하라.

사업 초창기에, 상품종류가 다양해야 한다는 생각이 컸다. 이것이 안 되면 저것은 되겠지 하는 생각 때문이었고, 상품이 다양해야 만나는 사람도 많을 수 있다는 생각 때문이었다. 하지만 이 방법이 나를 더 힘들게 했고, 전문성도 떨어지게 만들었다. 항상 많은 것을 가지고 다니는 초보자는 전문성이 떨어지고, 구매자와의 상담에서 자신감을 갖지 못하게 하는 요인이 된다. 사정이 그런데도 실정을 파악하지 못하고, 오히려 괜한 여유를 부렸다. '이 구매자한테 이 물건 못 팔면 다른 물건 소개해야지. 이 구매자한테 못 팔면 다른 구매자한테 가서 팔 만한 다른 상품들이 얼마든지 있어.'라는, 말도 안 되는 자존심을 가지고 있었다. 비즈니스를 활성화시키기 위해서 여러 가지 방법을 동원하곤 했지만, 매출이 발생하지 않자 노선을 바꾸기 시작했다.

사람이 비즈니스를 해준다는 진리를 깨닫고 나서였다. 그후 그동안 취급한 170여 가지 품목을 모두 접고 오로지 LED 디스플레이 전광판에만 집중했다. 결과는 바로 성공으로 이어졌다.

다지망양(多支亡羊), 큰길에는 갈림길이 많아서 양을 잃어버리고, 배우는 이는 방법이 많아서 삶을 잃어버린다. 『열자』의 설부편에 나오는 말이다. 다양한 방면에서 소질을 가지는 것도 좋지만, 이것저것 하다 보면 모두 어중간하게 갈 뿐이다. 하나의 상품에 집중하여 판매를 완성시키는 것이 성취도도 크다.

빈틈을 공략하라.

빈틈을 공략하는 니치 마케팅(Niche-marketing)은 틈새시장을 찾는 것이 아주 중요하다. 틈새시장은 무궁무진한 잠재력을 가지고 있기 때문이다. 중남미, 아프리카, 중앙아시아, 동남아시아 등에는 무궁무진한 틈새시장이 있으며, 또한 각 나라의 특성과 사정마다 틈새시장이 있게 마련이다. LED 전광판을 판매할 때 미국에도 오랫동안 시장을 개척하고자 시도했지만 실패한 경험이 있다. 선진국에 진을 치고 있는 막강한 경쟁 상대들이 결코 시장을 내주지 않기 때문이다. 오랜 시간의 도전 끝에 겨우 몇 년 전부터 지인을 통해 첫발을 들여놓았을 뿐이다. 그래서 처음부터 경제여건이 잡힌 나라나 선진국에는 도전하지 않는 것이 좋다.

과감히 제거하라.

쓸모없는 병든 가지를 즉시 가지치기 해주지 않으면 과일나무는 좋은 열매를 맺을 수 없는 법이다. 인생사도 마찬가지다. 살아가는 데 불필요한 것들을 잘라내 주어야 삶이 단순해지고 한결 가뿐해진다. 초조함, 열등감, 타인의 평가에 대한 두려움, 불필요한 관심사 등 심리를 압박해오는 증상들을 잘라내지 않으면 에너지가 한 곳에 모이지 않고 흩어지고 만다. 사업도 마찬가지다. 관심의 대상이 아니거나 불필요한 것이라고 판단될 때는 과감히 가지치기를 해야 한다. 사업하는 사람은 때로는 단순해질 필요가 있다.

작게 시작하라.

경험 없음. 자본 없음. 시장 모름. 이런 상황에서 비즈니스를 시작하려면 답답할 수밖에 없다. 전쟁터 같은 비즈니스 세계에서 회복 불능의 상태가 되지 않으려면 작게 시작해야 한다. 그래야 실패에 대한 두려움이나 불안이 엄습하지 않는다.

무엇인가를 실행하려 할 때 이런저런 이유로 머뭇거려질 때가 있다. 무엇인가를 시작하기는 해야겠지만 선뜻 실행하지 못하고 막연히 미루게만 되는 때이다. 작게 시작하면 첫발을 내디딜 수 있다. 일단 시작하면, 차츰차츰 진행되는 과정 속에서 전체 그림이 그려진다. 사람들이 어떤 아이템을 좋아하는지, 시장이 어떤 콘텐츠에 반응하고, 어떤 콘텐츠를 공유하는지 등에 대해 면밀히 분석, 보완해 나가면서 조금씩 성장한다.

창업자 자신의 중심을 지켜라.

일을 하다 보면 귀동냥에 흔들릴 때가 많다. 남들이 안 된다고 해도 성공을 확신하는 자신감을 갖는 것은 창업 마인드의 기본이다. 처음에 세운 자신만의 콘셉트를 유지하는 것도 중요하다. 다른 사람의 사업을 모방하고 벤치마킹하며 유행에 민감하게 반응하는 것도 좋지만, 콘셉트가 흔들리면 오히려 낭패를 볼 수 있다.

상품에 대해 철저히 공부하라.

사업을 시작할 무렵, 제품에 대한 나의 정보력은 너무 두리뭉실했다. 제품에 대한 설명도 회사 사장으로부터 오는 메일을 통해서만 받아보고 별도로 공부하지 않았다. 그러다보니 실전에서 깊이 있는 질문을 받을 때마다 제대로 된 답을 해줄 수가 없었다. 똑 부러지게 해도 안 될 판에 이런 식이었으니, 누가 신뢰를 했겠는가! 파트너를 만나면 지난번 질문에 답해주다가 힘 빠지기 일쑤였으니, 계약은 만리장성보다 높게 느껴졌다. 비즈니스를 하고 싶은 마음이 생길 리 만무했다. 주어진 상황 때문에 어쩔 수 없이 하는 것뿐이었다.

고객들은 자신의 분야에 대해서 당신보다 더 전문가이고, 당신의 머리 위에서 놀고 있는 사람이라는 점을 명심하고, 반드시 판매하고자 하는 제품의 전문가가 될 것을 당부한다.

비행기를 타려면 과정이 필요하다.

여행을 가고자 비행기를 타려면 상당한 과정을 거쳐야 한다. 그것은 번거롭기도 하고 불편하기도 하다. 마찬가지로 창업에도 여러 과정이 필요하다. 창업은 한마디로 하면 비즈니스라는 긴 여행의 과정이라고 볼 수 있다. 여행을 무작정 준비 없이 떠나는 사람은 없다. 여행의 절차가 필요하듯이 창업도 철저한 절차를 거쳐야 한다. 그래야 목적지까지 갈 수 있다.

비행기의 스타트업은 당신의 창업 과정이다.

비행기가 이륙을 할 때에도 과정과 절차가 있다. 조종사의 마음대로 하는 것이 결코 아니다. 공항과 관제탑, 조종사, 승객 등 여러 가지 요소들이 맞아떨어져야 비로소 이륙할 수 있다. 창업도 마찬가지이다. 사업을 시작할 모든 과정이 준비되어 있지 못했다면, 창업을 한들 무리수가 따를 수밖에 없다.

성공으로 가는 창업은 시나리오가 있다.

비행기가 이륙을 하는 데도 스토리가 있다. 마찬가지로, 창업에도 스토리가 필요하다. 창업에는 스토리텔링이 필요하다. 비행기가 이륙하는 과정에도 모든 과정을 전부 기록하듯이, 창업에 필요한 모든 과정을 창업노트에 기록할 필요가 있다. 이와 같이 창업을 준비하려면 창업준비 노트가 필요하다.

창업을 하려면 희생이 필요하다.

창업을 하려면 많은 희생이 따른다. 비행기가 이륙할 때도 많은 사람들의 수고와 애씀이 있는 것과 같다. 창업에도 여러분들의 수고와 희생이 따른다. 창업한다고 끝이 아니고 이제 시작일 뿐이다. 비행기가 이륙하여 목적지에 도착하면 사람들은 분주해지기 시작한다. 각자의 목적이 있기 때문이다. 목적지에서 수많은 일들이 벌어진다.

제 8 부

드디어 스타트업, 가슴이 떨린다

고객이 원하는 상품에 대한 욕구를 채워주는 것이 기업의 진정한 의무라고 할 수 있다. 고객은 자기 주머니의 돈을 주고 제품을 사면서 제품에 대한 만족의 욕구를 가지고 있다. 이 만족도가 넘치도록 하는 기업이 상술이 좋은 것이다.

위대한 기업과 마케팅이란?

How Marketing?

기업이란? '함께 성장하기 위한 사람들의 단체'라고 말할 수 있는데, 조직의 정의를 말한다면, '두 사람 이상이 모여 공동의 목적을 위해 긴밀한 관계를 맺는 사회적 단체'라고 할 수 있다. 조직의 속성은 서로가 일을 시작하고 진행하며 실적을 내는 것이다. 다시 말하면, 두 사람 이상의 구성원이 공동의 목적을 위해 상호작용하는 것이다.

위대한 회사는, 경영자와 직원의 관계 속에서 커뮤니케이션이 잘 되는 회사, 동기부여가 잘 되는 회사이다. 사람을 소중히 여기면서, 최고의 인재를 등용하고 문제가 있는 곳에 인원 배치를 하는 것이 아니라, 기회가 있는 곳에 인원을 배치하는 회사가 바로 위대한 기업이다.

필요(Needs)를 찾는 것이다. 필요가 있는 곳에 고객이 있다.

아무리 상품이 좋아도 고객이 없으면 무용지물이 아닌가 말이다. 고객의 필요를 찾고 고객의 필요를 채울 때 진정한 기업가 정신이 나타난다고 본다. 고객의 필요가 있는 곳에 기업가의 필요가 있는 것이다. 기업가의 필요는 고객의 필요를 채우면서 고객의 가치를 높여주는 것이다.

욕구(Wants)를 만족시켜 주는 것이다. 고객은 늘 욕구를 채우기를 원한다. 이것은 있는 자나 없는 자에게나 똑같은 조건이다. 고객이 원하는지 아니면 필요로 하는지를 알아서 고객이 원하는 상품에 대한 욕구를 채워주는 것이 기업의 진정한 의무라고 할 수 있다. 고객은 자기 주머니의 돈을 주고 제품을 사면서 제품에 대한 만족의 욕구를 가지고 있다. 이 만족도가 넘치도록 하는 기업이 상술이 좋은 것이다. 상술이 좋은 사람들로는 아마도 중동 사람들과 중국 사람들을 꼽아야 할 것이다. 그들의 상술이 얼마나 대단했는지는, 지금의 영토를 보면 안다. 그들이 사막이라는 곳에서 생존할 수 있었던 것, 그리고 중국의 화상들이 전세계 시장을 보유하고 있는 것도 그들의 상술 때문이었다.

수요(Demands)를 보라. 사람들이 명품을 사는 이유가 무엇이라고 생각하는가? 그리고 사람들이 호텔의 음식이 다른 곳에 비해 비싸도 한참 비싼데 왜 거기서 음식을 즐기는가? 왜 그럴까? 왜 많은 사람들이 워렌 버핏과 2억이라는 돈을 주고 저녁 만찬을 하고자 줄서는 것일까? 그 이유는 가치라고 생각하는 개념이 있기 때문이고, 사람들은 그 가치 때문에 주머니에 있는 돈을 최고를 위해 사용한다. 하지만 주의해야 할 것은, 가치를 추구하는 사람들에게 부족의 현상이 나타나면 치열하게 구입을 하겠지만, 지속적으로 구매가 이루어지지 않는다는 점이다. 그러므로 수요를 볼 필요가 있다.

품질(Quality)이다. 고객이 가장 중시하는 것, 그리고 기업이 가장 중요하게 생각해야 하는 것이 바로 품질이다. 그래서 우리는 그것을 명품이라 부른다. 사람들이 명품을 찾는 이유는 그 명품이 최고의 품질(Quality)을 지니고 있기 때문이다. 고객은 자신에게 혜택(Benefit)이 있다고 판단하면, 자신의 지불(Cost) 능력을 절대 감추지 않는다. 사자가 풀을 먹지 않는 것처럼, 사자라는 고객은 최고의 명예를 위해 지불하는 것을 숨기지 않는다. 그러므로 품질이야 말로 고객이 최고로 여기는 가치에 화답할 수 있는 길이다. 이 가치 때문에 기업은 지속성장할 수 있고, 이 가치 때문에 고객은 기업을 키워주는 것이다.

여기서 질문 하나 하고 넘어가자. 내가 잘 만드는 상품이 좋은가? 고객이 원하는 상품이 좋은가? 당신은 뭐라고 대답할까? 나는 후자이다. 나는 내가 성공한 이유를 고객에게서 찾은 사람이다.

매출 100배 올리는 비법 배우기

기업의 최대의 관심은, 작은 기업이든 큰 기업이든 상관없이, 매출을 많이 올려서 최고의 수익을 창출하는 것이다. 이것의 기업의 목적이다. 그런데 이러한 결론에 도달하지 못하는 기업들이 너무도 많다는 사실에 우리의 희비가 엇갈리는 것이다. 어느 기업은 사장이 죽어라고 뛰어다니지만, 경영은 좋아지지 않는다. 하지만 어느 기업은 사장은 노는 것 같은데 기업의 경영은 날로 좋아진다. 이유는 무엇일까? 그 이유를 어디에서 찾아야 할까?

당연히 매출에서 찾아야 한다. 매출이 이루어져야 수익이 발생하고 그 수익으로 인해서 기업은 성장하는 것이다. 그렇다면 매출문제를 어떻게 해결할 수 있을까? 매출이 증가했다는 것은 다름이 아니고, 마케팅이 활성화되었다는 것이다. 매출을 올리는 것은 마케팅을 통해서 가능하다. 물론 마케팅만 통해서 이루어지는 것은 아니다. 하지만 매출의 모든 부분은 마케팅을 통해서 수익이 발생하는 것이다.

Marketing이란 단어는 Market+ing가 결합된 단어로서, 마켓에서 현재 일어나는 일이라고 말할 수 있다. 그래서 내 사업에 도움이 되는 일, 그것을 마케팅이라고 표현한다.

결과적으로 보면 첫째, 마케팅은 매출에 도움을 주고, 상품개발, 전략, 고객관리, 유통개발, 브랜드 런칭 등을 결합한 복합적인 요소가 매출을 결정한다고 본다. 그러므로 매출은 한 가지 요소로 일어나지 않으며, 매출에 영향을 주는 요소들이 있는 것이다. 마케팅 언어를 빌리자면, 경쟁우위를 가져와야 하고, 세그먼트 포지셔닝을 하면서, 콘셉트를 차별화해서 가치를 창출하는 브랜드를 만드는 것, 그것이 바로 매출의 가치라고 할 수 있다.

둘째, 마케팅은 사업을 하면서 만나는 많은 문제를 해결해 준다. 다시 말하면, 제품을 고객에게 판매하고 전달시키는 과정, 즉 제품을 판매하는 데 필요한 모든 문제를 해결해 준다. 그러므로 마케팅을 어떻게 포지션(position)화 하느냐에 따라 사업의 성패가 달라지는 것이다.

셋째, 마케팅해서 사업하는 것과 그냥 사업하는 것, 무엇이 다른가 하는 문제이다. 나는 앞에서 언급했지만 사업을 무작정 하면 무작정 망한다고 했다. 그렇다! 마케팅을 무시하고 하는 사업도 마찬가지이다. 사업은 '모로 가도 서울만 가면 된다.'는 식으로 해서는 성공할 수 없다. 그것은 구멍가게에서만 가능한 것이다. 당신은 구멍가게 사장인가? 아니면 기업의 사장인가?

병이 들었을 때 사람들의 치료과정을 보면 대부분 아래의 둘 중에서 하나를 선택하여 치료를 한다. 어떤 사람은 민간요법을 이용하여 주변 사람들에게 자신의 증상을 말하면서 "어디 가면 용한 사람이 있다네! 병이 다 나았다네!"라는 말을 듣고 제공된 정보를 찾아가서 치료하는 사람이 그 한 부류이다. 그런 부류의 사람은 받은 정보를 바탕으로 좋다는 곳은 다 찾아다니면서 민간요법을 행한다. 그런데 비과학적 진단과 처방, 그리고 불확실한 치료로 인해 민간요법에는 수많은 부작용이 나타날 수 있다.

또 하나의 방법은 과학적 방법인데, 의사에게 진단을 받아서 증세에 따라 검사, 피검사, 초음파 CT 촬영 등 검사결과에 따라 원인을 파악한 후, 그 진단 결과에 따라 과학적 처방으로 치료를 받는 것이다. 이렇게 하면 치료의 확률이 훨씬 높아진다.

자! 어떤 방법을 선택해야 할까? 이와 다를 것이 없다. 마케팅을 잘 활용하면 민간요법 수준에서 벗어나 과학적이고 체계적으로 매출을 올릴 수 있다.

창업에서 가장 중요한 매출

매출의 핵심에 접근하라.

매출의 핵심이 무엇인가를 알아서 거기에 포커스를 맞추어야 한다. 나는 종로 5가에서 다 망해가는 레스토랑 운영을 맡아 첫 달부터 매출을 배로 올려 3개월 만에 완전히 살려낸 경험이 있다. 내가 그 레스토랑에서 매출이 오르지 않는 이유 중 중점적으로 본 것은 수많은 메뉴, 그리고 손님이 음식을 기다리는 시간이 너무 길다는 것이었다. 나는 식당을 인수받아 운영하고자 하면서, 이 문제를 해결하면 성공한다는 확신을 가지고 있었다. 문제는 레스토랑 자체의 문제가 아니었다. 메뉴와 주방, 그리고 서비스의 문제였다. 이 문제만 해결하면 현재의 매출을 3배로 올릴 수 있다고 확신했다.

그래서 레스토랑을 시작하면서 가장 먼저 시도한 것이 메뉴를 줄이고 직원들의 사기를 진작시키는 일이었다. 그러면서 시작하는 날 저녁에 직원들의 계좌번호로 봉급을 미리 송금해 주었다. 그리고 수입의 일정 부분을 옵션으로 주겠다고 선언했다. 그 결과 놀라지 마라! 레스토랑은 매출이 3배로 올랐다. 음식이 나오는 시간이 5분 이내로 단축되었고, 서비스하는 것이 달라졌다.

사람들은 비즈니스를 활성화하려 할 때, 많이 배워야 하고 경험이 있어야 한다고 생각하고 방법과 수단을 중요시한다. 하지만 나는 경험도 중요하지만, 기본원리를 더 중요시한다. 다시 한 번 이야기하지만, 제품은 고객을 위해서 만드는 것이지 나를 위해서 만드는 것이 아니다. 나를 위해서 만든다면 뭐 하러 고생고생해서 연구하고 제품을 만들겠는가? 고객이 있기 때문에 하는 것이다. 고객이 회사의 상품을 원할 때 어떤 상품을 원하는지 생각해 보았는가? 고객은 단순하다.

정직한 제품이 답이다. 고객은 정직한 제품을 원한다. 우수한 원료를 가지고 만드는 과정을 거쳐서 만들어낸 정직한 제품을 원하는 것이다. 고객은 당신의 제품이 물건이든 아니면 음식이든 그 어떤 것도 정직함이 있는지 바로 알아차린다. 잠시잠깐이라도 소비자를 속여서 돈을 벌려는 생각은 애당초 말아라. 정직한 제품은 정직한 고객을 만나는 것이다. 그래서 제품의 가치는 올라가는 것이다.

정직한 마케팅이 답이다. 정직한 제품도 중요하지만 정직한 마케팅도 중요하다. 마케팅을 하는 과정에서 또 하나 중요한 것은, 소비자에게 적정한 가격을 부여하는 것이다. 그러기 위해서는 원가계산이 중요하고, 그것을 바탕으로 소비자에게 합당한 가격을 제시해야 한다. 이러한 모든 것이 포함된 마케팅은 고객을 넘쳐나게 해준다.

나는 슈퍼에 자주 간다. 어떤 제품은 인기가 많아 줄을 설 정도인데 어떤 제품은 파리를 날린다. 그 제품이 필요 없어서 아니라 고객이 섣불리 다가가기가 어려운 제품이기 때문이다. 제품의 규모나 성격으로 보아서 가격과 성능이 만족스럽지 않아 보이기 때문에 접근하지 않는 것이다.

수익을 창출하는 것이 답이다. 당신의 제품이 수익을 올리는 제품인가는 당신이 더 잘 알 것이다. 수익을 올리지 못하는 제품이 있으면 빨리 청산하여야 한다. 그 제품을 가지고 잉여가치를 높이려고 애를 쓴다면 당신은 사업가로서 자질이 없는 사람이다. 유능한 사업가는 적시적소를 잘 아는 사람이다. 되지 않는 것을 붙잡고 씨름해 본들 거기서 수익이 나올 리 없다. 그래서 사업에는 경영이 필요한 것이다.

경영은 복잡하고 어려운 것이 아니다. 되는 곳에 인력을 집중 배치하고, 안 되는 곳에는 인력을 배치하지 않는 것, 그것이 잘 하는 경영이다. 경영은 대학의 경영학 교수에게서 절대로 나오지 않는다. 그들은 이론에 방점을 두고 가르치는 사람들이고, 경영은 이론보다 더 중요한 현실과 경험이 필요한 것이다.

정직한 사장이 답이다. 나는 내 사업의 파트너들을 왕처럼 받들면서 사업했다. 그 결과 오늘의 나를 만들었는데, 실제로는 그들이 나를 만들어준 것이다. 비즈니스에서 돈 버는 방법은 간단하다. 복잡한 것은 하나도 없다. 고객과 직원을 무시하고 돈 벌려는 사장, 돈 벌고 있는 사장은 오래 가지 못한다. 이미 고객은 모든 것을 보고 있다. 이 사업장의 상태가 어떠한지를 말이다.

정직한 인테리어가 답이다. 고객은 돈을 주고 싶은 곳에 돈을 준다. 하지만 고객은 아니다 싶으면 떠난다. 고객이 매장에 들어오는 순간 제품의 가격을 알아본다. 이곳은 가격이 비싸다, 아니다. 이곳의 매장의 인테리어를 통해서 자기가 부담하여야 하는 돈의 상태를 직감한다. 그러므로 과도한 인테리어는 오히려 사업의 역효과를 가져온다는 사실을 직시하라. 인테리어는 사장의 입장과 인테리어 업자의 입장에서 하지 말고 고객을 생각하고 하여야 한다.

고객의 입장은 아주 단순하다. 보기 좋고 편하면 되는 것이다. 수많은 사업장을 가보면 사업 재정의 예산이 인테리어 업자에게 할당되어 있는 것을 볼 수 있다. 인테리어 업자가 사업을 성공으로 만들어주지 않는다.

제9부

자, 이제 창업엔진을 가속하라

사람을 소중히 여기는 것이 돈 버는 지름길이다. 나는 세상에서 처음으로 일을 시키기 전에 급여를 준 사람이다. 왜냐고? 직원들의 급료를 먼저 챙겨주고 싶었다. 매출이 오르지 않아서 직원의 급료를 주지 못하면 나는 살아도 직원은 죽을 수밖에 없는 것이다. 나는 전세계를 무대로 사업을 한다. 그 가운데 제일 중요하게 생각하는 것이 사람을 찾고 소중하게 여기는 것이다. 아니 왕처럼 여긴다. 사업의 비밀이 여기에 있다.

창업의 성공전략 10가지

창업의 목적은 돈 버는 것이다.

창업의 목적은 돈 버는 것이다. 맞는 말일 수도 있고 틀린 말일 수도 있는데, 이 일이 아니면 할 필요가 없다. 그렇지 않은가? 당신은 자선 사업가인가? 아니면 사업가인가? 당신이 부모로부터 물려받은 재산이 많으면 자산 사업가로 나서라. 그렇지 않고 사업에 목적이 있다면 당연히 돈을 벌어야 하지 않겠는가? 일본의 경영의 귀신이라 불리는 고노스케(松下幸之助, Matsushita Konosuke) 회장도 '기업의 목적은 수익을 올리는 것이다.'라고 말했다. 나는 감히 말한다. 기업이 돈을 못 벌면 재앙의 레시피(recipe)를 가지고 있는 것이라고! 돈을 벌려면 어떻게 하여야 하는가? 나는 방법론부터 잘 해야 한다고 생각한다. 세금을 잘 내고, 직원에게 잘하고, 고객에게 잘 하라. 그것은 기업의 기본이다. 기업하면서 이렇게 하지 않는 사람이 있는가 보라. 없다!

창업의 목적을 설정하라.

사업의 시작을 잘해야 한다. 육하원칙에 의해서 목적을 설정하고 방향을 잘 잡아야 한다. 그리고 조직의 구성이 잘 되어야 한다. 직원이 필요한 곳에 배치하고 필요치 않는 곳에는 배치할 필요가 없다. 하지만 혹시나 해서 "저 프로젝트는 잘 될 거니까 배치해야 해." 하는 방식은 위험하기 그지없다. 사업을 설정할 때, 잘 알겠지만, 사업의 성격에 따라 법인이냐 자영업이냐를 잘 판단하여야 하고, 아이디어, 제품개발, 광고, 런칭, 유통, 고객확보, 그리고 수익구조와 지속적인 연구개발에 대한 준비를 하여야 한다.

회사의 강력한 규칙과 조직을 강화하라.

성공적인 회사를 만들기 위해서는 직원을 선발할 때 선함보다 업무능력을 위주로 뽑아야 한다. 내적 근무의 적합성보다는 외부적 적합성을 보고 뽑아야 한다. 언제든지 직원을 영업사원으로 바꿀 수 있도록 준비하여야 한다. 그런 직원은 일당백을 한다. 그러므로 직원과 계약을 할 때는, 갑과 을의 계약이 아닌, 모두에게 좋은 계약을 함으로써 충성스런 직원을 만들어야 한다. 직원이 회사에서 벌어들인 만큼의 급여를 가져가는 것은 아니다. 하지만 삶을 위한 일터에서 직원을 신뢰해 주는 것은 많은 급여를 주는 것보다 중요하다. 직원을 신뢰해 줄 때 회사는 직원과 문화를 공유할 수 있다.

사업의 매뉴얼을 만들어라.

사업에 있어서 가장 중요한 것은 매뉴얼을 만들어서 매뉴얼대로 하는 것이다. 이것이 없으면 직원에게 잔소리를 하게 되고 모든 것을 간섭하게 되는 것이다. 매뉴얼이 있으면 경영자와 직원 사이에 신뢰가 생기고, 믿는 관계 속에서 사장은 놀아도 된다. 사장들은 세 종류가 있다. 하나는 죽어라고 일만 하는 사장, 둘째는 직원과 같이 일하는 사장, 그리고 셋째는 사장은 놀고 직원이 일하게 하는 사장이다. 당신은 어떤 사장인가? 매뉴얼이 있으면, 사장은 새로운 사업을 구상하고 회사의 관계성을 위해 새로운 비전을 만들 수 있다.

사업의 목표는 돈 버는 것이다. 나는 한국에서 기업이나 각종 단체에서 돈에 대한 강의를 한다. 그리고 어린이들에게도 돈에 대한 강의를 한다. 돈은 인생에 있어서 없어서는 안 될 중요한 것이다. 그래서 이스라엘 속담에는 "돈이 없으면 불편하고, 돈이 있으면 많은 이들을 행복하게 할 수 있다."고 했다.

혹자는 말한다. 돈이 인생의 전부 아니라고! 하지만 그렇게 말하는 사람을 보라! 어떻게 살고 있는지! 처참함 아니면 비참하게 사는 사람들이다. 물론 돈이 없어도 살 수는 있을 것이다. 그렇지만, 없는 것보다는 있는 것이 더 좋은 것이다. 이유는 나누어줄 수 있고, 베풀 수도 있기 때문이다. 하지만 없으면 베푸는 것도 나누는 것도 할 수 없다. 기업도 마찬가지이다. 기업에 있어서 돈은 중요하다. 돈이 있어야 기업의 미래 자산을 만들 수 있다. 돈이 있어야 필요할 때 투자를 할 수 있고, 새로운 시장에 진출할 수도 있다. 기업이 재정적 수입을 올리려면, 올릴 수 있는 방법을 잘 설정하고 계획하여야 한다.

사업의 통로, 사람이다.

기업이 가장 소중하게 생각하는 것이 사람이어야 한다. 어느 기업의 사장이 성공한 모양이다. 그래서 청년대학생들이 모인 단체에 강사로 나섰다. 사장은 청년들에게 나처럼 하면 성공한다고, 만약에 나의 사업을 프랜차이즈(Franchise)하면 자금의 50퍼센트를 지원하겠다고 하면서 열강을 했다. 그런데 며칠 뒤에 그 회사의 소문이 모든 언론사에 등장했다. 레시피를 나쁜 것을 써서 고객이 피해를 입었다고! 아이고, 이렇게 돈 벌면 뭐 하노?

사람을 소중히 여기는 것이 돈 버는 지름길이다. 나는 세상에서 처음으로 일을 시키기 전에 급여를 준 사람이다. 왜냐고? 직원들의 급료를 먼저 챙겨주고 싶었다. 매출이 오르지 않아서 직원의 급료를 주지 못하면 나는 살아도 직원은 죽을 수밖에 없는 것이다. 나는 전세계를 무대로 사업을 한다. 그 가운데 제일 중요하게 생각하는 것이 사람을 찾고 소중하게 여기는 것이다. 아니 왕처럼 여긴다. 사업의 비밀이 여기에 있다. 당신도 그렇게 해보라!

한 가지에 충실하라(One Think).

"한 우물을 파라"는 속담이 있다. 하지만 어떤 이들은 이 시대에는 한 우물을 파서는 안 된다고 말한다. 물론 이 시대는 스마트시대이고 멀티시대이니까 그럴 수 있다. 하지만 한 우물을 파지 않고 성공한 사람이 있으면 나와 보라고 해봐라! 어디 있는가? 없다! 이유는 분명하다. 사람의 사고라는 금고는 하나에 집중할 때 열리는 것이다. 사람의 뇌의 구조가 그렇게 되어 있다. 그러므로 하나에 집중할 때 모든 것을 잡을 수 있고 얻을 수 있다.

나는 사업 초창기에 수많은 제품을 판매해 보았다. 그런데 바쁘기는 무척이나 바쁜데 실속이 없었다. 그렇다. 한 가지에 집중하면 거기서 결론이 난다. 나는 그때 한 가지, 한 우물에 집중하자고 결심했다. 그것이 오늘의 나를 만든 것이다. 나의 제품이 기네스북에 등재되었고, 그것으로 먹고 살고 있다. 얼마나 좋은가! 여기서 끝나지 않는다. 내가 판매한 제품으로 나는 그 제품이 없어지지 않는 한 유지, 보수해 주면서 룰루랄라 살고 있다.

생산에 목매지 마라.

누군가는 생산을 하여야 한다. 그래야 제품이 만들어지니까 말이다. 하지만 당신의 재능에 따라서 하라. 제품을 만들지 않고도 사업을 할 수 있으면 굳이 생산라인을 가질 필요가 없다. 내가 아는 사장 가운데 "두 끼 식사"라는 프랜차이즈를 운영하는 사장이 있다. 그가 아이디어를 얻은 것은 "주방이 없는 식당은 안 되는가?"라는 의문에서였다. 손님이 와서 매뉴얼에 따라 음식을 해먹고 가는 모델, 너무 신선하지 않은가? 그렇다. 꼭 필요할 수도 있지만 생산이 없다고 사업이 안 되는 것은 아니다.

나도 생산을 하는가? 아니다. OEM 방식으로 하고 있다. 지금은 한국에서 생산하지 않고 중국에서 생산한다. 중국에서 생산하지만, 물건에 하나도 하자가 없고, 너무도 잘 만든다. 이유는 물건에 맞추어서 돈을 주기 때문이다. 중국의 물건이 나쁜 이유가 있다. 돈을 적게 주면서 잘 만들어 달라고 하니까 하루살이 물건을 만들어 주는 것이다.

물론 양면이 있을 수 있다. 생산시설이 있으면 원가를 줄여서 좋은 가격으로 판매도 가능할 것이고, 반대로 생산시설이 없으면 영업하는 기분이 들 것이기 때문에 장단점이 있다. 그런 것은 기업하는 사람이 판단하면 된다.

틈새를 공략하라(Niche-Market).

세분화된 시장의 특질을 추출하여 관리가 가능한 시장으로 나누는 것을 시장 세분화라고 한다. 세분화 시장을 식별하는 목적은 소비자의 욕구 식별과 이로 인한 표적 설정에 있다. 이에 비해 니치마켓은 아직 충족되지 못한 욕구가 있는 작은 시장이며, 이러한 시장은 하나의 세분화 시장 속에서도 존재할 수 있다. 다시 말해, 니치마켓은 시장의 기회를 찾기 위한 목적으로 소비자의 독특한 새로운 욕구를 찾아 시장의 세분화의 기준을 더욱 많이 적용하여 설정한 상대적으로 작은 시장을 말한다.

소비자 욕구가 점점 더 섬세하게 분화되는 추세와 맞물려 니치마켓이 각광받고 있으나, 일반적으로 그 규모가 작고 시장 자체도 규모가 소규모이기 때문에 신속성과 전문성이 수반되지 않으면 실패할 우려가 높은 시장이다.

니치 비즈니스는 시장을 통째로 먹으려고 시도할 때 망한다. 세상에 블루오션 따윈 없다. 레드오션에서 차별화를 통해 성공하면 새로운 블루오션이 보인다. 그러하니, 우연히 발견하는 즐거움과 가까운 곳에서 틈새를 찾는 노력이 수반되면 아주 좋을 것 같다.

틈새시장에서 아이디어를 얻는 법은 과거의 생각했던 아이디어를 부활시키는 것이다. 하지만 이때 너무 시대를 앞선 것은 힘들다. 적응시키고 설득시키는 데 오랜 시간이 투자되어야 하기 때문이다. 다른 지역의 성공사례를 찾아서 나의 성공사례로 만드는 것이다. 그리고 항상 귀를 열어 두고 청취하여야 한다.

시장을 언뜻 보면 대형시장은 대그룹이 다 잡고 있는 것 같아 보이지만, 대형시장을 세분화하여 보면 틈새가 보인다. 그곳에 집중하면 되는 것이다. 더 나아가 뉴스에 늘 귀를 기울여라. 나는 강의를 위해서, 그것도 열강과 명강의를 위해서, 하루에 3시간 이상 뉴스를 본다. 시대적 상황에 뒤처지지 않기 위해 뉴스에 집중하는데, 국제뉴스와 경제 뉴스에 올인한다. 잘 알겠지만 평범한 케이크와 과자에도 틈새시장은 존재한다.

여기서 간단히 아이디어 분석의 5단계를 말해주고 싶다.
— 시장을 찾는다. 누가 그 시장을 장악하고 있는가?
— 특별한 필요가 무엇인가?
— 만족시킬 만한 상품이나 서비스는 무엇이 있는가?
— 판매전략을 수립한다.
— 수익성이 있는지 판단해야 한다.

이 정도로 파악이 되면 이제 당신은 사업의 귀재가 될 수 있고, 위대한 기업인이 될 수 있다. 그러므로 늘 긴장하라!

여기서 또 하나 짚고 넘어갈 것은, 시장성 가운데 여성의 시장은 아직도 무궁무진하다는 점이다. 하지만 어려움도 있다. 그것이 어려운 이유는, 투자유치가 어렵고 고객을 볼 수 없다는 것이다. 더 나아가 반복구매의 가능성이 낮다. 그러나 포기하기에는 이르다. 고객을 감동시키는 방법을 알면 된다.

고객을 감동시키려면, 먼저 내가 숨죽이고, 내 싸움터로 가서 정체를 최대한 숨기고, 자신이 생기면 그때 정면으로 승부하라. 그러면 답이 보인다. 다시 말하면 물결을 타라. 맞대응하지 말고 유연하게 대처하라. 상대의 허점이 보일 때, 그때 집중적으로 공략하면 된다. 그리고 시장과 상대를 역이용하면 상대의 강점이 약점이 될 수 있다. 신속하게 허점을 노리면 니치 시장은 나의 것이 될 수 있다.

8시간 일하고 24시간 돈이 들어오게 하라!

사업하는 수많은 사람들이 사업에 목숨을 걸고 한다. 이유는 자신의 모든 것이 여기에 달려 있기 때문이다. 그런데도 사업을 하면서 힘들어 하고 어려워하고 마지못해 하는 사람들이 적지 않다. 왜 이런 일들이 벌어지는 것일까? 앞에서도 누차 말했지만, 사업모델을 만들지 못하기 때문이다. 창업이 성공적인 사업으로 이어지려면, 돈 버는 시스템을 만들어야 한다. 회사의 직원과 고객, 그리고 제품, 더 나아가 시장의 모든 상황이 돈을 벌어 주는 시스템이어야 한다. 여기서 어느 한 분야라도 무시하는 경우 돈 버는 시스템은 구축할 수 없다. 더불어 일은 8시간 하여도 회사의 은행계좌에는 24시간 돈이 굴러 들어오는 시스템을 만든다면 얼마나 멋진 일인가. 생각해 보라. 당신의 창업도 이렇게 하고, 사업도 이렇게 하라.

아낌없이 베풀어라, 그러면?

성경에는, "너는 네 손을 활짝 펴서, 네 빵을 이웃에게 후히 나눠 주어라. 그리하면 여러 날 후에 그것들이 네게로 다시 돌아오게 될 것이다."(전도서 11:1, 쉬운말성경)라는 구절이 있다. 나는 이 말대로 사업을 했다. 그리고 성공시켰다. 여기서 '네 손을 활짝 펴서'라는 것은, '사심없이', '돌아올 것을 기대하지 말고' 베풀라는 뜻이다. 이것은 쉬운 일이 아니다.

무슨 일이든, 씨를 뿌리지 않고서는 거둘 수 없다. 사업의 근본은 제품이든 서비스이든 소비자를 위해 무엇인가 보탬이 되는 것을 제공하는 데에 있다. 자기 이익을 고려하지 않을 수 없는 것이 사업이지만, 그 근본은 '베풂'에 있음을 잊지 말아야 한다.

사업장은 전쟁터나 다름없다. 통계청의 발표에 따르면, 매달 수천 개가 창업하지만 2퍼센트 정도만 진행되고 98퍼센트는 실패를 경험한다고 한다. 다시 말하면, 창업을 포기한다는 것이다. 힘들어하는 것은 사업을 오래 한 사람들도 마찬가지이다. 왜 이런 일들이 나타날까? 사업을 오래 한 사람들의 사업 시스템도 많은 투자와 고생, 수고의 과정을 거쳐서 만들어진 것이다. 그래도 힘들어 하는데, 이제 막 창업을 하는 사람들이 창업 초창기에 돈 버는 구조를 만든다는 것은 더 더욱 어려운 것이다.

사업 초창기에는 무엇보다 먼저 소비자의 이익과 무엇을 베풀 것인지에 초점을 맞추어야 한다. 솔로몬이 전도서를 통해 아낌없이 베푼 '빵'은, 천 년이 지난 후 갈릴리 바다의 어부였던 베드로가 153마리의 물고기로 건져 올린 것으로 나타났다고 볼 수도 있을 것이다.

   세상에 공짜는 없다. 심지 않으면, 거둘 수 없다. 베풀지 않으면, 돌아올 것도 없다. 베푸는 정신으로 전력을 다하다 보면, 당신의 창업이라는 고기는 얼마 지나지 않아 성공의 고기가 되어 당신의 품안으로 돌아올 것이다.

창업성공을 위해 알아야 할 기초상식 6가지

'남의 일'이 아닌 '내 일'을 할 수 있는 기회, 창업. 언젠가부터 국내에서도 창업 열풍이 불고 있다. 답답한 사무실을 벗어나 자신이 꿈꾼 바를 펼칠 수 있는 기회일 수도 있지만, 허투루 발을 들였다간 인생 전체가 뿌리째 흔들릴 수 있는 게 바로 창업이다. 그만큼 신중하게 준비하고, 고민해야 하는 건 불문가지. '비즈업'이 제시하는 "성공창업을 위해 알아둬야 할 기초상식 6가지"를 당신만의 성공 밑거름으로 활용해 보자.

1. 나에게 맞는 한 가지에 전념하라!

수많은 사람들이 한 가지에 집중을 하지 못한다. 한 가지에 집중하지 못하는 이유는 실패에 대한 두려움 때문이다. 여러 가지를 붙들고 있으면 하나가 망가져도 다른 길이 있다는 생각이다. 당신의 사업 혹은 창업이 성공하려면, 무조건 한 가지에 집중하라. 다른 방법이 없다. 수많은 글로벌 사업가들의 면면을 보라, 그들이 무엇을 하고 있는지. 그들은 자기가 좋아하는 일 한 가지에 집중하여 성공을 만든 사람들이다. 그들은 오랜 경험을 바탕으로 성공을 거둘 수 있었다. '대박'의 꿈을 꾼다면 이처럼 수년, 혹은 수십 년 동안 한 분야에만 몰두할 수 있는 인내력이 갖춰져야 한다는 점을 기억하자.

2. 나에게 주어진 시장을 공부하라!

글로벌 기업의 성공요소는 자기 기업에 주어진 시장을 찾아서 시장을 공부하여 나의 것으로 소화하였다. 시장은 공짜로 만들어지는 것이 아니다. 수많은 공부와 연구 과정을 거쳐서 나의 시장이 되는 것이다. 글로벌 의류 브랜드 '유니클로'를 창업한 야나이 다다시는 아버지가 하던 양복점을 물려받았지만 거기에만 머물지 않았다. 해외까지 포함한 철저한 시장조사를 통해 글로벌 트렌드를 분석했고, 그 결과 싼 가격에 누구나 입을 수 있는 실용적인 옷을 판매하는 유니클로를 탄생시킬 수 있었다.

창업을 위해선 꼼꼼한 시장 조사가 반드시 필요하다. 가장 좋은 시장 조사 방법은 직접 그 산업을 체험해 보는 것. 식당 창업을 원한다면 다른 식당에 직원으로 들어가 그들의 영업 방식과 고객 응대법, 예상 매출과 납품업체 선정 등, 구체적인 사업 운용법을 배워야 한다. 현재 이미 직장을 다니고 있어 직접 그 현장에 뛰어드는 게 쉽지 않다면 인터넷을 활용해 보자. 시장의 선두주자들은 어떻게 사업을 꾸려나가고 있는지, 관련 기관은 어딘지, 필요한 예산은 어느 정도인지 등을 조사하고 실제 사업에 어떻게 적용할 수 있을지 공부해두자.

3. 사업은 혼자서 할 수 없다. 사람이 필요하다.

나는 창업 강의를 하면서 자기의 아이디어를 어떻게 공유하느냐고 묻는 사람들을 수없이 만났다. 물론 자기의 아이디어는 자신의 모든 것이 될 수 있다. 하지만 반대로 생각하면, 한 사람의 아이디어가 여러 사람의 생각과 의견을 통해서 더욱 값진 보배가 될 수 있다. 사업은 혼자서 절대로 할 수 없다. 그러므로 사람이 필요하다.

예비창업가들 중 적지 않은 사람이 '나 혼자 다 해낼 수 있다'는 잘못된 생각에 빠져 있다. 그러나 성공한 사업가들은 혼자가 아닌 경우가 대부분이다. 그들 뒤에는 사업의 세부적인 영역을 잘 처리해주는 훌륭한 직원들이 있었고, 좋은 파트너를 만난 덕분에 실패의 위기에서 벗어난 사례도 적지 않다. '마이크로소프트'의 빌 게이츠는 창의적인 아이디어를 떠올릴 줄 아는 공동창업자 폴 앨런의 도움을 받아 초기 사업 모델을 구성할 수 있었다. 인터넷 경매 사이트 '이베이'의 창업자 피에로 오미디아가 최고경영자(CEO)로 영입한 멕 휘트먼은 취임 4개월 만에 이베이를 나스닥에 상장시켰고, 국제 신용평가사 S&P가 선정한 500대 기업에 올려놓았다. 당신의 아이디어가 시장에서 빛을 발하기 위해서는 적재적소에 배치할 수 있는 인재를 모을 수 있어야 한다는 것을 명심하자.

4. 3년 그리고 3년 또 3년을 계획하라!

막연하게 창업의 청사진, 성공의 청사진을 그림 그릴 것이 아니라 창업의 초창기 2년에 대한 계획을 세우라. 그리고 또 3년의 계획을 세우라. 더 나아가 3년의 계획을 세우라. 그러면 당신의 창업과 기업은 위대한 성공을 맛볼 것이다. 나는 이것을 3곱하기 3의 법칙이라 부른다. 나 역시 이같은 방법으로 성공을 만든 사람이다.

자신이 사업을 어떻게 꾸려나갈지 그 '청사진'을 먼저 그려보는 일은 매우 중요하다. 다른 곳으로부터 투자나 지원, 융자 등을 받지 않고 자기 돈으로 사업을 일으킬 수 있는 사람도 대략적인 사업계획서 정도는 만들고 시작하는 게 좋다. 청사진은 '내비게이션'과도 같아 사업 중간에 올 수 있는 혼란이나 어려움을 극복하는 데 도움을 줄 수 있다. 당신이 초기에 마음먹었던 '핵심 가치'와 '큰 그림'을 놓치지 않으려면, 실용적이고도 간략한 사업계획서를 만들어두자.

5. 창업은 사람이 성공시켜 준다.

여기서 사람은 당신의 부모일 수도 친구일 수도 있다. 더 나아가 당신의 창업에 관심을 기울여 주는 사람일 수도 있고, 당신의 사업의 고객일 수도 있다. 사업은 절대로 혼자서 할 수 없다. 당신의 주변에 어떠한 사람이 있는가를 보면 당신의 창업 성공여부를 알 수 있다. 창업하면 성공한다는 얄팍한 사탕발림 같은 말이 아니라 당신에게 실질적인 조언을 할 수 있는 멘토를 얻으라.

예비창업가에게 '선배' 창업가보다 더 좋은 교과서는 없다. 실패든 성공이든 발을 먼저 들여본 경험이 있는 사람이라면 당신이 전혀 생각하지 못했던 사업의 장벽들을 알려줄 수 있을 것이다. 준비중인 분야와 관련된 기관에 연락해 실무자들의 조언을 듣는 것도 필요하다. 창업 보육 센터나 업계 관계자들의 네트워킹 자리, 컨퍼런스 등도 인맥을 쌓을 수 있는 자리다. 초반에는 최대한 많은 자리에 참석해 본 뒤 내 사업의 방향과 가장 잘 맞는다고 생각하는 2~3곳을 선정해 집중하는 것이 좋다.

6. 쉴 때는 주님이 주신 숲에서 과감히 쉬어라.

죽어라고 달리면 결과는 어떻게 되는가? 죽게 될 것이다. 창업은 죽어라고 달린다고 되는 것이 아니다. 죽어라고 달리면 창업은 창업이 아니라 당신의 삶을 무의미하게 만드는 하나의 업이 되고 만다. 당신의 삶과 창업, 그리고 사업이 힘들다고 여겨질 때에는, 무리하지 말고 주님의 음성을 들으라. 거기에서 새로운 충전을 받으라. 푹 쉬는 가운데, 남들이 모르는 창의성과 사업의 원리를 발견할 수 있다. 주님은 당신에게 기적이 필요한 줄을 아신다. 살리고자 하는 사람과 살려고 하는 사람 모두에게 기적이 필요한 이유이다. 그러므로 힘들 땐 무리하지 말고 주님의 숲에 들어가서 쉬어라. 전 세계를 다니며 경영 전략을 강의하는 마리오 마르티네스 박사는 이렇게 말한다. "적당한 휴식을 취하지 못하는 사람은 결국 일하는 의미까지 잃어버리게 된다."

창업은 100미터 달리기가 아니다. 수개월, 어쩌면 평생 뛰어야 할 장거리 마라톤이다. "놀기만 하고 일하지 않으면 바보가 된다"고 하지만, 반대로 일만 하고 놀지 않으면 인생 자체를 망칠 수도 있다.

창업에 실패하기 딱 좋은 습관 7가지

국세청 발표자료에 의하면, 매일 3,000개의 창업자가 나타나지만 폐업자도 매일 2,000명이 쓸쓸히 사라지고 있다고 한다. 이만큼 '성공창업'의 길은 험난하다. 여기 '비즈업'이 제시하는 "창업에 실패하기 딱 좋은 습관 7가지"를 살펴보고, 내 습관이 어떤지 한번 점검해 보자.

1. 모든 조언에 귀를 기울이면 망한다.

"조언을 듣는 것은 좋지만 너무 많은 조언을 받아들이는 건 좋지 않다." 미국의 소셜네트워크서비스(SNS) '핀터레스트'(Pinterest)의 창업자 벤 실버만(Ben Silbermann)의 말이다. 창업 계획을 밝히면 주변에서 온갖 종류의 조언을 듣게 된다. 안타깝지만 그 중 대부분은 단 한 번의 창업 경험도 없는 사람의 조언일 것이다. 감사한 마음으로 듣되 실제로 사업에 도움이 될지는 신중하게 판단해야 한다.

가장 좋은 조언은 당신의 사업과 관련이 있는 사람의 의견을 구하는 것이다. 준비 중인 사업과 관련된 행사를 찾아가 적절한 멘토를 찾아보자. 창업 관련 도서를 읽어보는 것도 좋다.

2. 훌륭한 사업계획이 성공을 만들어 준다는 확신

훌륭한 사업계획서일수록 100% 망할 확률이 더 크다. 이유는 자만하기 때문이다.

고객 수요를 예측하고 경쟁 업체를 조사하는 일은 물론 중요하다. 사전 계획이 꼼꼼할수록 실패 가능성이 작아지는 것도 사실이다. 하지만 '페이퍼'에만 집착하다 보면 아무것도 하지 못한다. 머리로 생각한 이상과 현실은 다르다. 과도한 계획만 세우기보단 차라리 먼저 부딪혀 보며 자신의 사업 모델을 현실에 맞게 수정해 나가는 것도 나쁘지 않다.

3. 자기관리를 성공적으로 하지 않는다.

아침잠이 많아 출근 시간에 쫓기거나 한번 술을 마시면 '끝까지 가는' 사람이라면 '내 사업'의 꿈은 잠시 접어두자. 창업가만큼 자기 관리가 중요한 사람도 없다. '월트 디즈니' 회장 로버트 아이거(Robert Iger)는 자신의 성공 비결이 "매일 오전 4시30분에 일어난 것"이라고 밝힌 바 있다. '일찍 일어났다'는 사실 자체가 중요한 게 아니라 자기 관리에 철저해야 한다는 게 핵심이다.

명심하자. 직장과 달리 창업의 세계에선 내 역할을 대신해 줄 사람이 없고, 그만큼 부지런해야 한다는 것을.

4. 인맥관리를 하지 않고 독불장군식이다.

1억 2,000만 명의 회원을 보유한 세계 최대 비즈니스 전문 SNS '링크드인'(Linkedin)이 진행한 '창업자 유전자 조사'에 따르면, 미국의 중소규모 스타트업 창업자의 절반 이상이 '소통과 대인관계에 능하다'는 평가를 받았다. 기술이나 자본 못지않게 '인맥 관리'도 창업의 핵심이라는 뜻이다.

모든 직업이 그렇겠지만 창업이야말로 사람이 중요한 비즈니스다. 함께 할 직원을 구하고 상품을 판매하며 피드백을 받는 등 사업의 모든 과정에 사람이 개입돼 있기 때문이다. 결국은 '사람이 핵심'이다. 내 사업을 꿈꾼다면 관련 업종의 사람들과 긴밀한 인적 네트워크를 형성하고, 최대한 많은 사람과 연결고리를 확보할 수 있어야 한다.

5. 하나에 집중하지 못하는 멀티 천재성을 가지고 있다.

창업에 실패하는 또 다른 주요 원인은 여러 갈래의 길 앞에서 취사선택을 잘못하는 것이다. 애플의 창업자 스티브 잡스는 "우선순위를 정해 일하라"란 말로 선택의 중요성을 강조했다. 알다시피 '모든 고객'에게 잘 팔리는 상품과 서비스를 만들기란 쉬운 게 아니다. 내 사업이 가진 강점을 이해하고 경쟁력 있는 시장에 먼저 집중해야 성공할 가능성도 커진다.

6. 돈 없이도 성공할 수 있다는 신념이 넘친다.

사실 창업에 실패하는 가장 큰 이유는 '돈' 때문이다. 애초부터 주머니를 두둑이 채워둔 채 창업을 할 순 없겠지만 이른바 '데스 밸리'(죽음의 계곡)라 불리는 사업 초반을 버텨나갈 자금을 확보해 두는 게 좋다. 자기 자본이 부족하다면 값싼 정부 융자를 받아 버틸 수 있는 방법이 있는지, 내 아이디어에 투자해 줄 사람이 있는지 자세히 검토해 봐야 한다.

최소 향후 1년간의 임차료와 인건비, 재료비 등의 고정 지출을 감당할 수 있는 자금을 확보하자. 이외에도 사업을 하다 보면 미처 예상치 못한 대규모 지출이 생길 수 있다는 점도 염두에 두자.

7. 숫자에 약하고 통 크게 생각한다.

창업을 성공시키려면 통 크게 생각하여야 하지만, 돈을 알아야 하고 돈의 작은 숫자에 민감하여야 한다. 사업을 운영하기 위해선 숫자에 어느 정도 익숙해져야 한다. 다음 달 예상 지출부터 장사의 수지타산을 맞추는 일까지, 숫자 개념이 없으면 하기 어려운 일이 적지 않다. 숫자와 거리가 먼 사람이라면 창업 첫날부터 골치가 아플 것이다. 특히 1인 기업 창업자라면 기본적인 회계, 세무, 마케팅 등 기업의 전반적인 '숫자' 업무에 대해 미리 배워두고 시작하는 게 좋다.

제 10 부

사장되지 말고 창업을 즐겨라

사업의 장인이 되려면 장인정신을 가져야 한다. 다시 말하면 자기 것이 있어야 한다는 것이다. 나만의 고유한 제품, 나만의 고유한 브랜드가 필요하다. 이것이 없이 시작한 사업은 전부 갈등을 낳고 사업의 사장이 아니라 사장(死藏)되고 싶은 마음을 불러올 뿐이다.

창업은 연극의 무대이다

모두가 세 가지를 고민한다.

모두가 사업을 힘들어한다. 처음에는 누구나 높은 이상과 꿈을 가지고 시작했겠지만, 당장 부닥치는 현실은 그렇게 아름다운 것이 아니라는 것을 금방 깨닫게 된다. 그러는 가운데 세 가지를 모두가 고민한다.

첫째, 내가 이것을 왜 했지?
둘째, 어떻게 하나? 문을 닫아야 하나?
셋째, 실패에 대한 고민이다.

왜 이런 일들이 벌어질까? 사업하다 보면 상상하지 못한 일들이 벌어질 수도 있다. 하지만 이런 경우는 준비부족이라고 할 수 있다. 사업을 오래 한 사람들도 어렵다고 하는데, 이제 막 시작한 초년생들이야 오죽 하겠는가. 이것이 나만의 슬럼프가 아니라는 데서 위로를 얻으라.

창업하지만 현실은 녹록하지 못하다.

사업의 장인이 되려면 장인정신을 가져야 한다. 다시 말하면 자기 것이 있어야 한다는 것이다. 나만의 고유한 제품, 나만의 고유한 브랜드가 필요하다. 이것이 없이 시작한 사업은 전부 갈등을 낳고 사업의 사장이 아니라 사장(死藏)되고 싶은 마음을 불러올 뿐이다. 나의 것을 브랜딩하지 않으면 끝없는 갈등이 나타난다.

사업의 초심은 있는가?

창업하는 당신에게, 창업을 시작한 당신에게, "창업의 정신은 있는가?"라고 묻고 싶다. 초심을 잃어버렸으면 다시 찾아야 한다. 사업은 아무나 하는 것이 아니다. 비즈니스 세계처럼 냉정한 곳은 없다.

사업의 매출은 인사에서 온다.

감동이 손님을 부르고, 장사는 관심을 파는 것이다. 고객과의 관계를 만들어라. 그리고 사업에 있어서 내가 신뢰하는 아이디어인가, 아닌가를 확인할 필요가 있다. 사업의 매출은 인사에서 온다고 해도 과언이 아니다. 당신의 사업 파트너를 소중하게 여기고, 고객을 소중하게 여기는 것부터 배우라.

사업의 가치

사업의 가치는 내가 만들 수 있고 고객이 만들어 줄 수도 있다. 내 사업의 메뉴가 가치를 만든다. 그러므로 사업을 디자인하라. 그리고 사업의 이야기, 즉 스토리텔링을 만들어라. 장사의 이야기를 만들어서 고객에게 나누어주라.

3년이 돈 벌어준다.

돈을 벌려면 한 곳에서 3년을 버텨라. 당신이 무슨 사업을 하는지는 모르지만 한 곳에서 3년을 버텨라. 그러면 입소문이 나기 시작하고 당신의 인내에 대한 테스트도 끝날 수 있다. 고객은 당신의 인내를 테스트하고 있는 것이다. 당신이 한 곳에서 3년을 버텼다면, 이제 또 하나의 3년을 향하여 갈 수 있고, 그 3년은 당신의 성공을 보장한다.

사업은 사장의 완성이다

당신이 사장인가? 공부하라.

당신이 사장인가? 그렇다면 공부하라! 당신의 사업에 대해 더 깊이 공부하고 연구하여 달인이 되라. 당신이 공부하지 않으면 당신의 직원과 고객이 알아본다. 당신의 고객과 직원들을 위해서 공부하고 또 공부하라.

사업은 연극이고 사장이 주연이다.

사업이 연극이라면, 사업은 연극의 장이고 사장은 주연이다. 당신의 주연의 자리를 직원들에게 주지 말고 당신이 주연임을 명심하라.

한결같은 마음이 성공한다.

사업은 망해도 또 할 수 있다. 사업이 실패한 것이지, 인생이 실패한 것이 아니기 때문이다. 그러므로 사업은 한결같은 마음이 필요하다. 조용필의 '일편단심'을 불러보라. 나는 조용필의 '일편단심'을 잘 부르지는 못한다. 하지만 즐겨 부른다. 나의 삶을 일편단심의 마음으로 살고 싶어서 그렇다. 한결같은 마음을 가진다는 것은 성경적 마음이 필요하다. 처음 사랑을 버리지 않고 초심으로 사는 것이 사업에서 가장 중요한 것이다.

고객 응대 매뉴얼을 만들어라.

사업을 하면서 배운 게 있다면, 사업은 사람이 해준다는 것이다. 나는 사업 초창기에 무척 어렵게 사업을 배웠다. 누구 하나 도움을 받을 사람도 없었다. 한마디로 맨땅에 헤딩하면서 머리가 다 깨지는 수난을 겪었다.

사람을 응대하는 매뉴얼을 만들어라. 그것이 당신의 창업을 성공하게 한다.

사업은 사장의 몫이다.

사업은 사장이 이끌어가는 것이다. 직원은 어디까지나 직원이고, 피동적이다. 그러므로 직원으로 하여금 당신에게 충성을 다하게 하려면, 직원채용 시에 돈을 받고 채용하라. 그러면 그 직원은 자기의 돈이 회사에 있음을 실감하고 충성을 다할 것이다. 그러면 무슨 결과가 나타날까? 놀라운 효과가 나타날 수 있다. 직원이 돈을 벌게 하는 것이다. 그리고 급여를 선불로 주어라. 일을 시키고 나서 급여를 주지 말고 선봉급을 주어라. 역발상이 창업을 성공으로 만들어준다. 이런 마음의 여유가 당신의 사업을 성공으로 만들어준다.

제 11 부

더 위대한 크리스천 기업 만들기

사업을 위해 죽어라고 노력하고 시행해도 부족할 판인데, 하나님이 주신 기업이니까 하나님이 알아서 성장시켜 줄 것이라는 심리가 만연하다. 그리하여 연구개발, 영업직원 관리 등, 마땅히 해야 할 기본적인 절차와 방법을 무시하고 완전히 하나님을 기업의 사장으로 앉혀서 자기는 기도만 하고 하나님이 사업을 총 책임져 달라고 하는 한심스런 크리스천 기업인들이 너무도 많아 안타까운 실정이다.

위대한 기업이란?

위대한 기업(Great Company)이란 어떤 기업을 가리키는가? 나는 위대한 기업이 되려면 다음 두 가지가 실행되어야 한다고 본다. 1단계는 기업의 기본원칙에 경영자나 직원 모두가 순종하는 것이고, 2단계는 경영자와 직원이 사람과의 관계에서 그의 철학, 가치관, 원칙에 맞게 행동하는 것이다. 이러한 철학을 공유하기 해서는 변화에 민감하여야 하는데, 그 변화는 나로부터 시작해야 한다. 하지만 변화는 사실 무척 어려운 것이다. 하물며 경영자의 변화는 더 어려운 것이다. 사실 내가 변해야 모든 게 살고 기업도 위대해진다.

기업의 성공이란 무엇인가? 과연 수익만 많이 올리면 성공한 기업인가? 나는 기업의 목적에 부합하는 회사가 위대한 기업이라고 생각한다.

사람이 먼저인 회사. 사람을 소중히 여기는 회사가 위대한 기업으로 가는 첫째 조건이다. 사람을 소중히 여기지 않는 회사는 언젠가는 사람 때문에 망할 수 있다.

냉혹한 현실을 직시하라. 기업은 이 세상에 수없이 존재한다. 그렇다고 해서 다 성공하고 위대해지는 것이 아니다. 냉혹한 현실을 직시하고 판단하면서 경영하는 것이 필요하다.

이익이 없는 나의 사업. 수많은 회사들이 설립되고 문을 닫고 연속적으로 약육강식(弱肉强食)처럼 폐업하는 기업이 나타난다. 이익이 없으면 회사가 문을 닫게 되는 것이고, 그로 인해 인적 자원과 사회적 자원이 엄청 피해를 보는 것이다.

미래가 보장되지 못하는 나의 사업. 미래가 보장되지 못하는 회사들이 수없이 많다. 그 이유는 여러 가지가 있겠지만, 대부분은 고객의 관리가 안 되고 마케팅에서 뒤처지는 결과이다.

재미없는 나의 사업. 사업은 하지만 재미가 없다. 마지못해 한다는 식이다. 그러니 망할 수밖에 없다. 이유는 간단하다. 무작정 했으니까 무작정 망한 것이다.

대박을 바라는 나의 사업. 사업을 시작할 때는 주변의 사람들과 함께 모두 성공을 꿈꾸지 않은 사람은 하나도 없고 모두 다 대박을 바랄 것이다. 하지만 대박은 고사하고, 쪽박도 건지지 못한다.

도전과 실패의 갈림길. 쪽박도 건지지 못하는 상황에서 이제는 다시 도전을 것인가, 아니면 사업을 접어야 할 것인가의 갈림길에 서게 된다. 이 갈림길에서는 빨리 결정하면 할수록 좋다. 그만큼 리스크가 줄 것이기 때문이다. 왜 이런 일이 벌어지는 것일까? 그 이유는 간단하다. 변화를 두려워하는 기업이기 때문이다.

세상을 변화시키는 위대한 창업

세상에는 수만 가지의 직업이 존재하고 있으며, 없어지는 직업이 있는가 하면 새로 생겨나는 직업도 많다. 비즈니스는 수많은 직업 가운데 하나이다. 그런데 비즈니스라는 것은 어떻게 보면 삶의 한 부분이라고 말할 수 있다. 수많은 직업의 하나이지만 비즈니스를 직업이라고 말하기는 한계가 있는 것 같다. 이유는, 우리의 인생사 모두가 비즈니스라고 하여도 시비할 사람이 없기 때문이다. 비즈니스는 특정한 사람들만 하는 것이 아니라, 어떠한 직업에 종사하든지 간에 비즈니스라는 개념 속에 있다고 볼 수 있다.

세상에는 존재하는 숫자만큼의 비즈니스가 존재한다. 무슨 말인가? 다시 말하면 비즈니스는 곧 삶이라는 것이다. 물건을 사고팔지는 않더라도 마음을 주고받는 관계 또한 일종의 비즈니스라고 할 수 있다. 그러니 비즈니스는 또 하나의 삶의 현장인 것이다.

비즈니스를 잘 하는 사람과 기업이 세상을 바꾼다.

세상이 변하다보니 사업도 변해야 한다.

기업도 변하지 않으면 생존이 어려운 것은, 소비자의 의식이 바뀌었기 때문인 것 같다. 예전에는 좋은 상품, 적절한 가격, 충실한 사후관리 정도면 만족했던 사람들이, 이제는 우리 덕분에 돈 벌었으니 그 수익을 사회에 환원하는 게 맞지 않느냐고 생각한다. 실제로 같은 가격의 유사한 상품이라면 당신이라도 사회를 위해 뭔가 기여하는 기업체 상품을 사주지 않겠는가? 평소에는 생각지도 않은 여러 기업이 자신의 수익을 가난한 사람들을 위해 사용하고 있는 것을 볼 수 있다. 겉으로 봐서는 알 수 없는 그들만의 이야기가 있는 것이다. 물론 세상을 바꾸는 비즈니스라는 말이 조금 거창한 것 같긴 하지만, 사실 이런 기업 덕분에 여러 사람이 조금이나마 따스함을 느끼며 살아가는 것은 틀림없는 사실이다.

나는 비즈니스를 통해서 세상이 바뀌는 모습을 보았고, 또 그렇게 만들기도 했다. 그래서 더 비즈니스가 절절하다. 『선교와 비즈니스의 아름다운 동행』이라는 책까지 쓰고 보니까 더 애절한 마음이 든다. 이제 비즈니스를 통해서 세상을 변화시키는 일에 당신이 동참하고 있다는 사실을 깨닫기 바란다.

비즈니스와 세상과의 소통, 가능한가?

비즈니스는 소통을 통해서 이루어진다. 과거 수많은 나라에서 영토 점령을 통해 소통이 없이 이루어진 잔혹의 역사를 뒤돌아보면, 점령하고 노예로 부리고 혹독한 마음의 상처를 남겨놓은 비즈니스는 인류의 잘못된 유산이다. 오늘날, 소통이 없는 비즈니스는 말장난에 지나지 않는다. 비즈니스에서 가장 중요한 것이 소통이라면, 비즈니스로 소통하는 세상이 되어야 하고, 아름다운 세상은 비즈니스와 세상과 사람이 서로 소통하는 가운데에 이루어진다.

사회에 기여하는 영향력 있는 기업의 변화가 없으면 성공도 없다. 사회에 영향력 있는 기업으로 존재한다는 것은 회사의 재능이 아니라 정직으로 나타나야 한다. 정직하지 않은 기업이 사회에 영향력을 줄 수는 없다.

기업은 재능이 아니라 정직이라는 바탕에 세워져야 한다. 기업이 제품을 만드는 재능, 상품을 파는 재능, 고객을 사로잡는 재능, 그것이 중요한 게 아니라 좋은 제품으로 고객에게 정직으로 다가갈 때 고객은 움직이고 그 회사를 성장시켜 주는 것이다.

사회에 영향력을 주고 고객을 축복하라.

기업이 사회와 고객에게 영향력을 준다는 것은 하나의 축복이다. 고객이 만들어주는 최고의 축복이라고 말하고 싶다. 회사가 존재하는 이유, 그것은 바로 사회와 고객으로부터 존경받는 회사로 존재하기 위함이다. 기업이라는 공동체를 통해 사회와 고객에게 기여하면서 지속가능한 기업의 문화를 만들어내고, 그것이 다시 기업으로 돌아와 더욱 더 수익을 내게 되는 선순환이 이루어진다면, 그것이야말로 기업의 최고 가치가 아닐 수 없다.

크리스천의 위대한 사업이란 무엇인가?

　3천 년 전 중국인들은 사업을 생명이라고 표현하면서 "사업은 경제활동을 위해 필요한 돈을 버는 것이 목적"이라고 말했다. 나는 이 말에 전적으로 공감한다. 한국에 자영업자 8백만 명이 있고 법인회사가 4백만 개 정도 있다. 많은 회사들이 무엇을 위해 일을 하는가? 그것은 바로 경제활동을 통해서 돈을 벌기 위해 하는 것이다. 회사는 제품을 만들고 유통을 통해 제품을 공급하면서 고객과 소통을 통해 경제적 이익을 얻는 구조이다. 이를 위해 제품을 생산하는 부서가 필요하고 마케팅 부서, 관리부서, 그리고 다양한 부서와 인원이 필요한 것이다. 이를 위해서 회사는 부단히 자기의 제품을 팔아야 하는 과제를 가지고 시장에서 다양한 활동을 펼치게 된다. 다시 말하면, 약육강식의 현장에서 자기 회사 제품의 생존을 위해 전투를 벌이는 것이다. 왜 이렇게까지 하면서 회사를 운영하는 것일까? 이유는 하나! 돈을 벌기 위함이다. 이를 부인할 사람, CEO, 관리자들은 없을 것이다. 돈은 생물과 같아서, 관리하지 않으면 어디로 흘러갈지 알 수가 없다. 사업이란 그런 돈을 벌기 위한 하나의 수단이라고 볼 수 있다. 그런데도 많은 사람들이 사업을 하면서 돈을 벌기 위한 수단이라고 말하기를 주저한다. 자기가 회사를 설립하고서도 자신이 없고, 자영업을 하면서도 목적이 없기 때문에, 회사는 어렵고 늘 새로운 도전을 찾아 유랑하게 된다. 그런 회사와 자영업자들이 얼마나 많은지 알 수 없다.

국어사전에도 사업이란 '주로 생산과 영리를 목적으로 지속하는 계획적인 경제활동'이라고 말하고 있다. 결론은, 돈을 벌기 위해 사업한다는 것이다. 세상의 기업은 목표를 위해 일한다. 그런데 우리 크리스천은 목표를 위해 일하는 것 같지만, 목표 위에 또 하나의 목표가 있다. 그 부분은 뒤에서 다룰 것이다.

사업은 누가 하는가?

세상의 기업은 회사를 설립하는 사람의 일방적인 계획과 목표를 가지고 설립, 운영된다. 이를 위해서 제품개발을 하든지, 아니면 아웃소싱을 하든지, 더 나아가 직원을 선발하든지, 회사를 운영하기 위한 모든 것을 계획하고 운영하고 이끌어간다. 이것은 법인회사이든 자영업이든 모두 똑같다. 조직이 큰 회사는 회사를 운영하기 위한 다양한 솔루션과 소프트웨어, 그리고 하드웨어를 가지고 시작한다. 세상의 기업들은 조직이 사업을 하고, 회사를 이끌어가고, 비전에 따라 운영한다. 오로지 회사의 운영방침에 따라서 방향을 결정하고 간다. 그 목표는 바로 돈을 벌기 위하여 회사의 모든 역량을 집중하고, 돈을 벌기 위한 시스템에 적합한 직원을 선발하고, 돈을 벌기 위해 수단과 방법을 가리지 않고 몰입하는 것이다. 이것이 세상의 기업, 회사가 하는 방법이다. 세상의 기업은 운영자가 목표를 세우면 직원들은 그 목표를 이루기 위해 맡은 직위에서 충성스럽게 일을 한다. 크리스천 기업도 이와 다를 바 없다고 본다. 왜냐하면 목표가 없는 회사는 없을 것이기 때문이다. 크리스천 기업은 세상의 기업이 가지는 비전과 미션은 다를 수 있지만, 일하는 주체는 다 사람이다. 회사를 운영하는 것은 결과적으로 사람이 하는 것이며, 회사 내부의 사람들을 어떻게 효과적으로 관리하고 운영하는가가 회사 성공의 밑거름이 된다는 것은 누구나 알고 있다. 어떤 사람이 어떻게 일하느냐가 회사의 성공 여부를 가리는 것이다.

시작은 미약하였으나 나중은 창대하게 되리라?

'시작은 미약하였으나 나중은 창대하게 되리라!'는 말을 가지고 여기서 신학적으로 논하고 싶지는 않다. 하지만 깊이 생각해 보아야 할 것이 있다.

하나님은 크리스천 기업인들이 사업을 시작할 때, 하나님의 인도하심과 지도하심과 은혜로 회사를 설립하고자 하는 마음을 불어넣어 주시고, 그들에게 카펫을 깔아주셨다. 크리스천 기업인이라면 아마 이 말에 반대하는 사람은 없을 것이다. 나 역시 회사를 설립하고 장학재단을 설립하면서, 하나님의 공급하심을 엄청 많이 받은 사람이다. 하물며 회사의 이름과 장학재단의 이름도 하나님이 주셨다는 확신이 있다. 아마도 모든 크리스천은 나와 동일한 생각을 가지고 있을 것이다. 크리스천 가정이나 사업장, 특히 식당 같은 데를 가보면

이와 같은 성구 액자가 전부 걸려 있다. 무슨 이유에서일까 궁금했다. 하나님께서 사업장을 주셨는데, 아직도 하나님이 이곳의 주인장이 되셔서 사업을 해주기를 바라는 심정은 아닐까 싶다. 어디서 들은 이야기인데, 어떤 사업장에는 '하나님의 자리'라고 이름을 붙이고 별도로 비워놓은 자리가 있다고 한다. 참으로 충성스럽고 대단한 사업가라고 말하지 않을 수 없다. 왜 우리는 하나님을 그렇게 제한해야만 한단 말인가? 꼭 그렇게 하나님을 끌어내려야만 속이 시원하다는 말인가? 하나님은 우리에게 사업의 멍석을 깔아주셨지, 당신이 직접 사업을 해주시지는 않는다는 사실을 인지할 필요가 있다.

나는 한국에 와서 많은 크리스천 기업들을 만나 컨설팅을 해주고 상담을 해주었다. 내가 발견한 것은 하나같이 아직도 하나님이 현장에서 나와 같이 사업을 해주기를 바라고 있다는 것이었다. 그래서 나는 '우리 하나님은 참으로 바쁜 하나님이시구나.' 하고 생각했다. 그래서 '내가 하는 기도에 응답을 늦게 하시는 하나님이시구나.' 하고 깨닫게 되었다. 하나님은 나에게 사업이라는 멍석을 깔아주셨으며, 그 멍석에서 놀아야 할 사람을 나로 세우신 것이다. 그 멍석에서 맘껏 놀면서 사업을 만들어야 할 사람은 하나님이 아니라 나 자신이라는 사실을 직시하기 바란다. 내가 주어진 사업에 최선을 다할 때, 하나님은 사업장을 지켜주시고 보호하신다. 그리고 "시작은 미약하였으나 나중은 창대케 되리라."는 말씀을 이루어 주신다.

세상은 대포를 쏘는데 소총을 쏘는 크리스천 기업인들

세상의 기업들은 약육강식의 사업 세계에서 살아남으려고 부단히 연구하고 노력하고 투자하고 할 수 있는 모든 것을 경주하고 노력한다. 그래서 그들은 새벽 일찍부터 사업이라는 세상을 위해 포를 쏘면서 달리고 있는 것이다. 기업의 목표를 위해서 하지만 크리스천 기업들은 아직도 소총을 쏘면서 달리고 있다는 사실이다. 사업을 위해 죽어라고 노력하고 시행해도 부족할 판인데, 하나님이 주신 기업이니까 하나님이 알아서 성장시켜 줄 것이라는 심리가 만연하다. 그리하여 연구개발, 영업직원 관리 등, 마땅히 해야 할 기본적인 절차와 방법을 무시하고 완전히 하나님을 기업의 사장으로 앉혀서 자기는 기도만 하고 하나님이 사업을 총 책임져 달라고 하는 한심스런 크리스천 기업인들이 너무도 많아 안타까운 실정이다. 왜 우리는 세상의 기업을 변화시키지 못하고 그들이 밟고 지나간 자리를 거쳐서 가야만 하는가? 이유는 무엇일까? 너무 하나님만 의지해서인가! 아니면 하나님을 의지하지 않는 까닭인가? 무척 궁금하여 독자들한테 묻고 싶다.

하나님이 우리에게 사업장을 주신 것은 나에게 할 일을 하라고 주신 것이지, 하나님만 의지하고 앉아 있으라고 주신 것은 아님을 직시하기 바란다. 우리 모두는 세 살짜리 아기가 아니지 않은가?

하나님이 깔아준 멍석에서 누가 놀아야 하는가?

하나님이 주신 멍석 위에서 우리는 감사를 드려야 마땅하다. 하지만 감사를 하기 위해서는 하나님이 주신 사업장을 완전하고 멋진 기업으로 만들 책임이 있다는 사실을 잊어서는 안 된다. 하나님이 깔아준 멍석에서 놀아야 할 사람은 다름이 아니라 "나"라는 사실을 직시할 필요가 있다. 사업을 진행할 때 순간순간 지혜와 인도하심과 분별력이 필요할 때가 있다. 하지만 사업의 현장에서 계획하고 진행할 때, 나에게 주어진 일은 내가 해야 한다. 특별히 크리스천 기업이라면 직원들에게 신앙을 강요하기보다는 회사의 책임자로서 항상 솔선수범하고 모범을 보여야 한다. 모범도 보이지 못하면서, 봉급도 제대로 주지 못하면서, 예배를 강요하고 기도를 강요하는 등의 행위는 하나님을 욕되게 할 뿐이다. 이러한 것은 직원들의 인권보호 차원에서도 해서는 안 되는 일이다.

하나님만 의지하는 당신, 소중한 사람일 수 있다. 하지만 당신의 일은 당신이 해야 한다. 하나님은 당신에게 기업을 위임했으며, 청지기의 역할을 다하기를 기대하고 있다는 사실을 간과하지 말기 바란다. 나는 한국에서 크리스천 기업의 대표들을 많이 만나고 다닌다. 답답하고 답답한 모습을 너무도 많이 보았다. 사업의 기본도 갖추지 않았을 뿐만 아니라, 신앙이 제대로 서 있지 않은 모습을 너무도 많이 보았다. 다시 말하지만, 사업은 내가 하는 것이지, 하나님이 하시는 것이 아니라는 사실을 알아야 한다. 사업에 목숨을 걸어도 될까 말까 한 일인데, 무조건 하나님께 맡기고는 하나님께서 이 회사를 이렇게 만들어 주시기로 약속하셨다는 말을 거듭하고 있다. 그러면서 회사를 교회로 만들고 기도처로 만들면서 그것으로 자기 할 일을 다했다고 생각한다. 그런 사람들을 만날 때마다 "하나님은 얼마나 답답하실까?" 하는 생각이 어쩔 수 없이 들곤 했다.

꿈을 꾸되 두 다리는 땅위에 굳게 두라.

크리스천 기업들이 하나같이 꿈꾸는 게 있다. 하나님의 영광과 선교를 위해 사업을 한다는 것이다. 참으로 존경스럽고도 위대한 생각이다. 나 역시 선교사이고 사업을 하는 사람으로서 존경하고 또 존경하고 싶다. 그런데 문제는 여기에 있다. 많은 크리스천 기업들이 높은 이상과 목표를 가지고 있다. 나는 이 사실을 경시하는 것이 아니다. 참으로 좋은 생각이고 이루어지기를 바란다. 하지만 분명하게 생각하고 넘어가야 할 것은, 높은 꿈을 가지고 목표를 세우더라도 제발 두 다리는 땅위에 딛고 꿈을 꾸라는 것이다.

사상누각(砂上樓閣)이라는 말이 있다. '모래 위에 세운 누각'이라는 뜻으로, 기초가 튼튼하지 못하여 오래 가지 못할 일이나 사물을 비유적으로 이르는 말이다. 물론 꿈을 꾼다는 것은 꾸지 못하는 사람보다 낫다고 할 수 있다. 하지만 현실을 직시하지 못한 꿈은 사상누각이 될 수밖에 없는 것이다.

한국에서 특허에 목을 매는 사람들을 수없이 만났다. 그 사람들은 하나같이 자기가 개발한 특허를 대기업에서 몇백억에 팔라는데도 안 팔았다고 한다. 그러면서 이제 얼마 안 있으면 대박이 터져서 하나님을 위하여 교회를 짓고, 테마파크를 짓고, 더 나아가 전세계에 교회를 짓고 전세계 선교를 위해 엄청난 자금을 지원할 것이라고 한다. 이런 장대한 목표를 수없이 보고 들었다. 그런데 그 사람들이 지금은 어디서 무엇을 하는지 알 길이 없다. 그 사람들이 개발하고 특허를 보유한 것을 뭐라고 말하고 싶지는 않다. 하지만 개발과 영업은 별개이고, 연구와 유통 역시 별개라는 사실이다.

다시 말하면, 한 손으로 두 개의 수박을 잡을 수 없듯이, 두 다리는 땅위에 굳건히 두고 그 꿈을 이루기 위해 부단히 노력해야 한다.

다시 말하면, 사업의 목표를 위해 죽어라고 뛰는 사업가, 닥치고 이것저것 주문기도만 할 것이 아니라 늘 기도로 준비된 사업가가 되기를 바랄 뿐이다.

목표와 최종 목표를 혼동하지 마라.

세상의 기업들은 앞에서도 말했지만, 목표를 위해 수단 방법을 가리지 않고 일한다. 하지만 크리스천 기업은 목표 위에 또 하나의 최종 목표가 있다. 나는 사업을 세상 속에서 하는 사람이지 세상 밖에서 하는 사람이 아니다. 내가 전광판 사업을 전세계에 진행하면서 나의 구매자들을 나의 사람으로 만들고, 그들에게 선한 영향력을 주어 복음을 접할 기회를 만들어주고자 하였다. 이것은 나의 사업 목표라기보다는 최종적인 목표이다. 나의 사업 목표는 구매자로부터 정직한 사람이라는 인정을 받고 그들에게 신뢰를 받아 물건을 많이 팔아서 회사의 이익을 최대한 보장받는 것이다.

나는 나의 목표를 위해서 내가 할 수 있는 최선의 노력을 다한다. 내가 할 수 있는 부분은 내가 하고, 내가 할 수 없는 부분은 전적으로 하나님을 의지하고 도움을 청한다. 나의 회사의 목표는 여러 가지가 있다. 회사의 비전에 맞추어서 직원들의 행복과 권리를 보장하고, 사회적 기업 육성과 나눔을 행하는 기업을 만들어 나가는 것 등이다. 물론 이 목표를 위해서 최선의 노력을 다하고 있으며, 그 이유는 이러한 일을 하기 위해서는 회사가 돈을 벌어야만 하기 때문이다. 자금이 돌아가지 않으면 회사는 문을 닫을 수밖에 없다. 그러므로 크리스천 기업도 목표는 돈을 버는 것이다. 크리스천 기업인들은 이런 기본을 무시한 채 돈은 맘몬이고 사단의 도구라고 하면서, 오로지 하나님이 공급해 주시는 돈으로만 사업을 하겠다고 한다. 그러니까 기업다운 기업이 없는 것이다. 기업으로서 의무를 다할 때 돈을 버는 것이지, 기업의 의무를 등한시할 때는 고객이 돈을 줄 리 만무한 것이다.

크리스천 기업의 목표는 열심히 노력하고 기업의 운영을 잘 해서 돈을 벌어 최종의 목표를 이루는 것이다. 최종의 목표는 바로 하나님 나라 건설에 크리스천 기업들이 동참하여 세상의 기업들에게 영향력을 주는 것이다. 당신이 크리스천으로서 비즈니스를 하는 사람이라면 내가 여기서 또 강조하는 영토 개념을 잘 숙지하기 바란다. 비즈니스는 영토확장이다. 어릴 때 땅 따먹기 게임을 해본 적이 있는가? 나는 학교에서 친구들과 땅 바닥에 선을 그리고 돌을 던져 땅 따먹는 게임을 즐겨 했다. 하지만 나의 땅을 만드는 데 소질이 없었다. 하지만 사업을 하려고 나섰을 때에는, '나의 땅'을 만들려고 생각하고 또 생각했다. 왜? 당신의 기업의 영토를 확장하려는 하나님의 의지가 당신의 비즈니스에 있기 때문이다. 이 사실을 명심하고 영토확장에 목숨을 걸으라.

개인의 영토를 만들어라.

크리스천 기업인들이 등한시하고 잘 모르는 것이 있는데, 바로 영토개념이다. 하나님은 우리를 영토 안에서 살게 하셨고, 그 영토 안에서 사업을 하도록 부르심을 받은 사람들이 바로 크리스천 실업인이다. 하나님은 세상을 향해 교회로 가라 하시지 않고, 교회를 향해 세상으로 가라고 하셨다. 이런 암시를 성경 곳곳에서 발견할 수 있다. 그렇다면 우리는 먼저 개인의 영토를 만들어야 한다. 나는 개인의 영토가 나의 명함이라고 한다. 명함을 보면 그 사람의 모든 것을 알 수 있다. 그래서 나는 명함을 소중히 여기고 함부로 주지 않는다.

나의 영토를 만드는 이유는 내가 글로벌 사업을 하는 사람이기 때문이다. 그래서 나의 명함은 참으로 중요하다. 명함을 통해 나를 소개할 때, 상대방은 나의 정보를 한눈에 알게 되어 나를 신뢰할 수 있고, 그 신뢰를 바탕으로 관계가 이루어지기 때문이다. 나의 영토를 통해서 나를 만나는 사람들에게 나의 모습을 통해서 선한 영향력을 줄 수 있기 때문이다. 그래서 나는 개인의 영토확장을 중요시한다.

기업의 영토 만들기

사업하는 사람이 개인의 영토를 확장했으면 이제는 기업의 영토를 확장할 차례이다. 앞에서 나는, 하나님이 주신 기업에서 맘껏 놀면서 사업을 통해 돈을 벌고 그 돈으로 최종의 목표를 이루라고 말했다. 최종의 목표를 이루려면 무엇보다도 기업의 영토를 만들어야 한다. 세상의 기업들은 기업의 영토를 만드는 데 회사의 모든 것을 건다. 하지만 크리스천 기업들은 하나님만 의지하는 경향 속에서 자신이 할 일은 잊어버리고 하나님이 사업을 해주기를 바라는 심정으로 일한다. 다시 말하면, 내가 할 일과 하나님이 할 일을 구분하지 못한다. 나에게 주신 능력과 경험을 통해서 기업의 영토를 확장해야 한다.

기업의 영토가 확장되면 직원이 늘어나고, 고객이 늘어나고, 성장하는 기업이 되어, 직원과 사회에 많은 영향력을 줄 수 있다. 내가 바라는 크리스천 기업의 문화, 회사의 내용이 꼭 크리스천 이름일 필요는 없다. 회사의 직원을 채용할 때, 반드시 크리스천을 채용할 필요는 없다. 회사의 아웃사이더가 중요한 것이 아니라 인사이더 즉 내용이 중요하다. 다시 말하면, 크리스천이라는 느낌을 주는 이름이나 성경 내용과 연관되는 이름을 걸면 제한적 요소가 많다. 타종교의 사람들이 회사에 접근하려고 하지 않을 것이고, 크리스천 회사라는 이미지 때문에 고객을 확보하는 데 제한적일 수밖에 없다. 만약에 선교하고자 한다면 더욱 제한적일 수밖에 없다. 제한적 접근지역에 들어가서 사업을 하고자 할 때에는 회사의 이름도 제한적일 수밖에 없다. 지금의 세계는 경제가 화두이다. 그러므로 사업하는 사람은 세계 어느 나라에서든 환영을 받지만, 목사, 선교사, 크리스천 기업들은 환영을 받지 못하는 곳이 적지 않다. 기업의 이름이 중요한 것이 아니라 내용이 중요하고, 상품이 중요한 것이 아니라 상품을 만나는 고객을 중요시하여야 한다.

하나님의 영토를 확장하라.

개인의 영토확장과 기업 영토확장의 최종 목표는 역시 하나님 나라(Kingdom of God) 왕국의 건설이면서, 잃어버린 하나님의 주권을 회복하는 일이다. 나는 크리스천 기업인들이 이 일에 부르심을 받았다는 사실을 직시할 필요가 있다고 본다. 이제 한국교회는 막장의 시대에 왔다. 전도가 안 되고 "가나안 성도"가 늘어나면서 성도의 수가 급속히 줄어들고 있다. 교회 성장은 물론 선교의 방법도 바꾸어야 하는 문제들이 속출하고 있다. 나에게는 이 마지막 때에 하나님은 경제인들과 실업인들을 통해서 하나님의 뜻을 이루실 것이라는 확신이 있다. 기업이 기업의 영토를 확장하고 하나님의 영토확장을 위해 성경적 경영과 성경적 재정 능력을 활용하여 세상에 선한 영향력을 끼쳐야 한다. 크리스천 기업인들이 왕성한 사업을 통해서 세상의 기업인들에게 영향을 주고 그들의 문화를 바꾸어 주면, 세상은 변하고 교회는 부흥할 수 있다. 나아가서 크리스천 기업인들이 국내와 해외에서 기업의 영토확장을 통해서 잃어버린 하나님의 사람들을 찾는 일에 동참하여 하나님의 영토를 확장할 수 있다.

크리스천 기업인의 최종 목표는, 앞에서도 말한 것처럼, 하나님 나라의 완성을 위해 최선의 방법을 찾아서 그것을 위해 일하는 것에 있다.

당신은 선교사적 기업을 운영하라.

크리스천 기업인들이 해야 할 일 가운데 또 하나는, 선교사적 기업을 운영하는 것이다. 선교사적 기업이란 기업의 운영과 방법 등을 모두 선교 방향에 맞추는 것을 말한다. 하나님은 크리스천 기업인에게 기업을 주실 때, 먹고 마시고 돈 벌어 자기만의 영토를 위하라고 주신 것이 아니다. 개인의 영토확장과 기업의 영토를 확장해서 선교기업을 만들어 선교에 동참하라고 주셨다. 이슬람 기업인들은 이슬람을 포교한다는 말을 사용하지 않는다. 말을 사용하지는 않지만 그들은 엄청난 영향을 끼치고 있다. 이슬람 학교들이 전세계에 우후죽순처럼 생겨난다. 하지만 선교사들이나 선교단체들이 운영하는 방법과는 확연히 다르게 운영하는 모습을 여러 곳에서 보았다. 무슬림들은 학교들이 설립될 때 대부분 학교와 기업을 같이 시작한다. 학교에서는 국가의 교육방침에 따라 학교운영에 최선을 다한다. 학교 안에서 절대로 학생들에게 국가의 교육정책을 어겨가면서 종교교육을 하지 않는다. 선교지에서 선교사나 단체들이 하는 방식과는 전혀 다른 방식이다. 그러므로 그 학교는 롱런을 할 수 있고 국가와 지역 국민들과 전혀 다툼과 대립, 그리고 종교적 갈등을 만들지 않는다. 하지만 선교사나 단체들이 운영하는 곳곳에서 운영의 갈등, 그리고 국가와 지역사회에 반발을 사는 경우를 수없이 보아왔다. 무슬림들이 운영하는 학교를 보면, 학교는 학교 교육에 철저히 하면서 학생 한 사람 한 사람에게 후견인을 두는데, 기업인들에게 후견하도록 맡긴다는 사실이다.

무슬림 기업인들은 학교와 협력하여 학생들을 후견인으로 세우고 부모까지도 보살피는 단계까지 이르게 된다. 그러면서 자연히 가족에게 섬김과 봉사를 통해 가족의 생활을 책임지고 있다. 더 나아가 학생의 장래까지 책임지면서 지역의 공동체에 엄청난 영향력을 주고, 학교의 영토확장과 기업의 영토확장을 통해서 이슬람의 영토를 확장하고 있다.

우리는 이러한 지혜를 언제 터득할 것이며, 이런 방법을 왜 동원하지 못하는지 안타까울 뿐이다. 크리스천 기업인이여, 기업의 목표에 충실하고 최종의 목표를 위해 노력하는 크리스천 기업인들이 되기를 바랄 뿐이다.

스토리가 있는 열정창업 성공도표

창업 전 : 준비과정 단계/ 몸 준비 단계/ 스타트업 단계

1. 창업현장에서 창업 바라보기
2. 창업여행을 떠나라. 그곳에 성공이 있다.
3. 왜 창업해야 하는가?
4. 창업을 위한 당신의 애절한 마음을 적으라.
5. 나만의 창업 스토리텔링 만들기
6. 창업여행을 다니면서 얻어야 할 것
7. 나만의 회사 브랜드(Brand) 만들기
8. 제품/ 아이디어/ 디자인/ 생산/ 유통하는 절차 배우기
9. 창업회사 성격/ 법인설립 절차
10. 자영업자(간이사업자) 준비 절차
11. 창업을 위해 잠깐 푸른 하늘 보며 쉬어가기
12. 창업을 위한 TOTAL BUSINESS 시장현황 분석
13. 성공적 창업 비즈니스 플랫폼 모델(BFM) 만들기
14. 성공 브랜드 만드는 절차
15. 나의 비즈니스에 대한 기질을 적으라.
16. 인테리어 관련 계획 만들기
17. 창업에 필요한 각종 프로세스 만들기

창업단계 : 준비과정

18. 창업단계·제품관리·고객관리·직원관리·매출관리·홍보관리
    ·경영관리·매장관리·재정관리
19. 고객유치를 위한 전략은 무엇인가?
20. 지상 최고의 사업계획서 (육하원칙)
21. 지상 최고의 창업 제안서
22. 돈에 대한 당신의 생각을 솔직히 기록하라.
23. 창업자금 모으는 방법
24. 회사의 매출과 수익구조를 스토리텔링 하라.
25. 창업 프로세스(Process) 만드는 과정
26. 위대한 창업을 위한 8대 전략 만들기

창업 후 : 준비과정/ 성장하는 단계/ 지속하는 단계

27. 창업 비즈니스 플랫폼(Business Platform) 만들기
28. 창업 성공지수 높이기
29. 망하지 않고 지속가능한 창업 모델 만드는 방법
30. 나만의 마케팅 스토리텔링
31. 지상 최고의 매출작전
32. 지상 최고의 창업 성공기업 만들기
33. 가장 강력한 기업강령 만들기
34. 창업 최종점검 사항(본인이 직접 작성 필요)

1. 창업 현장에서 창업 바라보기

현장 조사 1.
지역명--
위치 --
규모 --
업종 --
업력 --
규모 --
분위기--

현장 조사 2.
지역명--
위치 --
규모 --
업종 --
업력 --
규모 --
분위기--

현장 조사 3.
지역명--
위치 --
규모 --
업종 --
업력 --
규모 --
분위기--

창업의 현실 창업자와 대화

종합적인 결과 분석

나의 결단

---

2. 창업 여행을 떠나라. 그곳에 성공이 있다.

만나보고 싶은 사람을 찾으라.

보고 싶은 아이템을 선정하라.

잘 되는 곳을 찾으라.

실패한 곳을 찾으라.

실패한 사람들의 모습

성공한 사람의 모습

만약 당신도 실패한다면 어떻게 할 것인가?

----

3. 왜 창업해야 하는가? (당신의 진정성이 창업을 성공시킨다.)

창업해야 하는 이유, 스토리텔링 하라.

창업에서 얻고자 하는 것. 명예 · 돈 · 성공신화 · 자기 브랜드

창업하면 무엇이 달라지나? 창업 전과 후를 정확히 기록하라.

창업은 나에게 무슨 의미? 내 인생에서 달라지는 것을 그려라.

창업의 실패에 대한 두려움과 재기에 대한 계획을 세워라.

새로운 것에 대한 도전을 지속할 수 있는가?

---

4. 창업을 위한 당신의 애절한 마음을 적으라.

창업, 그렇게 애절한가?

당신의 창업에 대하여 다른 사람은 어떻게 생각하는가?

사업가로 살려는 준비는 되어 있는가?

창업에 대한 열정이 있는가?

사업은 사람을 상대로 한다. 사람을 좋아하는가?

실패에 대한 두려움은 없는가?

---

5. 나만의 창업 스토리텔링 만들기
육하원칙에 의거, 구체적으로 당신의 스토리텔링을 만들어라.

언제 창업 준비를 위한 일정

어디서 창업을 하려는 장소

누가 당신과 같이할 사람들의 성격까지도 포함하라.

무엇을 창업하려는 모든 아이템과 플랫폼을 적으라.

어떻게 창업과 사업에 대한 구체적인 발상을 적으라.

왜 창업하려는 이유와 성공하여야 하는 이유를 적으라.

---

6. 창업여행을 다니면서 얻어야 할 것
아이템 · 콘텐츠 · 플랫폼 · 직접 생산 · OEM 생산 · 쇼핑몰 기타

만나보고 싶은 사람은?

보고 싶은 아이템을 선정하라.

어디로 갈 것인가?

실패한 곳을 찾으라.

실패한 사람들의 모습

당신의 얻은 교훈은?

----

7. 나만의 회사 브랜드(Brand) 만들기

회사 이름 구상하기

회사 브랜드 디자인하기

브랜드 가치 높이기

브랜드 마케팅

브랜드 상표 등록하기

브랜드 확장하기

브랜드 네트워크 만들기

----

8. 제품/ 아이디어/ 디자인/ 생산/ 유통하는 절차 배우기

9. 창업회사 성격 / 법인설립 절차

부동산 장소 물색 임대계약 알아보기

법무사 선정 (정관 · 회사 내규 · 이사 선정 · 이사 회의록 · 임대차 계약서 · 인감도장)

등기소에 필요한 절차 (법인도장 · 법인카드)

은행에 필요한 절차

세무서에 필요한 절차

홈텍스 등록 절차

통신사업자 신고 절차 (카드결재 시스템)

상표등록 절차

사업장 오픈 준비(사무실 집기 · 업종에 따른 각종 집기들)

임대차 계약서 작성하기

세무사 선정 및 법무사 선정 절차

----

10. 자영업자(간이사업자) 준비 절차

부동산 장소 물색 임대계약 알아보기

등기소에 필요한 절차 (법인도장 · 법인카드)

은행에 필요한 절차

세무서에 필요한 절차

홈텍스 등록 절차

통신사업자 신고 절차 (카드결재 시스템)

상표등록 절차

사업장 오픈 준비(사무실 집기 · 업종에 따른 각종 집기들)

사업장에 필요한 각종 문서 및 세무업무 등

사업장 인테리어 및 제반사항

사업장 등기 가능여부 확인

---

11. 창업을 위해 잠깐 푸른 하늘 보며 쉬어가기

· 창업에 대한 부정적인 것을 적으라.

부정적인 요소들을 구체적으로 기록하는 것이 필요하다. (회사설립 · 재정 · 아이템 · 홍보마케팅 · 유통 · 수익구조 · 지속가능한 구조 만들기 등)

· 창업에 대한 긍정적인 것을 적으라.

긍정적인 요소들을 구체적으로 기록하는 것이 필요하다. (회사설립 · 재정 · 아이템 · 홍보마케팅 · 유통 · 수익구조 · 지속가능한 구조 만들기 등)

----

12. 창업을 위한 TOTAL BUSINESS 시장현황 분석

전체 시장 규모

기존 세분화된 시장

뜨는 시장

지는 시장

소비자의 반응

틈새시장

전통적인 시장

----

13. 성공적 창업 비즈니스 플랫폼 모델(BFM) 만들기

시장 상황 (타사, 자사와 경쟁력)
과거 · 현재 · 미래 지속성

경쟁자 상황 (위치 · 시장의 활동성 · 유동인원 · 접근성 · 주차장)
과거 · 현재 · 미래 지속성

제품상황(제조과정 · 마케팅 과정 · 유통과정 · 고객구매과정 · 매출수익과정)
과거 · 현재 · 미래 지속성

고객 구매과정 상황(제품이 생산되어 고객에게 전달되는 전체 과정)
과거 · 현재 · 미래 지속성

재정 상황 (창업 전, 현재, 창업 후 자금 항목별 구체적)

홍보 유통 상황(홍보와 유통전략 파악 필요)

---

14. 성공 브랜드 만드는 절차

무엇을 준비할 것인가?

나의 브랜드는 무엇인가?

무료로 줄 수 있는가?

어떻게 런칭하는가?

기록으로 남길 것이 있는가?

나만의 브랜드 있는 명함을 만들어라.

----

15. 나의 비즈니스에 대한 기질을 적으라.

비즈니스에 대한 감각

소통하는 리더십

통찰하는 리더십

통합하는 리더십

배려하는 리더십

실패에 대한 두려움 극복

업무 추진력에 대한 리더십

----

16. 인테리어 관련 계획 만들기

인테리어 계획

사장이 직접 아이디어를 찾으라.

직접 스케치하라.

필요한 재료와 예산을 조사하라.

인테리어 업자를 선정하라.

인테리어 업자에게 휘둘리지 않는 방법

인테리어가 창업을 성공시키는 않는 이유를 적어라.

---

17. 창업에 필요한 각종 프로세서 만들기

· 창업에 필요한 예산 계획서 만들기 예시

항목	세부 내역	단가	수량	가격	비고
사무실 임대	계약금				
	월 임대비				
	관리비				
	주차비				
	기타				
사무실 유지비	직원 급여				
	보험료				
	사무실 경상비				
	네트워크 관리비				
	공통 사용 예산				
	연료비 교통비				
	손님 접대비				
아이템					
마케팅					
유통					
고객 관리비					
품위 유지비					

· 창업에 필요한 리스트 작성 예시

항목	세부내역	준비 기간 월 - 월	날짜	확인
장소임대	물색	구체적으로		
	계약서			
	입주 일정			
집기				

18. 창업단계 · 제품관리 · 고객관리 · 직원관리 · 매출관리 · 홍보관리 · 경영관리 · 매장관리 · 재정관리

19. 고객유치를 위한 전략은 무엇인가?

고객확보 전략

충성고객을 만들기 위한 전략

고객을 활용한 마케팅 전략

고객의 가치를 만들어줄 전략

고객을 사업에 동참시키는 전략

고객을 감동시키는 전략

고객을 위한 이벤트 전략

----

20. 지상 최고의 사업계획서 (육하원칙)

사업목적

사업개요

제품 아이디어

필요 재정

홍보 마케팅 유통

매출 수익 전략

지속가능한 전략

----

21. 지상 최고의 창업 제안서

창업배경

창업목표

기술성 차별성

자금계획

손익구조 계획

지속적 사업추진 계획

창업의 가치 관리전략

----

22. 돈에 대한 당신의 생각을 솔직히 기록하라.

나에게 돈은 어떤 것인가?

돈을 벌어 본 경험이 있는가?

돈을 투자하여 본 경험이 있는가?

돈을 빌려 본 경험이 있는가?

돈을 어떻게 사용하여 왔는가?

창업성공의 돈, 어떻게 사용할 것인가?

나눔에 대한 계획은 있는가?

----

23. 창업 자금 모으는 방법

창업준비 자금

창업진행 자금

창업 후 자금

나에게 창업자금을 줄 수 있는 사람

창업자금을 소액투자 받을 수 있는 방법

창업 후의 여유 자금 어떻게

창업자금 받을 수 있는 기관과 은행 파악하기

----

24. 회사의 매출과 수익구조를 스토리텔링 하라.

매출 생산 경비 계획

제품	재료비	제품 생산가	판매 가격	지출 경비	수익 단가

수익구조 계획

제품	판매가	마진	경비	순수익	수량대비

지출 경비 관리하기

지출관리	경상비	광고 홍보	유통	각종도구	토탈

성장하는 회사 투자 계획

제품	투자비	마진	경비	순수익	비고

연매출구조와 수익구조

매출			수익		
일	월	년	일	월	년

일월년 매출대비 성장률

매출			수익		
일	월	년	일	월	년

잠재 성장률 만들기

수익			성장율		
일	월	년	일	월	년

25. 창업 프로세스(Process) 만드는 과정(구체적으로)

비전 (Vision)

미션 (Mission)

가치 (Value)

관리 (Management)

전략 (Strategy)

성공 (Success)

열정 (Passion)

요셉의 성공방식

성경적 성공방식

----

26. 위대한 창업을 위한 8대 전략 만들기

제품촉진 전략

가격 전략

판매유통 전략

홍보마케팅 전략

고객관리 전략

회사 내부의 전략

회사성장의 전략

회사확장(해외) 전략

----

27. 창업 비즈니스 플랫폼(Business Platform) 만들기

가장 중요한 문제	솔루션(제품)	고유의 가치	경쟁우위	고객 집단
본인의 문제 세 가지	가장 중요한 세 가지	제품 구매 이유 다른 제품과 차이점 알기 쉽게 설득력 있는 메시지	다른 제품이 쉽게 흉내내지 못하는 이유	목표 고객
	핵심지표 측정해야 하는 핵심 가치		채널(유통) 고객에게 도달 경로	

비용 구조	수익 원
고객 획득 비용 유통비용 관리비 인건비	수익 모델 고객 생애 가치(CLV) 매출 매출 이익

언제	어디서	누가	무엇을	어떻게	왜?

28. 창업 성공지수 높이기

틈새는 어디인가?

어떻게 불필요를 제거할 것인가?

심플한 전략을 세우라.

작게 시작하라.

스마트한 전략을 세워라.

통 크게 사업하고 통 크게 성공하라.

실패하지 않는 전략 구상하기

지속가능한 사업 만들기 전략 구상하기

위대한 기업 만들기 전략 세우기

----

29. 망하지 않고 지속가능한 창업 모델 만드는 방법

책임감

자신감

인간 관계성

리더십

문제해결 능력

나눔의 여유

직원관리 능력

---

30. 나만의 마케팅 스토리텔링

How Marketing?

How 필요(Needs)를 찾는 것이다.

How 욕구(Wants)를 만족시켜 주는 것이다.

How 수요(Demands)를 보라.

How 품질(Quality)이다.

How 매출(Market)과 수익(Profit)이다.

How 지속가능한 기업(Sustainable Company)이다.

How 위대한 기업(Grate Company)이다.

---

31. 지상 최고의 매출작전

사장의 역할

직원의 역할

메뉴 아이템의 역할

인테리어의 역할

사업 매뉴얼의 역할

서비스의 역할

고객의 역할

수익구조의 역할

----

32. 지상 최고의 창업 성공기업(Successful Company) 만들기

사장의 리더십

회사의 수평적 구조의 강력 규칙

직원과의 관계설정

직원이 돈 벌어주는 시스템

고객이 돈 벌어주는 시스템

고객의 가치 높여주기

영향력 있는 기업 만들기

나눔의 가치 창조하기

----

33. 가장 강력한 기업강령 만들기

회사규정

직원규정

문화 의사소통 업무 현황

책임부여

기업성장 규칙

나눔 구조

재투자 규칙 만들기

직원복지 규칙 만들기

---

34. 창업 최종점검 사항(본인이 직접 작성필요)

확인 사항	점검 결과			
세부 사항	1차	2차	3차	결과
언제				
어디서				
누가				
무엇을				
어떻게				
왜				
창업 단계 점검사항				
회사 이름				
회사 성격				
회사 설립 행정사항				
사업장 선택				
임대 계약서				
인테리어				
필요한 하드웨어 및 소프트웨어				
직원 및 세부사항				
오프닝 준비에 필요 사항				
매장 혹 사무실				
매뉴얼				
시설 장비				
운영 시스템				
메뉴 아이템				
간판 광고 학인사항				
세부적인 확인사항				
창업 후 점검사항				
사업장 관리				

고객 관리				
고객 리스트 관리				
직원 관리				
직원 근무 계약서				
제품 관리(재료)				
입고 관리				
재고 관리				
재정 관리				
재정관리 프로그램				
재정담당자 / 세무사				
유통 관리				
택배 관리				
고객 서비스 관리				
매출 수익 관리				
매출 관리				
지출 관리				
지속가능성				
기타				

여기서 70퍼센트 이상 작성이 불가능할 때는, 절대로 창업을 하면 안 된다.

■ 마무리 발언대

새로운 시작을 위하여

　창업은 신나는 이야기가 아닐 수 없다. 새로운 세상을 향한 도전이기 때문이다. 하지만 오늘도 수많은 창업자들이 가슴을 졸이면서 안타까워하는 모습을 본다. 창업의 최전선에서 성공이라는 그림을 그려보고자 시작하였을 창업이 애물단지가 되어 버린 스타트업. 참으로 가슴이 답답하다.

　그래서 수많은 창업 강의를 통해서 "창업은 절대로 하지 말라"고 외쳤다. 하지만 하지 말라고 하면 더하는 것 같았다. 그래서 창업의 방법을 가르쳐 주어야겠다는 책임감에서 "스토리가 있는 만사형통 창업노트"를 만들었다. 10년 전 창업하던 당시의 마음, 애절한 마음으로 돌아가서 말이다. 부디 이 책이 창업을 하는 사람들, 이미 창업한 사람들에게 동해에서 떠오르는 열정의 태양처럼 마음에 불을 붙여주는 창업노트가 되기를 바란다.

　아, 멋있고 맛있는 최웅섭이여! 그렇다. 나는 스스로 자가당착일지 모르지만, 늘 나 자신에게 말한다. 멋있고 맛있는 사람이라고. 나 자신에 대하여 비굴하지도 않고 관대하지도 않지만, 나는 늘 나 자신을 스스로 칭찬한다. 이유는 '맛있게' 살기 때문이다. 이 책을 읽은 당신이 누구인지 나는 모른다. 하지만 한 가지 아는 것이 있다면, 그것은 당신 자신을 소중히 여기는 사람일 것이라는 점이다. 그렇다! 자기 자신을 소중히 여기는 사람이 사업도 잘 하고 사람과의 관계도 좋게 마련이다. 당신 역시 좋은 사람이다. 아니, 이 세상에서 최고의 보물일지도 모른다. 당신만이 당신을 알 수 있다. 그 보물을 당신만이 간직할 수 있다. 그 소중한 보물을 말이다.

당신만의 보물을 절대로 다른 사람에게 빼앗기지 않기를 진심으로 바란다. 이 책이 당신을 변화시킬지는 나도 모른다. 성경에 보면 "천국은 침노하는 자의 것"(마 11:12)이라고 했다. 당신의 능력을 당신 자신이 인정하고 성공을 만들어가라고 말하고 싶다. 당신 속에 꿈틀거리는 활화산 같은 용암은 언젠가는 터질 것이다. 그 에너지를 위해서 준비하라. 당신만의 방법으로 말이다.

나는 사업의 현장을 수없이 돌아다녔다. 아제르바이잔에서 시작해서 아프리카, 동남아시아, 구소련, 유럽, 중앙아시아, 중동, 중남미에 이르기까지 지구촌 곳곳을 다니면서 사업을 배우고 실천하였고, 수많은 사람을 만나 사업의 경험과 이론, 그리고 실전을 배웠다. 나는 이것이 나의 능력이 아니라 하나님이 나에게 주신 선물이요, 은혜라고 생각한다. 당신도 이 길에 함께 동행하게 되어 감사드리며, 축복한다.

이 책을 끝까지 읽어준 당신에게 무한한 존경심을 보낸다.

2018년 8월
최웅섭